千帆过尽一书生

郭琦口述历史

郭琦 口述
郭彤彤 整理

西北大学出版社
·西安·

图书在版编目（CIP）数据

千帆过尽一书生：郭琦口述历史 / 郭琦口述；郭彤彤整理. 西安：西北大学出版社, 2025.4. --
ISBN 978-7-5604-5603-4

Ⅰ．D263
中国国家版本馆CIP数据核字第2024SP5454号

千帆过尽一书生：郭琦口述历史
QIANFANGUOJIN YI SHUSHENG: GUOQI KOUSHU LISHI

郭　琦　口述　郭彤彤　整理

出版发行　西北大学出版社
（西北大学校内　邮编：710069　电话：029-88302590）
http://nwupress.nwu.edu.cn　　E-mail: xdpress@nwu.edu.cn

经　销	全国新华书店
印　刷	陕西龙山海天艺术印务有限公司
开　本	880毫米×1230毫米　1/32
印　张	19.375
版　次	2025年4月第1版
印　次	2025年4月第1次印刷
字　数	420千字
书　号	ISBN 978-7-5604-5603-4
定　价	120.00元

本版图书如有印装质量问题，请拨打029-88302966予以调换。

郭琦白描像（王子武绘）

序一

我和郭琦校长

董丁诚[①]

郭琦校长离开我们已经三十五个年头了。他身后留下了自己的口述历史录音资料，他的孙辈、作家郭彤彤下功夫把爷爷的口述资料精心撰著成书。书名《千帆过尽一书生：郭琦口述历史》，口语化的文字，幽默风趣，十分生动，可读性很强，内容也极为丰富，不夸饰，有分寸，叙述客观，真实可信。我恭敬拜读，获益良多，感慨万千。

郭琦校长是一位马克思主义哲学家、史学家、教育家。我资历浅，知识水平有限，实在没有能力对他一生的工作和学问做恰当合格的评说。这里，我只能说说他对我的具体帮助和教导。书中虽然并无只字提到我，但我却认为他是对我影

---

① 董丁诚（1937—）：戏剧评论家、作家、教授。曾任西北大学党委书记、校务委员会主任、中共陕西省委第八届委员、陕西省戏剧家协会理事、陕西省文艺评论家协会理事、陕西省戏剧研究院艺术顾问。著有《艺苑漫笔》《紫藤园夜话》《故园情思》《古代文学史词语辞典》（合作）、《古书情节辞典》（合作）等。

响最大的前辈领导，他改变了我后半辈子的人生道路，他是我的引路人。

说来也是缘分，人们也许有所不知，郭琦校长来西大竟和我这个小小不言的青年教师不无关系。那是"四人帮"垮台，"文革"结束之时，西大校内，原任领导手足无措，工宣队也不管事了，一度出现权力真空局面，广大教职员工心急如焚。我不知哪一根筋转了，冒出一个念头，不自量力地动手给省委写了一封信，要求派人来领导西大的"清查"和拨乱反正。嫌邮寄太慢，我找收发室一向热心的老丁师傅骑摩托直接把信送到省委办公厅。想不到没几天省委真的派人来了，郭琦校长带领巩重起等几人进驻西大。当时称"联络组"，实际就是代表省委拥有实权实责的工作组。为什么不直接称工作组？大概是"文革"初期派的工作组名声不大好，回避一下。其实大可不必。进驻时间郭琦校长本人记得清楚，是1977年6月。联络组（工作组）一来，西大校内的"清查"工作就开始有序进行了。

那时候还兴贴大字报，我和中文系一些教师写了不少大字报，揭露学校"文革"中发生的奇奇怪怪的事情。我别出心裁，用章回小说形式写了一份大字报，共六回，标题："帮派演义"。这份大字报很长，在物理楼前特设的专栏一贴出，就轰动全校，吸引了许多人观看，学校还把它作为一期《简报》的内容印了若干份。我很得意，颇有点飘飘然。

正当此时，郭琦校长把我叫到他在红楼的办公室。我去时已有几个干部在那里。小会开始了,他提出一个问题让大家讨论,就是西大有没有"帮派"?群众意见比较集中的前任领导是否是"帮派分子"?讨论中有肯定的,有否定的,他最后谈了自己的看法。他说,"帮派"一词早已有之,而现在报纸上说的"帮派"有它的特定内涵,即指"四人帮"的死党爪牙,也就是组织上和"四人帮"一伙的人。西大的前任领导虽然执行了错误路线,搞了些极"左"的东西,但他们在组织上和"四人帮"并没有什么联系,只是认识上的错误,执行上的偏差。从两类不同性质的矛盾来说,"四人帮"及其死党爪牙属敌我矛盾,西大这些人大不了只是犯有错误的干部,属人民内部矛盾,怎么扯得上"帮派"呢!一席话说得在座者连连称是,我也如醍醐灌顶,明白自己上纲太过,混淆了不同性质的矛盾。

郭琦校长一语点醒梦中人!

我反思,我的《帮派演义》所涉及的前领导的问题,无非是下面流传的"杀鸡赶刘批提纲"。"杀鸡"就是下令家属养的鸡一律宰杀,这固然不得人心,却与政治无关。"赶刘"就是把已经调离的老校长刘端棻从西大新村赶走。刘端棻之于西大,犹如郭琦之于师大。西大教职员工和刘端棻感情深,他热土难离,没有搬走,一直住在西大新村,经常有人去看望他。这就被认为搞什么串联,干扰学校工作,就要把他赶出西大,这自然会引起民愤。显然这也算不得什么大问题。最后所谓"批提纲",指的是批判"文革"后期"陕西省委向中央的汇报提纲",

这倒确实是一个问题。这个"汇报提纲"有来头,是周恩来总理指导下带有纠"左"性质的一个文件。尽管文件起草者小心翼翼,如履薄冰,不敢直击"左"祸,只说是"形左实右"。人们还是看到一线希望,从而抱着肯定和欢迎的态度。而"文革"中西大几个比较活跃的"造反"人物,却看不顺眼,鸡蛋里挑骨头,认为是"右倾回潮",便联名进行批判。他们旗帜鲜明,在校园里张贴大字报,造成恶劣影响。但是,这只表明他们中毒太深,说到底也还是思想认识问题,上不到"帮派"的纲上。

后来,据说前领导在一定范围作了检讨,得到解脱,调到别的单位仍担任领导工作。校内批"提纲"的那几个人,也进行反思,认识错误,转过了弯子,该干啥干啥。这个结局令人满意,有利于全校大团结,齐心协力推进学校建设。通过这个事情,我觉得郭琦校长真是一个有经验的"老司机",方向正确,把握得稳稳当当,不佩服不行。

这一时期恢复招生,招 77 级,还招第一届研究生。新疆有人报考中文系研究生,此人业务不错,但因生活作风问题受过处分,需要调查了解。学校就派符景垣和我去新疆一趟。完成任务后,景垣返校汇报情况,我顺便回天水老家看望老母。我一路寻思,这个研究生考生,虽属生活作风问题,还是比较严重的,录取有点悬乎,就看领导怎么决定。回校问景垣,说已经录取了,是郭校长最后拍板的。读研期间,此人又发表了多篇文章,有关鲁迅的,也有关郭沫若的,还协助导师单演义先生整理了一些著作。毕业前教学试讲，我听了，口才极好，条理清晰，大家一致同意留校任教。可见郭校长当初决定录取他完全正确。金无足赤，人无完人。通过此人的去留，郭校长又给我上了如何对待人才的一课。

这个时期，我既不是红楼干部，在系里也只是一个兼职的教工党支部书记，我能参与学校一些活动，算什么身份？只能算一个"积极分子"，就像土改，社教，工作组进村后发动起来的农民积极分子。1980年后半年，中文系领导班子换届，我进入新班子，成为系副主任，这当然是郭琦校长（也是书记）给我加的一个官衔，当然也是一份责任。我前面口口声声叫"郭琦校长"，因为他在陕西师大被人们叫惯了。来西大之初他是联络组（工作组）的组长，次年就被正式任命为书记兼校长。

郭琦校长平易近人，很接地气。他在红楼一层的办公室是敞开的，欢迎干部教职工随时找他谈心，反映问题。我生性腼腆，很少主动找他，有数的几次去他办公室，都是有事他叫我去的。除了谈"帮派"那次，还有一次，就是我担任中文系副主任后，和几位教师发生纷争，他们把我告到郭校长那里，郭校长就叫我去谈话。啥问题呢？有关自学考试。

由于"文革"十年大学不能正常招生，社会上被耽误的知识青年很多，而大学恢复招生名额有限，就以"自学考试"来弥补。应这种社会需求，高校就办起了"自考辅导班"。省自考办公室委托西大中文系负责中文考试出题。有了这个权力，就会吸引众多考生来参加西大中文系举办的辅导班,系里就可以通过收取学费得到一定的经济收入。此事本应由系领导出面组织,全系教师参与。不料有几个"能人"却抢先一步,把这个"资源"抓到手里,自己办起"辅导班",并印发了招生广告。直到有人拿着招生广告来系里询问具体情况,系里才知道此事。而系主任和系党总支书记,碍于情面,听之任之。我愤愤不平,态度明朗,坚决反对。于是,矛盾上交,摆到校长书记面前。郭琦校长又一次把我叫到他的办公室。

这回他与我单独谈话。他一开头先说,"这个事情的是非不难判断,你的看法是对的"。接着就是"但是","他们毕竟是业务上拔尖的教师,你要注意态度,讲究工作方法,不要太伤他们的面子,要给他们有个台阶下"。什么方法?他提到写小说不能"直奔主题",做人的工作也不能"硬碰硬",打仗还有"迂回",两厢包抄,突破中心。他一边说一边打着手势,语重心长。

听了他的话,我后来在工作中尽量克服简单急躁,耐心处理纷争。当事的两位老师,先后都与我"讲和"。他们在学术上都取得了突出的成就。其中一位,罕见地来我家,相谈甚欢,第二天早上突发心肌梗死去世,我主持了他的追悼会。另一位在南校区公寓门口相遇,两人心里都有许多话要说,站在那里聊了一个多小时,他回到老家不久就去世了。我后悔自己以前没有善待他们!

文艺理论有"文学就是人学"一说,我以为管理和领导,也是人学,更具体更现实的人学。郭琦校长把"人学"研究得又深又透,我从他那里学到了一些,仅是皮毛。

郭琦校长在西大,还很看重学报,他亲自抓,每期稿子都看,让符景垣做副主编,实际主持编务,搞得不错。西大学报当时在全国出名,一是郭校长重视,二是符景垣思想解放,这成为他的高光时刻。

郭琦校长在西大还很重视学校环境建设。我先从袁家村说起,郭裕禄让全村实现"楼上楼下,电灯电话",他儿子又把全村搞成大市场,人山人海,财源滚滚,先富起来。我看他儿子在网上介绍经验,大意是说:你们不懂农民,农民是啥?农民就是你给他办好事,他还要骂你。我联系到郭校长在两校美化校园,知识分子也像农民那样骂他。有个副校长对一个四川籍处长说:"你那个老乡整天花花草草,不务正业嘛!"

我在旁边听到这话,很不理解。我在校刊开专栏,有意命名《紫藤园夜话》,明确表明就是纪念郭校长主持建成的紫藤园、木香园、喷水池。我的校园随笔集,书名仍是《紫藤园夜话》,从书的开头,"紫藤园"就成为西大一个美好的符号,大家都爱用,直到刘炜评搞的这个二百多人的"紫藤园书友会"。

最后我说一下墙里开花墙外红的陈直,他原是天水银行的职员,侯校长把他挖到西大,却一直是讲师。侯校长学术地位高,总是低看别人,就像姚明,看别人都是低个子。他说过,给陈直个讲师就够了。北大，东北大学，请陈直讲学，就是讲师身份。后来不知什么时候提为副教授。1980年我去上海华东师范大学进修，听程千帆讲课，专门介绍陈直的《史记新证》和治学方法，佩服得不得了。有个兰州来的研究生对我说，他听赵俪生做学术报告，称陈直是西北史学界的一面旗帜。我当即把这些信息写信告诉姜秉正，让他转告郭校长。陈直终于在去世前，在郭校长手里成为教授，正的。陈直在林剑鸣协助下培养的一批研究生，如黄留珠、周天游、余华青，他们都在秦汉史方面取得显著成绩。

1985年，郭琦校长调离了西大。他在西大八年耕耘，留下了深深的脚印。我也沿着他指引的路子继续前行，一步一步走上学校的主要领导岗位，差强人意地干了十年。我心里明白，这一切都是郭琦校长栽培的结果。我会永远铭记他的知遇之恩！

2024年12月23日

序二

怀念·感激

张维迎

我是1978年4月份进入西北大学经济学系（当时叫"政治理论系"）读本科的。本科毕业后，我又考上了何炼成教授的硕士研究生。在我读本科和研究生期间，郭琦先生任西北大学校长，一直是我们同学茶余饭后聊天的重要话题。我们入学不久，同宿舍一位曾在省政府机关工作过的同学就告诉我们，郭琦校长是一位从延安走出来的老革命，也是一位很有名气的哲学家，工作能力强，在陕西很有影响力。我们都对西北大学有这样一位校长引以为豪。

77和78级同学们思想活跃，老给校领导出难题，郭琦校长经常与学生对话，化解矛盾。他不以权压人，讲的道理让同学们口服心服。中文系同学办了《希望》杂志，郭琦校长从有限的校长经费中拨款资助，当办杂志的同学受到压力时，他还出面力挺。《希望》杂志被迫停刊后，经济系78级一位同学申请退学表示抗议，引起轩然大波，经郭琦校长苦口婆心说服，他撤回了退学申请（但后来他还是因为另外的原因退学了）。这些在当时都是校园里的佳话。郭琦校长还抽时间给全校学生作大报告。他既讲国家的大形势，也讲学校的建设和改革，还教导我们如何不虚度大学时光。他讲话带着四川口音，激情澎湃，言之有物，逻辑性强，时而引经据典，时而妙语连珠，总能给听众留下深刻印象。毫不夸张地说，听他的报告是一种享受。

在本科阶段，我是个不"闹事"的学生，也没有什么引人注目的表现，自然不会引起郭琦校长的注意。但在读研究生期间，由于一篇文章惹出的麻烦，我与郭琦校长有过一次面对面的交流。1983年8月9日，《中国青年报》发表了我的《为"钱"正名》一文。这篇文章是针对当时社会上对金钱的负面看法写的。我在文章中写道："在商品经济下，钱是社会的奖章，得到钱，意味着你对社会作出了贡献，你完成了社会分工所赋予你的任务，社会对你予以嘉奖……获得钱，类似荣获战场上的英雄纪念奖章。"我还写到，中国的改革开放"要求我们几千年所形成的价值观念也来一个根本性转变"。

文章发表后没过多久，全国兴起了"反精神污染"运动，我这篇文章就成了批评的对象。面对报刊上连篇累牍的批评文章，校园也组织了多种形式的"讨论会"，有些文章和发言上纲上线，火药味十足，我还是蛮有压力的。有好心人担心我的学业受到影响，甚至说搞不好我可能被开除学籍，建议我找郭琦校长聊聊，看看他怎么说。当我忐忑不安地走进校长办公室的时候，郭琦校长面带笑容，让我坐下慢慢聊，这让我一下子轻松下来。他说，文章发表后有不同意见，这很正常，也说明你有自己的独立见解。你的观点对不对，大家讨论讨论对你自己深化认识也有好处，但你不要有压力。我问他是否需要我写检讨，他说不要写检讨，不要急于表态，不要自己给自己扣帽子，但如果有了新的认识，欢迎你再写文章。在我走出他办公室的时候，他反复叮咛我，千万不要有压力，不要因为这件事影响正常的学业。与他谈话之后，我轻松了不少。我有预感，郭琦校长是会保护我的。这次风波持续了几个月，我确实没有因为这篇文章受到任何形式的处分。我顺利完成了研究生学业，分配在国家体改委工作。

读过《千帆过尽一书生：郭琦口述历史》后，我才知道，郭琦校长当时面临的压力并不比我小，说我可能被开除学籍的话也并非空穴来风。在我见他之前，陕西省委科教部部长赵长河曾给他打电话，说张维迎的文章造成了极其恶劣的影响，这个学生必须开除。郭琦校长针锋相对反驳，赵长河气得把电话摔了。部长说话不管用，就由省委书记亲自上阵！主管教科文的省委书记章泽把郭琦校长叫到他办公室，批评他反应太慢，说这样的学生必须开除！郭琦校长据理力争，说不能跟风，不能因为一篇文章就开除一个学生。他们的"商量"不欢而散。回到学校后，郭琦校长与西北大学其他校领导达成两点共识：第一，不搞批判，但展开讨论。第二，不要学生做检讨，这是原则。这样看来，他与我见面时谈的，既是他个人的意见，也是校领导集体的意见。

现在回想起来，还真有点后怕。如果郭琦先生是一个唯上是从的校长，没有自己的主见，没有学术自由的理念，没有对学生的爱，我肯定无法继续完成西北大学的研究生学业，我将不是今天的我。他并不是保护作为个体的我，而是为大学的学术自由立规矩。当然，他敢于抗命，也是因为他有底气！

《千帆过尽一书生：郭琦口述历史》讲述的是郭琦先生本人的故事，传达的是他作为哲学家和史学家的理念，作为一代教育家的理念。35年前，他离开了我们，但他的理念没有过时！他的浩然之气永存！

希望中国有更多像郭琦先生这样的教育家！

2024 年 12 月 27 日

说 明

1989年10月，郭琦应同事之约，拟将其从事高等教育工作凡逾三十年之得失成败、经验教训行之于文。遂邀同事张安民①先生、田岗②先生、贺克毅③先生、姜秉正④先生、蔡光

---

① 张安民（1929—2013）：教授。陕西师范大学历史系副主任、教育系主任兼教育研究所所长，中国教育学会理事，中国高教学会理事，陕西省教育学会副会长，陕西省高教学会秘书长，西北高教管理学会副会长，陕西省高教管理学会副会长，国家教育科学规划领导小组成员，陕西省人民政府教育咨询委员会委员。

② 田岗（1926—2020）：教授。历任陕西师范大学政教系、马列主义教研室教师，校自然辩证法教研室主任。

③ 贺克毅（1940—2012）：历任陕西省科技情报研究所所长、中国情报学会常务理事、中国科技史学会地方科技史志研究会常务理事、中国期刊协会理事、陕西省图书情报高级职称评委、《情报杂志》主编、研究员、编审。

④ 姜秉正（1935—）：教授。历任西北大学党委常委，法学系主任，宝鸡师范学院院长，中国太平天国史研究会常务理事、副秘书长，《中国城市史》丛书编委会主编。出版专著计有：《研究太平天国著述综目》（书目文献出版社1984年出版）、《香港问题始末》（陕西人民出版社1986年出版）、《澳门问题始末》（法律出版社1991年出版）、《中国早期现代化蓝图》（西北大学出版社1992年出版）、《从屈辱到自强》（宁夏人民出版社1998年出版）。

澜①先生于西安朱雀路寓所，竟日倾谈，由贺克毅先生录音，计一十六盘，凡一千两百七十分钟，后经整理成文字四十余万言。越年郭琦仙逝。又四年，郭琦同事姜秉正先生依1989年10月口述历史，撰成《努力把学科办出水平来——谈郭琦教育思想与实践》一文。再十六年，由西安出版社社长张军孝②先生倡导，张岂之③先生主编的《思念中的郭琦校长》一书，收录了匡燮④先生、薇林⑤先生据所存贺克毅先生录音，删繁就简，择其精要，编成《我的高教三十年——郭琦教育思想口述实录》，计八万余言。姜秉正文，匡燮、薇林文，俱源出于郭琦1989年10月口述历史录音，然终是或囿于文章体裁、主题，或限于篇幅，未能呈现郭琦口述历史录音全貌。

郭琦1989年10月口述录音，既有关于新中国成立后三十余年高等教育中，教育理论层面的深沉反思，详尽客观的实践经验总结；更有对其一生自开蒙之日起，所遇、所识、所交教育界诸多师友同侪，对走上革命道路之后战友、同志们的深情追忆。对其中人物，或详或略，评骘允当，见解深邃；同时，

---

① 蔡光澜（1941—2020）：西安文理学院教授。

② 张军孝（1953—）：西安出版社社长、编审。长期从事中共党史、中国革命史研究工作。

③ 张岂之（1927—）：西北大学名誉校长。历史学家、思想史家、教育家。荣获"国学终身成就奖"。

④ 匡燮（1942—2021）：散文家、书法家。

⑤ 薇林（1943—）：陕西人民广播电台主任编辑。

亦旁涉其家族数代渊脉；个人所受教育之背景；1930 年代从事抗日救亡活动，投入 20 世纪伟大的共产主义浪潮之中的心路记述；也有从事小学、中等师范教育工作并在教育行政单位的管理工作经历。他在或严肃、或幽默，张弛有度、妙趣横生的口述历史中，勾画出了一幅从 1920 年代中期到 1980 年代中期，半个多世纪中国教育领域的别样画卷，呈现出了郭琦这位从 1930 年代国统区的一名国立小学教师、中等师范学校学生、高等学校学生，到陕甘宁边区中等师范学校教师，再到新中国高等教育领域一位管理工作者，在半个多世纪的中国教育大转型、大变革时期，对中国教育事业的追求与坚守，时代印记鲜明。

2022 年，恰逢郭琦 105 周年诞辰，重新整理一遍较为完整的郭琦 1989 年 10 月口述录音，撰写成《千帆过尽一书生：郭琦口述历史》，是为作者夙愿。今终成稿，想来郭琦泉下有知，亦当欣慰。

郭彤彤谨识于韦曲皇子坡北侧
2022 年 1 月

引 言

我在高等学校工作了三十年,过去的一些同事,说我是学者型的领导干部。其实呢? 我不同意大家对我的这种看法。我也知道,我这个人,有时候外行看我,是内行;内行看我,则是外行。人家说我是学者型领导干部,那是给我戴帽子,说好听话呢。啥叫学者型的领导干部? 我看实至名归的同事里面,孙达人①、张岂之,年龄再大一些的侯外庐②、张伯声③、岳劼

---

① 孙达人(1935—):教授。历任中国科学院历史研究所实验研究员、陕西师范大学副教授、中国农民战争史研究会副会长、陕西省社会科学界联合会副主席、陕西省副省长。著有《中国古代农民战争史》等。

② 侯外庐(1903—1987):原名兆麟,又名玉枢,自号外庐。马克思主义历史学家、思想家、教育家。编著有《中国古代社会史论》《中国封建社会史论》《中国思想通史》《宋明理学史》等。侯外庐毕生致力于马克思主义历史科学的民族化,为 20 世纪中国马克思主义史学的确立和发展作出了大量开拓性贡献。

③ 张伯声(1903—1994):又名遹骏。构造地质学家、大地构造学家、地质教育家。中国科学院资深院士,中国地质学界五大构造学派之一"地壳波浪状镶嵌构造学说"创始人。

恒①，他们做过行政领导工作，又是货真价实的学者，说他们是学者型领导干部，中肯。

那么，我是什么样的人？

万金油。

这可不是自谦。

我经常公开讲，我是个万金油，很客观了。万金油，褒的意思，贬的意思，都不大好说清楚，万金油倒客观。

我为什么认为自己是万金油呢？

很重要的一点是，我喜欢读书，求知欲强一些，长期养成了一个读书的习惯，最多是个读书人，根本谈不上什么学者型。

作为一个从事多年高等学校管理工作的人，我考虑有三句话可以概括我：

第一，知识面还算稍微广一点。

第二，有一定的组织能力。

第三，重视人才。

我就是这样一个 1930 年代中期参加革命的老干部。

……我这一生，主要从事的是教育工作。十九岁从四川省立

---

① 岳劼恒（1902—1961）：物理学家、教育家。曾任西北大学校长（代理）。毕生从事络合物光学研究和物理学教学工作。在旋光学应用于物理化学的研究中，发展了 P. 觉布的连续变化法，研究了酒石酸金属离子络合物的组成和稳定度，创出络合物光学研究的新途径；50 年代继续这一工作，拓宽了络合物光学研究的领域。为中国培养了几代科学人才，为西北大学的建设和发展作出了重要贡献。

第一师范学校毕业，1936年吧，我到成都土桥小学做小学教师，干过几天教导主任，虽然时间很短，但也算是有过小学教师和小学的粗浅管理经历；1942年仲秋，我从延安中央研究院①去往

---

① 延安中央研究院：该院前身是1938年5月5日成立的马克思列宁主义学院。其任务是培养中国共产党的理论工作干部和宣传工作干部。1941年7月，马列学院改组为马列研究院。同年8月改名为中央研究院，张闻天任院长，副院长为范文澜，实际工作由中共中央宣传部副部长李维汉主持。1941年12月17日，中共中央通过了《关于延安干部学校的决定》，明确规定中央研究院为培养党的理论干部的高级研究机关，直属中共中央宣传部。中央研究院下设研究指导处、总务处以及9个研究室：中国政治研究室、中国经济研究室、中国文化思想研究室、中国教育研究室、中国文艺研究室、中国新闻研究室、中国历史研究室、俄语研究室、国际问题研究室。此外，中央研究院还设有图书馆和俱乐部。中央研究院的研究人员主要由两部分组成：大部分是原马列学院留下的同志，少部分是由延安其他单位选送并经过考试择优录取的。从年龄上看，20岁到30岁的占79%。从学术水平上看，分为研究员和研究生两类。研究员的任务是独立进行研究工作，其中过去已经有一定学术地位的同志被定为特别研究员。他们的工作职责和研究员相同，只是在生活待遇上得到一些优待。研究生的任务是边学习边工作，开始以学习为主，逐步走向独立工作。研究工作的具体任务是系统周密地研究我国经济、政治、军事、文化等各方面的现状；有组织地研究近百年的中国史，先做经济史、政治史、军事史、文化史几个部门的分析和研究，然后做综合的研究。中央研究院的治学方针是"大、变、化"三字："大"是指志向要大、决心要大；"变"是指学习方法要变；"化"是指联系实际，具体应用，也就是马列主义中国化。中央研究院的研究工作分室进行，专家指导，边学习，边研究。各室都制订了各自的研究计划。这些计划具体规定各研究室的研究目的、研究任务、研究方法、研究步骤、人员分工、时间安排以及组织和会议制度等。各

绥德师范任政治和史地课教师、教务科长,到 1946 年早春,三年多时间;再到 1957 年从中宣部高教处调到西安师范学院,后又到新组建的陕西师范大学工作,直到 1985 年 4 月离开西北大学顾问的岗位,有二十八年。其中大概有十年时间,从 1946 年 6 月到 1957 年 4 月,虽然我没有在具体的哪一所学校工作,但我在行政机关(中共中央西北局宣传部干部理论教育处、中共中央宣传部高教处)从事的也是相关的教育规划、管理工作。其中 1952 年有八个月去往兰州,在西北师范学院兼职党委书记,还兼着一个西北局派驻西北民族学院工作组组长的工作。我在兰州八个月,主要负责甘肃地区高等学校知识分子的思想改造运动,搞"三反",打老虎,清党,改造思想。

从我大概的履历上看,我一生基本上都是和教育打交道。

当然,我重点是要围绕着我在高等学校二十八年的教育实践工作来谈。但讲这个问题,势必要牵扯到我个人的一些情况,

个研究室对于各项研究任务都是有分工、有讨论、有总结。研究室的主任既参加指导工作,也参加日常研究工作。相对于其他人员,中央研究院研究人员的生活待遇还是不错的。早上能喝到豆浆,一星期能吃到一两顿肉和馒头。除了生活费用保障之外,没有任何薪金。即使如此,研究人员还是进行了不少卓有成效的研究工作,取得了不少成绩。1943 年 5 月 4 日,中央研究院改为"中央党校第三部"。中央研究院从建立到取消建制,前后不到两年时间。延安中央研究院虽然存在历史不长,但作为中国近代文化转型后期建立的人文科学和社会科学研究机构,作为当时我党在延安的最高研究机构,作为中国革命后期特有的一种文化现象,在中国近代文化转型的历史上占有重要地位。

如家庭情况、受教育情况、参加革命后所从事工作的情况，谈这些的目的，是为我后来所从事的高等学校工作，交代出一个背景。我个人认为，它很重要，是我近三十年从事高等学校教育工作，在管理思路方面、教育实践方面的一个原因。这些个原因，基本上由十三个问题构成，是为上篇。

上篇有十三个话题，分别是：祖辈；学校；宣传；阅读；接触；认识；群众；组织；救亡；鲁艺；川大；延安；机关。我讲的这十三个话题基本上囊括了我四十岁前的大部分经历，大的框架是遵循着时间线索来展开，未免琐碎了一些——希望从我这些琐碎的讲述中，使大家对我们这一代人在那样一个时代大潮中，选择人生道路的过程能有些直观的、客观的了解和印象。最后有一个结语。

下篇将上篇的第九个问题的后半部分做了结语，是可有可无的废话。下篇我准备谈九个方面的话题，主要围绕我在陕西师范大学和西北大学两所学校一共二十八年的教育工作实践来讲。九个方面的话题是：人才；环境；科研；培养；教学；依靠；管理；团结；超脱。

这些话题基本的形成、涉及面是我工作过的陕西师范大学和西北大学。如上篇以时间为线索来讲的话，效果恐怕不是太好。我认为重要的是讲清楚这九个问题。而对这些问题的思考，源起于1981年我写的一个简要提纲，名字叫《三十二年来高等教育的回顾》。实质上，还是有关我从事高等教育管理工作实践的回顾、总结、反思，希望能为以后从事高等学校教育工作的同志们提供些许借鉴、启发,尤其是我在高等教育管理工作实践中的诸多不足、失误之处,亦可引以为戒。

目 录

上篇 琐忆

（一九一七——一九五七年）

祖辈	/ 3
学校	/ 16
宣传	/ 35
阅读	/ 51
接触	/ 93
认识	/ 105
群众	/ 127
组织	/ 166
救亡	/ 192
鲁艺	/ 227
川大	/ 253
延安	/ 334

| 机 关 | / 364 |
| 结 语 | / 388 |

下篇　大学

（一九五七——一九八五年）

人 才	/ 393
环 境	/ 449
科 研	/ 462
培 养	/ 495
教 学	/ 522
依 靠	/ 531
管 理	/ 542
团 结	/ 553
超 脱	/ 568

| 后 记 | / 586 |

上篇 琐忆 一九一七——一九五七年

郭琦 1951 年 5 月参加全国宣传工作会议留影

祖　辈

1917 年 7 月 4 日，我出生在四川乐山牛华溪镇（今乐山市五通桥区牛华镇）。

牛华溪镇其实是现在的叫法，当地人一般叫流花溪。因为镇后面有一条河，就叫流花溪。

牛华溪现在名气不大了，不过说起来，它那个麻辣烫、跷脚粉蒸牛肉还可以，至今仍有些名气。但在清末的时候，牛华溪可不得了，全国四大名镇之一，和广东的佛山、河南的朱仙镇、江西的景德镇齐名。佛山是手工业，朱仙镇是年画、版画，景德镇当然就是瓷器，这个牛华溪呢——盐业。那时候，牛华溪到处都是井灶，产量大得惊人，整个四川第一大场就在这里，叫"五通厂"。牛华溪的盐业，覆盖了犍为、乐山、井研、仁寿，被叫作"犍乐盐场"①。

牛华溪的郭家，是在我曾祖一辈，从眉山县（今眉山市）太平场迁来的。

我曾祖的父亲，也就是我的高祖，叫郭钦俸，高祖的父亲郭培英，是从江西吉安府泰和县迁到了眉山县。

郭家迁来以后，就以开布庄染坊为业，说不上惨淡经营，但也富不到哪里去。因为我高祖的父亲郭培英开布庄的时候，

---

① 犍乐盐场：产盐始于秦。蜀郡太守李冰在牛华红岩子凿井造盐，此为五通桥盐业生产的历史渊源。唐宋时在王村、马踏井一带凿井煮盐。从明代开始，随着"卓筒井"技术不断提高，乐山所属井研、犍为盐业发展渐渐兴旺。元明时称嘉定府犍为县五通桥一带盐场叫永通厂。永通厂盐井逾万口，居全川之冠。清初时在王村井制盐的"永通厂"因盐卤枯竭、燃料缺乏、运输困难而日益衰落，盐商们另寻出路，先是在牛华溪的红岩子开井，继而向吴家山、沙湾头一带延伸，逐渐成为产区中心。清乾隆九年（1744），官府将乾隆元年设在马踏井的盐务通判改在牛华溪设盐课司大使署，始称乐山盐场。接着又有商民在红豆坡骡子山开办老山坡盐井（口传为犍厂第一口井）。于是红豆坡、灰山井两地成为犍厂产区中心。后又一路向西发展至青龙咀、杨柳湾、柑子桥；一路向东发展至顺河街、卤店儿、金银坎，称之为犍为盐场。乐山盐场与犍为盐场合称"犍乐盐场"，与"富荣盐场"等并称四川四大盐场。犍乐盐场所产盐称"犍盐"，远销云南、贵州、湖北一带。清道光年间，五通桥盐业达到极盛，井盐产量居全川之冠，时称"川省第一场"。当时，四川盐场不少，但规模和数量都比不上犍乐盐场。因此，有人认为在清朝道光以前，四川真正的盐都应是五通桥，而不是自贡（旧称富荣盐场）。民间流传的"金犍为，银富顺"，金犍为就是指五通桥，因当时犍为辖五通桥。

清末民初四川第一大盐场"犍乐盐场"之一

清末民初四川第一大盐场"犍乐盐场"之二

洋布已经在市场上开始流行了,你不做布匹的外贸生意,怎么能行呢。虽然生意不温不火,但我的高祖郭钦俸却喜欢和当地的读书人交往,他不富有,可性格中做事情上任侠好义。郭庆琳[1]、杨卫星[2]、王铭新[3]修纂的《民国眉山县志》上记载说他是"家贫,然好礼士,遇人有急,辄施予"。

郭钦俸有两个儿子,郭肇修、郭肇武。他们兄弟,老大是我的伯曾祖,老二是我的曾祖父。

我的曾祖父郭肇武从小读书,后来得了举人功名,终身以开馆课徒为业。而他哥哥,也就是郭肇修却一直随伺父亲左右,经营布庄、染坊生意。

有一年,我曾祖郭肇武去成都参加秋试,家里只剩下我的伯曾祖郭肇修和他父亲两个人。

过了几天,有个姓黄的老人到我曾祖父开的学馆来,说自

---

[1] 郭庆琳:生卒年不详。清代末期举人,曾任眉山县视学。
[2] 杨卫星:生卒年不详。曾任眉山县修志局局长。
[3] 王铭新(1862—1935):字又新,又名应铭。1902年乡荐中试,次年任四川东文学堂监督。1904年率该校毕业生赴日本留学。1907年回国,任四川铁道游学预备学堂监督。此后,任潼川中学堂监督。1911年参与成都保路同志会。1913年任富顺县知事。1916年任眉山县知事。1920年任大邑县知事。1924年离职,寓居双流。1929年回温江任县立中学校长。1934年任宣绥专署专员兼达县(今达川区)县长。有《修身学》《中国伦理学》等专著存世。

已病了，看能不能在学馆里调养调养。我的高祖郭钦俸见老人这个情况，就让我的伯曾祖郭肇修不要再照应布庄染坊的事儿了，陪老人住到学馆里头专门照顾。我伯曾祖听话，尽心尽力地服侍了这个姓黄的老人几个月。

黄姓老人病愈后，临走的时候，劝我伯曾祖要好生读书，不要再做布庄染坊生意了。

我伯曾祖郭肇修这时候已经27岁了，他听了老人的话，开始读书。三年后中了秀才，没多长时间又中了举人。然后呢，刚刚接了张之洞的班出任四川学政的谭叔裕[1]见到他写的诗，赞赏有加，认为我伯曾祖郭肇修的诗文"近赵瓯北"[2]。

谭叔裕评价我伯曾祖的这四个字可了不得。

一来，伯曾祖是个乡下人，读书也没有几天。

二来，赵瓯北（赵翼）是什么人？是和袁枚、蒋士铨并称为"乾嘉三大家"，文坛领袖级的大人物。"李杜诗篇万口传，至今已觉不新鲜。江山代有才人出，各领风骚数百年。"这就是赵瓯北写的。现在，四川学政谭叔裕突然对一个乡下小子，说出这四个字，其中的分量不言而喻。

---

[1] 谭叔裕（1846—1888）：字宗浚，广东南海人。十岁工俪文，年十六中举，后中进士。历任翰林院编修、云南按察使、四川学政。撰有《希古堂文集》。

[2] 乐山县志·卷八·人物·三十八。

眉山縣志 卷十一 人物志二 列士六十六

藉官府一言以市其私先是藍逆困眉城雲菴捐金四百購戰守
其爲州人倡城賴以完又出穀數百石集城鄉之流散者子孫帶
能承其家有聞於時
黃中有修文場人以農業起家好施與里中待之舉火者常數十
家歲貢徐光烈增生劉傑初家貧中有愛其好學時助膏火者贈
蒸歲貢有文譽所作多傳誦一時居年延礪楔行夏不扇冬不裘
語言不怒設帳數十年得士稱盛
郭欽伾字祿田太平場人父培英康熙間山江西吉安府太和縣
遷眉貿布爲業好禮士遇人有急輒施子子二長肇修早廢學從
賈次肇武入庠授徒設館於鄰某歲武應秋試修爲代適有黃某

民国本《眉山县志》载郭琦高祖禄田公小传之一

客遊至其地老且病踵館求振欽俸命修厚遺之累月不倦病金
黃盛甚日為講解讀書法勸修從學時修年二十七矣始從事發
憤以高材生調入尊經書院舉明經監聲藝林著作宏富俗有老
泉之譽欵俸生平不妄交既訂交自首如新中年寶選居樂山牛
華谿距眉百餘里議必躬親省墓七旬後始遣子代行年將九十
猶及兒長孫逝桌邪副貢
李化楠文生城北人父舍陽早故母唐氏凤以慈厚為敦化楠遵
訓施濟不居其名族隆有不能嫁發喪葬者輒周之值漢遊覽眉
捐金千餘助軍餉又於裘濟院捐田十畝州牧余匯延旌其闾光
緒中子若埜登進士第

李若埜字應乾幼秉厚寡言故又字訥然祖母唐氏獨鍾愛之長

眉山縣志 卷十一 人物志二 列七六十七

民国本《乐山县志》载有郭琦伯曾祖敬五公条目

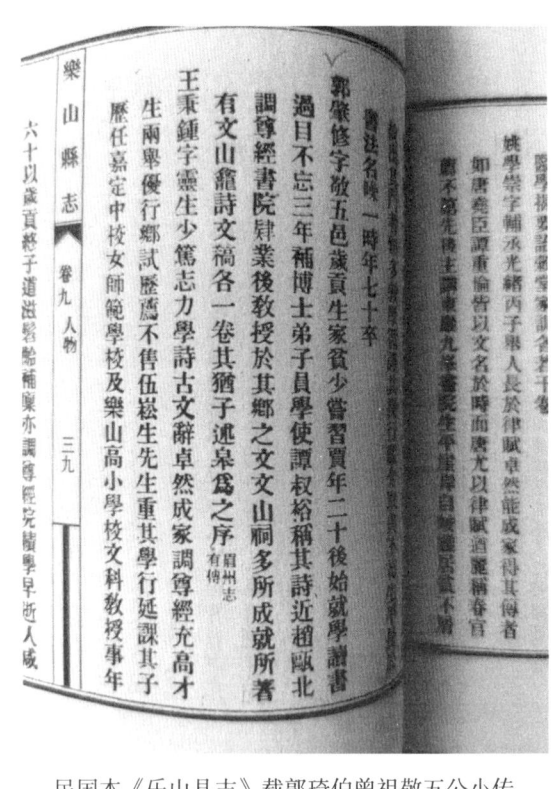

民国本《乐山县志》载郭琦伯曾祖敬五公小传

谭叔裕不仅夸我伯曾祖,还把他推荐到了刚刚出任张之洞创办的成都尊经书院山长的王闿运门下。

这样一来,我伯曾祖就到了成都,从学于王闿运,算是入室弟子。

王闿运^①后来离开成都尊经书院去长沙,我伯曾祖郭肇修也就回到了牛华溪和我曾祖父继续教书。伯曾祖跟随王闿运这一时期,除了在诗文方面继续努力之外,他在今文经学方面,特别是在《公羊传》上,下了一番大功夫,只是他在这方面留下的文字不多,也就是他的学生赵香宋^②、郭沫若在《香宋诗前集》《沫若文集》里略有记述。

我伯曾祖身后留下了《文山龛诗文稿》两卷,刊行的时候,我祖父郭述皋,就是他的侄儿作了序。

曾祖父、伯曾祖父这些事情,在民国年间编修的眉山、乐山县志里有记载。总的来说,我的家庭是从开布庄染坊为业,

---

③ 王闿运(1833—1916):晚清经学家、文学家。字壬秋,又字壬父,号湘绮。1880年入川,主持成都尊经书院。后主讲于长沙思贤讲舍、衡州船山书院、南昌高等学堂。著有《湘绮楼诗集》《湘绮楼文集》《湘绮楼日记》等。

② 赵香宋(1867—1948):名熙,字尧生,号香宋。蜀中五老七贤之一,世称"晚清第一词人"。蜀中传有"家有赵翁书,斯人才不俗"之谚。光绪十八年中进士,殿试列二等,选翰林院庶吉士。次年,应保和殿大考,名列一等,授翰林院国史馆编修,转官监察御史。

民国初年四川乐山牛华溪盐务机构旧址

到了我曾祖父一辈转变成了以开学馆教书为生,是清代末期的教书人。

后来,我祖父郭述皋因为父辈的关系,也就不事商贾了,他读了些书,中了举人。但我祖父却也不再教书。他出去做官,先后在云南的文山县(今文山市)当县官,保山做知府。清朝完了,民国初年的四川政局众所周知的很乱,他一开始做了几天四川军政府的秘书长,下台了,又做四川省的禁烟督办,四川省的盐务局长。后面两个工作,俱为肥差,所以我祖父也算是有了钱,在我两岁的时候,他把全家从乐山的牛华溪迁到了成都。

我也从此在成都读小学、中学、大学,直到1940年初夏,奉组织之命,我从成都撤退,二返延安之后,我这一生直到现在,50年了再未有过家乡成都的生活。

学　校

印象中，我小时候的生活，因为祖父的关系，家里的物质条件还很不错。祖父居然给家里置办了当时时髦的电影放映机，在家里可以看电影。我快上小学的时候，1922 年，我五岁，祖父给我请了一位家庭教师，叫吴玖华①，是成都大学（四川大学前身）毕业的。我记得吴老师教我《尚书》《左传》《史记》《汉书》《文选》这些。他也不讲什么意思，就叫我跟着他念，让我背。我小，也不问。背不过的时候，他也不打我，他是新式学校的洋学生嘛。到了一天功课结束，我还是背不会的话，

---

① 吴玖华：1920 年代毕业于成都大学，于 1940 年代初期短暂任职四川省邮政局副局长。

郭琦小时候母亲吴佩琳常常陪他背书到深夜

我母亲就陪着我背。直到背会为止。后来我发现，吴老师这种教学方法挺好，开始背不会，也不知道什么意思，但背着背着，背会了，那些个意思也就大概能明白了。

我小学刚开始读的是成都西城小学，只念了两个月书，公立学校，教学条件、师资什么的不咋样，就去考私立建本小学。我记得上午考语文，下午考算术。

考试的时候，我认识了两个新同学，一个叫金振华①，还有一个姓马，回族人。我们三个在一起摆龙门阵，我说我们三人是满汉回大聚会。一句话，成好朋友了。到下午考数学的时候，金振华没来，数学就是零分。发榜了，我去喊他一起看榜。我问他下午数学怎么没有考。金振华说他不知道下午还考数学。说他不去看榜了，数学都没考，有啥子看头，没得名堂喽。我硬拉着他去看。他到学校门口从最后往前看榜，一直没有他的名字，要看到第一张的时候，他不看了。给我说，他没得考取。小学生，没有考取，也好像没啥负担，我俩就往回走，刚一转身，旁边一个同学说，金振华，你考取喽，第二名。

---

① 金振华：生卒年不详，毕业于四川大学。1949年参与策反其兄国民政府国防部重庆师管区副司令、永川师管区司令金振声起义。新中国成立后长期在高等院校从事教学工作。

虽然金振华数学是零分，但他语文好，作文用文言文写了两千字，满分。小学一年级的娃儿，能写两千字的古文作文，了不起得很。老金和我从此成了小学同班同学、初中同班同学，到高中，我俩分开了。他跑到安徽去，上陶行知办的行知中学，毕业了，一门心思想要考燕京大学，倒是考上了，可七七事变也爆发了，北方打仗，他没得办法只能回成都，考取了四川大学。我俩又见面了，老同学嘛，一见面就亲热得很，啥子话都说。他说，他也想搞救亡运动。我说，那你来我这里搞。老金说，你那个唱歌的搞法，我搞不来。

我就说，我给你写个条子，你去找胡绩伟①，他搞了个星芒社，你爱写文章，合你胃口。

建本小学的校长是川大教授萧仲仁②，是他给金振华排到了第二名。

萧校长是个有本事的人，他的夫人琴弹得好，词也填得好，

---

① 胡绩伟（1916—2012）：1936年7月参加革命工作，1938年1月加入中国共产党。历任成都民族解放先锋队宣传委员，成都《大声周刊》编辑，《星芒周报》主编，成都《星芒报》主编，兼《四川日报》编辑，陕甘宁边区群众日报社副社长、总编辑，新华社西北总分社总编辑，西北军政委员会新闻局副局长，人民日报社总编辑、社长。

② 萧仲仁：生卒年不详。1920年代曾任成都大学教授、成都建本小学校长。

还是写了《吃人与礼教》,把孔子叫"盗丘"的吴又陵(吴虞)的学生,她思想上和她老师很像。

萧校长夫妇原本当教授收入还行,但他讲排场,喜欢洋盘,所以他缺钱,来当小学校长,亲自代课,再挣一份讲课费。

萧校长喜欢穿,请上海裁缝做衣服。还买个大公馆,里面的花园很大,堆有假山、池塘,种着些奇花异草,厅里头还挂着些古画。有一次,我和金振华、邓成泽①两个人去他家耍,在厅里头,萧校长指着墙上挂的画,说是虚谷②画的,刚要开口给我们讲这幅画,金振华小孩子,就把萧校长的话打断了。他说,虚谷画的是装神弄鬼。萧校长也是童心未泯,就问金振华,你家堂屋头挂谁的画。金振华说是王时敏③的。

---

① 邓成泽(1917—1991):1940年四川大学肄业。1936年在成都参加中华民族解放先锋队,1938年春赴延安,在抗日军政大学学习,1938年底经组织分配至成都,从事地下工作。1940年再赴延安,改名邓泽。在泽东青年干部学校、延安中央研究院新闻研究室、中共中央党校三部学习、工作。参与编剧《逼上梁山》。曾担任《逼上梁山》琴师。1949年10月后在川西行署任交际处处长,后参加土改,犯错误,至四川省温江地区农校任职,1980年代获得平反。

② 虚谷(1823—1896):清代画家。与任伯年、蒲华、吴昌硕并称为"海上四大家"。

③ 王时敏(1592—1680):本名王赞虞,字逊之,号烟客,又号偶谐道人,晚号西庐老人。南直隶苏州府太仓人,明末清初画家。

萧校长也不客气，就冲金振华说，回去告诉你家老汉儿，俗气。然后呢，萧校长就把我们轰出去耍了。

我们在他家花园里玩，往池塘里丢石头，打水漂，打荷花，被萧校长看见，老远就发脾气，冲我们大吼，花园里头是要念书的，你们这些土匪，给老子滚出去，快滚。他还真跑过来要打我们，我们也怕真被他抓住了挨打，赶紧跑了。

跑到街上，邓成泽说怪话，老萧胡说哩，花园里头是小姐等着人翻墙进来，私会的地方。

这个事情我印象特别深，到现在都记得萧校长吼我们的那句话，你们这些土匪，花园里头是念书的。

萧校长对我们凶，学业要求也严格得很，他亲自给我们班代课，本来，我上小学，都是新式教育了，萧校长也是新派人物，可他却安排一年级开《左传》这门课，亲自教。《左传》分印成 14 本的小册子，他要求我们一学期包本背完。天天大抽查，他翻到哪一页，叫同学站起来背，背不会，他就拿尺子打手板。我有时候也背不会，被打手板。当时也贪玩，邓成泽从家里拿来个足球，我就整天惦记着到府南河边沙地上踢球，一到上课时，打瞌睡。这天正是萧校长的课，我打瞌睡，一下子栽到了课桌上放着的墨盘里，满脸都是墨，惹得全班同学哄堂大笑。

成都建本小学毕业时的郭琦

一来我平时喜欢和同学们说笑,二来像这种上课打瞌睡,把自己弄成大花脸等事情加起来,同学们就给我起了名字,叫郭宝,说我宝里宝气的。这是成都话,同学们叫我这个外号,没有恶意。后来上中学的时候,我还组织了一个篮球队,就叫宝字篮球队。

话说回来,课堂上萧校长见我这个样子,很生气,他从讲台上下来,一把提溜起我,往教室外的水房奔去,还一路上吼我,凶我。到了水房,他撩水给我洗脸,动作幅度也大,把我眼睛都搞疼了。可末了,他却从口袋里拿出一条手绢,给我擦脸上的水。现在想想,我一脸的墨汁,水房盆里那点水也洗不干净,他又是那么讲究的一个人,手绢都是雪白的,肯定是擦完脸,那手绢也脏了。所以,我觉得萧校长他其实还是个很好的人,对我们学生还是很关爱的,是个值得尊敬的好老师。

在建本小学读书的那几年,背的书多,都是萧校长给我们打了个基础。背得多了,作文也就有了写好的基础。

总体上,我的功课还不错。所以,到1931年的时候,我很顺利地考取了当时成都没有之一、只有唯一的好学校——建国中学。

建国中学是刘文辉①掏钱办的，比刘湘②、杨森③在成都办的私立中学都要好。

学校建在东胜街。东胜街以前有个私立岷江大学，建国中学用的就是它那块地。

考上建国中学初中，需要统一着装，穿童子军制服，打领带，衣服上还有肩章，一人发一个警笛。然后每个学生都得学会唱校歌，我还记得几句歌词：光明灿烂之历史，待吾人而发挥！复民族之地位，建文明之长基……总归呢，因为学校这个校服呀、校歌呀统一搞，建国中学的学生就在全成都出名了。用当时的话说，建国中学出摩登儿啊！

建国中学的校长是姚勤如④，教育家。他来建国中学之前

---

① 刘文辉（1895—1976）：毕业于保定陆军军官学校。1938年任西康省主席。1944年加入中国民主同盟，任中央委员。1949年后历任西南军政委员会副主席，西南行政委员会副主席，全国政协常委，四川省政协副主席，国家林业部部长，国防委员会委员，民革中央常务委员。

② 刘湘（1888—1938）：四川大邑人，民国时期四川军阀，曾任四川省主席、重庆大学首任校长。后病逝。

③ 杨森（1884—1977）：四川广安人，1926年任四川省省长。民国时期曾任军职，参加过长沙会战，追随蒋介石参加内战。1949年12月去台湾。

④ 姚勤如：生卒年不详。教育家。1920年代毕业于北京师范大学，曾任万县中学、重庆联合中学、成都建国中学校长。1928年曾为李宗吾《厚黑丛话提要》作序。

也从事中学管理工作，是万县（今万州区）中学、重庆联合中学的校长。已经很有些中学的管理经验了。姚校长被请来做建国中学的校长，刘文辉是有许诺的，说他只要把建国中学办好，就送他到美国去留学。开学典礼上，他就把刘文辉这个话，给我们都讲了。蛮诚实的一个人。

姚校长办建国中学，的确有思路、有想法。比如说他给我们聘请了老师。当时，开生理卫生课，一般学校也开，但老师都不怎么样，也没有啥子人爱听。姚校长聘的生理卫生课陆老师，是北京协和医科大学毕业的，水平高得很，我们听得很扎劲（感兴趣）。陆老师一边讲课，一边就在黑板上，从头到脚把人体的解剖结构图画出来了。那时候我们学校的老师，基本上都是川大、华西大学的教师。

再一个，姚校长每周一上午，要办一个讲座，大家都得去听，不能请假。

其实呢，周一的讲座是姚校长利用了总理纪念周来搞的。当时，有个规定，全国的机关、学校，每周一上午都要有纪念周这个活动，先是恭诵总理遗嘱，全体起立肃听，然后向孙中山的遗像三鞠躬，再然后机关的领导、学校的校长、训育主任讲话，千篇一律的那一套党化教育，甚至出台了一个《总理纪念周条例》八条，组织、程序、纪律都有具体的规定，僵化得很。实质上呢,对大家起不到任何效果,国民党的那个党化教育,最后还是垮台了。但姚校长说,他搞总理纪念周,八条条例当然要一样不差地执行,但接下来,他没有啥话可训的,他请全国科学界的名人来,给我们训话,开讲座,培养我们从小的科学观念和科学思维,他给全校的学生说,这是具体落实总理遗训。

现在想起来,留给我印象比较深的有这么几位科学家。一个是从德国来成都的数学、物理双博士,中文名字叫韦盼珍,他讲原子的结构,讲原子核里有离子、电子、中子,讲物质不灭,举例子讲蜡烛烧完,看着没有了,可构成蜡烛的物质还在,有办法还原,叫还原反应。这些知识现在看起来不算什么,但在1930年代初,对封闭的成都来说,先进得不得了。还有像贝时璋[①]来成都旅行结婚,姚校长请他来给我们讲细胞学;李四光[②]、丁

---

① 贝时璋(1903—2009):中国生物物理学的奠基人。德国图宾根大学自然科学博士。1948年当选为中央研究院院士。1955年被选聘为中国科学院学部委员。历任中国科学院生物物理研究所研究员、名誉所长,浙江大学生物系主任、理学院院长,中国科学院实验生物研究所、北京实验生物研究所、生物物理研究所所长,中国科学技术大学生物物理系主任,中国生物物理学会理事长、名誉理事长。

② 李四光(1889—1971):中国地质事业的奠基人和领导人,毕生从事地质科学的研究和教育事业。创立地质力学,并以此从理论上推翻了"中国贫油论"。1949年新中国成立后,任地质部部长。

文江①也被姚校长请来。我那时候，上初中一年级，坐在台下听丁文江讲座，以为他能像李四光那样给我讲大地构造什么的。可他一上台，讲他在云南山里头遇到的那些少数民族的事情，讲少数民族语言文字，和地质学不沾边嘛，觉得他是滥竽充数。后来，我才知道，丁文江是那个时期中国少有的百科全书式的大学者，他不仅仅是中国地质事业的奠基人，在地理学、人种学、优生学、历史学、考古学、少数民族语言学方面都颇有建树。我一个初中生，能有多大见识，当时，认识不到丁文江给我们讲座的价值。

姚校长一方面请科学界人士来办讲座，另一方面呢，他请当时四川的一些具有反封建思想的人也来开讲座。

吴虞②就经常来。他来建国中学办讲座，60 岁左右的一个老头了，对我们这些初中娃娃说话风趣得很，海阔天空的，讲

---

① 丁文江（1887—1936）：地质学家、社会活动家，中国地质事业奠基人。1923 年当选中国地质学会第二届会长，1929 年春兼任地质调查所新生代研究室名誉主任。

② 吴虞（1872—1949）：近代思想家，学者。早年留学日本，归国后任四川《醒群报》主笔，鼓吹新学。1910 年任成都府立中学国文教员，不久到北京大学任教。在《新青年》上发表《家族制度为专制主义之根据论》《说孝》等文，猛烈抨击旧礼教和儒家学说，在"五四"时期影响较大。胡适称他为"中国思想界的清道夫""四川只手打倒孔家店的老英雄"。

北京有什么好吃的,他最近写了什么诗,火车是个什么样子,讲胡适说他是"清道夫"。吴虞给我们解释说,清道夫就是扫马路的,但他到建国中学来就不扫马路,因为我们男女合校,是四川第一个男女合校的中学,不用他扫了。吴虞一堂讲座下来,也没有个什么主题。但我们都爱听。我听了他几次讲座,对他那一套感兴趣,就跑到学校的图书馆去借梁任公的《饮冰室全集》①看。恰好碰到姚校长见我借书,就冲我拉个脸,凶我,说小娃儿,看不懂,借什么。我没有吭气,要走,他让我站住。然后他跑到借阅台前面,让管理员拿出一本《厚黑学》②,塞给我。

他是校长,我是学生,我不能不看,就拿着《厚黑学》和《饮冰室全集》回去看。书一翻开,我有点明白了,原来李宗吾这本《厚黑学》的序,是姚校长写的。我就心里有气,你怎么能说我看不懂梁任公的书,看不懂就要看你作了序的书?

然后呢,我就想着哪天要整他一下。

---

①《饮冰室全集》:应为《饮冰室合集》。作者梁启超。内容分《文集》《专集》。其中《文集》包括文700余篇,诗话一种,诗词300余首。《专集》包括《戊戌变法记》《自由书》《新民说》等104种。

②《厚黑学》:李宗吾著。全书通过生活中的实例,生动地展示了轻松处世、灵活办事的技巧和方法。真正的厚黑者是那些十全十美、无与伦比的斗士,这种智慧是他在接受生活挑战和寻求精神平衡中陶冶而成的。

姚校长在学校很有威严,还有好多规矩,大概也没有什么人教,一种自然形成的风气吧。同学们在校园见了姚校长,会恭恭敬敬地停下来,鞠躬问好。他也给我们还礼。这天课间的时候,我正和李国瑜①、邓成泽几个同学打乒乓球,姚校长过来,我们几个就给他鞠躬,问好,他也给我们回礼。等到他走远了一点,我就冲他的背影大吼了一句:姚勤如娃儿,你要到哪里去哦。

嗨!呀!这可不得了,周围的同学,还有老师,全部都一瞬间鸦雀无声了,大家盯着我看,姚校长也转过来,望着我,惊愕得很。

没得人说话,我觉得时间在这时候真的停滞了。

……好不容易,上课铃响了,我赶紧跟着一窝蜂的同学们逃回教室。可是,我屁股还没坐稳,姚校长冲进教室,过来搬我的课桌,虽然我的课桌不大,但他生着气往外搬,出门的时候,还是跟跄了一下。要不是来上课的方叔轩②老师扶了他一把,姚校长非摔倒不可。就是姚校长趔趄的这一下,我不知道

---

① 李国瑜(1916—2005):西南民族学院教授。著有《唐代诗史》《清代诗史》《中国历史要籍介绍》。

② 方叔轩(1894—1982):英国剑桥大学、伯明翰大学毕业。曾任华西大学教授、教务长、校长,四川省文史研究馆馆员。

怎么搞的，又笑出了声，然后全班同学又是一阵哄笑。

我那时候13岁，不懂得轻重，太调皮了，不知道我这样子乱笑，让姚校长下不了台。其实，那时候姚校长也才30来岁，年轻人，火气也大着呢。他把桌子往教室外面一摆，吼我，让我把凳子也搬出来。我还是不知道轻重，就要去搬凳子，方叔轩老师竟把我推开，他搬着凳子出教室，然后，又把桌子挪了挪地方，他往凳子上坐了一下，隔着门看看黑板，冲我和姚校长说，还巴适，看得到板书。

方叔轩老师是个幽默的人，他这么一本正经地说完，把我往凳子上一按，叮咛我好好听讲。我坐到凳子上，还真的就开始听方叔轩老师讲课。

方叔轩老师当时刚从英国剑桥大学毕业，在华西大学做教务长，他后来在1940年代做过一段时间的华西大学校长。姚校长请他一周来给我们这个年级上四堂课。

方叔轩老师上课总爱夹杂些英文来给我们上课。我呢？英文又一直都不好，家里有吴玖华老师补课，也不行。所以大多数情况下，听他的课打不起精神。可这一天坐在教室门口听课，我倒听得扎劲得很。下课的时候，我的桌子挡住了同学们的路，方叔轩老师站在我旁边说，你再喊勤如娃儿过来搬桌子，挡住路了。

我心里清楚，这是他取笑我，但也没有什么恶意，所以，我俩都笑了。到快上下一堂课的时候，姚校长来了，他也不说话，又把我的桌子搬进了教室，我帮着他把凳子也搬进教室，他还说我有眼色。然后，他把桌屉里我的书包拿出来，亲自给我背上，搂着我肩膀出教室，走到学校大门口，送我出校门，告诉我，你喊你屋里头老汉儿来，记你三大过，懂得不，三大过，一个学生记了三次大过，就是被开除了。你走好。回屋里头告诉你家老汉儿，到学校给你办退学手续。

　　我回去，给家里人说了，挨了一顿打。家里人带着我下午又回到学校，见姚校长。姚校长给我家里人说，记我两大过、两小过。

　　我还以为我真被开除了，原来是姚校长吓我呢。

　　过了几天姚校长把我叫到校长室，问我知道不知道为什么没有记我三大过开除我。他也不等我回答，就又接着说，是邱仲广①替我求的情，才没有开除我。邱仲广老师是留美、留德的音乐学博士，刚刚回国，姚校长花重金聘请来给我们带音乐课。我比较喜欢邱仲广老师的音乐课，他带我去过他和叶伯

---

① 邱仲广：毕业于美国阿柏林大学。1930年代初期在成都建国中学、中央大学从事音乐教育工作。1937年后在重庆清华中学、成都东方美术专科学校担任音乐主任。1949年后任东北音乐专科学校、沈阳音乐学院教授。

和①、张伯农②、叶胜男③几个人组织的成都第一支西洋管弦乐队"海灯乐社"④，他们这个乐社九一八事变之后，在成都搞了几次义演，演过贝多芬的《英雄交响曲》《田园交响曲》，以此来激发民众的抗战热情，我也去参加过。但其实效果却不好。一来，他那个西洋的管弦乐队去不了场坝；二来，当时成都的老百姓听贝多芬、海顿还难有共鸣。

---

① 叶伯和（1889—1945）：文学家、音乐家。毕业于日本东京音乐学院。1910年代中期任四川高等师范学校音乐科主任。1920年代初期出任成都通俗教育馆音乐室主任。是中国西南地区当之无愧的新音乐启蒙者、奠基人。著作有《中国音乐史》等。

② 张伯农（1896—1971）：北平高等师范学校毕业。华西大学教授。中国第一把小提琴制作者，中国第一台"万分之一化学分析天平"的制造者。1951年，辞去华西大学教职，到成都新力仪器厂任工程师，至1963年退休。先后在重庆建工仪器厂、重庆度量衡厂、重庆化龙桥机器厂、成都乐器厂任工程师。这期间，张伯农不仅继续改进天平的工艺，尽量提高天平的产量，而且，还设计制造了电孵箱、显微镜、电扇电阻箱等科学仪器，并为各厂办起了实验室，培养了大量的技术人才。

③ 叶胜男：生卒年不详。钢琴家。文学家、音乐家叶伯和长女。

④ 海灯乐社：文学家、音乐家叶伯和1932年发起、成立的成都第一家西洋音乐社团。海灯乐社中的"海灯"二字系谐音奥地利音乐家、维也纳古典乐派奠基人"海顿"。海灯乐社成立后，每个周末在叶伯和家中排练，平时在学校与电台演奏贝多芬、海顿、柴可夫斯基等大师的名曲。1937年抗日战争全面爆发后，海灯乐社为成都抗日军人演出了弦乐重奏《英雄交响曲》，为川军出川抗日壮行。

郭琦在成都建国中学读书时组建的"宝"字篮球队,和球队同学合影。前排左一为郭琦。

姚校长给我说，他不能不给邱仲广老师面子，你娃儿运气好。

然后再也不提我犯错的事情，就问我看李宗吾[①]的书了没，他写的那篇序认真读了没有，《饮冰室合集》看到哪儿了。让我给他讲讲。我都忘了当时怎么给姚校长讲的，乱说一气吧。可是，30多年后，1968年我的工作单位陕西师范大学派人到四川外调我的"罪行"。外调材料上讲，我上初中的时候，就不革命，只谈改良，不谈革命。说是当时校长在全校大会上就这么表扬我了。

姚校长在全校大会表扬我读梁任公的《饮冰室合集》，讲我作为一个初中生，有报效国家的理想，这是事实。可我那个年纪，哪儿来的什么改良思想，革命思想更没有了。

[①] 李宗吾（1879—1943）：原名世铨，后改名世楷，字宗儒，毕业于四川高等学堂（四川大学前身）。中国近现代思想家、教育家、革命家。李宗吾为人正直，为官清廉，虽然其职位油水丰厚，但离任时却清贫潦倒。1912年，以奇书《厚黑学》惊世，并自号"厚黑教主"，被誉为"影响中国20世纪的20位奇才怪杰之一"。著述涉及哲学、社会学、心理学、教育学、物理学、经济学。主要著作有《社会问题之商榷》《中国学术之趋势》《心理与力学》等。

宣 传

我刚上初中的时候,九一八事变爆发。

我是怎么知道的呢? 还是因为姚校长的原因。大概是1931年12月中旬的"总理纪念周"那一天,他给我们请来了一位姓姜的东北大学流亡青年教师做演讲,姜老师看起来30岁左右的样子。后来我知道,他是来投奔姚校长的,过去他们在北京一起念过书。

姜老师给我们讲九一八事变①,讲日本人怎么在东北飞扬

---

① 九一八事变:亦称作奉天事变、柳条湖事件。1931年9月18日日本驻中国东北地区的关东军突然袭击奉天(今沈阳),以武力侵占东北的事件。九一八事变是由日本蓄意制造并发动的侵华战争,是日本帝国主义企图以武力征服中国的开端,是中国抗日战争的起点。

跋扈，欺负中国人。他讲，日本兵刚刚进沈阳，到老百姓家里，不敲门直接用脚把门踹开，进去就打人，抢东西。姜老师讲，他有个亲戚，在兵工厂上班，里面存的武器够装备10个师，厂里300多名工人，被日本人全部枪杀了。在沈阳机场，驻军和警察排着队投降，个别士兵稍有动作，日军就立即开枪击毙；对当官的，像古北口镇守使韩云鹏，日本人在大街上直接就把他杀死在汽车里。沈阳大北门一带，日本人挨家挨户搜查，只要查出有军衣军帽，一律杀死。在大街上，看着你像个学生或者士兵，或者你穿个马裤之类的衣服，举枪便打，沈阳血流成河，惨不忍睹。然后，姜老师就给我们说，他怎么从沈阳一路扒火车，差点从火车上掉下来摔死，流亡到北平，三天只在牛街吃了一个牛肉饼。然后往西安逃难，从渑池走路到西安，晚上又遇到狼，差点被狼吃了。在西安也是待不住，这才投靠亲友，跑到了成都。几个月了，没有吃过一顿饱饭，到成都已经衣不裹体了，还弄得妻离子散，苦得很。他最后说，只要中国人团结起来，日本人就不敢欺负中国人了；只要中国人团结起来，就一定能把日本人从东北赶出去，老百姓就能一定过上好日子。

　　我听姜老师的演讲，控制不住地哭了。就是觉得日本人怎么把中国人搞得那么惨，我们的军队，我们的政府为什么不抵抗，老百姓也不抵抗，想不通。

这次姜老师的演讲，对我来说，震动很大。当然，也在整个学校产生了很大的影响，学生和老师中间逐渐形成了一股抗日救亡的风潮。

也就是从这次姜老师的演讲开始，我开始特别关注报纸。以前，基本上不看报纸，那个时期的初中生，看什么报纸？也去到祠堂街，那里有好多书店，找一些刊载着中日关系方面报道的杂志来读，和邓成泽、李立美、李国瑜、龙淡诗、金振华几个同班同学课后讨论的问题很大，怎么唤起民众的抗日热情。

因为看报纸、看杂志的缘故，我在这个时候，知道了中国共产党和红军。说起来，我知道共产党和红军，始于漫画。当时成都有些报纸上，把徐向前画成一个红头发、青面獠牙的样子，还有女红军，像张琴秋①，她是红四方面军的政治部主任。张琴秋什么样？张着血红的大嘴，门牙特别大，不仅大，还长得歪，吃小孩……都是些漫画，在成都像我一般大小的初中生基本上认识共产党就是这样子了。文字方面的报道呢？今天歼

---

① 张琴秋（1904—1968）：1924年加入中国共产党。曾任红四方面军政治部主任，1949年后任中华人民共和国纺织工业部党组副书记、副部长。

灭了共产党红军多少人，明天又是多少人，后天又是把红军的哪个头领抓住了，还说什么在某个县，建立了能收容几万红军俘虏的收容所，全是红军天天打败仗的消息，可红军天天打败仗，却总是被国军消灭不完，奇怪得很。有一天邓成泽给我拿来一份报纸，上面说，共产党红军吃小孩的时候，嘴里会发出"咕噜咕噜"的像是从地底下发出的声音，山里的野兽都吓得不敢动……比志怪小说还离奇。

我和邓成泽、李国瑜几个关系好的同学在一起的时候，对这一类关于共产党和红军的报道和漫画，觉得有意思，都是小孩的好奇心。李国瑜有一天突发奇想，说要是让徐向前、张琴秋这种红头发妖怪去打日本人就好了，能把日本人吃光。

让青面、红发的红军去吃侵略我们的日本人是不可能的，我们几个人还是要现实一些，商量怎么唤起民众的抗日热情。

然后，放了学就去买报纸、看杂志。虽然知道了那么一星半点的中日之间关系的局势，但具体怎么去唤起民众，好一段时间也没有商量出来法子。

正当我们不知道该怎么搞的时候，建国中学高中的一些学生组织起来了，他们搞了一个宣传团，有时候是下午放学后，有时候是星期天，他们跑到成都街头上讲演。讲演的内容就是要求政府抗日，讲日本人发动了九一八事变，还在街头朗诵同学们写的一些诗歌、文章之类的。我们跟在高中同学屁股后面跑去看。刚开始，人们还围着看，听高中同学演讲，只是时间不长，人们也就散了，看起来效果不好。成都街头上的老百姓对高中同学的演讲，里面那些诗歌呀文章呀这些东西，兴趣不大。

我们几个跟着去了几次，也觉得没有啥意思，聚不拢人，没人听你说，能有啥意思？

但高中同学搞的这个宣传团的形式我们几个人却觉得好，也可以搞一个。

我去找金振华商量，为什么找他商量呢？因为他长得高，比我们几个人高出不止一头，坐在班里的最后面。我们出去宣传抗日，得有个大个子压阵嘛，要不人家都看不到你了。我给金振华一说，他就同意了。我俩就喊上邓成泽、李国瑜、李立美、龙淡诗等商量，说咱们也像高中同学那样，成立个宣传团。邓成泽就说，咱们几个人太少，叫啥子宣传团嘛，宣传队就行了。

宣传团也好，宣传队也好，我们这几个人，出了校门，宣传抗日，呼吁政府抗日，在形式上还要有些样子的。比如说，我们规定，我们走在街上要排成一列纵队，这样的话，就显得比较正规。不能像高中同学那样，一堆人往前走。再者，我们要有个标志，让人一看，就知道我们是干什么的。邓成泽就说，要做个旗子打上，找根竹竿，拿块布当旗子。当然旗子上要写个字，写什么字呢？大家想了想，就说，写四个字：收复失地。

虽然说高中同学在成都街头演讲，效果不是太好，但我们几个人想，人家已经在成都搞了，我们不能再在成都市里搞，去远一点的地方。大家商量到最后，还是李国瑜说，去龙潭寺，那里离成都也不远，20里路的样子。

星期天一大早我们打着旗子排着队就出发了。出发的时候，我还背着个篮球，他们就问我，咱们宣传抗日，你背个篮球干啥？

我也不知道背个篮球干啥。可能是心里觉得，宣传完，肯定还有时间，打一会儿篮球也好嘛。那时候，就是贪玩。

我们一伙人排着队，金振华个子大，走在前面，打着旗子……果然，一上街就引人注目，还有人跟着看，问我们做啥子，还有人问我们旗子上写的收复失地，是收复哪个地方。我们就告诉他们，是收复东北。人家就又问，东北在哪里？咋没得听说过……不一而足。总归呀，1930年代初期在成都宣传抗日，不是一件简单的事情，普通老百姓对"九一八"事变基本没有什么认识。至于呼吁政府抗日，更是天方夜谭，成都当时正是四川各路军阀你方唱罢我登场的舞台。我上初二的时候，成都还发生巷战,是刘文辉和田颂尧①打起来了,两伙人为争夺煤山,打得很凶。田颂尧手底下有个旅长叫王铭章②,在他开始占领的煤山失守之后,组织敢死队,自己亲自冲锋把煤山夺回来,然后呢,刘文辉用架架车做成土坦克进攻,又占了煤山,反反复复争夺了好多次,最后还是刘文辉占了煤山。这个王铭章也因为组织敢死队,冲锋在前,在成都很有了些名头,大家叫他莽子。后来王铭章在台儿庄战役的时候,死守滕县(今滕州市),壮烈殉国,成了抗日英雄,四川的光荣。

因为成都的当政者忙着你打我,我打你,对我们学生宣传抗日,倒也顾不过来,不提倡,也不干涉,自由度还是蛮大的。

这天我们走到龙潭寺,刚好是赶场最热闹的九十点。在场坝上,我们找了一个有土台子的地方,几个人围成圈圈,然后把那个童子军的哨子拿出来一吹,人们一下子就围拢了过来。

李国瑜干啥事情都认真,他提前写好了一篇演讲稿,第一

---

① 田颂尧(1888—1975):毕业于保定陆军军官学校。曾任国民革命军第29军军长,四川西北屯垦使。1949年后历任西南军政委员会参事,四川省政协委员。

② 王铭章(1893—1938):字之钟。国民革命军陆军第41军122师师长,参加1938年的台儿庄战役,在滕县保卫战中英勇殉国。牺牲后,被国民政府追认为陆军上将。

个跳到台子上演讲。李国瑜的演讲稿在来的路上休息时，我们几个都看了，觉得他写得好，归纳得好，把我们最近看报纸有关中日关系的消息都写进去了，还写到了东北马占山领导的"江桥抗战"，最后，他还引用了杜甫的诗歌做结尾。可是，李国瑜上台按着他的预先写好的演讲稿演讲的时候，情况却不好，开始围着看的人还听了几句，后来，就有走的人，大家可能觉得他讲的那些中日关系、东北局势什么的，没得啥故事，没意思。等到李国瑜演讲结束了，那个土台子周围的人，也散得快差不多了。搞得我们几个人很没有面子，大家伙灰溜溜的。邓成泽就赶紧跳到土台子上，他个子小，上到土台子上之后，学着川剧舞台上的样子，吊了一句嗓子，向四周打躬一圈，像川剧道白一样，央求大家留步，听他讲讲东北的事情。邓成泽学着舞台上丑角的样子边表演、边现编词的办法还真好，果然就又有人围拢过来看了。等到他演完的时候，围观的老百姓热烈鼓掌，夸他说，这个娃儿演得好，还有人喊叫，再来一个。老百姓爱看戏，以为邓成泽演戏呢……后来呀，邓成泽到延安，在中央研究院和中央党校三部工作的时候，果然还编戏、演戏。他京胡拉得好，当时在延安很有名的新编历史剧《逼上梁山》就是他担任的琴师，还演了李小二这个角色，他和齐燕铭、金紫光、王禹明、齐瑞堂对杨绍萱初稿的《逼上梁山》修改了20多稿。

1944年元旦之后的一天，毛主席看了《逼上梁山》，对这部剧评价还很高，分别给彭真和创作人员写了信赞扬。又过了几个月，毛主席接到一封邓成泽屋里头老汉儿的信，说是，犬子邓成泽离家出走，数载未归，无有音信。近闻他已到了延安，未知确否？恳请毛先生在百忙中，帮鄙人查找一下。毛主席收到信，就问当时的中组部部长彭真，说找找这个人。彭真这时候还兼着中央党校的校长，刚好和邓成泽熟悉，就给毛主席说他就在党校工作。毛主席赶紧给他写了封信，说："邓泽①同志，令尊来信附上。你可给他口信，交周副主席带至重庆八路军办事处付邮，即可收到。"他让通讯员送到蓝家坪邓成泽的宿舍。邓成泽给他老汉儿写了信，报了平安。

轮到我的时候，因为我背了个篮球，一上台，老百姓就鼓掌，他们以为我那个篮球是道具，有好节目呢。我赶紧说，我这个篮球呀，是准备下午和龙潭寺学校打比赛用的。下面就喊，那下午一定要去看，你们和学校联系了没有。我说，我们刚到，还没有来得及联系学校呢。就有人很积极地说，我去给你喊学校的老师来，让他们赶紧准备。所以呀，我第一次演讲，总结出来，你一上台，要和下面的人有个交流，气氛就有了。

---

① 邓泽：原名邓成泽，1940年到延安后改名邓泽。参见P20注文。

我本来准备了演讲内容的,但有邓成泽和李国瑜的经验,我就知道我那个演讲内容不能用了。所以,我也学邓成泽,得表演个什么。我不会邓成泽那一套,就说,我给大家先唱一首歌。

土台子下面的群众一听我要唱歌,都安静了下来,连赶场买卖东西的人都停下来,等我唱呢。我唱了一首黎锦光先生作曲、殷忆秋作词的《采槟榔》,它是我去"海灯乐社"看他们排练西洋管弦音乐时,跟邱仲广老师他们学的,今天在这里派上用场了。虽然说《采槟榔》和抗日没有关系,但它曲调优美、抒情,大家听着好听。我唱完了,人们鼓掌,让我再唱一个。我知道,今天跑到龙潭寺不是来唱《采槟榔》这一类歌的,我是来宣传抗日的。我给大家鞠了躬,说我不能唱了,你们喜欢,我下次来给大家唱。我今天来,是要给大家讲个故事。

人们一听我要讲故事,又来了劲头,让我赶紧讲。我讲了个什么故事呢?当然要讲宣传抗日救亡的故事了。可我一天看的报纸和杂志,这方面的故事太少了,我能有几个故事讲呢?我只能讲姜老师来学校演讲时,他讲的那些"九一八"事变时在沈阳发生的日本人杀害中国人的故事,还有姜老师一路逃亡的故事。

没有想到整个过程台下很安静,那么多人都听进去了,甚至有人和我当初听到姜老师的演讲一样,抹着眼泪。

等我讲完了,台下的群众突然有人喊口号。当然,这个口号,不是预先做了准备,算是粗话——狗日的日本人,龟儿子敢来龙潭寺,日他妈个板板老子弄死他。弄死他,弄死他。日他妈个板板弄死他狗日的。

当时,连一句"打倒日本帝国主义"的口号我们都不会,引导不了群众,是群众引导了我们几个初中生。我给大家讲姜老师的故事,让老百姓看到了日本人侵略中国的暴行,激起了大家反抗日本人侵略中国的情绪。

一块来的同学们受了感染,跳到台上,和下面的老百姓一起高呼,日他妈个板板弄死日本人!!! 日他妈弄死日本人!!!

金振华激动得很,他个子大,把我们几位小个子一个个连拉带拽的,整理成一列横队,大声喊:脚并齐,立正,抬起头,挺起胸,咱们一道给龙潭寺的乡亲们唱一首歌……他站在队伍前,做出指挥的样子,可他耍怪,打了半下拍子,僵到那里。然后,金振华也不征求我的意见,把我拽出来,说,你指挥咱们唱。我都不知道他要唱什么歌,他张口就唱——天上飘着些微云,地上吹着些微风,啊!微风吹动了我的头发,叫我如何不想她……我没有学过指挥,只能胡乱打着拍子,大家都憋足了劲把刘半农作词、赵元任谱曲的这首一唱三叹的歌给吼了出来，不伦不类的。

其实那时候，像《松花江上》等抗日歌曲还没有创作出来，我们也就会唱《小儿郎》《采槟榔》《叫我如何不想她》之类的。拿这类歌曲在社会上宣传抗日救亡，看起来还真是莫名其妙。

不过，不伦不类也罢，莫名其妙也罢，唱歌这个形式在我们第一次去龙潭寺就说明，效果好，最少能吸引人嘛。

我们这个小宣传队第一次去龙潭寺，从某个方面来说，算得上是大获成功了。几个人就扎劲起来，约着往更远的一些地方去。比如简阳、郫县（今郫都区）、灌县（今都江堰市），还去过几次广汉。我们在学校和社会上慢慢有了些名气。在社会上有点名气不要紧，在学校有名气了，就麻烦了。怎么个麻烦呢，得比过去在功课上更努力，成绩如果在学校不出色，怎么好意思去宣传抗日救国呢？所以，时间就被我们分成了两半，多一半刻苦学习，然后剩下的时间就是到成都周围的县里头搞活动，宣传抗日救国。我自己还得抽出些时间，往邱仲广老师那里去，跟他学音乐、唱歌、指挥。特别是指挥，邱仲广老师给我讲了好些这方面的知识，还让我实践，他们"海灯乐社"演奏的时候，邱老师让我上去练习指挥。"海灯乐社"的叶伯和老师也是经常指点我指挥方面的技巧，他比起邱仲广老师来，更洒脱一些，虽然说他是日本东京音乐学院毕业的，也是搞西洋乐，但他对民族音乐也很有研究，特别喜欢指点邓成泽拉京胡，还说，我们再去县里头宣传抗日救亡，让邓成泽带上京胡，给老百姓拉京胡听。邓成泽就说，我们又是唱歌，又是拉京胡，又是表演打篮球，哪里是宣传抗日救亡，就是跑江湖卖艺嘛。

邓成泽说得对，我们虽然经常去到县里头搞，但这种方法其实说到底和我们想象的能团结民众、一起抗日救国的愿望，相差甚远。老百姓尽管爱看，但看完也就完了，人家那个政府虽然不管你搞些什么，但也没有人理会。比如我们有时候在场坝搞，能碰到警察，警察也评点我们，你看那个娃儿歌唱得好，这个娃儿京胡拉得好。甚至有一次，有个警察给我说，你这个娃儿，口才好，出了学校，去茶馆讲评书好得很，有前途。总归是抗日这个事情，最少在成都老百姓这里，没得人关心。"一·二八"淞沪抗战①的时候，我们讲第十九路军在上海打得多么

---

① "一·二八"淞沪抗战：九一八事变之后，日本为了转移国际视线，并图谋侵占中国东部沿海富庶区域，而在1932年1月28日蓄意发动的侵略事件。1932年1月28日午夜，日本海军陆战队分三路突袭上海闸北。第十九路军在总指挥蒋光鼐、军长蔡廷锴指挥下奋起抵抗，给日军以迎头痛击。日军对我军阵地及民宅、商店狂轰滥炸，发动了四次总攻，却均遭败绩。蒋

艰苦，就有人问，娃儿，那个十九路军的防区咋个到上海喽。把我问住了，我也不知道它咋个就跑到上海了。

闭塞，成都还是闭塞。

到1933年夏天的时候，我们就不大去搞抗日救亡宣传活动了。一个原因是，该考高中了，学习紧张；再一个，就是我上面说的，总是这么搞，虽然热闹，但效果不明显呀，人家跟你喊了两句口号，没得下文了。政府更是从来不搭理你，他们有他们忙的事情，抗日这种事，离政府远得很。

而我这时候，还面临着一个问题，家里经济不行了。

我的祖父娶了好几房老婆，他一去世，分家，分成了好多份。虽然说我父亲是长房长子，可他这个人一辈子对经济没有个概念，也不感兴趣，所以分家到最后，搞得他分的没有多少产业。开始的时候，在成都郊区，还有20亩地，没多长时间，就卖了钱过日子。后来到我祖母去世的时候，连丧葬费都掏不

光鼐指挥部队在闸北、江湾、吴淞、曹家桥、浏河、八字桥一带展开了多次战斗，日军先后四次更换主帅，死伤近万人。1932年2月14日，蒋介石命令由前首都警卫军87、88师和教导总队组成第五军，以张治中为军长增援十九路军参战。1932年3月初，由于日军偷袭浏河登陆，中国军队被迫退守第二道防线。1932年3月3日，日军司令官根据其参谋总长的电示，发表停战声明。同日，国联决议中日双方下令停战。1932年5月5日中日两国签订了《淞沪停战协定》。

起，借钱办了后事。本来，像我父亲这种法政学堂毕业，四川最早一批接受新式教育的大学生，在社会上找个不错的工作，应该没有问题。但他却不大出去工作，一天就待在家里，练书法，翻医书，钻研中医，直到后来家里典当得实在没有什么东西可卖了，靠我母亲领着娃儿们糊火柴盒度日的时候，他才跑到西康省的德昌县法院找了份工作糊口。

家里到了揭不开锅的地步，我不得不考虑能不能上建国中学的高中了。四五十块钱的学费对我们家来说，已经太贵、太贵了，显然承受不起。那怎么办？总不能不上学吧。所以，从我当时的情况看，只有一条路可走，上公立的师范学校，不收学费，发衣服，吃饭免费。这样，我初中毕业，考取了四川省立第一师范学校文科组。

1933年郭琦（右三）在成都师范与同学合影

阅　读

　　1933年秋天，我到省立师范学校读书，学校里安排住宿，伙食免费。我们那个宿舍有史地组、数理组、音美组的同学。李斛①、周韧②、蒲安朋、胡绩伟、李碧光③，我们几个人一个宿舍。

　　刚开始读师范，主要精力还是放在功课上，课外书读得也

---

　　① 李斛（1919—1975）：号柏风。画家、美术教育家、中央美术学院教授。是20世纪中国画技法上有着开创性成就的国画家。主要作品有《印度妇女像》《关汉卿像》《齐白石像》等。

　　② 周韧：曾用名周海文，成都中华民族解放先锋队发起人之一，队部领导成员。曾任《大声周刊》主编。

　　③ 李碧光（1915—1999）：1935年春在成都参加中华民族解放先锋队。毕业于延安抗日军政大学、陕北公学高级班，曾任中国人民公安大学副校长。

多。当时,同宿舍的同学,好像是胡绩伟还是蒲安朋,忘了,反正是他俩中的一个,先提出来在同学中间搞个读书会,大家交流。

读书会搞起来了,有十来个人左右。读书会的一大功能就是哪个同学看到什么好书了,拿出来推荐给大家。在这个交流的过程中,有一些马克思主义方面的书籍在同学之间开始流传了。这时候,成都当局已经不像我上初中的时候那样,管控得不严,特别是在公立学校,国民党的党化教育逐步开始;社会上,对马克思主义方面的书籍查禁得也比较严。这里面有两个原因:第一,我在省立第一师范的时候,红四方面军建立的川陕根据地声势很大,直接威胁到四川地方军阀的生存与统治,"赤化全川"这个口号,对四川地方军阀来说,他们很害怕。第二,1935年春天,中央红军长征进入四川,国民党中央势力随之进入四川,党化教育开始加强。所以,平时阅读马克思主义方面的书籍,就有被抓的危险。

我最早看的一本和马克思主义方面有些联系的书,是鲁迅先生翻译的卢那察尔斯基[①]的《艺术论》。薄薄的一个小册子,

---

① 卢那察尔斯基(1875—1933):苏联教育家、艺术理论家。著有《克伦威尔》《俄国文学论文选》《论国民教育》等。

前面有鲁迅先生的序言。内容对当时的我来说，新鲜得很，闻所未闻，鲁迅先生称卢那察尔斯基"是革命者，也是艺术家，批评家"。当然，后来我的马克思主义方面的知识多了一些，才知道卢那察尔斯基这个人很有一番经历。刚开始，卢那察尔斯基和普列汉诺夫的思想比较接近，两个人都在瑞士苏黎世大学待过，交流得多一些。卢那察尔斯基基本上继承了普列汉诺夫的把美学与艺术思想放在社会存在的基础上去考察的这个理路上。同时呢，卢那察尔斯基也有一些对普列汉诺夫理论的纠正，或者说某些发展吧。卢那察尔斯基的理论思想，具体到艺术审美方面的分析，观点清晰，比较中肯。他对无产阶级文艺报以热烈的关注。我当时看了这本《艺术论》，也是被他的无产阶级文艺的时代感、战斗性所鼓舞，看到的完全是一个新世界。也因此我从他的书中，知道了休谟、康德、黑格尔、马克思、阿芬那留斯、马赫这些人，开始到处找这些西方哲学家的书，乱七八糟地拿来看。

这本卢那察尔斯基的《艺术论》是我同宿舍的同学李斛借给我看的，我看了一遍，还给了他。不知道他怎么搞的，不再把书借给别人看了，睡觉前看，吃饭看，整天翻这本书，都不大去画画了。

我就很奇怪，问李斛，你要把它看多少遍？

李斛说他不再画画了。

李斛答非所问,吓我一大跳。

李斛是大竹县人。本来李斛考取了段虚谷①、冯建吴创办的成都东方美专。段、冯两位先生我后来有过接触,段虚谷的山水画在四川名气不小,新中国成立以后,在西南师范学院教书。冯建吴②名气后来比段虚谷更大一些,而他兄弟石鲁③名气和成就更大了。李斛考取他俩创办的美专之后,被家里发现了,坚决不同意他上,叫他读师范。原因是,一来家里没有那个经济条件来供他上,二来上师范将来毕竟好就业一些。

李斛在美术科学习用功。冬天,学校教室里没有炉子,冷,但他也是一夜一夜地临摹古画,对那些西洋画法,素描、水粉之类的也是一刻都不懈怠,刻苦极了。现在突然说不画画了,

---

① 段虚谷(1904—1977):中国山水画家。1920年代任上海新华艺术专科学校校长。后返川,任成都东方美术专科学校校长。1956年始任西南师范学院美术系国画教研室主任。美术评论家王朝闻赞其作品是"意境清幽之作",时人称他为"段山水"。

② 冯建吴(1910—1989):字太虞,别字游。1932年在成都创办东方美术专科学校;1956年开始在四川美术学院任教。是20世纪川渝地区少有的艺术大师。

③ 石鲁(1919—1982):原名冯亚珩,书法家、画家。曾任中国美术家协会西安分会副主席、陕西省美术家协会主席、陕西省书法家协会主席。

啥意思?

李斛见我不明就里,便说,他要为无产阶级画画,卢那察尔斯基说得对,他要做一个无产阶级画家。鲁迅先生都说卢那察尔斯基提倡的"战斗之必要,现实理想之必要,执着现实之必要,甚至于以君主为贤于高蹈者,都是极为警辟的",他要去实践,一副找到了未来应走之路的样子。

从此之后,一下课,李斛就往外跑,跑到成都街头画那些他认为的无产阶级,像小贩、挑夫、车夫、叫花子之类的人。画完之后,拿回宿舍给大家看。我开玩笑说,李斛,你咋个知道你画的这些是无产阶级呢?这小贩有产嘛,挑夫的扁担也是他的,咋能说他们是无产阶级呢?胡绩伟也打趣说,你画这么多,去给报社投稿嘛,还有稿费赚,赚了稿费,你请大家伙吃担担面,吃锅盔也行。李斛很认真地说,这些人咋不是无产阶级了,你认真读读《艺术论》,你就懂得了。倒是胡绩伟打趣的话,让李斛思考了一下,他想了想才说,我不能拿他们去给报社投稿,投稿有稿费,没啥子意思,从明天起,我把无产阶级画送给他们。

果然,李斛很长一段时间,他把泡在街头画的那些画,都送给了被画的人。有几天,他守着一个面摊摊给人家画,一组一组的,画完就送给摆面摊摊的人。人家一看,这娃儿画了这么多，白送给自己，就请他吃了碗面。李斛回来之后，高兴得很，跟我说了。

我说，学校伙食不行，我也想打个牙祭，吃碗面。明天我跟你去，咋个样？

李斛答应了。

第二天我还把邓成泽也一起叫上，三个人到了东胜街口那个卖面的摊摊，李斛开始给人家画，一会儿他就画了六七组，拿给卖面的看，人家看得仔细，连连夸他画得好，说，我给你下面，吃面吃面。李斛却说他不饿，指一指我们俩说我们没吃饭。

卖面的下好面，我和邓成泽还给他说，多放点肉臊子，海椒也多来点，他还真的多放了。李斛看着我俩吃面，很高兴地说，他就要按这个方法画下去，一直画下去。我和邓成泽也因为他画画，还去免费吃过锅盔。

我这里说同学李斛，是举具体的例子，说明卢那察尔斯基那一套思想理论对我们那一代人的影响有多大，几乎就是给了李斛这样的艺术家一个未来发展的创作理路。

当然，李斛虽深受卢那察尔斯基的影响，但他在后来的抗日救亡运动中，并没有走上革命道路，只是一直都遵循着卢那察尔斯基的艺术美学理念。省师毕业以后，李斛做了两年小学教师，又考取了中央大学艺术系，师从徐悲鸿[①]、吕斯百[②]、傅抱石[③]、谢稚柳[④]、黄显之[⑤]等。李斛在中央大学念书时，创作的《战火中的难民》《中渡口担煤工人》参加了在重庆举办的全国美展。《中渡口担煤工人》这幅画，还被当时的法国驻华大使馆购买收藏。抗战胜利以后，他在重庆举办了个人画展，还是画的他当初读卢那察尔斯基之后，选定的无产阶级画。像他首次个展中的《嘉陵江纤夫》《磨刀工人》《赶车》等，都是这一类的作品。徐悲鸿特别在李斛的画展上题词："以中国纸墨用西洋画法写生，自中大艺术系迁蜀始创之，李斛仁弟为其最成功者。"评价很高。抗战胜利后，徐悲鸿到北平艺专，也叫李斛

[①] 徐悲鸿（1895—1953）：中国现代画家、美术教育家。先后任教于国立中央大学艺术系、北平大学艺术学院、北平艺专；1949年后任中央美术学院院长。

[②] 吕斯百（1905—1973）：毕业于法国里昂高等美术专科学校。1934年任国立中央大学艺术系教授、系主任；1949年后任西北师范学院艺术系、南京师范学院美术系系主任。

[③] 傅抱石（1904—1965）：现代画家。江苏国画院院长、南京师范学院教授。著有《中国古代绘画之研究》《中国绘画变迁史纲》。

[④] 谢稚柳（1910—1997）：书法家、画家、中国古代书画鉴定家。曾任国家文物局全国古代书画鉴定小组组长。

[⑤] 黄显之（1907—1991）：油画家。曾任南京大学艺术系主任、南京市文学艺术界联合会副主席。

去，先把他安排在清华大学梁思成那里做助教，到1950年代初期，北平艺专改成中央美术学院之后，徐悲鸿又把他调到了中央美院，做国画系人物科的主任。

我在省立第一师范上到二年级下半学期之后，主要精力多放在抗日救亡工作方面，毕业后，也就和李斛分开了。直到1970年代，我才从石鲁那里打听到他的下落，大概是1974年左右，我去北京，找到李斛。在他家里摆龙门阵，我和他开玩笑，说他画的《关汉卿》怎么不是无产阶级人物呢，李斛就沉默了，虽然知道我和他开玩笑，过了一会儿还是很严肃地说，当初真的是受了卢那察尔斯基的影响，这个影响恐怕这辈子都很难摆脱了。并且他还说，蒋先生（蒋兆和）、徐先生（徐悲鸿）这个路子他不知道走下去的结果将来到底能怎么样，问我是不是太单一了。老同学见面，说话口无遮拦，有真心话是能讲出来的。再后来，他托人给我送了一幅三尺三裁的很小的画，别人不知道画中的人是谁，我一看就知道，是我们上师范时他画过的那个摆面摊摊的人，依然很生动，栩栩如生，成都1930年代的烟火气尽在其中。只是没有了当时或者后来他那些成名作表现手法的影子，我想，李斛可能要变法了，想不再那么简单地去中西融合了，可惜，天不假年，1975年他病逝了。

当时，我们这个读书会从一年级到二年级上半年，大概活动了有一年半时间，到了1935年五六月份之后，也没有谁说解散，它就不再有什么活动了。原因嘛，也不复杂。本来，读书会的同学们大多数忙功课，而且师范读到二年级，逐渐地独立思考的意识强烈了一些，对未来个人的发展，包括读什么书，兴趣爱好之类的开始有了很清楚的意识。

比如我喜欢读些德国古典哲学方面的书，就经常去学校的图书室、东胜街的书店去看，我看这些书，依着原来读书会的活动，我交流给同学，有些同学就不喜欢，而同学喜欢的，我又不大喜欢，就是这个样子。

这个时期有个叫张显仪①的同学，他经常搞来一些书，给同学看。有一次邓成泽塞给我一本《列宁传》。我看完，问他从哪里搞到的，他说是张显仪给他的。问我还想看啥，我也不知道张显仪那里还有啥子书。问邓成泽，张显仪那里有啥书？他说，他也不知道，还了这本《列宁传》，张显仪肯定还会借给他书。

过了两天，张显仪在我宿舍，见我放着一本《学艺》杂志、一本《民铎》杂志，都是十年前1920年代中期的旧杂志，我从图

---

① 张显仪：四川广安人。1936年参加中华民族解放先锋队。1958年在重庆被错误开除党籍，后平反。曾任重庆市总工会主席。

书室翻出来的。两本杂志里一共有 30 多篇关于康德的论文,作者我记得有瞿菊农①、牟宗三②、张君劢③、张铭鼎④、范寿康⑤、范

---

① 瞿菊农(1900—1976):哲学家、教育家。1920 年代与郑振铎、瞿秋白、赵世炎创办《新社会》旬刊、《人道》月刊。曾任湖南大学文学院院长;联合国教科文组织中国代表团顾问兼秘书长。著有《教育哲学》《现代哲学》《西洋教育思想史》。

② 牟宗三(1909—1995):字离中。哲学家。著有《心体与性体》《才性与玄理》《中国哲学十九讲》《中西哲学之汇通》《现象与物自身》《佛性与般若》。

③ 张君劢(1887—1969):字士林,号立斋。别署"世界室主人",笔名君房。政治家、哲学家、中国民主社会党领袖,近现代学者,现代新儒家代表人物。著有《立国之道》《新儒家思想史》。

④ 张铭鼎(1904—1979):字铁生。中国共产党早期著名理论宣传家。毕业于德国柏林大学研究院。曾任国民政府军委会第三厅第一组组长。1949 年后任中共中央联络部一处处长、外交部西亚非洲司司长、中共中央中联部三局顾问。1924 年在《学艺》杂志发表《康德学说的渊源与影响》,1925 年在《民铎》杂志发表《康德批判哲学之形式说》。1933 年翻译了《黑格尔之历史哲学》,1936 年翻译了康德《实践理性批判》。1965 年出版了《中非交通史初探》。

⑤ 范寿康(1894—1983):字允藏。毕业于日本东京帝国大学。教育家、哲学家。曾任广州中山大学秘书长、安徽大学文学院院长、国民党军事委员会第三厅副厅长兼第七处处长、台湾省行政长官公署教育处处长、台湾大学图书馆馆长、中国人民政治协商会议第六届全国委员会常务委员。著有《个性教育》。编写有《中国哲学史通论》《现代德国哲学概论》。

扬①、贺麟②、齐良骥③、关琪桐④这些人,记不完全了。

张显仪翻了翻杂志,说,你看康德的有啥子意思吗? 我给你借本书,好得很。他塞给我一本《国家与革命》,说看完直接还给他,他那里还有呢。

我觉得张显仪很了不起,他从哪里搞到了这些书? 后来,我才知道,他是侯方岳⑤的好朋友,这些书,都是正在寻找共

---

① 范扬(1899—1962):毕业于日本东京帝国大学。曾任南京中央大学、安徽大学、中山大学、同济大学、复旦大学、上海社会科学院哲学研究所教授、研究员。翻译有黑格尔的《法哲学原理》。著有《警察行政法》《继承法要义》《行政法总论》。

② 贺麟(1902—1992):哲学家、哲学史学家、黑格尔研究专家、教育家、翻译家。"新心学"思想体系的创立者,当代新儒学的重要代表人物。著有《近代唯心主义简释》《当代中国哲学》。译著有黑格尔的《小逻辑》《精神现象学》等。

③ 齐良骥(1915—1990):西方哲学史学家、康德研究专家。著有《康德的知识学》。

④ 关琪桐(1904—1973):西方哲学翻译家。山西大学教授。译著有巴克莱的《人类知识原理》、培根的《新工具》、休谟的《人类理解研究》、笛卡尔的《哲学原理》、康德的《实践理性批判》等。

⑤ 侯方岳(1915—2006):1937年加入中国共产党。1938年至1949年历任中共四川省乐山、绵阳、三台、仁华地委书记,成都市委书记,中共云南省工委委员。1949年后,历任中共云南省委秘书长、办公厅主任,中共云南省边疆工作委员会副书记、云南省历史研究所所长、云南大学副校长、中国东南亚研究会理事长。

产党组织的进步青年侯方岳提供给他的，让他在学校找些可靠的同学传阅，为以后他找到党组织，重建成都地方党组织打下了群众基础。不能不说，侯方岳虽然年轻，但还有一定的眼光。后来，侯方岳一直没有去根据地，在四川和云南坚持从事党的地下工作，刚进城（解放）的时候，担任云南省委第一任秘书长、办公厅主任，职位还重要。

大概1956年，于光远①跑到云南，传达毛泽东主席、周恩来总理的指示"云南必须立即成立历史研究所"。他被重新安排工作，到云南省少数民族社会历史研究所做所长。侯方岳因为在该地上大学读书的时候，全部精力放在了从事抗日救亡运动上，错过了机会。但他这个人好读书，勤思考，有眼光，他搞云南少数民族历史的研究工作，从最基本的文献做起，把《二十四史》《十通》中记载云南少数民族的部分全部给摘录出来，然后，下大功夫做田野调查，最终摸清了云南省境内少数民族的基本情况，开拓了云南少数民族历史的研究工作，为国家在与越南、缅甸、泰国、老挝的边境问题处理上，提供了战略性资料。周恩来总理、

---

① 于光远（1915—2013）：原名郁锺正。经济学家。1937年加入中国共产党后改名于光远。曾任延安中山图书馆主任，中共中央图书馆主任，中共中央宣传部理论宣传处副处长，中科院哲学社会科学学部委员、常委，国家科学委员会副主任，中顾委委员。黔南民族师范学院名誉院长。

陈毅副总理到云南，为处理云南与接壤的各个国家的边境问题做准备工作，他负责汇报情况，受到了表扬和肯定。后来，在北京，他向李维汉①、翦伯赞②、范文澜③、吕振羽④专题汇报研究云南佤族、景颇族的社会经济、风俗、历史情况的成果。李维汉他们深以为然，给予了相当高的学术评价。

掉回头再来说侯方岳通过张显仪传阅到省立第一师范的这些书，要是被发现了，会被抓去坐牢。所以，看的时候，得给书包个封皮，躲到宿舍的蚊帐里面看，或者在学校找个僻静的地方看，再或者干脆就到校外去看。我和邓成泽两个人星期天跑到青羊宫，那里既安静也安全，是看书的好地方。

这么偷偷摸摸地看了些张显仪借给的书，对马克思主义算

---

① 李维汉（1896—1984）：又名罗迈。杰出的无产阶级革命家，党和国家在统一战线和民族工作方面的著名理论家和卓越的领导人。曾任中国人民政治协商会议第五届全国委员会副主席。

② 翦伯赞（1898—1968）：马克思主义史学家、中国马克思主义历史科学重要的奠基人。曾任北京大学副校长。著有《历史哲学教程》、《中国史纲》（第一、二卷）、《中国史论集》、《历史问题论丛》。

③ 范文澜（1893—1969）：中国马克思主义史学重要的开拓者之一，被誉为"新史学宗师"。主编《中国通史简编》《中国近代史》《文心雕龙注》。

④ 吕振羽（1900—1980）：中国马克思主义历史学家。曾任东北人民大学校长、党委书记，中央军委顾问，中国社会科学院顾问。著有《史前期中国社会研究》《殷周时代的中国社会》《中国政治思想史》《中国民族简史》。

是有了些粗浅的不成体系的印象,便得陇望蜀地总想着更深入地去了解一下。可是张显仪给拿来的书,还是有限,普及类的小册子多,见不到马克思主义的经典著作。我问过他有没有,他说找找,再找找,但也找不着。这时候有个叫李碧光的同学,是从安岳考取省立第一师范的。我俩平时关系好。其实,他和任何同学关系都好。他这个人,好像天生就能和人搞好关系。在社会上也是,认识很多人,经常给我们讲些社会上的事情,三教九流的,无所不包。他问我,你看这些书还不够? 革命道理其实就那么多,天天耽误在看书上,还怎么抗日救亡、收复东北?

我反驳他说,你现在去哪里救亡了? 你咋不去参加义勇军敢死队打日本人去呢? 你不跟我一样,上学嘛。李碧光想了一下说,我现在这叫养精蓄锐,再说了,我那时候年纪小,我跑去报名,给人家敢死队写信,人家不要我嘛。

的确,1932 年成都成立义勇军敢死队出川,参加淞沪战役。在少城公园,上万人参加了他们的诀别仪式。当时李碧光和我一样,读初中一年级,他抗日的决心大得很,从安岳跑到了成都,找到四川抗日义勇军总监部,跑去报名,人家一看他是个娃儿,就把他轰出去了。他对这个事情,一直耿耿于怀,整天找去往前线杀敌报国的机会。但他一个娃儿,哪儿来的这种机会?

过了几天,他跑到我们宿舍,神秘兮兮地叫我出去。话也不多,就说你跟我来,我带你见个人。我们跑到祠堂街的一户人家门前,进去,见了一位穿着很讲究的40岁出头的人。李碧光进门也没得客气话,张口就说,杨先生,这是我给你说的那个要看书的人。

这个杨先生也没得废话,没得啥表情的,直接说,你写个地址。

我在纸上写了学校的地址。

杨先生一看,说不行,重写一个,写个有点身份的地址。

我就写了小学同学李国瑜家的地址。他们家有地位,后来他还成了四川地方实力派田颂尧的女婿。

写好地址,李碧光把我一拉,匆匆和杨先生打了个招呼,我们就走了。

回来的路上,我问李碧光这个杨先生是谁。李碧光说,你连杨先生都不认识?我说,我怎么能认识?世界上姓杨的那么多。李碧光说,他就是杨道融①先生,我大表哥认识,介绍给

---

① 杨道融(1894—1949):名伯恺,四川省营山县骆市镇小蓬乡花园村人。1923年加入中国共产党。1925年与吴玉章在重庆创办中法大学。1930年代上半期,与任白戈、沙汀在上海创办辛垦书店、《二十世纪》杂志,宣传马克思主义。1949年被国民党杀害于成都。

我的。李碧光的那个大表哥我倒是总听他说，叫姚仲曙，在大革命时期黄埔军校武汉分校的恽代英手下干过。当时我听过恽代英的名字，共产党的高官，被国民党杀害了。

过了一个月左右，李国瑜跑来学校找我，拿个包裹，说，你的东西寄到我家了。我才想起来，忘了给他说我留他家地址的事情。赶紧打开，一本列宁的《国家与革命》，一本《资本论》第一卷上册，还有一本杂志，名字叫《20世纪》。

杨道融先生邮寄给我的《资本论》第一卷上册是王慎铭、侯外庐译，北京国际学社1932年出版。在成都有好几个卖左翼书刊的书店里，都不大有卖的。这是我第一次看到马克思的《资本论》，先是粗略地翻了一遍，不明白。我就觉得要用笨办法看。前面我说过，我小时候家里给请的吴玖华老师教我读《左传》，就是反复地念，反复地背，慢慢就懂了。当然，读《资本论》不能靠背，也不能靠反复念。我呢，把吴老师教我读古文的方法发展了一下，某一句、某一段看不懂，我把它抄下来，然后，一字一句地去找来些材料比对着读。这样读起来就慢多了，但到我师范快毕业的时候，总算是勉勉强强把上册通读了一遍，写笔记、摘抄、记录疑难问题等等，下来大概有十几万字了，不能不说没下功夫，但效果却很不理想，对马克思讲的那一套剩余价值的秘密，资本的本质，资本主义的基本矛盾、发展、历史趋势这些,从根本上还不能说有清晰的概念和认识。幸运的是,我后来在延安中央研究院经济研究室做研究员的时候,和《资本论》翻译者之一的王思华①,就是王慎铭,有过一段较为密切的工作接触时期,他是我的顶头上司,室主任。我给他说了上师范时读他翻译的《资本论》的困惑。王思华同志告诉我,读通、读懂《资本论》,不能只拿着《资本论》读,要把《共产党宣言》《社会主义从空想到科学的发展》《雇佣劳动与资本》《价值价格与利润》这些经典著作拿来读,结合起来读,才有领悟的基础。你对这些经典著作,没有一定的认识,读《资本论》当然就很吃力了。也就是说,这些经典著作,是体悟马克思《资本论》的不二法门,是基础,是钥匙。按王思华同志指导的这个方法读了一个阶段之后,果然对《资本论》的认识比过去清晰了许多,有了提高。我记得有一次下午吃完饭,王思华同志把我叫到他的窑洞里,说要和我谈谈。他问我读《资本论》的情况,我大概给他说了之后,他从一个箱子里拿出来一叠稿子,给我看。我接过来一看,全是英文。他连忙给我道歉,说,哎呀,忘了你英文不行,这样,这样吧,我给

---

① 王思华(1904—1978):英国伦敦政治经济学院博士。曾任延安中央研究院经济研究室主任、西北财经办事处计委副主任、黑龙江省政府副秘书长。1949年后,任国家统计局局长。

你讲讲，过几天把重点给你翻译过来。原来，他拿给我的这一摞英文稿子，是他在英国伦敦政治经济学院的博士论文，他说这个论文的名字叫《马克思主义和普鲁东主义》，里面有六七个章节都是他对《资本论》认识的阐释。后来，没过半个月，王思华同志把他博士论文里有关《资本论》的章节翻译成中文给我看。读了王思华同志博士论文的这些章节之后，对我再次认识《资本论》的启发非常大。视野开阔了，把马克思主义能够放在整个西方思想史、哲学史宏阔的背景下来看待，愈发觉得马克思主义具有无可辩驳的真理性，多多少少避免了对《资本论》教条的、机械的理解。同时呢，很重要的一点认识就是，马克思《资本论》里的思想，是呈现一个可以持续不断发展的趋势，而不是固化的。同时，王思华同志还告诉我说，研究马克思主义政治经济学，不能只看马克思主义方面的书，必须对资本主义学者的著作、思想，也要有深入的了解，并指导我重点研读英国古典政治经济学的完成者大卫·李嘉图[①]的"比较优势理论"等，借鉴他的这个理论，对研究当时陕甘宁边区的经济状况，不无裨益。

---

① 大卫·李嘉图（1772—1823）：英国古典政治经济学的重要代表人物之一，是英国古典政治经济学的完成者。著有《政治经济学及赋税原理》。

所以我常常想，我对马克思主义政治经济学的学习，王思华同志起到了决定性的作用。1950年代中期，我在北京钢铁学院授课，讲到马克思主义政治经济学的时候，还经常去他家里请教。从他那里，也总是能得到启悟，王思华同志是我学习马克思主义政治经济学的一位重要的老师。

当然，在省立第一师范读《资本论》，虽然一头雾水，但并不妨碍我对它的兴趣，通读过一遍之后，有时候也还翻翻。

随《资本论》一起寄来的那本《国家与革命》，以前就从邓成泽那里借到看过，我觉得没有必要保存，就问李碧光能不能退了。他很为难，还问我要《资本论》和《二十世纪》杂志的钱。

我没有啥子钱，就给他说，我先把《二十世纪》的钱给了。《资本论》的钱让我准备准备。这本《国家与革命》我不能要，我也没有那么多钱，帮帮忙，退了。

李碧光也没有再说啥，就把《国家与革命》拿走了。过了一个星期，他又来找我说，《资本论》的钱，不用我出了。他还把《二十世纪》杂志的钱退给了我。我不明白，问他怎么回事，他竟然说请我到外面打个牙祭，吃红油抄手。我俩去的路上，他告诉我，他把《国家与革命》卖给天府中学高中的一位同学了。他说，那龟儿子有钱，到处找这些书，找不着，我高价卖给他了。

后来，我在陕西师范大学工作的时候，安徽来了两个年轻人外调我，问大特务李碧光和我合伙高价倒卖革命书籍的事情。这事情就我俩知道，怎么来外调呢？我猜测，肯定是买书的人揭发了。不过当时李碧光也没有给我说他卖给谁了。反正现在人家来外调，就是个事情，我得说清楚。我只想着外调内容，一时没有想起来安徽我还认识谁。我试探着问来外调的人，他们知道不知道买主是谁，这两个年轻人，也没有啥经验，根本没有防备，就说了我在川大时一个同学的名字，哎呀，这个人我认识呀，在安徽，他的孩子叫小布，我还接到家里来住过，我们熟悉得很，可是他从来没有给我说过，从李碧光那里高价买了《国家与革命》这本书的事情。

　　原来是他坦白交代高价买书的事情——人家肯定去找李碧光，然后，他把我出卖了。

　　我给外调的两个年轻人说，那我把吃抄手的钱现在退了，把《资本论》的钱现在补上，还有后来我收到的几本《二十世纪》杂志的钱，都退了行不行。他们愣住了，不知道说什么好，面面相觑。

　　真是想不到，事隔几十年，李碧光为这事情"出卖我"，他这个人总是这样搞些没名堂的事情。我这么讲他，没有贬义，我们是老同学、好朋友嘛。这里话题稍微远一点，反正都是因

1938年早春郭琦赴延安前在成都

为读书引起的事情，我多谈两句他的具体情况……为什么要多谈呢？我前几年去北京见到他，劝他以自己为原型，写个小说，或者编个电视剧，让戴临风①看看，肯定能火起来。

李碧光说，老郭呀，你又取笑我。

我说，你就是比电视剧《敌营十八年》还好看嘛，老戴就在中央电视台工作，咱们支持一下老戴。

我当然不是取笑李碧光，他和我前后脚去的延安，差了不到一星期。他见我和曾凌几个同学都来了，很高兴，在招待所住的时候，说，咱们得团结起来，向组织上反映，只上抗大，毕业了上前线，不让上抗大，咱们就回成都。

当时，抗大正逢三期刚开学两个多月，四期要等到4月中旬才开学。三期呢，还有小半年就结业了。我们就猜可能会被分到陕公。但李碧光的能量大得很，他一天到晚只要有空暇时间，就跑出去，三转两不转的，两三天后，他竟然在院子里大喊我、曾凌和邓成泽的名字，还有一个云南来的学生王荣②，五

---

① 戴临风（1920—2009）：1940年代在成都加入中国共产党。后在延安陕甘宁边区艺术干部学校任教，1944年担任西北文艺工作团研究室主任，后任西北局宣传部干事、中央宣传部干事、中央电视台副台长。

② 王荣（1917—？）：1936年参加革命。先后在抗大、鲁艺学习。曾任陕西省委宣传部部长。

六个人，让我们收拾行李，到抗大九大队报到。

能上抗大，大家自然高兴，赶紧收拾行李，李碧光也忙着收拾行李，他见那个叫王荣的安徽青年换掉来时穿的夹克衫西装裤子，穿上发的八路军军装，正在打绑腿，便过去对王荣说，现在咱都是抗大学员了，你怎么搞的，还穿皮鞋。王荣说，我就这一双鞋，不穿皮鞋我光脚呀！邓成泽说，到抗大，人家给咱会再发鞋。李碧光说，那等不及了，你穿着皮鞋，跑到抗大像什么样子？资产阶级少爷都跑到抗大来，影响不好。他这么一说，让王荣左右为难地看着他。李碧光见王荣这样子，边脱自己的鞋，边说，你也别为难了，咱俩脚差不多大小，我穿你的鞋。

王荣说，那咋能行呢，人家会说你是资产阶级少爷了。

李碧光说，不要紧不要紧，咱们是革命同志嘛，说着就把王荣的皮鞋穿上了。王荣还蛮感激他。李碧光呢，穿上皮鞋，又拿个大缸子，接满开水，把发给他的军装铺到土炕上熨，然后才穿起来，帽子呢，他找了张很厚的马粪纸，垫到帽子里，往头上一戴，穿上一身熨烫后的军装，王荣的皮鞋也被他擦得锃亮。然后，他俨然像我们这几个人的领导，随即他宣布出发，去抗大报到。

一路上，李碧光都走在前面，我们跟在他后面，成一列纵队地往抗大走。他这一身说得上笔挺的八路军军装,锃亮的皮鞋,加上我们皱皱巴巴不大合身的军装,把他的样子就给凸显出来了,惹得路上好多人看他。邓成泽就在后面骂他,你个龟儿子,欺负人家王荣。王荣也生气,伸手拽他,把我皮鞋脱下来,还给我。李碧光根本就不理王荣,他还把他的棒槌包袱塞给邓成泽,说,你娃儿给老子拿上,马上就到了,到学校我给咱联系关系呢。邓成泽就不接他的棒槌包袱,包袱掉到地上,他也不管。无奈,邓成泽只能捡起地上的棒槌包袱,替他背上。到了抗大门口,他拿出介绍信给卫兵看,卫兵放行,让我们进去。李碧光很精神地向卫兵敬礼。恰巧就遇到了三大队的政委吴益三[①]。吴益三是从苏联东方大学回来的,还获得过斯大林奖,见过世面,他看见我们这几个人,就把我们叫过去,专门表扬李碧光,还指指背着两个棒槌包袱的邓成泽,说,你要向这位同志学习,注意军容风纪。

[①] 吴益三(1902—1984):1927年加入中国共产党。1928年7月参加红军,曾任班长、副连长。1933年派往苏联国际列宁学校东方大学第六部学习。在苏联期间,获得斯大林奖章。1937年回国,历任抗大中队长、大队长兼政委、营长、平江县抗日民主政府总指挥长、团参谋长、后方医院院长。1950年后任新疆维吾尔自治区盐务局副局长、新疆维吾尔自治区地质局监委副书记、书记。

邓成泽冤枉，刚一进抗大门，没三分钟，就遭到批评，气得不轻，等吴益三一走，就骂脏话，学你龟儿子个锤子。李碧光也不恼火，笑嘻嘻地把邓成泽的棒槌包袱连着他的，都背到身上，还把王荣的也拿过来背上，并给他俩说，我替你俩拿，替你俩拿。走了没有几步，到九大队报到，队长见李碧光一个人背着三个棒槌包袱，王荣和邓成泽空着手，就问，你俩身体不舒服？他指着我和曾凌说，你们要向他学习，关心同志。

邓成泽、王荣听队长这么一说，更不服气了，就说，我俩身体好着，没生病。

队长说，参加革命可不能偷懒，连行李都让同志帮你背呢。你们都是大学生，可要改掉小资产阶级毛病啊。

噎得两人没话说。等分到小队，邓成泽和王荣，就趁人不注意把他摁到墙角教训了一顿。李碧光就跑到我这里来笑嘻嘻地说，老郭你做证，他俩打我一个人，扯平了啊。

在抗大待了几天，李碧光就又说怪话，他说干革命也不能伙食太差了，他那个被子还太薄，褥子更不行。我想，被子、褥子都是统一发的，你能有啥办法？嘿，还别说，他也不知道用啥办法，居然个把月之后搞了一条狗皮褥子，在我面前洋盘。说，没有克服不了的困难。后来邓成泽给我说，是他给他舅爷写信，说他在前线杀敌，晓行夜宿，全是评书里的那一套话，让他舅爷把家里唯一的狗皮褥子给他寄到延安来。

在抗大李碧光盼着毕业，一天到晚哼着"在太行山上"，给我说，千万别把他分到部队当什么文化教员，他最少要当个班长，格老子一口气打到东京去，是他的口头禅。5月份分配的时候，林彪把我们抗大第三期1500多名学员集合起来讲话，其中有一句，我们会分到各个前线部队。李碧光兴奋得很，像林彪这话是专门说给他似的，领了圣旨般的高兴。整天跟我透露小道消息，说他找队长了，找大队长了，找队列课的课长了，还找更大的领导了，都说没问题，让他去部队。他说，他想去山东的部队，他舅爷去过山东，山东生活条件好，卤的猪头肉比成都郊区红牌楼那一家都好吃，他舅爷亲口告诉他的，他要到山东尝尝卤猪头肉。到了正式分配的时候，我们七、八、九三个队，都是大后方来的青年学生，大部分也真分去了部队，只我们几个说是得让我们继续学习。李碧光就拉上我去找校领导。我说咱还是一级一级反映一下。他说你现在一级一级地去找就晚了，直接找校领导。转了一圈，有的领导忙，不见我们，有的领导不在学校，政治部主任张际春[①]在，我们到他办公室，

[①] 张际春（1900—1968）：1926年11月加入中国共产党。在第一次国内革命战争、抗日战争、解放战争期间，从事人民军队的政治工作。1949年后，历任中共中央西南局第一书记、中宣部副部长、国务院文教办公室主任。

反映了我们的想法。张际春说，想去部队是好事，但组织分配你们继续学习，也是党的需要，抗日的需要。李碧光就问，为什么别的同学都能去部队，他不能。张际春就笑了，说，九队你们几个人的思想汇报、读书心得写得好，都是大学生，水平也都蛮高的，所以组织上就决定你李碧光去陕公高级研究班继续学习。组织上都决定了，服从分配吧。

李碧光看争取无望，就给张际春反映说，他实在吃不惯陕北的饭，气候也不行，太干燥，都流了好几次鼻血了。张际春说，就是，就是，这个陕北的小米呀洋芋呀，这些多吃也不行，我肠胃也受不了。刚好，我这里还有几片维C，你拿去吃了，说不定就不流鼻血了。说着给李碧光取了七八片维C，我看到那个小药盒子里就剩下了两片维C。同时呢，递给我大半个麦子面饼子——你俩分着吃了吧，改善改善。

张际春送我俩从他窑洞出来，又重复着说，你俩到陕公、到鲁艺是组织根据你们个人的具体情况决定的，没有去成部队，不要闹情绪。安下心来，多学习，这也是抗日救国。

从张际春那里回来，李碧光就去了陕公，我去了鲁艺。

到了1938年年底，鲁艺音乐系二期实习结束，我要回到成都。离开延安前，我去陕公找李碧光，算作告别，也看看他的情况。他说他也向组织要求回大后方做救亡工作呢。也不知道啥情况，正等消息呢。然后我俩，又叫上曾凌，一起到街上的小饭馆喝了一碗羊肉汤。

来年春天，我在成都，碰到有从延安回来的省立第一师范的同学讲，李碧光跑回成都待了两天，又走了，听说他去老家安岳一个小学当教导主任去了。我心里想，他回来也不找我？又想，我的组织关系在川大，他不找我也正常。后来张宣的组织关系不在川大了，转到了成都市委。我碰到张宣，问他见到过李碧光没有，张宣说从来没有，也没有听说他的消息。碰到侯方岳，我也打听李碧光。侯方岳是市委书记，我觉得他应该知道些情况。可侯方岳也说，只是听闻他回老家安岳了，在一所小学教书。侯方岳还感慨，这个人，搞革命工作可能怕吃苦吧。

又过了一年多，在峨眉山，我碰到念师范时的同学，这同学不左不右，属埋头读书不问世事的那一类学生。平时我们关系也不错。他从来不问我干些啥，可这些天，见了我，却破天荒地问我，你最近干些啥？我能给他说我干啥，就说，上课嘛。他说，我给你说个秘密。我想，他这种人能有什么秘密？他贴着我耳朵，说，你知道李碧光现在在干啥呢？

一听李碧光的名字，我一惊，他怎么能知道李碧光？我这位同学说，你们伙着去那里，我也知道。往往碰到同学说我去延安的话题，我一般都只能沉默，不说话，有时候同学说得直接了，我就说是到阎锡山二战区的革命大学去了。

我问，你咋个知道他的消息了吗？这位同学说，前几天他回成都，见到李碧光了，他和他们一条街上也在中央军校上学的邻居在一起。

我忙问，你俩说话了？他说，当然说了，他说他考取中央军校（成都）政治特训班了。

我这同学叮咛我说，我是好意，以后万一碰到他，你可要注意呢。这事情你谁都不能说呀。

我谢过这位同学的好意，成都那么大，我怎么能碰到他呢？但我却偏偏碰上了李碧光。那是第二年国民党发起反共高潮，成都抢米事件之后，组织上通知我转移去延安，我从峨眉山回到成都，等待组织最后的撤退安排。有一天我去一个同志家里，正在街上的拐弯处，一头就撞上了李碧光和几个人在一起。我一下愣住了，他显然也看到了我。但他和我的眼神交流都没有，完全是陌路人的样子，擦肩而过。再后来，一直到抗战结束，我在延安，在绥德陆陆续续接触一些从成都到边区的同学或者"民先"时期的同志，有了李碧光的消息，说是他在成都发达了，是国民党四川省党部特委会的红人、核心，厉害得很。

我就想，李碧光这个人走到国民党阵营里，恐怕有可能是他家的原因。我俩上学的时候，他告诉过我，他家老汉儿是袍哥大爷，地位不低。到解放战争后期，大概是1949年上半年，我收到了川大同学，当时任职南方局川东特委副书记的邓照明①从香港给我的一封信，在信中提到说他在重庆工作时，知道我那个同学的一些情况，现在是大头头了。邓照明来信指的那个人，我当然知道是谁。又后来，全国解放了，老同学邓成泽随军回到成都，很快就给在西安的我写信，除了说我母亲、家里兄弟妹妹都平安的话之外，就加了一句话，说他见到了李碧光，是他从北京出发，路过成都去重庆，他俩见的面。问我好呢。邓成泽这个人，和老同学说话，写信，总是这么个语气，口无遮拦的，也许他想起我们一起去抗大报到那天他给

---

① 邓照明（1919—1990）：1936年在成都加入中华民族解放先锋队，1937年12月加入中国共产党。历任中共川康特委青年工作委员会委员、四川大学党总支副书记、书记，被推选为中国共产党第七次全国代表大会正式代表。1939年年底赴延安。因七大延期，由中组部分配至晋西北第六分区，担任中共宁武县委书记兼县大队政委。后任中组部干事。1945年4月至6月参加七大。1947年受中共南方局派遣，任中共川东临委上川东地工委第一工委书记，组织领导大竹、垫江、梁山、达县等地武装斗争。1949年任中共川东特委副书记。1949年后历任中共重庆市委宣传部副部长、重庆市工业局副局长、西南水力发电工程局局长、第二机械工业部科学技术局局长、中科院二局副局长、物理数学部副主任、中纪委特约研究员。

李碧光背棒槌包袱的事情了，才在信里骂李碧光这龟儿子现在派头大得很，一副当了大官的派头。等到我从西安去成都探亲，顺便去了重庆，按邓成泽给的地址，在西南局镇反委员会找到做办公室主任的他时，他还真是派头大得很，和我这种一直在边区工作的干部穿的就不一样。他见我特意在西安做的衣服，问我咋个穿成这样，不像样子嘛。

我说西安的裁缝不咋样。他就给我介绍重庆的裁缝，做了一身衣服。李碧光请我打牙祭，当然不再是吃担担面了，他在国民党那里真的如邓照明所说，当了大头头，十年光景就混成了中统局四川调查室的主任，然后又去了部队，混了个少将师长，在宁沪战役的时候，他乱七八糟瞎指挥部队，没两下子，他的部队就被解放军打散，成了俘虏。

李碧光派头大得很，他请我去重庆的老牌西餐沙利文开洋荤。我没吃过西餐，第一次从延安回到成都，成都开了一家耀华西餐，我一个穷学生，吃不起。

李碧光用起刀叉来，熟练得很，给我倒葡萄酒的时候，还不停地给我讲该怎么喝葡萄酒。我问他，你经常吃这个？他笑着说，原来在成都，因为工作需要，招待来成都的一些特务头头，或者袍哥大爷，我经常在耀华西餐请他们吃饭。现在呢，老郭你来了，我当然得好好请你吃巴适喽。李碧光问我，你知道不知道我是被谁抓住了？

你不是被解放军抓住了，还能是被谁抓住。

他边吃边喝边给我讲他被俘的过程。他把他负责的那一个师的部队一通瞎指挥，和解放军一打，一触即溃。他见部队乱了收不拢了的时候，赶紧找个地方躲起来，没有躲好，被师里的政训处副处长看见了，这个政训处副处长是他从四川中统带到部队的，对他好，给他找了老百姓的衣服，让他换上，赶紧逃。他训斥政训处副处长，说，他才不换呢，军人当堂堂正正战死沙场，尽忠党国。政训处副处长还是劝他，两人正争执着，解放军来了，一看，是个少将，俘虏他的解放军战士高兴呀，押着他往俘虏集中的村子走。去了之后，他军装笔挺，显眼得很，解放军战士问他职务，问他姓名，他也不说话，说让你们首长来。战士把连长叫来，问他，他让连长叫师长来，叫军长来。周围的战士和那个连长也是见得多了他这种被俘的国民党将官，也不理他说什么，让他先坐到地上。他冲人家发脾气，说人家不尊重他。然后，一句话都不说，站着，靠到树上。突然，他看到不远处有个熟悉的人的身影往俘虏群这里走过来。他就大喊这个熟悉的人的名字，叶伸夫，叶伸夫，叫人家龟儿子掉头看，掉头，看到老子了没有，老子在这儿呢。叶伸夫听见有人连骂带叫地招呼他，仔细一看，是个被俘的少将,赶过来,刚要呵斥,叫他闭嘴,可再一看,这不是抗大九队的老同学李碧光嘛。

李碧光问叶伸夫,你现在当啥官呢。人家说自己是团长。李碧光就开他玩笑,说,你咋才是个团长,你看看我,都师长了。说得叶伸夫还一下子不好意思起来。他也不管老熟人在周围战士面前的感受,就命令他去师里或者军里汇报。给北京李克农打电报,最好给董老——董必武打电报,实在不行,给周副主席打电报也行,电报就说你们抓到黎强了。记住啊,电报里可不能少了"黎强"两个字,黎明的黎,强大的强。

果然,部队把电报打到北京,北京回电,立即派人护送他到北京。一到北京,周副主席、董必武、李克农就接见了他。原来,黎强这个名字,就是他1939年年初被组织从延安派回四川,在重庆,凯丰给他布置任务时,董必武亲自给他起的。

当时董必武指示李碧光,一定要利用他父亲在当地是袍哥的重要地位和影响力打入国民党的中统或者军统。李碧光听从组织的指示,先报考了中央军校(成都)政治特训班,毕业以后,活动了一下,见打入军统的难度有些大,主要是关系不那么得力,便进入了中统,一步步地在成都进入了中统四川省的核心,而后又为了配合全国解放,通过他父亲的关系当了国民党的师长,带领部队出川,参加沪宁战役。李碧光在四川中统核心机关不到十年时间里，为组织传递出了大批情报，保护了一大批活动在四川的地下党，立的功可不小。他到北京不久，因为他本来就是四川省中统特务系统的大头子，还在四川袍哥帮会里混得地位不低，所以组织又派他回到四川，担任西南局镇反委员会办公室主任，为肃清解放后四川残余的中统特务，作出了不可估量的贡献。但在后来的党内生活中，随着政治运动的逐步升级，他受了委屈，从北京调到青海做地方工作，担任省人委的秘书长，再后来，形势有所好转，对他这种人，落实了政策，才回到北京，搞公安教育工作，再后来从公安大学副校长的职务上退下来。我前几年去北京，见到他，他给我讲起一件事情，是1983年国家安全部成立不久，内部发了一个文件，肯定了他的功绩，号召他们那个系统的同志们向他学习。他说他自己愧不敢当，觉得新中国成立后，为党做的工作太少了。

我讲李碧光的事情，恐怕有些细有些深了，甚至呢，可能看起来有些离题。但他是我在1935年的时候，能阅读到马克思主义经典著作的关键人物，仅就此一点，我对他心怀感激。他这个人在解放前的经历算得上传奇，本事也大得很，他解放前的那个经历，总结起来看嘛，一个1936年刚从省立第一师范毕业的普通学生，到了1939年才去到国民党的中央军校念书，然后打入中统内部，不到十年，进入了四川中统的核心决策机关，做了首脑，到1949年年初还做了国民党的少将师长，从某个方面来说，李碧光很有往上爬的大本事，他把这些个大本事，发挥得越淋漓尽致，越说明他把党组织交给他的任务完成得越好。他对党的忠诚度是相当高的。说到底，他这个人对党的忠诚，是他在国民党内部竭尽全力往上爬的一个巨大动力，不是为了个人的私欲，完全是他在读书期间，对马克思主义理论有了了解之后，产生的永不动摇的坚定信念所致。

我和李碧光除了在上学的时候，没有讨论过有关《资本论》的话题之外，对其他能看到的马克思主义著作，都有过交流，我们都很认同列宁在《国家与革命》里讲的无产阶级革命和无产阶级专政的提法。特别是无产阶级革命必须通过暴力，打碎资产阶级国家机器，建立无产阶级专政的新国家的论述，认为有道理。但也总是有不明白的地方，怎么样算是打碎？无产阶级专政的新国家到底是什么样？有了这样的认同，对中国共产党领导的红军，就不相信小学、初中时看到的那些徐向前红头发、青脸面的漫画形象了。所以，也就开始关注周围同学、老师里有没有共产党，判别谁像共产党。

我和李碧光，还有省立第一师范其他的同学比如邓成泽、张万禄①、胡绩伟等，当时在一起，还都猜测过学校里谁是共产党。但没有结果，直至我去到四川大学读书，加入了组织的时候，才知道，当时党在成都的组织其实在1930年代初期就被破坏掉了，成都有共产党员，但没有组织机构。所以我们这些学生找不到党组织，党没有完整的组织，发展我们这些人，也就无从谈起了。

当然，这一时期的读书，也不尽是都能读到如《资本论》《国家与革命》这些马克思主义经典著作。就拿那本寄给我的《二十世纪》杂志来说吧，它当时在我们这些人中间相当的流行，流行到什么地步呢？一刊难求，不是你有什么渠道，也不是你有钱，就能买到。它几乎每出一期，都能引起我们这些人的热烈讨论。你拿到一本，屁股后面人家都排着队等你，还不停追着你，催你，催得急了，骂你，你个瓜娃子看得硬是慢死喽。看得懂看不懂嘛，莫得看喽，快些给我看。同学们之间经常就是这么催。格老子还在研究，你才是瓜娃子，研究马克思主义的学问，你懂不懂，急个锤子。

总体上，1935年的时候，《二十世纪》上面的文章多数是宣传马克思主义思想的文章，对我们青年学生起到了正确认识

---

① 张万禄：1936年在成都加入中华民族解放先锋队。后长期在成都、重庆从事党的学生运动工作。

马克思主义的启蒙作用。但是呢,它上面也发表一些很有迷惑性的文章,比较著名的作者有叶青①,我记得他有一篇写批判胡适的文章,在我们这些喜好马克思主义的左派学生中间产生了很大的反响。1940年代中、后期,我在西北局工作,李卓然②是领导,有次和他摆龙门阵,说到过叶青。李卓然讲他认识叶青,知道些他的事情,我请李卓然给我摆摆。李卓然大概讲,叶青是个风云人物,和他在法国巴黎就认识了,是我们党最早的那一批党员之一,1922年在法国入的党,担任过中共旅欧支部的负责人,编过《赤光》杂志。因为支援国内的五卅运动,他带

---

① 叶青(1896—1990):国民党著名的政治理论家、三民主义理论健将。1922年与周恩来、陈延年在法国发起组织中国少年共产党,创办《少年》杂志。后加入法国共产党,同时成为中国共产主义青年团旅欧总支部成员,再转为中国共产党党员,成为旅欧支部负责人之一。主管宣传工作,与周恩来等创办《赤光》。1925年前往莫斯科中山大学学习,任中共中山大学支部负责人。1926年回国,任中共广东区委宣传部部长、黄埔军校政治教官。1927年任湖南省委书记兼宣传部部长。1920年代末期至1930年代上半期,张东荪与叶青展开了新康德主义和辩证唯物主义的大论战。1939年叶青发起三民主义研究及三民主义文化运动。1947年任国民党中宣部副部长、代理部长、部长。叶青著述逾千万字,是20世纪反共第一人。

② 李卓然(1899—1989):1922年加入中国共产党。曾任中央局代秘书长、中国工农红军总政治部宣传部部长、红五军团政委,参加遵义会议。后任红四方面军政治部副主任、红军西路军政治部主任、西路军工作委员会书记、中共西北局宣传部部长、中共东北局常委、宣传部部长。1949年后,任中央马列学院院长、中宣部副部长。

领留法学生，冲击中国驻法国大使馆，被捕，驱逐出境，前往莫斯科中山大学学习。在此和王明发生论战，他的那个支部派败给了王明的教务派。再回国，担任过党的许多重要职务，1927年大革命失败之后，他在湖南省委书记兼宣传部部长任上被捕，死里逃生，跑到上海躲起来，专搞马克思主义理论研究工作。叶青研究的那个马克思主义理论，主要体现在他那个时候写的文章里，这些文章，在我们这些对马克思主义感兴趣的学生中，市场不是一般的大，大得很，趋之若鹜。我也特别喜欢看，包括他和张东荪在新康德主义方面的论辩文章，对"唯物辩证法"展开论战，我是只要能找到，都要去看。

当时我年轻，刚刚接触马克思主义，对马克思主义的理论实质，根本没有一个清晰的认识，模糊得很。到了1936年看到了陈伯达写的文章，发起新启蒙运动，才对叶青发表在《二十世纪》杂志上的文章有了初步认识，知道他是叛徒、托派。叛徒，当然肯定是了，托派是不是就值得商榷了，因为人家真正的托派郑超麟[①]那一伙人，就不认为他是自己人。叶青自己呢，

[①] 郑超麟（1901—1998）：革命家、思想家、托洛茨基主义在中共的代表人物。1922年在法国加入中国共产党。1923年至莫斯科留学。1924年在上海中共中央宣传部工作，编辑党报，翻译《共产主义ABC》。参加上海第二、三次工人武装起义。1927年任中共湖北省委宣传部部长。"八七"会议后任中共

他竟然请了一个律师，在报上发声明说他不是托派。

到1943年之后，我在绥德师范那一段时间系统地学习了马克思主义的经典著作之后，对叶青的理论终于算是有了实质的认识。比如知道了和张东荪的那个论战，其实双方谁都不是马克思主义，实质上反而都是反对马克思主义的。当时，在延安的图书馆、资料室里，都有叶青的书，公开作为反面教材供大家阅览。

谈到我在上师范时期的阅读情况，最后讲到叶青，有两方面的意思。一是想说明我个人对正确的马克思主义的一个认识过程，在最初是朦胧的，混沌的，自己都搞不清楚，也就没有什么辨别能力了。二是叶青在1930年代的思想界，特别是在马克思主义研究领域掀起的波浪不可谓不大。好多人，像我这种年轻人，都认为他就是中国马克思主义理论研究实至名归的代表者。著作等身嘛，什么《费尔巴哈论纲研究》《救国哲学》《论理学问题》《为发展性哲学而战》等等，不胜枚举。叶青这些著作，要说，还都具有相当的学术性，但这个学术性的根子是什么的问题，大家就不是那么很清楚了。实质上呢，这就是他和

中央党报《布尔什维克》主编。1928年由上海赴福建整理中共福建党务。1940年参加中国托派组织领导机关《斗争报》的编务工作，同期翻译托洛茨基的《俄国革命史》。1952年入狱，1979年释放后，任上海市第六届政协委员、上海市政协文史资料委员会委员。

其他反共的人的区别，他拿其著作的某些学术性来反共，他自己就跳出来说，中国虽不需要共产主义，但马克思主义所包含的辩证法、唯物论、唯物史观等，仍可单独地成为一种学术思想，加以研究和运用。叶青大概在1939年之后，又公开讲，他的反共，是从学术上着眼来反共。为什么叶青强调他的马克思主义学术？这里面其实包含着一个到现在被我们忽略的问题。马克思主义进入中国之后，我们应该如何正确认识马克思主义，如何正确认识马克思主义中国化、正确方向的问题。这一点在党史研究领域和马克思主义在中国的传播史方面应该有认真的总结并展开研究工作。我前两年还给老巩（巩重起①）说，你那个学会（中国国际共产主义运动史学会、陕西省国际共产主义运动史学会）的人应该把1930年代叶青那一套马克思主义的理论研究，为什么能风靡一时做个课题搞一搞。当时，咱们延安还有叶青的书嘛，还让咱们作为反面教材去认识他的反动本质的嘛。研究叶青，也就是研究1930年代马克思主义在中

---

① 巩重起（1921—）：马克思主义理论家。历任西安师范学院政治教育系主任、陕西师范大学党委副书记、西北大学校长、党委书记。中国国际共产主义运动史学会副会长、陕西省国际共产主义运动史学会会长。编著《工农联盟是人民民主专政的基础》《什么是社会主义，什么是社会主义革命》。主编《政治学通论》。

国的传播，对我们今天正确认识马克思主义有很深的现实价值意义。老巩可能忙，没了下文。我给西北大学、西北政法学院几个年轻教师也提过，人家给我说，资料不好找，不了了之。但我觉得，随着我们今天改革开放、思想解放的不断深入，这个课题总有一天会引起大家的关注，学术研究的禁区总有一天会被冲破。

最后再说两件有关叶青的事情。

叶青宣传、阐释的所谓马克思主义理论，最后成了国民党第一次掀起反共高潮的核心理论。他这个样子，无论如何都背离了马克思主义，对马克思主义断章取义，居然归根结底到什么一个主义、一个领袖、一个政党，这明摆着是法西斯主义的东西嘛，简直成了大杂烩，一锅乱炖。

1941年叶青在重庆编反动刊物《抗战与文化》，攻击毛主席写的《论持久战》《论新阶段》《新民主主义论》，第一次在国内使用了"毛泽东主义"这个词儿，叶青说的这个"毛泽东主义"是攻击毛主席是农民主义，是洪秀全，既低级又反动。但是呢，1942年，张如心[①]在延安《解放日报》发了一篇文章，

[①] 张如心（1908—1976）：马克思主义理论家、哲学家、教育家。曾任东北大学党委书记、校长，东北师范大学校长。著有《中国共产党历史讲授提纲》《论毛泽东》等。

题为《学习和掌握毛泽东同志的理论和策略》，专门针对叶青的"毛泽东主义"的概念内容，进行驳斥，也是在我们党内，借叶青的提法，第一次提出了正确的"毛泽东主义"的内涵、所指，后来王稼祥他们把"毛泽东主义"改成了"毛泽东思想"，到了七大，刘少奇同志正式提出了"毛泽东思想"这一概念。

接　触

前面说到，我们同学之间读马克思主义方面的书籍，也在一起讨论过大家看谁像共产党，比如老师里面，有没有共产党之类的话题。

其实呢，在我们省师的老师里，还真的就藏着一个大共产党人，他叫车耀先①。

车耀先是1920年代的老共产党员了。他入党之前，先是做过几年小生意，后来参加川军，从士兵、班长、司务长、连长干起，做到团长，还在刘文辉的二十四军做过副官长，川军中、

---

① 车耀先（1894—1946）：1929年加入中国共产党。曾任中共川康特委军委委员。1940年3月在国民党制造的"抢米事件"中被捕。1946年8月18日遇害于重庆松林坡。

上层里面,他有好些关系,比较方便搞党的统战工作。

车耀先入党之后,因为过去他在军队里面的经历,党派他做兵运工作,担任四川省委军委委员这个职务。1930年秋天,曹荻秋①、李司克②、易心谷③、刘连波④、罗世文⑤策划了广汉起义,车耀先和罗世文具体指挥。鉴于当时四川整个政治形势,虽然广汉起义拉起了万把人的队伍,但没几天,田颂尧、刘文辉、邓锡侯⑥三个人联手,也就五天时间吧,把起义部队打垮

---

① 曹荻秋(1909—1976):1929年加入中国共产党。历任中共重庆市委第一书记、上海市人民政府市长。

② 李司克(1911—1930):1927年加入中国共产党。1928年秋,入成都外语专科学校学习。1930年任改组后的中共广汉县(今广汉市)委组织委员,领导广汉起义。1930年11月被捕,牺牲于金堂县。

③ 易心谷(1901—1932):1925年加入中国共产党。参加过刘伯承领导的泸顺起义。1930年,参加广汉武装起义,任中国工农红军二十六军第一路军第二纵队司令员。1932年在达县被捕,壮烈牺牲。

④ 刘连波(1908—1987):广汉起义领导人之一。1949年后历任西南局统战部处长、重庆市委统战部副部长、部长,重庆市政协主席。

⑤ 罗世文(1904—1946):1923年加入社会主义青年团,1925年加入中国共产党。1933年在川陕根据地工作期间,遭到非法关押。1937年后,历任四川省临时工作委员会书记、川康特委书记。1940年3月被国民党当局逮捕,1946年牺牲于重庆。

⑥ 邓锡侯(1889—1964):保定陆军军官学校毕业。1924年任四川省省长,1937年任国民革命军第二十二集团军军长,率部出川抗日。1949年后,历任西南军政委员会副主席、四川省副省长。

了，起义失败。广汉起义的诸多领导人，有的牺牲了，有的跑出四川，到上海找党中央去了，唯有车耀先，他关系多，回到成都安然无恙，又接受组织新的派遣，在成都基督教圈圈里搞统战工作。1932年5月份在成都少城公园纪念"五九"国耻群众大会的时候，他公开宣讲、揭露蒋介石及其政府不抵抗的卖国政策，遭到闯进会场的警察追捕，跑去了上海找党组织。那时候，党中央转移到了江西苏区，他也找不着，只好在年底，从上海回到成都。在成都，他也找不着党组织，只能单干。车耀先对组织很忠诚，他入党的时候就写过"愿以我血献后土，换得神州永太平"的誓词。

虽然找不到党组织，他还是以党员的标准要求自己，令人佩服。原来在1931年的时候，他开了家餐馆，叫努力餐。现在从上海回来，接着经营这个努力餐，然后就又到省立第一师范来带国音课，教汉语注音符号。注音符号是1918年教育部正式颁布的，它取代了已经有一千多年的反切注音法，有一定的意义。现在台湾地区的学校也还在使用它。当时，我们师范学生都得学。

车耀先教注音符号有办法，还和成都教育界的同仁搞了一个机构，叫四川注音符号促进会传习处。他有了这个组织做掩护，通过平时在学校对同学们的观察，有选择地叫同学到他家去，说是讨论注音符号的问题。

我也被车耀先叫去过他家。

不过到了他家之后，虽然他也讲上两句注音符号，但是往往会很自然地把话题转移了过去。他给我们分析、讲解当时中日之间的形势，讲政府如何地不去抗日，如何面对日本人的侵略，一退再退，一让再让。那么多的部队，不去抵抗日本人，热衷于内战，围追堵截共产党，希图剿灭红军。

在车耀先家听过他讲时势的同学，非常认同他的观点。很快地在车耀先周围就聚集了几十名学生，有我们省立第一师范的学生，也有建国中学、天府中学等几所学校的学生。像张德全、李碧光、郭永江、邓成泽、胡绩伟是省立第一师范的，汤幼言是建国中学的，还有天府中学的侯方岳，等等，慢慢地形成了一个虽然看起来松散，但其实很紧密的小圈圈。这个小圈圈里的核心人物，就是车耀先。当然，他也不能给我们说，他就是共产党，有过什么经历，他主要就是给我们灌输两点：一是国民党政府太无能，太腐败，不抵抗日本人侵略，导致国土沦丧，老百姓做了亡国奴。这样的国民党，这样的政府，大家就该反对它，抛弃它，打倒它。二是大家再不团结起来，就要当亡国奴了。亡国奴的滋味不好受，被日本人骑到头上，怎么生活？坚决不能做亡国奴，要自强、自立，每个人都要为中华民族的独立解放做贡献,这样中国才能有救。

有一次,我去他家,他拿给我一本上海出版的《新生活》周刊,翻到其中一页,指着一篇叫《闲话皇帝》的文章,让我看。

我看完,还没有来得及说话,车耀先气愤地给我讲,你看,看看,这篇文章有什么错,它(国民党政府)虚弱到这个样子,为了一篇小文章,发布这么无耻的法令——"对'友邦'(日本)不得有排斥及挑拨恶感之言论"。龟儿子(国民党政府)这是要把全国人民的嘴都堵上,讨好日本人,他能堵得起,能让所有中国人都不说话?

车耀先平时说话也都是温文尔雅的,这个《闲话皇帝》引起的反响,看来让他很气愤了。

去车耀先那里次数多了,听他讲国民党政府的种种倒行逆施,分析国内外的大事,慢慢地我们这些学生对国民党、对政府的态度就变得相当对立。心里有了一个很强烈的意识,国民党不是原来的国民党了,它已经走到了孙中山先生三民主义的对立面,三民主义变成了国民党的工具和口号,唯一的作用,是拿它来欺骗老百姓。

在我和车耀先接触的这段时间中,同学间若有人在报纸上看到有些什么消息,自己判断不出来,首先想到的是,去找车耀先请教。

1935年6月下旬,成都报纸上登出了《何梅协定》①的消息。我自己觉得是个大事情,但怎么个大法,具体可能的情况是啥,还是不大明白。我约上邓成泽、张万禄,拿着报纸去找车耀先请教。

车耀先见我们来了,招呼我们,说今天请我们吃一顿。

平时,我们也在他这个努力餐吃过饭,都简单,一碗鳝鱼面、牛肉面什么的,有时候是他请我们,有时候是我们自己掏钱。他说他现在的这个鳝鱼面和牛肉面,几年前他在祠堂街牌坊巷子口开"新的面店"时,是招牌面,在成都独一无二。

他现在在祠堂街开的这个努力餐呢,主要卖炒菜了。我有时候来,看到顾客吃炒菜,看着都好吃,闻着也香得很,馋嘛,再说那时候我正是十七八岁,整天在学校灶上吃饭,见了炒菜没有不想吃的道理。但自己确实没有钱,只能看着,谈完事情就走。从来没有见过他说给我和同学们上个炒菜之类的。

今天呢,我们仨一来,还没有来得及说要请教什么,他主动说请我们吃饭。我们以为又是吃他的招牌面。

---

① 《何梅协定》:1933年南京国民政府军事委员会华北分会代理委员长何应钦与日本华北驻屯军司令官梅津美治郎达成的丧权辱国的秘密协定。

张万禄说，吃过了。

我和邓成泽瞪了他一眼，你咋个能代表我俩呢？那个鳝鱼面也好吃得很，你不想吃，乱说一气。

车耀先却说，你们坐着，等一下，我去给你们搞上几个菜。

哎呀，我和邓成泽闻言，高兴得不行，今天不吃面，要吃炒菜了。

果然，一会儿工夫，车耀先就端来两盘炒菜：一盘腰花和一盘盐煎肉。

车耀先让我们先别动筷子，等一下，还有两个学生娃儿来，大家一块吃，边吃边摆（摆龙门阵的意思）。邓成泽说，车老师，你做的菜那么好吃，两个都不够我们三个人吃，咋还有两个人呀？车耀先笑了，说，你慌啥子嘛，还有还有，今天管够。

他坐下和我们三个人先说闲话。他说，我都记得呢，你们三个人呀，来我这里，一直都没有吃过咱们这里的招牌菜，海味红烧什锦，今天我请你们吃。

车耀先问邓成泽，你知道这个菜是我和谁发明的吗？

这一下把邓成泽给问住了。

邓成泽正语塞着，恰好进来三个年轻人，两个小个子，一个高个子。

车耀先招呼他们三个人坐下，给我们介绍，说高个子的叫汤幼言①,是建国中学的高二学生。胖一点小个子叫侯方岳,天府中学的,下个月他就在图书馆当管理员,可是有工资的人了,今天咱们这顿饭,就是他做东。

侯方岳一听车耀先这么介绍他,盯了盯桌上已经上的两个菜,脸就有点红——我那点钱,请不起,请不起,我请大家吃面。车耀先见侯方岳认真了,说,开个玩笑,在我这里,咋个能让你请客呢。接下来,他介绍瘦一点的小个子,说他叫张宣②,字写得好,还写诗,写小说。给他们三个介绍我们是省师的,他的学生。

大家说了没有几句话,刚才车耀先说的招牌菜海味红烧什锦上来了,量大得很,是用那种12吋的大盘子盛着,里面有海

---

① 汤幼言(1918—2002):剧作家。1940年赴延安后改名丁洪。1936年参加中华民族解放先锋队,1938年加入中国共产党。曾任延安青年艺术剧院演员室主任、东北民主联军宣传部创作出版科科长、《部队文艺》主编、第四野战军政治部文工团团长、中南军区创作研究室主任、沈阳军区政治部话剧团团长、沈阳军区政治部文化部副部长,中国剧协第三、第四届理事、辽宁省剧协副主席、辽宁省文联副主席。主要作品有,与吴雪等人合作创作话剧《抓壮丁》;电影文学剧本《董存瑞》《雷锋》;歌词《我为人民扛起枪》《前进!人民解放军》。

② 张宣(1915—2012):1936年在成都加入中华民族解放先锋队。后历任中共成都市委书记、宜宾中心县委书记、西北局党校教员、延安大学中学部教员。1950年后历任西北民族学院副院长、院长、党委副书记、书记。西北大学教授。

参、鱿鱼,地地道道的海味了,海参、鱿鱼都发得恰到好处,味道特别好,实在是甘旨肥浓、齿颊生香。里面的内容丰富得很,核桃仁、白果、毛栗子、猪肚、猪心、猪舌头、鸡肉、猪肉、香菇、玉兰片之类的,真是见识了什么才是真正的什锦。海味红烧什锦我们在座的都没有吃过,之前的川菜里就没有见过这道菜。真正是车耀先发明的新川菜。

车耀先见我们几个人吃得高兴,他又接上了刚才和邓成泽的话题,问我们,知道不知道海味红烧什锦是他和谁发明的?当时,我们谁都意识不到,车耀先请我们吃个饭,为什么总是卖关子,要说这道菜具体的发明者。

我们吃着菜,有一句没一句地说,当然主要是车老师发明的,还有谁,我们当然不知道了。

他说,这是我和老金发明的。你们不认识老金吧?

我们怎么可能知道老金是谁呢? 就问他,老金是谁? 车老师,您介绍介绍老金嘛!

车耀先说,你们几个娃儿,怎么能不知道老金呢? 老金是成都有名的大掌勺呀!

哦,哦,名厨,老金是名厨。是车老师和老金发明的。知道了,知道了。

车耀先假装不高兴了,他说,莫得光知道吃,吃饭嘛,也得知道是谁做的。对不对？

我们就赶紧放慢点吃的速度，连声应和他，说，对对对，车老师您讲讲，老金是咋个样的名厨。

车耀先说，20年前你们是月儿娃娃的时候，老金就是玉阶先生的私人厨子了。

听车耀先的口气，好像玉阶先生很有名似的。可我们几个人心里一样地想，玉阶先生是个谁呢？好像莫得听说过嘛。

车耀先见我们对他说到玉阶先生，没有啥反应，刚要接着说，坐在我对面的张宣，放下筷子，一脸严肃地问，车老师说的玉阶先生，是朱毛红军里的朱德？

车耀先点点头。

张宣之所以能反应上来，玉阶先生就是朱德，是因为他父亲和刘伯承、朱德都相识，关系还不一般，都是当年西南一带的老同盟会员。他可能在家听他父亲讲过。

大家一听朱德这个名字，不吭气了，吃的速度也慢了。

车耀先一脸轻松地说，你们知道不知道，朱毛红军和张国焘、徐向前两伙子红军这个月十几号的时候，在懋功会师了。

我们知道车耀先的消息是准确的。虽然报纸上3月份以来，开始对红军渡过嘉陵江，川军胜利收复川北匪区，川军进而和中央军在川西一带围堵，捷报频传，红军穷途末路……不日将彻底剿灭持续报道。

车耀先问我们，两股子红军会合，你们知道不知道那是多大一股力量？他也不等我们回答，就给我们讲红军有多少人，尤其是朱毛红军里面，朱玉阶就不用说了，那刘伯承，了不起的人物呀！他给我们讲了刘伯承领导泸顺起义的一些事情，顺带呢，又讲了张国焘、徐向前在川北的事情，禁止老百姓吸鸦片，不能买卖婚姻，让妇女也出来做工，他们和苏联一样，成立了苏维埃政府。政府里做事的官员，都是老百姓选举出来的，每个人都有资格选，有选举权之类的事情。

我们听了，感觉很新奇。

车耀先这是第一次和我们几个同学谈红军，谈中国共产党的政权，谈具体的共产党人这个话题，谈到朱德、刘伯承、张国焘、徐向前……还有个印象，车耀先讲毛主席，讲得很少，或者就没有讲吧，想来他那个时候，对毛主席知之甚少。而这些老资格的共产党人，对我来说呢，也仅仅知道他们的名字，根本没有个具体的概念。但通过车耀先这第一次与我们具体地讲这些共产党人，特别是他谈到的朱德、刘伯承，印象尤深。

虽然车耀先讲了这些，我，包括同学们，却还是没有把他和共产党人联系起来。总是觉得他在川军当过团长，去过日本，去过上海，见识多，认识的人多，对时势分析得头头是道，切中要害，是个经历丰富、颇有见地的长者。车耀先呢，他给我们多数传阅的都是一些左翼的文艺作品，而真正的马列主义理论著作，或者有关党的纲领文件之类的东西，他不大和我们涉及。

所以，在1930年代中期，尽管我通过车耀先之外的渠道读了些马克思主义理论方面的书籍、文章；也从车耀先这里得到一些在当时国内国际形势下，红军、共产党、共产党领导下的苏维埃政权的客观的正面的消息；对国民党，以及它领导的那个政府的各种弊政有了比较清晰的认识，但真正对红军，对中国共产党的认识，和我这个时期，对马克思主义理论的认识一样，肤浅、朦胧，甚至不明就里。

认　识

　　我真正对中国共产党有所认识,让我一下子觉得它了不起,一下子认识到,唯有中国共产党才能领导我们把抗日救亡运动继续下去,唯有中国共产党才能领导我们走上民族独立解放运动的道路,乃至我开始有意识地去寻找共产党组织等等,这些思想和行动上的缘由,皆源于1935年8月暑假成都高中学生的军训。

　　讲到我参加的1935年暑假国民党政府组织的成都高中学生军训,还是很有必要从四川当时大的形势格局上来看这次军训。

　　首先,这次军训具有这样一个标志:国民党中央政府完全主导了这次军训,四川地方实力派从此开始走下坡路了,四川地方实力派在教育领域的话语权就此被国民党中央政府剥夺。

蒋介石的国民党中央政府在1934年之前,在四川无论是军界、财界、司法行政界、文化教育界,势力微弱,根本插不上手。但国民党中央政府面对四川这个局面,却也一直都没有放弃能进入四川的机会。机会这个东西,不是你想找到就能找到的。比如1932年年底红四方面军从陕南地区进入四川,开辟通南巴为核心区域的川陕根据地,蒋介石想来围剿,这些地方实力派就不答应,还扎劲得很,什么实力派各方合作,搞六路围攻的大军事行动。当初成都的报纸,把刘湘这次围剿红军的军事行动的牛皮吹上了天。

结果呢,惨得很,损兵折将,被红军俘虏2万多人,毙伤6万多人,缴枪3万多、大炮300多。这一下刘湘慌了,钱花了,兵败了,只能通电辞职,从成都跑到重庆,问蒋介石要钱要饷;发动一些四川名人,曾鉴、方旭他们联名给国民党中央发电,慰留刘湘,请求蒋介石能派"知兵大员",率兵"来川协剿"。两边驰电往来,互探底细,到最后,随着中央红军进入四川,地方实力派实在受不了,他们打不过红军,蒋介石也就顺理成章地把中央军派进了四川。同时,蒋介石组织了一个参谋团，贺国光①任主任。参谋团到四川的第二天，行政院发布刘湘任四川省主席。这次刘湘做这个省主席，和以前不一样，他背后有蒋介石撑腰，立即废除了实行多年的四川各路军头的防区制度。防区制度废除的标志就是财政统一了，人事上，蒋介石在新划分的全川18个专区里，内定了好多他的人。

蒋介石通过收买刘湘，让他当省主席和通过贺国光的参谋团，在财政、人事、军事诸方面把四川逐步控制住的同时，他那一套对学生的党化教育也就自然而然地开始实施了。第一步，就是暑假的军训，要求所有的高中生都得参加。省立第一师范的学生也在所难免，集中起来参加。

军训放在成都南教场。成都暑期军训的主持人是名气很大的康泽②，他是贺国光参谋团的政训处长，在蒋介石围剿江西苏区的时候，康泽成立的别动队臭名远扬，他对江西苏区的老百姓下手狠毒至极，颇受蒋介石赏识。他是蒋介石的十三太保之一。

---

① 贺国光（1885—1969）：毕业于四川陆军速成学堂。中华民国时期历任重庆行营参谋长、成都行辕主任、军事委员会办公厅主任，1949年赴台湾省。

② 康泽（1904—1967）：黄埔军校三期毕业。历任国民政府军事委员会南昌行营别动队总队长、国民党军事委员会政治部第二厅厅长、复兴社总社书记、第十五绥靖区司令官。1948年被解放军俘虏。1965年被特赦。

国民党中央政府入川以前，在蒋介石统治的核心区域，江浙沪从"八一三"淞沪抗战之后，已经搞过几年的学生军训，有完整的一套办法。这些办法从表面上看，比较吸引青年学生，要抗战嘛，就要有人去和日本人打仗，青年学生有文化，有抗日的热情，将来一旦和日本人开战，就可以奔赴战场。那么你要去和日本人打仗，首先就要学习军事。所以他们搞暑期军训，学生的热情还是有。

也确实，这个暑期军训在军事训练上抓得紧。康泽给我们讲，大家学好军事，一旦和日本人开战，我们这些高中阶段的学生，去到野战部队，上了战场，就要有能力担当得起班长的职务，喋血沙场。大学生也要搞军训，大学生上战场，要能履行野战部队排长的职务，甚至是连长的职务。

康泽的讲话，我们听了很激动，同学们都有抗日热情，现在学军事，为了上战场打日本人，收复国土，吃苦什么的都不在话下，军事训练也认真得很。

康泽还说，我们暑假来接受军训，按照正规的陆军建制执行，叫总队。总队长是正规军的师长兼任，当时成都总队的总队长是谁，现在想不起来了，副总队长是成都市市长，还是教育局长，也记不准确了。那些个大队的大队长是正规军里的团长兼任。

总队是什么概念呢？就是加强步兵团，下面的大队，相当于步兵营，大队下面叫中队，就是步兵连，一个中队144人，当时军队标准的编制。中队下面又是区队，区队下面是小队，就是步兵排，步兵班。我当一个区队长。

这次军训印象比较深的是康泽说的一句话：兄弟受命担任总队政治部主任，与诸位同学倾心以交，朝夕相处，同为袍泽，进退与共，唯愿诸位同学将来在抗日战场上效命国家，建立功勋。

康泽这个人把工作还是搞得很认真，也能吃苦。他能说到做到，真的就是和我们在军训期间朝夕相处，他不光是每天大会上要讲话，每个小队都跑到，只要是休息时间，他就不时地找同学谈话，推心置腹地讲应该怎么抗日。

8月份的成都，那么热，他要么是一身军装，要么是一身中山装，风纪扣一直都扣着，一丝不苟，严正得很。康泽和我们一样，每天早上4点半起床，4点50分集合，5点升旗仪式，全体高唱国歌，然后他讲话，到傍晚的时候，又是降旗仪式，和升旗仪式一样的肃穆庄严。

我大概还能记得些训练内容，军事课里，包括步兵操典、射击教范、通讯教范、野外勤务、阵中要务令、陆军礼节、内务规则、防空防毒演习、野外演习、地形识别与利用、行军动作、步哨、军士、排哨、连哨的部署。体能方面的训练有单杠、双杠、天桥、木马。这些体能、军事科目之外，上午有三个小时的学习，精神教育、总理遗训、总裁言行录、军人读训 16 条、党员守则 12 条，等等。

我们这些高中阶段的学生在整个军训期间，服装、伙食，包括枪械、弹药的使用，一切均按国民政府军校生的待遇，非常正规。这种正规化训练，的确激发了同学们将来抵御日寇、效命沙场的热情，训练起来几乎每个人都很努力。而且，康泽本人，包括他领导的那些人，也是和我们一样训练，吃一样的饭，同学们见到这些，不由得对国民党产生了好感，也有相当一部分同学认为国民党蒋介石可以带领大家抵御日本人的侵略。

本来嘛，专心一志搞军事训练，提倡爱国热情，就好得很了。但康泽呢，除了在集会的时候，还和一个或几个同学私下谈话的时候，循循善诱地向我们讲希特勒的德国，讲意大利的墨索里尼，说德国现在为什么又一次崛起了？意大利为什么变得也很厉害了，因为他们有法西斯主义。我们中国也要有法西斯主义。法西斯主义是什么呢？就是一个国家、一个政党、一个主义、一个领袖。现在国家内忧外患，出路在哪里？就在于要走德国、意大利的路。那么谁是领袖？当然是蒋介石了。什么主义？当然是三民主义。政党，自然不必说，只能是国民党。总而言之，国家只有实行法西斯主义，中国才能得救。他给同学们讲，也是在重复蒋介石的话，说什么日本的侵略是疥癣之疾，共产党破坏国家的统一，是心腹大患。康泽讲道理，说共产党到处捣乱，干扰政府的抗日政策，这怎么能行呢。消灭了共产党，国家统一了，政府才能不受干扰地去坚决抗战。你家里的事情都乱糟糟的，怎么能顾得上外面的事情。攘外先安内。先把咱们自己的事情做好，理顺了，政府一定会带领大家抗日。

康泽讲的这个话的逻辑，多是经年的陈词滥调，了无新意，大家都听得多了，反应平平。还有个效果呢，他整天讲法西斯主义这些，其实，从某些方面来说，把军训给学生带来的正面的积极意义冲淡了。让大家心里多多少少会去想国民党搞这个学生军训的目的到底是什么，你说他适得其反，也不为过。

但康泽呢，那么聪明、勤勉的一个人，硬是不懂这么一点浅显的道理，依然整天讲，整天讲，他简直看不出来到最后大家都是一副不耐烦的样子了。这还不算，康泽不仅自己讲，他把陈立夫①还请来做演讲。陈立夫跑来讲什么呢？一副大学者

---

① 陈立夫（1900—2001）：政治家。曾任中华民国教育部部长、立法院副院长、海峡两岸和平统一促进会名誉会长。

谦恭下士的样子，和我们这些高中学生谈心，谈学术。他说，我们现在有些学生呀，看了些马克思主义的书，知道了点辩证法、唯物主义。这样，好不好呢？他认为也没有什么，马克思的辩证法和唯物论可以商榷。我听他讲这些话，心里感觉云山雾罩的，不知道他想说什么，商榷什么，陈立夫说完辩证法、唯物论，又说，他对这个唯心论也有过研究，不可取，他反对。概而言之呀，他商榷的结果是，唯物论他反对，唯心论也反对。那么世界上除了唯心、唯物之外，还有什么呢？他得意地向大家宣布，他发明了唯生论。他告诉我们，他发明的唯生论，这可不是没有根源的，源出于孙中山先生的三民主义中的民生主义。然后，他颇为自得地自问自答。先问，生命的意义是什么？答，终极目的当然是延续人类，继续无穷的生命。那么生活的目的又是什么呢？答，目的当然是创造人类未来更美好的生活。自问自答一番之后，陈立夫说他这里谈到的生活，有三层含义，一是物质生活，二是文化生活，三是道德生活。三者之间的关系是既有递进关系，也有互补关系。物质生活提高的基础是文化、科技的进步。而它们的基础扎根于儒家的伦理精神之中，道德生活的基本土壤是忠、孝、仁、爱、信、义、和，所以呢，他发明的这个唯生论是中华文明发展到现在的结晶，是纯粹从中华文明丰厚的传统土壤里生长出来的，也只有这种独具民族性的东西,才能适合中国现在,乃至未来的发展。那么从西方传来的所谓的马克思主义唯物论,仅仅从国情这一点上来说,适宜于中国吗?

陈立夫当时这个演讲,之于我们这个圈圈里的人,就很不以为然,觉得他发明的这个唯生论总的是看起来不伦不类。更进一步地也认为,国民党这些理论家,实在是有些浅薄了。而等到刘健群①跑到南教场来演讲,巧的是我和汤幼言还被单独谈话十分钟之后,这种感觉就更强烈了。

事情是这样的:给我们这些军训学生做演讲的大大小小的国民党理论家,基本上都围绕着一个中心思想,中国搞欧美自由主义那一套不行,搞马克思主义苏俄那一套更行不通,唯有坚持走中国自己的路,要坚定不移地继承并且发扬光大中国优秀的儒家传统文化,才能有希望。中华民族的伟大复兴得靠国民党来搞,归根结底到一点,得靠蒋介石来领导,一个政党一个领袖,说到底,不就是法西斯主义那一套吗? 就这么个逻辑,根本没有什么理论方面的支撑。

刘健群当时是一个大人物,复兴社的书记长,是头头,中

---

① 刘健群(1902—1972):毕业于贵州省立法政专科学校。历任国民党中央军校政治部中将主任、三青团中央干事会副书记长、立法院副院长、立法院院长。著有《如何抗日救国》《银河忆往》《民生主义与官僚传统》。

央军校政治部中将主任。刘健群跑来演讲之前,我们先列队唱歌。汤幼言在队前担任指挥,就是和我在车耀先家一块吃饭的那个建国中学高中的汤幼言。汤幼言指挥起大家唱歌来,很有些气势。我呢,担任领唱,我喜欢唱歌嘛。

唱完歌,刘健群演讲。他演讲完,我们整队回到宿舍,中队长跑来说刘健群请我去。

他找我能有什么事情?又不认识,还以为是到办公室,没想到,我出了房间,见他就在离宿舍不远处的一棵树下面站着,汤幼言在他旁边。

天气热得很,我跑过去,给他敬军礼,刘健群给我还礼,然后他冲我俩微笑,说,你们俩今天表现得好嘛,是哪个学校的?

我俩告诉了他学校之后,他说找我俩谈谈心。问我们喜欢文艺,喜欢音乐?喜不喜欢文学?看过什么书?当时刘健群年纪也不大,三十三四岁的样子。在我们面前说话,那么热的天,穿着中山装,扣子扣得严严实实,满头大汗,也不擦,保持着师长的派头。

我俩也不知道他问这些的目的,只能是刘健群问一句,我们答一句。回答完了,他说,喜欢音乐,唱歌呀,指挥呀,年轻人,要把爱好坚持下去。坚持爱好,但不能耽误了多读书。

不能只看课本，要多读些课外书，小说一定要读。

汤幼言就说他也喜欢读些小说。刘健群问我喜欢不喜欢读小说。我说平时也看看。刘健群说，好，好，应该多读一些小说。

你们看过《复活》吗？列夫·托尔斯泰写的那个《复活》，看过没有？

我俩说，看过。

他说，看过就好，要从小说里有所思考，不能只看热闹，你们说是不是呢？

我们说，当然，当然。

实在搞不懂，他和我们谈小说，是想说什么。

刘健群看我俩不吭气了，就说，你们都看过《复活》，这个《复活》呀，里面有个主人公，聂赫留朵夫，对不对？他是个贵族。他和那个玛丝洛娃的纠缠你们应该有印象吧。他开始给玛丝洛娃造成了伤害，然后忏悔，放弃一切所有，跟着玛丝洛娃跑到西伯利亚受苦，痴情一片呀，可你们看聂赫留朵夫得到啥了，啥都没有得到。你们说，这个玛丝洛娃也太不近人情了吧，坏得很。你们看《复活》就要思考一下，玛丝洛娃代表了什么？这不就是代表了俄国人的冷酷无情嘛。所以呀，你们年轻人看小说，要思考，要从故事里，认识到一些问题。俄国人就是这样,冷酷无情,薄情寡义,铁石心肠。和他们我们能交朋友吗?他们有什么值得我们学习的?贵族呀、农奴呀,什么无产阶级呀之类的,把人分成等级,一会儿这个阶级把那个阶级推翻了,一会儿又是那个阶级把这个阶级赶尽杀绝了。哪有一点点咱们中国的仁义礼智信呢?你们看啊,还是从那个玛丝洛娃身上看,哪里能看到一星半点的咱们中国人的容忍、宽恕呢?俄国人只有冷酷,只有赶尽杀绝。他们那些小说,宣扬的那一套,我们要看清,特别是你们这些年轻人,是国家的希望呀!不能跟着俄国人跑,对不对?总归呀,年轻人要多读书,你们喜欢读小说,从小说里辨别是非。

刘健群给我和汤幼言讲的这一番道理,他也公开地多次讲过,跑到好多高中学生军训的地方去讲,一副和青年学生很贴心的样子,指导青年人读书。但哪个人读小说,没有分辨能力,没得丁点想法呢?刘健群的道理,在学生中的市场,还真的不大,大家嘴上不说什么,心里清楚。国民党当时搞统一思想,党化教育、理论教育的这些人,方法本身就不行,笨得很,你刘健群又不是搞文学研究的,你非得和学生谈具体的艺术作品,方法就错了,得意扬扬地以为和我们交心呢。一千个人眼中就有一千个哈姆雷特。仅仅从这个方面来说,刘健群那一套就已经让我们看不起他了。

我和汤幼言回宿舍的路上,他给我说,子非鱼安知鱼之乐,他娃儿看得懂《复活》? 还教训我? 概而言之,国民党把三民主义包括他的那些理论往我们年轻学生群体里灌输的时候,方法不行,具体实施的人也不行,看起来一个个都认真得很,忙得很,为他们那个党化教育无所不用其极。就说康泽吧,一天到晚忧国忧党、殚精竭虑、鞠躬尽瘁的样子,以我们学生的眼光看,生活也是简朴得很,但说到底了,效果怎么样? 没几个人买他的账,失败得很。太多的流于形式了,什么新生活运动,康泽比谁都严格要求自己,他当时都是国民党的高官了,参谋团的政训处长,蒋介石的红人,穿的啥? 布军装,布中山装,不喝茶,喝白开水,和我们学生一起吃大锅饭,吃那个糙米饭,你能说他都是假装的? 但他的话,为什么市场不大呢? 归根结底,你一个政党,不站在国家、民族的利益上面来搞事情,只为了一党私利,什么国家、民族这些,到头来都成了这个党的工具。这把戏,又有谁看不清呢。所以仔细想想,1930年代的这一批学生,有谁是天生的左派呢? 又有几个人对共产党能有点清楚的认识,非得跟着共产党跑? 还不是他国民党自己把自己的锅砸了。

康泽有一天早上精神训话,当着我们所有参加军训的学生的面宣布,共产党的红军现在走到草地里去了,出不来了,再有一个月，最多一个月，共产党红军就要被消灭干净了。到那时候，我们就要全力去抗战了。

这个牛皮吹得大了！当时国民党那些人吹牛皮呀，不分场合地吹，乱说一气。说到底，你康泽是代表中央政府呢，但和川军那些吹鼓手，把徐向前画成红头发青脸的水平，差不了多少，本质上一样。

康泽吹的牛，第二天就在（成都）南教场破产了。

咋个回事？

原来，康泽早上给我们精神训话，刚刚向我们宣布，红军走不出草地，共产党要被消灭了。晚上，有关共产党消息的传单就在南教场参加军训的成都高中学生中十几、二十个宿舍里出现了。然后呢，天一亮，全成都的高中生都知道共产党晚上发传单了。

我讲全成都的高中生，不是夸张。因为一来，这个军训呀，它和高中毕业证连在一起，你不参加军训，那好，取不得毕业证。二来呢，高中生嘛，大家最不缺乏的就是好奇心，哎哟，你看到共产党的传单，让我也看看嘛，看看共产党写的啥子。4点50分起床，到升完旗康泽开始要精神训话的时候，全成都的高中生都看到共产党这张传单了，那是轩然大波，十级大地震。

康泽暴跳如雷，他顾不得形象，站在台子上，给我们精神训话。他那个样子，让我到今天都能想起来，可笑、滑稽——先解开衣服的风纪扣，接下来解最上面的扣子，他骂一句，解一颗扣子，最后，外衣的扣子全解完了，敞着，就快袒胸露乳、赤膊上阵了。所有的高中学生站在台下，看他表演。我们解散之后，他把大队长、中队长、小队长叫到一起，骂脏话，饭桶，全都是饭桶，他指着这些队长的鼻子骂，给老子查，查，共产党跑到这里发传单了，混蛋，饭桶……和后来咱们电影里塑造的那些气急败坏的国民党特务的形象一模一样。论起来我们电影里出现的国民党特务形象，在遇到失败情况下的这一点上，还是很忠实于生活喽。我亲眼看到康泽这个大特务气急败坏的样子了嘛。

那么共产党这个传单到底是个什么内容呢？

传单上有个标题《打倒法西斯主义 各党派联合起来抗日》。落款是：杀不完的共产党人。

传单嘛，内容当然简单得很，大概两条：一是救灾治水，安定民生。二是联合全国所有民众，所有党派组成统一战线，同仇敌忾，把日本帝国主义驱逐出中国。

传单的第一条，好理解。就在我们军训的这个夏天，长江发大水，武汉那么大的城市，在水里被泡了90多天，三个月。发洪水的时候，一夜之间淹死了四万人。后来陆陆续续的又有十来万人被淹死了，几百万人在长江两岸受苦受难，瘟疫和饥荒接踵而来。在这个"杀不完的共产党人"的传单里呼吁"救灾治水，安定民生"。一看便知，所指明确，最少说明，这些"杀不完的共产党人"还关心老百姓的死活，不是他国民党宣传的共产党的那种样子。

关键是第二条中的"所有民众，所有党派"，尤其是后面这四个字"所有党派"。你这个"杀不完的共产党人"，在传单里说的"所有党派"，包不包括国民党？谁都知道，谁在杀共产党，国民党他杀你，宣布你走不出草地，一个月就把你全部消灭了，那么你联合的范围，包不包括国民党？

这就是问题。

同学们私下里猜测呀，想着找到答案。但在当时，哪里来的答案，没有共产党给你答复，成都1935年就没有共产党的地方组织，怎么答复？

其实，我后来也才知道，这次南教场发散传单，的确不是共产党干的。就两个人干的，谁？侯方岳和我们学校的张显仪。他俩当时还没有入党呢，和我们一样，算是左翼学生。

前面说过，侯方岳在天府中学图书馆有一份差事，他利用这个差事的方便，通过张显仪给我们传阅一些进步书刊。我们开始军训之后，张显仪周末还是经常跑去找侯方岳，给他说些军训的情况，其中就讲到康泽那些训话。侯方岳听了就很气愤，这个康泽，还有陈立夫、刘健群这些人太嚣张了，贩卖他们那一套，简直到了肆无忌惮的地步，整个就是胡说八道。侯方岳就是这个认识，所以他和张显仪两人就商量，打击一下康泽这伙人的嚣张气焰，狠狠整一整康泽。

恰好，在离军训还有一个来星期就要结束的时候，侯方岳替学校图书馆买的一批书到了。他拆书包装的时候，里面夹带着一张传单。这下好了，侯方岳问张显仪，敢不敢根据这一张书里夹带的传单，再印一些，拿到南教场去发。张显仪说没问题。侯方岳说，你娃儿可得考虑好，这要是被抓住，砍脑壳的事情。张显仪说，我怕个啥子嘛，你让他来砍嘛。

他俩就在学校刻蜡版，印了30来张，张显仪拿了20来张，晚上就给各个宿舍塞。侯方岳留了10来张，午夜一两点，他跑到学校旁边的八宝街、玉龙街一带，找那些店铺，从门缝里塞进去传单。

张显仪散发的传单，影响当然大了。侯方岳塞到店铺里的传单，效果却不大好。他白天跑去看，有几张传单，被店铺的老板和垃圾放在一起。侯方岳给我说过，他甚至看到有一张传单在路边被风吹了一下，刚好吹到一个巡警的脚边，你猜这巡警啥反应，他捡起来，看了一眼，揉成个纸团，扔了。总归是没有啥效果。

军训结束后,开学,我上省立第一师范三年级,转年就毕业,该找工作了。大概是1936年的2月中旬,有一天,邓成泽约我到文殊院,他说那里人少,要和我谈些事情。

当时我想,我们俩从小学就是同学,他今天咋个还这么神秘的。

路上,邓成泽给我看两个月前的那份"杀不完的共产党人"的传单,说他还保存着呢。

等走到文殊院,我俩在树林里靠着树说话。他就显得很严肃,对我说,你知道不知道去年夏天那份传单的内容是哪里来的?

我说,我咋个能知道呢?

邓成泽就说,那个传单真的是共产党做出来的。

这我知道呀,落款就是共产党嘛。

他说,我给你说个大秘密,咱们看到的那个传单里,说的是联合所有党派,里面包括国民党。

邓成泽从书包的夹层里拿出一份报纸。这份报纸的名字叫《救国时报》。他递给我,你看看,我没得哄你,连复兴社那些人只要抗日,共产党都愿意联合呢。

我对邓成泽的话不太敢相信。

这是我第一次看《救国时报》。

第一版的头条是篇社论，题目叫作《中华民族一致对外》。这篇社论讲到，共产党成立的中华苏维埃共和国政府和中国共产党中央委员会在巴黎发行的这份《救国时报》上，发表了一篇《中国苏维埃政府、中国共产党中央为抗日救国告全体同胞书》，主要内容就是号召全中国的所有人所有党派所有势力，共同成立一个国防政府，领导全民抗战，挽救中国。在他的后面，有一个号召全国各个团体、民族力量，包括所有蒙、回、藏、苗、瑶、黎族等少数民族的呼吁，其中有一句对"国民党和蓝衣社中一切有民族意识的热血青年们"的号召，这一下子把我震到了。

这个告同胞书，就是后来大家熟悉的《八一宣言》。

对《八一宣言》我还是有些个人看法。准确地说，应该是有些个人的感受吧。它对我从此之后人生道路的选择，起到的作用，可以说是唯一具有决定性意义的。假设没有《八一宣言》，我对共产党的认识，可能会在相当长的一个时期内，处在一种朦胧的状态，对马克思主义的兴趣，恐怕会在很长时间之内是一种从学术角度的认识，最多是对马克思主义会有一个比较清晰的理论上的认识。但仅仅只有理论上的认识，我这个人，还是想做些学问，可能会从学术的角度来对马克思主义进行一些研究，比如说搞些历史方面的研究，我可能会选择辩证唯物主义这些方法。至于最终能不能加入党组织，加入中国共产党，我想，很难有一个确定的说法。但这个《八一宣言》给我的冲击和思考，以及思考之后，我所选择的道路，参加共产党，笃信马克思主义，我到今天都认为是正确的。

共产党这样的组织，这样的奋斗目标，我看不会有人说他不崇高，没有人会说他不代表最广大人民的利益吧。所以我当然非常感兴趣了，这也是我1930年代中期，接触到一些马克思主义理论的书籍，就一发不可收地希望阅读些经典著作的原因，而且很重要的一点是，我就是个喜欢自由的人嘛。不仅是我，我看没有人不喜欢自由。那么再回头看，中国共产党发表的《八一宣言》，它的背景是中华民族走到了亡国灭种的地步，到这一步了，人民利益最大化是什么？？别亡国灭种呀！你不亡国灭种，才能考虑其他的以后的发展。也就是说，那时候，最大的、最需要解决的是寻求中华民族独立自由民族解放之路。那么，作为一个政党，在这样的背景下，应该有什么具体的组织行为？国民党的组织行为是，先消灭共产党，然后再去抗日，就是蒋介石宣称的那个"攘外必先安内"。然后，国民党、蒋委员长就会扛起寻求中华民族独立自由民族解放之路的大旗。

那么共产党在这个时候的组织行为是什么？就是《八一宣

言》。共产党放得下呀！古今中外，无论是古代中国时期，还是现代社会，党与党之间的争斗的残酷，哪一个不是血淋淋的过程，你死我活呀，这些都是有目共睹的。国民党十年杀了多少共产党人？不是一个两个，十个八个，是成千上万，几十万。共产党放下了，他不提这个事情了。国民党的蓝衣社是干什么的？法西斯组织，这个组织杀共产党就没有手软过。但怎么样？共产党放下了，共产党认为你那个蓝衣社里，也有热爱中国，不愿当亡国奴的热血青年。好，我们联合，一起抗日，过去的事情让他过去吧。在国家存亡，民族大义面前，中国共产党的《八一宣言》对推进当时国内各个阶层，各方势力，包括海外华人，联合起来，同仇敌忾，掀起抗日救亡的高潮起到的作用，怎么说都不过分。在中外所有的党争历史上，中国共产党发表的《八一宣言》前所未有，这得要多大的胸怀？多大的魄力和勇气？……能加入这样的一个政党，成为其中的一员，对我来说，何其光荣。

四川之外，那些参加了"一二·九"运动的青年学生，我认为大部分应该是和我有着一样对《八一宣言》这样的理解的。我后来在延安，碰到好些参加了"一二·九"运动的北平的、太原的、上海的、南京的、开封的、西安的学生，我才知道，他们之所以能走上街头，投入"一二·九"运动，和《八一宣言》都有着莫大的关系。只是当时的成都，真的是太封闭了，也是成都没有地方党组织的缘故。我算是看到完整的《八一宣言》比较早了，给我们南教场军训寝室里印传单、散传单的侯方岳、张显仪，比我看到《八一宣言》还要晚上四个月，到1936年的6月份，他俩才看到《八一宣言》的全文。当时，侯方岳从书籍包装里夹带的小传单转印给我们的时候，他还不知道，那些内容即来自《八一宣言》。

从《救国时报》上看到《八一宣言》之后，我和邓成泽遇到了一个问题，成都哪里有共产党呢？

张显仪、汤幼言、张万禄、胡绩伟、李碧光……一个一个的同学过了一遍，看谁都不像，又看谁都像。但总是不能跑去问人家是不是共产党。倒是想问问车耀先他是不是共产党，但人家能说自己是吗？这么想着，我当时就给邓成泽说，咱不能去问他们，咱俩问了，万一发生误会怎么办？让人家以为咱两个是小特务。

这个问题只好搁置到这里了。

群　众

1936年上半年，我从省立第一师范毕业，同学们都各自开始找工作。当时，师范毕业找工作比较艰难，我好不容易托熟人，在成都金堂乡下的土桥镇的土桥小学谋了一份教职，任语文、史地教员。土桥镇离成都还远，回家不方便，我就住在学校，宿舍只有一张床、一个桌子、一把椅子、一个脸盆、一个饭碗、一双筷子，桌子上也就放了小学的课本和几个本子，别无他物。

那些我喜欢读的马克思主义的书，没有带，藏在家里，怕惹事情。因为1936年成都的形势很紧张，国民党中央势力入川后查共产党查得很严，各类特务遍布。本来，过去四川的地方势力对共产党的防范就非常严密，大革命失败后，接连有六任共产党四川省委书记被杀害,都是赫赫有名的人,杨闇公①、傅烈②、刘愿庵③、穆青④、苟永芳⑤等,还有搞兵运的省委军委书记,包括省委的秘书长,例如李鸣珂⑥、冉均⑦、邹进

---

① 杨闇公(1898—1927):中国共产主义运动先驱,四川党团组织主要创建人,革命烈士。2009 年被评为为新中国成立作出杰出贡献的 100 位英雄模范人物之一。

② 傅烈(1899—1928):1920 年赴法国学习,并参加革命活动。1925 年在国民革命军第三军政治部任秘书,随后参加北伐。1927 年回川,任中共四川省委书记。1928 年被国民党抓捕,英勇就义。

③ 刘愿庵(1895—1930):陕西咸阳天阁村人。曾任中国共产党第六届中央委员会候补委员、中共四川省委书记。1930 年被国民党抓捕,英勇就义。

④ 穆青(1898—1930):毕业于莫斯科东方大学。1926 年后历任中共广东区执行委员会组织部部长、中共湖北省委组织部部长、中共四川省委组织部部长、四川临时省委书记。1930 年被国民党抓捕,英勇就义。

⑤ 苟永芳(1908—1934):1926 年入成都省立高等师范学校英语部学习,1927 年加入中国共产主义青年团,1928 年转为中国共产党党员。1930 年任中国共产主义青年团四川省委书记。1933 年被国民党逮捕,1934 年英勇就义。

⑥ 李鸣珂(1899—1930):毕业于黄埔军校第四期。1925 年加入中国共产党。1927 年参加南昌起义,任前敌委员会警卫营营长。1927 年回川,任中共四川省委员兼军委书记。1930 年奉命赴任中国工农红军第六军军长前夕,在执行对叛徒易觉先的制裁任务时,被国民党逮捕,后英勇就义。

⑦ 冉均(1899—1927):1920 年赴法国勤工俭学,后加入中国共产党。在莫斯科东方大学学习,1925 年回国,任中共重庆特别支部书记。1927 年被国民党特务杀害。

贤①、程攸生②、牛大鸣③、郑佑之④、覃文⑤、饶耿之⑥这些烈士。他们杀害这些四川省委的干部，大部分还登报，宣传，夸耀其反共功绩。我前几年回成都，在搞四川地方党史的同志那里看到一个数字，从刘湘在他的 21 军搞了一个专门捕杀共产党的特务委员会算起，到 1936 年年初，他们大概在全川杀害了 1.7 万多名共产党员，确实算把整个四川的共产党地下组

---

① 邹进贤（1899—1930）：1925 年参加中国共产党。毕业于莫斯科东方大学。1928 年后任中共四川省委巡视员、中共四川工农红军第一路军特委书记。1930 年任四川省委秘书长、省委常委。同年在重庆被国民党逮捕，英勇就义。

② 程攸生（1900—1930）：1926 年加入中国共产党。1928 年后历任中共自贡特支书记、中共自贡特委书记。1930 年被国民党逮捕，英勇就义。

③ 牛大鸣（1906—1930）：毕业于广州中央农民运动讲习所。曾任中共四川工农红军第三路军特委书记、四川省委秘书长。1930 年被国民党逮捕，英勇就义。

④ 郑佑之（1891—1931）：四川早期共产主义运动的著名活动家，中共川南党组织的创建者，曾指引抗日英雄赵一曼烈士走上了共产主义道路。被誉为"川南农王"。1931 年被国民党逮捕，英勇就义。

⑤ 覃文（1908—1933）：1926 年加入中国共产主义青年团。参加了上海工人三次武装起义。曾任中共四川工农红军第三军政治部主任、中共四川川北工农红军政委。1933 年被国民党逮捕，英勇就义。

⑥ 饶耿之（1908—1931）：四川"少共三杰"之一。曾任共青团四川省委组织部部长、宣传部部长，中共川西特委巡视员、中共四川省委行动委员会组织部部长。1931 年被国民党逮捕，英勇就义。

织破坏殆尽了。

　　在前面这么个形势下，现在国民党中央势力又入川，对共产党的高压政策更为疯狂。我到土桥小学来教书，也不能像在省师上学时那样，对同学之间的政治倾向，大概心里也都能有个数，小圈圈里说话，读书，还有自由，宽松些。但在这里，教师之间谁也不了解谁，可表面上却还都在下课之后，串个门，摆个龙门阵，他突然闯到你屋头，万一看到你那些被查禁的书，举报一下，足够丢工作、坐牢了。至于想搞点什么抗日救亡的事情，那也是根本不可能，从土桥到成都市里面，路那么远，走到了，天黑了，啥子都搞不成。所以呢，我也就安下心来，教书，和同事之间摆摆龙门阵，有时候去镇子上的邮局，看看有什么报纸杂志没有，看看新闻，过得还悠闲。

　　我有个学生的家长，叫周子彬，回族人，是阿訇。他这个阿訇呀，还担任着土桥一带国民党区党部的主任。周子彬把区党部办公的地方，放在学校教师休息室里。教师休息室里的桌子自然成了周子彬的办公桌，上面经常乱七八糟地放着他从上级党部领回来的一些文件之类的东西。我下课去教师休息室，往往就碰到他了。

　　周子彬见人比较热情，而且孩子在我带的班上，对我也就更热情一些。有时候，还会送给我几个麻糖、花生之类的小零食。然后拉住我和我摆龙门阵,说些粉蒸牛肉怎么吃才安逸的闲话。没话的时候,周子彬就给我抱怨,说蒋委员长来四川以后,要求省党部搞什么党的基层建设,整天找上他们这些区党部的主任开会。两件事:第一,抓共产党;第二,发展国民党员,叫伙起来入党。

周子彬一天到晚翻来覆去的就这些话,我听着烦,寻思着啥时候把他整一下,开个玩笑。机会刚好来了,我有一天下课,周子彬不在,我望到桌子上放了一摞《中国国民党党员党证丢失登记表》。我拿过来一张,填上自己的名字,然后,把入党时间写到1932年,入党介绍人要填两个,我一个写上胡汉民,再一个写上张群。入党地址我写的是在日本东京,反正是胡乱地填完,纯粹就是捣乱。但意想不到的是,我第一次从延安回来不久,1938年年底,成都的报纸上,登了一大串名字,其中我的大名赫然在列,说是让我去成都县党部领丢失的党证。这玩笑开大了,我就想着看个明白,跑到成都县党部,找到办事的人,说我来领丢失的党证,报纸上有我的名字。那个办事的人竟然还认真得很,钻到文秘室查阅了半天资料,出来很客气地给我递上党证,说,哎呀,成都像你这么年轻的老党员老同志不多呀,还去过日本,认识胡汉民呀!现在在哪里高就?以后有机会对兄弟多多关照。真是哭笑不得。国民党搞的基层党的建设，发展党员，简直就是小儿游戏之举，我算是深有体会了。一个初中生都入了国民党，还东京？还胡汉民？还张群？天大的笑话，说它腐败，恐怕还不能一言概之，它的那个组织工作，千疮百孔亦不为过。那张党证，我出了县党部的门，就撕碎扔了。

要说，在土桥小学就这么做教员下去，我觉得好像也不是个办法，进到学校的小图书馆，里面也没有值得看的书，尽是些政府配发的党化教育的书。当时，成都乡下的国立小学都是这样，政府资金紧张，教育这一块经费缺口大得很，工资发的都不大按时，哪能添置图书呢？好不容易翻到一本《浮生六记》，读了读，当时真的很闲，把它给背会了，又找了本没头没尾的《文心雕龙》，一边看，一边做笔记，写点心得，然后就再没有什么值得看的书了。就这么着过了一段时间，突然有一天，省立第一师范的同学彭兆烶来了，他骑着辆自行车，累得满头大汗，给我说有两个好消息要告诉我。

一个消息是，我们可以考川大了。一个消息是，让我给学校请个假，张显仪他们搞了一个组织，叫我去。

第二个好消息，我倒不是有多么地惊讶。大多数同学也都找到了一份工作，没有找到工作的也都在谋着事情，刚刚毕业的那种忙乱，已经过去。同学之间的小圈圈恢复些活动，都在情理之中。最关键的彭兆烶带来的第一个好消息,可以考川大了。本来政府规定我们这些国立师范学校的学生,毕业以后,必须服务社会一年,才能考大学,但这一年没过这个政策怎么就发生变化了呢?

一切皆源于任叔永①先生能来川大掌校。任叔永先生掌校川大也是四川地方教育中央化的一个重要标志了。

任叔永是化学家、教育家,是1930年代、1940年代中国最有成就的科学事业的组织者、领导者,是中国科学社的创始人之一,担任过国民政府中央研究院总干事长,中华教育文化基金董事会干事长,管理着美国"庚子赔款"退还事宜。

任叔永先生出掌川大,对川大来说,实为幸事。我到川大读书之后,得知一些任叔永先生的治校方略,比如他说的那句很有名的话——四川不能说是四川大学的四川,四川大学不能说是四川的大学,而是中国的大学。还有他说的四川大学要与世界求生存竞争,使它成为现代化的大学。我们要

---

① 任叔永(1886—1961):名鸿隽。科学家、教育家、思想家。曾任孙中山秘书、教育部教育司司长、中国科学社董事会董事长、社长,中华教育文化基金董事会干事长、中央研究院秘书长、总干事兼化学所所长,东南大学副校长、四川大学校长,上海图书馆馆长、上海市科联主任委员。著述宏富,撰写论文、专著300多篇(部),内容涉及化学、物理、教育、政治、文学、科学思想、科学组织管理、科学技术史等领域。

把眼光放远，看看世界上的学术进步到什么地方，我们就应急起直追才对。

任叔永给学生讲话，嘉勉大家的一句话：诸位自己要准备将来做一个国际上的大人物，不然也要做一国的国士，不要准备只做一县或一乡的乡人。他鼓励我们要有大抱负。任叔永先生掌校，对川大后来的发展，奠定了厚实的基础。即就是今天，任叔永先生当时的治校方略、教育思想，也还是有不少的地方值得我们研究与借鉴的。比如他对一、二年级基础课的强调，学校无论哪个专业，一、二年级英文都是必修课，国文除了是文学院一、二年级，也是理学院、法学院、农学院一年级的必修课。还在课程设置上，考虑到学生的课程多了，不利于学术的进步，他减少了上课时间，使得教师和学生有更多的时间去做学术上的讨论与研究。几十年以后，我在高等学校工作，在坚持党的教育路线之外，不能不说也有任叔永先生的影响。比如我在陕西师范大学，1960年代搞的"三基训练"，提的那个"出潼关、进北京、争取全国发言权"的口号。我到西北大学工作，给学校发展的期望目标，是西北大学要走向世界，等等。这些工作思路、方法多少是受到了任叔永先生的影响，这是客观存在，只是过去一来没有机会讲，二来"左"的政治环境也不允许，谈任叔永先生，明显地不合时宜。

中肯地说，任叔永先生这一辈欧美自由主义学者们，他们的办学思路、教育理念，里面还是有许多东西值得我们借鉴、学习，对我们国家现代高等教育有一定的影响。社会主义制度下的大学，不能比资本主义制度下的大学办得差，共产党办的大学，不能比那些从欧美回来的自由主义知识分子们办大学办得差嘛，我们应该有这样的信心。有些同志说到我在高等学校的工作，还有那么一点点创造性。其实我在工作中，根本谈不上有什么创造性，是受了多方面影响形成的，包括任叔永先生。

同时呢，任叔永先生出掌川大，也直接改变了我的命运……

任叔永先生在1936年上半年，为了使得川大成为全中国的川大，他不再如过去川大那样，基本上只招收四川的学生，比如川大1935年有学生700多人，川籍学生就占了96%，到他掌校的1936年这一届招生，外省籍的学生占比就上升到了15%，很厉害的。在北京、天津、上海、广州、西安等地，俱设考点。再一个举措呢，就是允许我们这些应届的师范生也可以报考川大。

只是这个允许也不是那么光明正大。师范生服务社会一年，是教育部规定的，一个川大把教育部的规定推翻了，也不可能嘛。川大他搞了个变通，就是师范生要报考，欢迎，你自己拿个学校的证明来,就说服务满一年了。但有这个证明,你师范毕业的时间对不上怎么办? 填表的时候随便填一下也行。川大呢,他不要求拿师范毕业证,就是睁只眼闭只眼。

我的同学张万禄人太老实,笨,拿了小学给他开的服务社会满一年的证明。原本人家不看毕业证,他却在报名的时候,除了交表,还硬往人家招生的职员手里塞他的毕业证,给人家看。搞得人家很尴尬,就凶他,你个瓜娃子,没得人不知道你毕业喽,没得毕业,你也不会考啥子大学。

而具体来说,我们这些师范生报考川大,比起人家高中生考川大难度还要更大了些。如我在省立第一师范读书,是分到文科组学习,英文就学得不好,几年下来,学得也是若有若无。当然学校也不重视英文学得怎么样。数学、理化这些课呢,根本就不开。但考川大,你没有学过,不是理由,还得考数学和英文。当然了,数学、英文是困难,考取大学在当时整个四川来说,也有一个有利的方面。啥子有利吗? 我记得清楚得很,那时候,我读《北平晨报》,大概是5月中旬吧,看到过一个任叔永先生谈他整顿川大或者是还要施行什么校政的报道。其中,他说到四川现在还落后得很,全四川那么多人,可是高中都没有普及,一年都不到千人,才有那么六七百人的高中毕业生。那么川大也是要招个好几百人。这里就透露出来了一个消息,你高中毕业，基本上报考一下，就能考上。我这个师范生，学历和高中一样嘛，所以信心还是有。

彭兆烶给我说了这个大好消息的时候，距离报名考试没有多长时间了。我赶紧找校长请假，说要考大学，还要开具假证明，说我已经服务满一年了。土桥小学的校长和我姐姐是川大的同学，对我好，提拔我当教务主任。他见我要报考川大，给我开了假证明，准了我的假，说位置给我留到下学期，没得考起的话，再回来教书，继续提拔我当副校长。校长给我开好证明，送我出门，他给我说，我给你帮忙了，你应该感谢我嘛，要有所表示，以后你走到社会上，就要注意这些事情。我听了，赶紧跑到学校外面，给他买了一包花生送去。

从土桥镇回到成都家里，我去找建国中学的汤幼言，向他借了高中数学课本、英文课本，抓紧学习。成绩出来了，数学和英文惨得很，比零分高一点点。但所幸其他科的成绩不错，作文居然给了个满分，总算是被川大文学院的中文系录取了。

回到成都之后，从复习考试，到考完试，被录取的这一段时间，就又和省立第一师范时期的小圈圈里的同学们来往频密了，也还是经常去到车耀先家里。

这时候，车耀先家里买了个收音机，经常去听些最新的国内新闻：宋庆龄、马相伯、沈钧儒、章乃器他们成立了"全国各界抗日救国联合会"；内蒙古德王①组建了伪蒙古军政府；二十九军撤离了丰台；十九路军退出了广西北海等等这些大事情，都是从车耀先家里的广播上最先知道的。听得多了，大家聚在一起讨论得多了，就想着也要有些具体的行动才好。但行动得有个组织吧，你不组织，怎么行动呢？

车耀先这个人组织原则性强得很，他没有找到党组织，没有党组织的指示，他就不出头，只是把我们团结在他周围，整天鼓励我们抗日救亡的信心，让我们要坚信人民群众的力量。

我在省立第一师范的那个同学张显仪，这一段时间倒是活跃，整天串联着我们这个小圈圈里的同学传递些进步书籍。后来才知道，他和侯方岳找不到党组织，就他俩自己搞了一个组织：海燕社。然后，伺机秘密发展成员。最早张显仪在学校发展了姜度，给姜度派了两个任务。第一个任务是，保存他俩搞到的那些被查禁的书刊。第二个任务是，随时监视周围，重点是同学里的那些被国民党收买的小特务。他们三个搞了一段时

---

① 内蒙古德王（1902—1966）：德穆楚克栋鲁普亲王，即德王。内蒙古锡林郭勒盟苏尼特右旗人。1908年袭札萨克多罗杜棱郡王。1913年中华民国政府授其为札萨克和硕杜棱亲王。1919年执掌旗政。1930年代与日本合作，成立"伪蒙古联盟自治政府"。1950年进入抚顺战犯管理所改造，1963年获得特赦后，任内蒙古文史馆馆员。1966年在呼和浩特去世。

间，自己认为在省立第一师范、建国中学、天府中学几所学校里，算起来有那么 20 来个同学是可以信任的，就准备着择日择地宣布谁谁谁，是他们要搞的那个叫海燕社的成员了。

而这个时候，成都发生了一件在全国都有影响的大事情——成都大川饭店事件①。

这个事件有多大影响呢，惊动了日本天皇。日本的外相、陆相、海相在东京开会，叫嚣说，要往成都派驻军队，保护日侨。

我谈成都大川饭店事件的目的是什么呢？不仅仅是要以今天的眼光来回顾、审视这次事件，更主要的是想说明一个问题，我个人，包括我的那些同学，之所以选择抗日救亡的道路，之所以选择跟着共产党去抗日，不是一时冲动，更不是一种稀里糊涂的选择，而是在思想深处、个人身处大的历史事件中，在

---

① 成都大川饭店事件：1936 年 8 月 24 日，成都爆发反对日本设领事馆的大川饭店事件。日本政府为侵入我国西南，于 1936 年 6 月向国民政府提出在成都设领事馆，并任命岩井英一为总领事。消息传出，受到全川人民的强烈反对。8 月 22 日，"成都各界民众反对日本在蓉违法设领大会"成立，举行集会游行。8 月 23 日午后，日本先遣人员田中武夫等 4 人，由重庆到成都，当晚住进骡马市街"大川饭店"。8 月 24 日，数千民众结队游行示威，午后，包围大川饭店，捣毁了经理室和餐厅，日本人深川经二和渡边洸三郎被打死，田中武夫、濑户尚二被打伤，部分群众还涌向东大街、暑袜街、春熙路等地，捣毁了长期贩卖日货的 8 家商号，日本在成都设领事馆的企图未能得逞。大川饭店事件是成都各阶层人民群众反日反帝的爱国行动。

经过对其客观的审视之后，一种理性的选择。

成都大川饭店事件，说来话长。大家都知道成都地处中国内陆西南腹地，不像沿海，和日本各方面接触得多，日本人为侵略中国，制造摩擦，冲突多一些，那几年也司空见惯一些。但日本人有鲸吞中国的野心，他才不管你内陆不内陆，逮住机会，就想着见缝插针。早在1918年的时候，日本人在北京中央政府外交部没有同意的情况下，私自跑到成都，在金河街开了个领事馆，一直开到九一八事变以后，见成都的反日情绪日增，撤馆了。一个主权国家没有同意你开设领事馆，你跑来开了，本身就违反了国际法。

到了1936年的时候，日本人又要求蒋介石的中央政府，他要在成都设领事馆，把大使馆的情报头子岩井英一[①]任命为总领事。日本人当时考虑，如果能在成都设立领事馆的话，那么在西南地区从事情报工作，就方便了。如果没有设立成，刚好能挑起些事端来，为进一步侵略我们多些借口。总之只要有这个事情就行，不论哪种结果，对他们都有利。

到了8月份，岩井英一带了10来个人，从上海出发，坐的是他们日本人的轮船，溯长江而上，入川。船到万县，岩井英

---

① 岩井英一（1899—？）：日本侵华时期著名外交官、间谍。

一他们上岸，在万县逛，逛到西山公园的时候，万县老百姓知道来了一群日本人，还是要经过重庆，去成都搞什么领事馆。于是万县工商界的人就组织了老百姓开民众大会抗议。但是呢，这种工商界主持的抗议活动，其力量、声势也不是太大，岩井英一一行，根本就没有当回事，或者就在意料之中，逛完，继续坐船往重庆去。

到了重庆，事情变得有些不妙了，重庆江北县（今渝北区）、巴中县（今巴中市）的一些群众社团组织，总共有300多人吧，集中到巴中县县党部的礼堂开大会，挂出了一个横幅：反对日本非法在蓉设领大会。会上就有了几个决议：一是大家分头去向参谋团的主任贺国光、中央政府川康外交特派员吴泽湘[①]、重庆市政府秘书长赵子英，还有重庆公安局、重庆警备司令部这些人和机关去请愿；二是重庆的报业协会、江北县的几个民众团体，通电全国，谴责日本人非法在成都设领事馆，请求全国同胞，在这个事情上团结一致，督促政府拒绝日本政府的无理要求；最后一个决定就是去阻挠岩井英一他们往成都去，致函

[①] 吴泽湘（1897—1973）：毕业于英国伦敦大学。先后在北京师范大学、北京交通大学、中国大学任教。1930年后，任国民政府陆海空军总司令部外交处秘书、国民政府外交部驻川康特派员、重庆市政府秘书长。抗战胜利后，任国民政府外交部驻智利大使。

政府交通部门的机关，私营的民生公司这些企业，不给他们卖去成都的船票、飞机票、汽车票。

重庆方面见到岩井英一往成都去开领事馆这事情要是通电全国了，被动，不好办，警方就拖着不给他们办去成都的护照签证。日本人铁了心要往成都去，想办法，钻空子。

岩井英一碍于他的身份，不能亲自去，他就让满洲株式会社驻沪事务员田中武夫、新闻记者深川经二、渡边洸三郎，还有商人濑户尚二这四个人去。这样的安排从身份上看，迫使重庆方面只能给他们签发护照，若不给日本商人发护照，给日本方面肯定可以造成更大的口实。

这四个人拿到护照的签证，跑去中航公司买机票，人家公司不卖给他，说机票卖完了。岩井英一就决定让他们坐利川公司的汽车去成都。

深川经二这四个人离开重庆，成都这边立即知道了。刘湘派人开车在后面悄悄跟着，他们到成都当天，又派了些人监视着，保护着。

这是怎么回事呢？

刘湘为什么要派人又保护，又监视呢？当然是他的态度决定的。

原本刘湘对日本人的态度在一段时间很是摇摆，举棋不定。

他一方面对中央势力入川，本能地不愿意，他甚至计划过看能不能像东北一样，和日本人搞联合，以此来对付中央势力。刘湘可不是想一想这么简单，他喊来张梓芳具体操办，张梓芳又找来李子模去办。李子模就打着旅游的名义，从四川到云南，再到越南，绕了一大圈，跑到东北，见到了伪满洲国的郑孝胥。通过郑孝胥和日本人接触，表达了"联日抗蒋"的意思。那个伪满洲国对李子模到访，比较重视，"康德皇帝"，也就是溥仪，竟然封了刘湘蜀王，简直是开玩笑嘛。刘湘认为张梓芳办事办得漂亮，很快就任命他当上重庆市市长，只是后来刘湘怕他"联日抗蒋"被伪康德皇帝封"蜀王"这个事情败露，逼着张梓芳自杀了。

刘湘后来怎么对抗日比较坚决了？在成都大川饭店事件中，他为什么会对成都老百姓的抗日活动采取了比较宽容的态度呢？很大一部分得益于共产党的推动。虽然共产党在四川的地方组织被破坏了，但当时，党的上海中央局还是派了些同志到四川来做地方实力派的上层统战工作。张曙时①大概是 1935 年

---

① 张曙时（1884—1971）：1909 年加入同盟会。1911 年参加辛亥革命，任南京临时政府司法筹备处秘书。1921 年任南京建邺大学校长。1927 年参加南昌起义。1932 年加入中国共产党。1940 年赴延安任中共中央西北局统战部副部长、陕甘宁边区政府法制室主任。1949 年后，任最高人民法院西南分院院长、四川省政协副主席。

年初被派到了刘湘那里工作。张曙时是老同盟会的,还参加过"八一"南昌起义,从事统战工作,很有一套。刚开始,刘湘也不是多么反对日本人在成都设领事馆,他在得知中央政府同意的情况下,还派自己的代表乔毅夫去天津和日本谈。那么刘湘到底是要抗日,还是要联日?共产党派到他那里的张曙时的作用,就在这个关节点上显现出来了。张曙时给刘湘从大的国际形势到具体四川的形势,给予了很充分地分析,做工作让刘湘认清形势,把握好。最终,还是把刘湘从联日的路上拉了回来,赞同了共产党这个时候提出来的"抗日反蒋"的号召。当时,中央政府同意日本人在成都设置领事馆,张曙时给刘湘说得比较清楚,之所以同意,其目的还是中央政府借日本人的势力,打击四川地方实力派。刘湘该怎么办呢?张曙时给他出主意,让刘湘给中央政府打电报,不同意日本人在成都设领事馆。然后呢,他做刘湘几个亲密部下的工作,借着此事,在群众中掀起一个反日运动。这一来显示四川人的爱国热情,二来坚定刘湘抗日反蒋的决心。

有此背景,日本人到成都前一天,一些社会团体在中山公园集会,开了一个"反对日本在蓉违法设领筹备会"。会开完,当时成都有个新闻学会的团体,直接给岩井英一发电报,电报里警告岩井英一,不可一意孤行,即日束装东返。其实,这个电报发出去，岩井英一派的四个日本人，离成都就剩下一天路程了。第二天，日本人到了成都。他们在成都也不是没有人接待，有个四川著名的汉奸，名字叫刘训煦，他是正牌汉奸，拿着日本驻重庆领事馆武官木村德一每个月发的一千块钱，在重庆出版了一份报纸《朝报》。他把这个报纸起名《朝报》，就是取意日本报纸《朝日新闻》。后来，刘训煦办的《朝报》汉奸倾向太过明显了，被取缔，他就来成都，在大同电影公司做事。

深川经二他们到了成都，刘训煦负责接待，把日本人安排在他长期包着房间的大川饭店。他为啥要在大川饭店包房子呢？方便他和两个妓女在一起鬼混。日本人来了，找刘训煦，让他接待，他叫两个妓女住一间房子，腾出来一间，他是能省上一间是一间，什么钱都要挣。

成都大川饭店事件之后，全成都的人都知道这个事情了。但事发前，却不知道。

那天开完"反对日本在蓉违法设领筹备会"之后，天都黑了，我正在家里打盹，突然，邓成泽、张启钰[①]、李碧光三个人，骑了一辆自行车，跑到我家里来，喊我出去，说有大事情

[①] 张启钰：1936年参加中华民族解放先锋队。在四川大学、中央大学读书，毕业于英国皇家海军学院，参与策划国民党重庆舰起义。1949年后在中国人民解放军海军某部工作。

发生了。我赶忙出去，听他们说啥子大事情。张启钰口气紧张得很，说日本人来了，咱们连夜通知同学，明天早上开会，赶紧要开大会，日本人来了。

张启钰话还没有说完，邓成泽在旁边就说，革命了，要革命了。

我被他们翻来覆去，没有原委的，日本人来了、革命了、革命了的话，说得莫名其妙，让我听着像是日本人打到成都了。

邓成泽话一停，跳到自行车后座，拍张启钰的后背，喊叫着，快些蹬起，赶紧通知同学们，革命了。

我见这架势，加上我，一辆自行车咋个坐四个人呢？我拉邓成泽下来，问他，革哪个的命，你看见共产党了？

邓成泽说，就是革命了嘛，明天上午开大会，咱得快些通知人。

还是李碧光稍微能沉得住气，给我说了日本人来成都的大概情况，说是明天上午，在少城公园集会，号召成都所有的群众齐心协力，把日本人从成都赶走。

李碧光给我说的时候，邓成泽又跳上了自行车的后座，一个劲催李碧光少说两句，先赶紧通知同学去。李碧光耐不住邓成泽急火火地催，只好骑着自行车带着邓成泽跑去通知同学们去了,把我和张启钰扔下。

张启钰还是扎劲得很,催我赶紧,要和我一起去通知同学。我知道这个消息,内心里也是兴奋得不得了,路上问张启钰听谁说的明天早上要在少城公园集会,他说听邓成泽说的。我就又问他,邓成泽又是听谁说的,他说邓成泽下午参加那个筹备会了,还参加成都新闻团体给岩井英一打电报的事情了。

等到我和张启钰通知完几个我们小圈圈的同学之后,就到了后半夜,我喊他也别回他家了,一起回我家算了。我俩又激动地计划着,决定明天集会的时候,一定要给群众演讲,宣传抗日救亡的道理。

张启钰还问我,你把那个《八一宣言》背得下背不下。这时候,已经是1936年的夏天了,我们小圈圈里的同学们大多都看过了《八一宣言》。

我说能背过。

张启钰就给我出主意说,你要是明天在群众中演讲的话,就把《八一宣言》的内容给群众宣传一下。

我问他,你咋个不把《八一宣言》给大家讲一下呢。

张启钰说他虽然口才比我好,但他的英文口才更好,老百姓没得几个人听得懂英文,他就算了,改天有机会,到华西坝去,他给那些外国教师用英文讲一下《八一宣言》的内容,看这些外国人听得懂听不懂。

天都快亮了,我俩也没有睡,我倒是想睡一会儿,可张启钰太兴奋了,他睡不着,自己口里念念有词地背些英文文章。他这个人确实喜欢学习英文,也学得好。后来张启钰上了川大,在经济系读书。他比我还要早几个月加入了共产党。

1939年年底吧,川大在峨眉山的时候,张启钰来找我,说商量件事情,组织上让他考虑,继续留在川大,边上学边工作呢,还是去地方工作?说是眉山中心县委急缺干部,组织上征求他意见,让他去当中心县委书记。

我说,辍学当然可惜了,但组织安排也要服从。

我出主意,让他去找当时的省委负责同志廖志高①,征求一下他的意见。

我之所以让他找廖志高,是有原因的——川大物理系的同学邓照明是川大的总支副书记,他给我说,他想要做职业革命家,像张宣那样,到地方全心全意地为党工作,发挥更大的作用,但廖志高说,你学物理,还是先把书念完,将来有更大的用处,没有同意。

---

① 廖志高(1913—2000):1934年加入中国共产党。历任四川省工委副书记、川东特委书记、西康省政府主席、四川省委书记、福建省委书记。

过了一段时间，张启钰又来找我，拿着一包卤肉，说请我打个牙祭。我俩一边摆龙门阵，一边吃。吃完，他从书包里拿出来一本很新的阿尔弗雷德·马歇尔①的《经济学原理》。他说送给我了。我知道他请我吃卤肉，送我书，是什么意思。但我最后还是问他，有没有找廖志高。他说，找了，廖志高就说了一句话，你学经济，在哪里不能学，你又不是学物理的。

然后张启钰就在川大消失了，去到眉山做中心县委书记。

皖南事变之后，南方局的郑伯克②同志通知他紧急往延安撤退，却因为形势太过紧张，没走成。组织上就指示他，要他今后独立作战，找机会进入国民党军队，长期潜伏，以待时机。川大，张启钰是肯定回不去了。张启钰还是想继续学业，他功课好呀，考取了中央大学外文系。抗战后期，他凭着自己的英文好，又考进了国民党海军训练班，去英国皇家海军学院学习了两年，接受了英国海军的正规教育，后来，参加了国民党政府接收重庆号巡洋舰的任务，回到了国内。

---

① 阿尔弗雷德·马歇尔（1842—1924）：近代英国经济学家、新古典学派创始人，剑桥大学经济学教授。剑桥大学在其影响下，建立了世界上第一个经济学系。主要著作有《工业经济学》《经济骑士道精神的社会可能性》《对外贸易的纯理论与国内价值的纯理论》等。

② 郑伯克（1909—2008）：四川沐川人。1929年加入中国共产主义青年团，1935年7月加入中国共产党。曾任中共中央组织部老干部局局长。

解放前夕，张启钰是"重庆号"巡洋舰上三名共产党员之一，参加了"重庆号"的起义。新中国成立以后，留在解放军海军工作，虽然他的英文很好，海军业务过硬，更是我们党内鲜有的具备英国皇家海军学院学习经历的同志，但他在海军工作，受了不少委屈，遭遇了许多的不公平待遇。1960年代，他想到大学工作，发挥自己的英文特长，我们商量过几次，在当时那个政治环境下，难度太大了，不了了之。

我插说了两句张启钰，原因是想起来粉碎"四人帮"之后，我们常常会反思对党外知识分子政策的问题，但对党内知识分子政策所存在的问题，反思的还是不多。虽然大家都知道是怎么一回事情，但新中国成立后对待党内知识分子存在的问题，一样也浪费人才。从某些方面来说，还不是个别现象，张启钰、张宣、李碧光、侯方岳，算得上一批人了。人才，不论是党内的还是党外的，都不应该浪费。

天蒙蒙亮的时候，我刚想打瞌睡，张启钰就叫我起来，往少城公园赶。

到了少城公园集会的地方，见到几个同学，因为大家也没有个组织，简单说，就是也没有个人招呼，都是三三两两地聚着说话，议论着即将开始的集会。

原本有好几个同学都准备了演讲的材料，可真的集会开始之后，我们这些学生，根本就没有机会上台演讲。台上人领着我们喊了几句口号，大家情绪沸腾了那么一会儿，之后，又排着队走到中山公园门口，便就散了。

我们几个人在回去的路上，还是有些小小的失落，碰到也是回家的汤幼言，他说，集会好是好，但也太单调了。来的人也不多，才千把人，没个组织，抗日救亡唤醒民众咋这么难！大家总是觉得没有发挥我们学生的作用。

等我快到家，有一家卖杂货的铺子掌柜姓牛，认识我，喊到我问，是不是去少城公园了。我就不明白，问他咋个知道的。他说，听说热闹得很，他也想去，可铺子离不开人，让我讲讲咋个热闹。

因为放暑假，都等着开学，第二天我也没出门，在家。到下午天阴沉沉的，看着要下雨，却也下不下来，闷热闷热的，我在家找个毛巾，正要擦擦身子，邓成泽还有离我家不远的那个杂货铺牛老板，邓成泽家后面编竹筐的两个梓潼乡下人，一伙子大汗淋漓地跑到我家就喊，哎呀，你还有时间擦澡噢，快些，快些，大川饭店发现日本人喽，快去看，好多人，好多人把大川饭店围起来喽。

我上衣还没有穿好，邓成泽抓着我就往大川饭店跑。

离大川饭店还有好远，最少隔了两三条街，人就挤得走不动了。我和邓成泽年轻,使劲往里挤,终于到了大川饭店的那条街,好几百的群众都把饭店包围了,大喊着让饭店老板出来问话,饭店里是不是藏着日本人。

人们七嘴八舌地喊叫,人群不断地往闭着的饭店门前拥挤。

这时候,后面可能是来了四五十个警察,也是尽可能地想突破人群,也往饭店门前涌,一片乱哄哄的局面。

我发现在人群中,有一个,两个,好多个挺熟悉的面孔,想了想,这不是去年我们军训,康泽军训团里的那些教官吗?他们怎么来了?还都穿着便衣。我拉邓成泽,让他看,邓成泽却用手给我指人群中有拿扁担的几个人,当兵的,当兵的,我看到过,看到过,我认识,是个连长,我认识他,咋个没穿军装嘛,啥子情况。邓成泽大声给我说,我也给他指那些穿着便衣的军训处的教官。我俩在人群里找熟悉的面孔,互相大声问着,他们咋个都不穿军装呢?龟儿子拿扁担干啥子?

邓成泽正和我互相紧张地说着,突然就看到侯方岳在人群的边缘处,手里提了个高腿小板凳,放到街沿沿处,先用一只脚踩了踩,显然是试试板凳结实不结实,之后,他跳上去,像川剧里亮相那样,手一挥,看样子是要演讲,人群被他吸引的瞬间,往他板凳前面一拥,谁也控制不住了,把他从板凳上挤了下来。

侯方岳的演讲中断在了人群中，谁也没有听清他说了几句啥话。也不知道侯方岳被人群从凳子上挤倒受伤没。

我和邓成泽就赶紧往他那里挤，想着看看他安全不安全，会不会被人踩了，受伤了。可还没有等到我们挤到侯方岳摆板凳演讲的地方，人群突然安静了十来秒钟，目光齐齐地望向大川饭店窗口上站着的一个人。

这人冲着人群，一边手舞足蹈，一边大声地狂叫，大部分都是日语，夹杂着几句中国话。从他说话的表情上看，和大概能听清的一两句话中，他竟然在骂人……日本人，狗日的日本人。不知道谁大喊了一声。人们的情绪彻底被点燃，爆发了，那些拿扁担的人，最先把大川饭店的大门冲开。

人群汹涌而入，大家先是砸饭店前厅的柜台，里面有的账本、住宿登记簿，撕了；一些摆件，扔到地上，用脚踩，搞碎，后来干脆把柜台、桌子、椅子，能砸的全砸，连摆着的钟表也摔到地上，用木棍打得稀巴烂；还有人不知道从哪里找到一个通火炉的铁钳子，费着大劲地在撬地板，撬起来一块，就有人马上把地板支撑成一个斜面，跳起，用全身的力量把地板砸断。

突然有人从二楼的房间里，把那个给日本人提供房间的刘训煦拖了出来，顺着楼梯把他推下来，人们立即围成圈圈，你一拳他一脚地暴殴。眼看着刘训煦马上就要被打死了，饭店里突然有股浓烟袭来，暴殴刘训煦的人住了手。哪个点火喽？兴奋的人群四顾纷纷寻找火源，烧，烧他狗日的，把大川饭店烧了。

我和邓成泽呆若木鸡，在大川饭店的厅堂里、院子里，被狂热的人群推来搡去，我俩胳膊挽着胳膊，手拉着手，怕被人冲散，手心里满是汗，全身都是汗，成都8月底的天气要下雨而未下，闷热难耐。有个光着身子、瘦得能看清一根根肋骨、下面穿了一条制式短裤的人，手里掂着一个木棒，跑到我俩跟前，大棒一挥，龟儿子你们也来了，好样的，和老子一起抗日，打狗日的日本人，嗨呀，兄弟伙，你两个瓜娃子站着干什么，快些动起来，点火，烧了、砸了汉奸的狗窝。

大川饭店什么时候成了日本人的狗窝？

邓成泽和我还没有来得及吭气，他手中的大棒像一把大刀那样，狠狠地砸向我俩身边的一棵不大的茶树上，搞得茶树碎叶子溅了我和邓成泽一身。邓成泽冲他吼，你龟儿子，茶树也是日本人的？

拎着大木棒的这人听见邓成泽说他，刚想再走近点和我俩理论理论，但被几个人一下子又拥开了，走到我俩跟前的这几个人,是李碧光、汤幼言、张万禄,但没有张启钰,还有谁,我忘了。反正都是省师和建国中学的同学。他们看到我俩,很高兴,张万禄招呼着大家说,胳膊互相挽起,咱们几个结起伙,结起伙。

我们七八个人刚把胳膊挽起,形成了一面横队的时候,一群警察好不容易挤进了大川饭店的院子里,领头的警察是范崇实①,汤幼言屋里头老汉认识,他也见过,就喊,局长也来抗日喽。

范崇实一看我们几个学生在一起,也认出来是汤幼言,呵斥我们,快滚,你们几个娃儿快滚,没得一会儿烧死你们。

完了再不和我们说话,指挥着警察救火,然后就有十几个警察围成一圈,保护着已经被打伤的两个日本人往外走,其他的警察也都驱散着人群。

我们几个也被驱散出了大川饭店。

在门口的时候,又碰到范崇实,脸上不知道被谁打出了血,嘴里嘟囔着,连老子都敢打,连老子都敢打,他用手抹脸上的血,抹得满脸都是血,好像受伤很严重的样子。

汤幼言挤过去说,要不要我们保护你去医院。范崇实应该

---

① 范崇实(1898—1975):毕业于北京大学法律系。1930年代历任重庆市、成都市公安局长等职。后离开国民党官场,从事实业活动,创建四川丝业公司。1949年后在北京轻工业部任职。

和汤幼言屋里头老汉熟得很，直接就用沾着血的手，推汤幼言，你娃儿赶紧给我滚回屋里去，小心被踩死了，你家老汉儿问我要你，我到哪儿去找你个死板板。滚……

我们几个也不客气，一起冲他喊，老子来抗日的，你赶紧去医院吧，管得上我们？

抗个锤子。你们娃儿懂个锤子抗日。

范崇实其实也是个斯文人，平时不骂人，而且呢，他还有些学问，从北京大学法律系毕业后，在北京工作了一段时间，就回四川服务于刘湘。在天津、洛阳这些地方搞办事处，为刘湘做些联络、买武器的事情。

大川饭店事件前，他被刘湘任命为成都市公安局长，后来刘湘在武汉去世，他在乐山专员的位置上干了两年之后，从此离开了国民党官场，去做了实业。1940年代以后，范崇实的生丝生意居全川第一。1949年新中国成立以后在四川待了两三年，就去到北京，在轻工业部搞研究工作。1958年年底，我在北京开会，刚好汤幼言也从沈阳到北京来出差。他就约我一起去范崇实家看看他。在稻香村买了半斤沙琪玛、半斤蒜肠，汤幼言还给他带了一个东北的狗皮帽子，说他年纪大了，怕冷。我俩到了范崇实家，一进门刚坐下，他竟然认出了我，和我开玩笑说，你娃儿抗日有功，现在成共产党的干部了，老子刚被划成右派，你敢来看我？

汤幼言接他的话，说你当了右派，好好地在思想深处改造嘛，我俩就是给你送点点心让你吃，看看你，和你当右派有什么关系。

我们在他家摆龙门阵，说到了大川饭店事件。范崇实说，当时他带警察去大川饭店，警察拿的长枪里，没有子弹，就是个烧火棍，背着的子弹袋里面，也是空的，连他的手枪也是专门在出发前，把子弹都退了出来。刘湘亲口给他说，莫得伤了闹事的老百姓，但也别把日本人给整出人命来，给日本人点颜色看看，也给老蒋点颜色看看。

龟儿子刘湘交代的这个度，让我一个小小的公安局长把握，太难喽，老百姓又不是我家娃儿，就算是，我叫你们几个龟儿子滚回去，你们当时扎劲的那个样子，还冲老子喊口号，我能把你们劝回去？范崇实接着讲，他刘湘想得倒好，我们去确实没有伤到老百姓，但老子我受伤了，被军训团的人伤的。他们化装成老百姓的样子，拿棍子把我头打破了。这帮军训团的人，就是去挑事的，成事不足败事有余。

范崇实还说，见到我们几个学生，他骂我们，是害怕我们出事，说当时乱得很，你们学生跑来，啥子情况都不知道，好几伙势力都跑到大川饭店去闹事，让带些人，我能去收场？说到底，老百姓惹不起，你把老百姓惹了，结的那个果子得自己吃。

范崇实说的是实话，群众起来了，别说是范崇实，就算刘湘、蒋介石那些大人物，谁能控制住局面？大川饭店被捣毁，人们除了看到警察把两个日本人架走之外，还有两个日本人在哪里？大家找，这么多人，他能跑到哪里去？既然警察能把两个日本人架起走，那剩下的两个，说不定也是被警察架起走了。离大川饭店最近的是成都市公安局第四分局。人们激愤地高呼着要把日本人打死、把日本人赶出中国、赶出成都的口号，跑到了公安局第四分局，没费多大劲，冲进分局到处乱窜，翻了个底朝天，也没找到不见了的两个日本人。顺便群众就把公安分局也砸了个一塌糊涂。

群情激昂的人们，正在为把公安局都砸了，也没有见到剩下的两个日本人而感到有些不知所措的时候，突然就有消息传来，有人发现两个日本人在正府街的裁缝铺和陈兴泰饭馆。人群蜂拥而至，一把揪出了躲在店铺里的两个日本人，连拉带扯地把他们拖到街上，你一拳他一脚，两个日本人立时暴毙街头，衣履皆无。同时呢，群众也顺带打死了一个成都的警察，同样陈尸街头。

待我们几个人从被砸烂的公安分局跑到正府街的时候，日本人已经被打死了。然而这个时候，人群中因为日本人已经被打死，那种狂热的对日本人长期侵略中国，欺压中国百姓的义愤并没有丝毫减弱，反而是更加地躁动，就有人大声喊，把日本人在成都消灭干净，让他龟儿子在成都永世不得翻身。

可成都哪儿还有日本人呢？

跟日本人有关的商店给他狗日的砸了。有人这么一说，人群立即如蜂涌向东大街、暑袜街、春熙路这一带，有平日卖日货的商店，宝元蓉、益晋恒，还有专门经营日本黄包车零配件的交通公司，大概有近十家商店，被人们冲破店铺门，把里面的货物全部砸毁，放在店铺里的各类账本、单据之类的东西，扔出来，点一把火，烧毁。

这些卖日货的商店里的物品，当然也不可能尽数的都被毁，还有许多的东西都扔在大街上，任人踩踏。我在交通公司门口，就捡了一个扔在地上的黄包车专用小铜铃，很小，拿在手上凉凉的，一摇，声音清脆得很。看得出，这个小铜铃制作得还是很精美了。我一直带着它，直到1947年胡宗南进攻延安，我们撤退的时候在忙乱中丢了。

在群众砸毁卖日货商店的时候，街上的人聚得也是越来越多，好像全成都的人都跑到了街上，来参加反日活动了，甚至连一些女学生也有跑到街上来的。

大概九十点的时候，汤幼言碰到了他们建国中学初中的几个女生。他隔着街，冲那几个女生喊，做样子，让她们也像我们这样，把胳膊和胳膊互相挽起来，安全一些。然而街上那么吵，根本就听不见。不过，其中有个稍微有些胖的女生，领会汤幼言的喊叫和手势还比较快，她拉着一起的女生，也和我们一样，胳膊挽着胳膊，然后冲我们笑了笑。

直到这一天晚上的子夜时分，聚集在正府街、春熙路上的人群，才被陆续赶来的军队驱散。我们几个人也随着散开的人群离开。但大家却也没有回家的意思，却也是话不多，置身在刚刚过去的反日情绪中，大家都没有表现出特别的兴奋来。平时可不是这样，我们这几个小圈圈里的人在一起，总是喜欢相互打趣（开玩笑）、取俏（耍怪）。

还是张万禄打破了沉默，叫我们去他家。大家也没有说去，也没有说不去，最后反正都随着张万禄去了他们家，坐在院子里。

张万禄家院子的蚊子很厉害，坐下没一会儿，就各自抓挠身上。虽是半夜了，但憋了几天的雨也没有下，闷热闷热的，身上发黏。李碧光显然是怕打扰了张万禄家里人休息，压低声音，凶张万禄，瓜娃子，赶紧给拿个毛巾来，再打盆凉水，让大家擦擦。

邓成泽说，你喊我们到你家，来喂蚊子呢。

张万禄又跑到屋里头拿扇子，递给邓成泽，一把扇子大家轮流扇蚊子，折腾到天快亮，却依然好像没有什么话说。

天亮了，我们散了。

本来嘛，我们这些积极阅读左翼书籍，有了一点点肤浅的马克思主义知识，想着如何抗日救亡的年轻学生，对刚刚发生的一切，按理来说，应该和那些群众一样，兴奋起来……明摆着嘛，成都群众抗日的热情这么高涨，打死日本人，砸烂卖日货的商店，痛快淋漓、人心大快，谁能说 1936 年 8 月 24 日，在成都发生的一切，不是成都民众抗日救亡意识的觉醒呢？但当天晚上，我们几个人，却也真的不太说话。后来，到 1980 年代，我们这些人也六七十岁了，有些老同学、老战友退下来，写些回忆性质的文章，追忆自己参加抗日救亡，追求共产主义理想，加入党组织的情形时，却像商量好一样，对成都大川饭店事件，基本上也都一笔带过，或者压根不提。这里面，我认为还是有原因，值得讲一讲。

一方面，成都大川饭店事件的性质，是被发动起来了的群众所展开的一场抗日救亡运动。可以很好地表明，在成都，抗日救亡运动有着很好的群众基础。但在整个事件具体的发展过程中，我们这些学生，既是参与者，也是旁观者。据我们私下后来在一起谈大川饭店事件，比如侯方岳、比如张显仪这些同志，他们当时除了演讲之外，我还没有听说谁砸过东西、点过火。我的意思，不是说冲上去打人、放火、砸东西，就是抗日救亡，就是革命，宣传、演讲就不是。我是在想一个问题，学生为什么多数都没有动手？说学生存在小资产阶级、小知识分子的观望意识，恐怕不是一种较为合理的解释吧。对抗日救亡事业，有叶公好龙之态，那更不是了。

可到底是什么？

从我们这些学生来看，最少从我个人来看，是第一次见到这种大规模的群众运动场面，惊心动魄不为过。对待群众砸日货商店，从道理上来讲，我也是认为有其道理。因为日本人在成都开商店，他卖的不是正经商品，多为走私货，不是合法合规的商业行为，是在侵害了中国财政利益前提下的商业行为，从法律上讲，也应该销毁。没有哪个国家允许走私商品肆意横行嘛。但8月24日捣毁大川饭店、砸日货商店、打死日本人，青年学生在那种情况下，眼大于手。在这里眼大于手没有贬义，说到底，都是在思考着抗日救亡这条路，具体该怎么走这样一个问题。

内心纠结，迷茫得很。

不过成都大川饭店事件接下来的发展，与我们的心态却也了无关系，国民党政府根本顾不上我们这些学生，别闹事，别上街游行就行。谁还管你怎么想呢。我们想什么，不想什么，对整个事件接下来的发展，不起任何作用……打死日本人当天的后半夜，军队和警察出动，满成都找日本人，天快亮的时候，我记得大概是在正府街算是找到了他们的尸体，但已经面目全非，辨认不清楚了，只好放到旁边的养正学校里，等着上面来人辨别。没过两天，国民党外交部川渝特派员吴泽湘和日本重庆领事馆的特派员，还有一个军医跑到成都来，辨认一番之后，确定是日本人深川经二和渡边洸三郎，然后拉到文殊院，做了法事，火化了，由日本人把骨灰拿走。这些过程，当时的报纸上也有报道。至于那个拿了日本人钱，接待了他们，并在大川饭店被暴打的刘训煦，他住了几天医院，养好伤之后，就被刘湘派人秘密处决了。公安局长范崇实，当然撤职查办，又谋了个差事，跑到乐山去当了专员。

刘湘当时能做的也就这么多了。但蒋介石却不依不饶，给刘湘发电报，说此次事件引起政府的外交争端，给政府与日本的诸多外交事宜徒增困难。更重要的是，蒋介石直接申斥刘湘，说这事情的背后，肯定是共产党在主使闹事，扰乱政府的对日政策，要缉拿凶手，严惩不贷。

刘湘总得给中央政府个答复，当缩头乌龟不行，他得想办法。找谁想办法呢？还得找共产党，他就派他的亲信，一个叫黄幕颜的去找张曙时。张曙时态度很坚决，给的主意也简单，就一句话，这事情是因为日本帝国主义侵略中国造成的，责任在日方，他自己去负责，把打死的日本人安葬了，剩下活着的送出四川了事。

刘湘认为张曙时的主意不错，给中央政府复电，大意是：参与事件的群众太多，几万人，到哪里去找凶手？如果到处抓人的话，后果不堪设想。只能在职权范围之内，撤了成都公安局长、警备司令的职。中央政府见刘湘这么复电，又给刘湘发电报，说你必须得把打人凶手找出来，要不政府在国际社会上就被动了。

刘湘没有办法，从华阳县的监狱提出来两个死囚犯，说他们就是凶手，枪决了。

刘湘的处理到此为止，枪毙了两个本该枪毙的死刑犯，对参与的群众未有任何行动，更是没有借此对共产党有什么行动。从这一点也能看出来，张曙时在刘湘那里做统战工作，效果还很明显的，基本上可以说，把刘湘拉到了坚决抗日的道路上来了。

而日本方面呢？大做文章，他们在国内制造对中国增兵的舆论，在中国，到9月份，更是直接给国民党政府说，这个事件以及随后的几起反日群众运动，是中国共产党在肆意挑拨中日关系，都是中国共产党煽动所致。虽然国民党政府有剿灭共产党的决心，但这个决心尚嫌不足，日本外相反复强调首相广田的对华三原则，要求国民党政府坚决排除共产党的威胁，根除蔓延全国的反日运动。为此，向中国国内增派了大批特务人员，在上海、武汉、天津、广州、成都、张家口加强情报网络的建设，派特务窜到内蒙古、新疆、甘肃、青海、西藏这些地方以各类考察的名义，收集情报。而在成都设立领事馆一事，中日外交谈判到了 11 月的时候，也没有个结果，不了了之了。

这一段时间，成都地方党组织的情况和以前还是一样，瘫痪着。我也在这样的情况下，开始进入四川大学读书，并从此算是真正地走上了抗日救亡的道路，随后，也是在四川大学加入了党的组织。

组　织

在川大读书之后,我和过去省立第一师范意气相投的几个同学还是来往频密。他们中间,有几个人也考入了川大,加上建国中学考入川大的汤幼言等几个人,认识了新同学张宣、邓照明、王玉琳①他们。我们依然像过去那样,相互传递着各类马克思主义书籍,关注着时势的发展,也比过去到车耀先那里的次数多了。

大概开学没几天,9月下旬,已经在《建设晚报》兼职做外勤记者的邓成泽来找我,他说张显仪通知他,侯方岳组织了

---

① 王玉琳(1915—2015):1938年加入中国共产党。到延安后改名王怀安。任四川大学党总支书记、最高人民法院副院长、顾问。

一个会议，叫我一起去。

我想是不是有啥大事情，邓成泽来通知我，显得很正式的样子。他好像看出我的心思，就说，咱们一伙今天就是去成立共产党的，搞起革命来，方便一些。你有没有意见？

我知道，邓成泽又在取俏了。前一阵，他还说过，他和我两人也要成立个共产党，他在《建设晚报》做外勤记者，挣钱，就是给党攒起些经费。

事实上呢，他在《建设晚报》挣那么一点点薪水，好多我们都去打牙祭了，甚至去过成都特别高级的"颐之时"，干烧鱼翅当然吃不起，吃了一份干烧虾仁，要了一份著名的鸡皮冬笋汤，味道确实鲜，现在找不到那么好喝的汤了。

我俩是都爱吃，为吃，还经常有遗憾。记得是上初中的时候，我俩看报纸，上面登过一篇文章，我俩把文章的大标题、小标题都记住了。大标题是"成大教授不当教授开酒馆，师大学生不当学生当堂倌"。小标题更是有意思，是"虽非调和鼎鼐事，却是当垆文雅人"。我俩就好奇得很，赶去指挥街上看教授开的饭馆，看见人家吃怪味鸡，吃夹江腐乳蒸鸡蛋、金钩包子，看着味道都好。初中生，哪儿来的钱，凑了凑，买了一个包子，两个人分着吃了。约好攒些钱，来吃怪味鸡和夹江腐乳蒸鸡蛋，但钱最终也没有攒到，教授李劼人的饭馆倒闭了。遗憾得很。

不仅吃，邓成泽拿了在《建设晚报》的薪水，还和我一起做了一身衣服。当然，他有时候也怨我，说他都自食其力了，拿一份外勤记者的薪水，还写小说，写诗歌，写散文，挣的有稿费，说我整天看书，看书，看成书呆子了，也写写文章，挣点稿费嘛。

我就说，文章能随便写？你整天写，有啥意思。

他就说我懒，举例子，说什么胡绩伟啦、张宣啦，文章写得好，都在报纸上发表，有稿费呢，人家张宣，一个礼拜发表三首诗，能吃15个锅盔夹卤肉。听他说得多了，我也得请他打牙祭，只能问家里要了点钱，请他吃碗赖汤圆，才堵住他的嘴。

几年之后，我俩在延安中央研究院一起工作的时候，他还是爱吃。中央研究院开始的时候，伙食也不好，他晚上跑到小灶，偷领导灶上的猪油，每次只偷出来一小块，攒到一个瓶子里，积少成多，然后趁着晚饭的时间，去范文澜窑洞里说是要请教请教近代史的问题。范文澜吃小灶，饭是允许在自己窑洞吃的，见他来，就说一起吃，他说吃过了。然后，东一句西一句胡乱问些问题。

范文澜年纪大，对他胡乱问的这些问题也不以为意，还认真地给他解答。有时候，范文澜解答结束，饭却剩下了，他就装作很不好意思的样子，说，哎呀，耽误范老吃饭了，我去给你把碗洗了,殷勤得很。说着话,就连着范文澜没有吃完的馍一股脑拿出去洗碗了。那个白面馍自然就是他的了。邓成泽拿回宿舍攒起来,晚上把我叫到他宿舍,把馍烤得焦黄了,抹上厚厚的猪油吃,边吃边一起摆(龙门阵)成都那些好吃的东西,解馋。当时大生产运动还没搞起来,单位伙食差得很,我们这些国统区去到延安的年轻人,嘴馋的同志不少,总是要找些解馋的东西吃,邓成泽不是特例,后来我到西北局工作,知道秦川①、柯华②他们也是嘴馋,偷高岗③家的鸡杀了吃。其实呢,你偷了人家吃小灶同志的东西,人家也不是不知道,只是不说罢了。

进城以后,我有一次见到范文澜,他问我邓成泽现在怎

---

① 秦川(1920—2003):1936年加入中国共产党。历任陕甘宁边区党委宣传部秘书、干事、科长、处长、秘书长,西北野战军前委宣传委员会委员,西北农学院党委书记、中共中央宣传部宣传处处长,中共中央工交政治部宣传部部长、副秘书长,北京工业大学党委书记,人民日报社核心小组副组长、副总编辑,总编辑,社长。中国共产党第十二届中央委员会委员。

② 柯华(1915—2019):1936年参加革命。历任中共中央西北局宣传部干事、科长。1949年后,历任中共西安市委副书记、西北军政委员会文化教育委员会秘书长兼文化部副部长、西北行政委员会副秘书长、外交部礼宾司司长、亚洲司司长、中华人民共和国驻英国大使、国务院港澳台办公室顾问。

③ 高岗(1905—1954):1926年加入中国共产党,陕甘宁革命根据地创始人之一。曾任中共中央西北局书记、中共中央东北局书记、中华人民共和国中央人民政府副主席。

样了,我说,他犯错误了,撤了职,下放了。范文澜就说,这个同志有才华,参加编剧的《逼上梁山》写得好,也爱学习,在延安就经常跑到我那里问问题,很好学,顺带把我的馍拿走了,我晚上看书晚,害得我饿肚子,所以有时候打饭,多拿一个馍,等着他来问问题。可他又不来了,没有办法哟,馍就多了,我吃不了。有时候我没多拿馍,他又来了,害得我晚上挨饿。你说这个邓成泽,搞的这名堂。

邓成泽和我走到牛市口附近的时候,街边有个卖怪味胡豆的摊摊,邓成泽买了一大包,说是一会儿开会的时候吃。到了开会的地方,是在四川省建设厅下面的一个苗圃,花木扶疏,环境颇好。陆陆续续来了十几个人,都是省立第一师范、天府中学、协进中学的同学,张显仪招呼大家随便坐,过了一会儿,他说人都到齐了。侯方岳给大家讲,今天要成立一个组织,组织的名字叫"海燕社",为啥叫这个名字? 取高尔基散文《海燕》之意。成立"海燕社"是干啥子呢? 把同学们组织起来,搞抗日救亡运动,刚刚过去的大川饭店事件,就是因为我们学生没有组织,在整个事件中没有发挥出来更大的作用。成立"海燕社",大家以后投入抗日救亡,向民众宣传抗日救国思想的活动中,就不会一盘散沙了,而是事半功倍。侯方岳讲的这个情况,当然有道理了,同学们也都没有异议。

"海燕社"这个组织在当时成都那个社会环境下,是不能公开的,还有相当的危险。而侯方岳出头,对他个人来说,危险更大些,他在天府中学图书馆有一份收入,他出头搞"海燕社",被外人知道了,最少是砸饭碗的事情。所以,张显仪给我说过,他俩商量成立"海燕社"的时候,张显仪就说,老侯出面组织,万一被学校知道砸了饭碗,他负责侯方岳的生活费。果然,"海燕社"成立没有多久,侯方岳就因为出头露面,尤其是在学校公开宣讲共产党的抗日统一战线等事情,最后搞到他们那个学校的校长要动手打他的地步,被天府中学挂牌开除了。张显仪说话算数,给他供了一段时间的生活费,但是长此以往,也不是个办法,后来通过熟人,给侯方岳在《建设晚报》找了份差事,做编辑、校对工作,一个月能有个五块钱的收入。

虽然当时侯方岳牵头搞的"海燕社"算是个组织,但它毕竟是几个年轻学生搞起来的,松散得很,真的搞起抗日救亡活动来,欠缺严密的组织行动能力。我记得有一次搞得比较成功,就是给傅作义绥远抗战捐款,捐款有两个来源,一个是同学们把伙食费挤出来,捐了,数字也不多,只能说是一个心意,一种态度了。再一个呢,就是到街上演讲,号召老百姓捐款。街头演讲这种形式其实也不理想。人家有事,忙着,也就不听了,不听嘛,也就没有钱可捐了。听呢,你还得演讲得精彩,人家才能听下去,才有可能捐,最后捐的数字也不大。

我们这些学生再怎么折腾,在没有一个正规组织的情况下,抗日救亡活动要搞出点名堂实在困难。

那天开会的时候,我和邓成泽都注意到苗圃外面,有一个比我年龄能大个七八岁的人,转来转去,有些神秘的样子。我俩想,会不会是特务呢?

邓成泽扯了一下我,我俩走到外面。邓成泽抓了一把胡豆说,你转来转去,好久喽,吃点胡豆。这人也不说话,微笑着把胡豆接了,就吃,吃了两颗,说谢谢。我们刚想和他再说话,张显仪看到我俩和这个人说话,就出来,说,这是老饶,防备坏人来破坏,帮咱们看着呢! 老饶对这地方熟悉,他帮咱们借的。

原来是自己人。邓成泽拍拍老饶的肩膀,扯上我又进去接着开会。

我问张显仪,老侯办法多呀,还能借来这么幽雅的一个地方开会。你认识老饶吗?

张显仪告诉我,老饶是通过侯方岳认识的。而侯方岳认识老饶也没有多长时间,是大川饭店事件发生当天,侯方岳在街头演讲,人太多,不停地换地方演讲,发现换了好几个地方,这人总跟着他,还冲他笑。

侯方岳直截了当地问,你是哪一个? 做啥子的? 人家也不理他,又冲他笑笑。过了一段时间,在天府中学附近,侯方岳居然又碰到这个人,他冲侯方岳打招呼,说自己姓饶,叫饶世俊①。他俩算认识了,在一起说话还投机,特别是饶世俊说起怎么抗日之类的话题,分析得头头是道,让侯方岳猜着他应该是个共产党。就问他,他不说是,也不说不是。

饶世俊年龄大,侯方岳就问过给绥远抗战捐款的事情,饶世俊出了些主意。

侯方岳说要成立"海燕社",把同学们组织起来搞抗日救亡运动,饶世俊也支持,帮忙借了这个牛市口旁边的苗圃,还告诉他,他姐夫是四川省建设厅的厅长,苗圃是建设厅下面的,安全。到开会的时候,亲自跑来在会场外面把风。看起来很靠得住的样子。

但他是不是共产党,却没有谁能拿得准。事实上呢,饶世俊还真是共产党,算老党员了。在延安的时候,我曾经到他的单位去找过他,他给我讲过他的简单经历:

1920年代末饶世俊在荣县参加共产党,搞农民运动。1930

---

① 饶世俊:历任中共川康特委委员、中共阆中中心县委书记。后在陕甘宁边区从事医药生产工作,1946年因飞机失事牺牲。

年代初,他所在的川南党组织遭到破坏,他也被捕。饶世俊被捕在他们家可成了大事情,全家人都想着要把他赶紧从监狱里救出来。饶家在当时的四川有一定的社会关系,办这个事情,难度也不是太大。他大姐是华美女中的校长,大姐夫是四川省建设厅厅长,三姐夫的父亲是华西大学的校长,这些关系通到刘文辉那里相对容易些,人家就让他家里人替他写了一个脱离共产党组织的启事,担保人就是他们全家,保证饶世俊出狱之后再也不参加任何政治活动了。饶世俊家里人的活动,包括给他在报上发启事这些事情,他根本不知道,出来之后,他大姐、大姐夫直接就把他关在家里大半年,不让他和任何人有接触。然后呢,家里人又通过一些关系,主要是在华西大学做校长的他三姐夫父亲的关系,保送他到了华西大学制药学系念书。饶世俊在学校念书,他那个校长亲戚,专门交代学校的训导主任、班主任、校警这些人,严密地监控着他,不准他出学校大门,不准他接触校外的人,等于变相的软禁。到了1932年,四川省委常委、秘书长邹风平[①]同志知道了饶世俊的情况,审查了他的那个脱离组织的启事,启事内容的确没有反共言论。邹风平

---

① 邹风平(1905—1943):1928年加入中国共产党。1931年任中共成都县委宣传部部长,1938年任中共川康特委副书记。1940年入延安中央党校学习,1943年因抢救运动自杀。1945年平反。

就通过组织上在社会中的关系，找他，更进一步地了解了他的情况之后，中共四川省委派了一位姓赵的同志，找到他，给他传达了邹风平同志的指示，叫他趁此机会专心在学校读书，努力学好制药专业，以便将来为党工作。指示他不能去发展党员，但鼓励他多多结交朋友，也同时将他过去接触过的同志的情况通报给了他，哪些还能接触，哪些已经叛变，或成了危险分子等等，一一详尽地告诉了他。到了饶世俊快毕业的时候，邹风平还有那个姓赵的同志因为组织又一次遭到了破坏，离开了成都。如此，饶世俊又一次失掉了组织关系。他在延安还给我说，后来，他在成都陆陆续续地找了一些1920年代后期、1930年代早期失去组织关系的人，自发成立了一个中国共产党成都特别支部，说当时还把我看上了，准备培养我，发展我。他说，多亏没有发展你，发展你了，你又说不清了。

当时，我从绥德师范调回延安，住在组织部招待所，等待分配工作。组织上也是刚刚给了我审干的结论。听了饶世俊的话，还真的有些后怕，我就说真该好好谢谢你老饶呢，万一当时你们自己搞的那个中共成都特别支委吸收了我，我今天可能就看不成你了。

我说完这个话，我俩都沉默了一会儿，心里其实是想起来刚刚过去的在边区搞出的四川红旗党这个事情来。四川地下党省委书记邹风平就是因为四川红旗党这个事情，自杀了。饶世俊给我说，组织上在红旗党这个事情上没有追究他，包括他们几个人搞的那个成都特支部，一切还应该感谢老邹。我问他为啥感谢老邹。他说，要不是当初老邹指示他安心念书，他拿到了制药专业的文凭，也学了点东西，来到延安，主要从事制药工作，为边区生产出了阿司匹林、止痛药、止血药这些急需的药品，加上生产任务重，所以组织上才在审干中保护了他。要不说不定也像邹风平同志一样，被整死了，最少，也像张宣那样，会被关到凤凰山的号子里去。你说，我应该不应该感谢邹风平同志。

我只能点点头，还能说啥子嘛。

本来，我在组织部等待分配工作的时候，组织上有意向，派我回四川搞地下工作。我问饶世俊他的意见如何。他说你家的那个关系，包括萧枫①的关系，都是些老关系了，大致都用不上了。而且你在川大红了的事情，成都那个圈圈里的人，谁不知道？恐怕你们夫妻俩回去，站不住脚。

我按着饶世俊的这个话，给组织上汇报了，组织上也考虑

---

① 萧枫（1920—2021）：女，1941年加入中国共产党。曾用名萧兮。历任群众日报社财务处处长、西北新华书店财务处处长、中央财经出版社财务处处长、陕西师范大学校长办公室主任、西安外国语学院副院长。

到了,还因为形势的快速发展,我最终没有回四川做地下党工作,留在了延安。但饶世俊同志被组织重新派回四川工作,他走之前,我们几个老战友,在制药厂他的宿舍聚了聚,他买了一只大公鸡,也不知道他听谁说的,我做菜手艺还行,就让我给大家炒着吃。炒鸡的火要大,要硬,火候跟不上,不行。饶世俊宿舍那个火,根本不行。我给他说,用用你们灶上的火嘛。他很为难的样子,说他这个厂长用人家公家的火炒菜,咋个说呢?万一群众有意见咋办?他把话说到这份上,我也不好强求了,只能将就他宿舍里那个石头炭盆盆,上面加个粗铁丝做的网格,网格上放个陶土盆盆,炒。想都能想到,木炭火炒出来的鸡,咋个子能咬动呢。最后只能加些水炖,但先炒了,再炖,也炖不烂了。不过最终,还是把鸡吃完了,虽然嚼起来太费事,但味道还行吧。吃鸡的时候,饶世俊拿出了一瓶 1940 年他从成都带到延安的法国白兰地,大家分着喝了。意想不到的是,这次聚餐之后,他搭乘飞机回四川的途中,在飞机上,因为心脏病发作去世了。

现在想来,截至我上川大一年级,真正接触过的共产党人,也就两个人,车耀先、饶世俊,还都是脱党同志。和共产党的组织有了联系,是到了 1936 年的 10 月份,也就是侯方岳牵头成立海燕社后一个多月。

我前面讲了，川大 1936 年这一届招生，因为任叔永先生的掌校，学生的生源和过去相比发生了很大变化，有百分之十五的川外省籍学生。这些学生，有通过招生考试考入川大的，还有呢？转学转来的。再有一类比较特殊的学生，他学籍是外校的，来旁听，毕业了不拿川大文凭，拿他所在学籍的那个学校的文凭。像我们中文系就有一个同学，叫方敬①，爱写诗，他就是旁听生，后来毕业的时候，没拿川大的文凭，拿的是北京大学的文凭。

总归因为任叔永先生 1935—1936 年掌校川大，其变化前所未有，对川大发展所产生的影响不可低估。如果没有任叔永先生来到川大之后所施行的治校方略，很难想象，我们这些同学的人生还是否会是现在这种轨迹。

当时，任叔永先生甫一上任，就邀聘了一批在全国都有影响力的学者来川大任教。这些老师，我后面会谈到。先讲一下川大对待学生学籍制度因任叔永先生的原因变得灵活之后，从北京、上海的大学里就有了学生转入川大读书，这些转学来的学生里，有那么几个人是上一年年末，在平津地区爆发的"一

---

① 方敬（1914—1996）：诗人、散文家、文学翻译家。西南师范学院副院长。主要著作有《风尘集》《花环集》等。

二·九"学生运动的骨干、领头的,他们是共产党员。其中很关键的一个人就是韩天石①。

韩天石原本在北京大学念书,是"一二·九"运动北京大学的重要学生领袖,学生会主席。他在"一二·九"时的平津地区是尽人皆知的,红透了。平津学生南下团,他是第一团的团长;郭清事件,抬棺游行,他又是主要的组织者之一,主要和国民党政府对话,要求释放学生的人还是他。如此一来,到1936年年初,他在北京大学没法继续念书了,被学校开除。刚好,川大在北平设了招生考试点,组织上指示他参加川大的考试,到四川来发展、组织民先。民先这个组织,全称叫作"中华民族解放先锋队",是1936年年初在北平成立的,韩天石是发起者之一。民先不是一般的青年人的组织,它是完全在中国共产党领导下的一个青年抗日救国团体,当时起到的是类似于共青团的作用。

---

① 韩天石(1914—2010):1936年加入中国共产党。"一二·九"运动领导人之一。主持组建四川大学中华民族解放先锋队成都队部,任队长。后历任中共四川省工委学委书记,成都市委书记,中共青委秘书长,中共中央东北局青委书记,鞍山市委书记,昆明机床厂、云南重型机器厂副厂长,云南省建委副书记,云南省委副书记,北京大学党委书记,中共中央纪律检查委员会书记(当时设有第一书记)。

韩天石的功课还是很可以的，考川大不存在问题，9月份开学之后他就到川大来上学了。和他一起的还有一个同学叫王广义，和他情况也差不多，是在党组织的安排下考来川大念书，组织、发展民先。

他们来了之后，很注意川大校内学生的情况，和他们同时入学的1936级的同学也同时带来了省立第一师范、天府中学、蜀华中学、建国中学等中等学校学生抗日救亡活动的情况。我们这些省内的学生也比较关注他们这些省外的学生，毕竟四川相对来说比较封闭落后，见有川外的同学，也喜欢和他们摆龙门阵，问些北平、上海、武汉的新鲜事儿。

我认识韩天石要比其他同学晚上那么几天，是在下课的路上，我碰到汤幼言、胡绩伟正和韩天石在一起走。他们就喊我一道走。汤幼言把我介绍给韩天石，说我是指挥家。介绍韩天石说老韩他是东北人，九一八事变的时候人就在东北，却也没有介绍说他参加"一二·九"运动的情况。

其实，韩天石仅仅是有过一个亲历九一八事变，东北人的身份就已经足以引起我们的关注了。开始的时候，韩天石也只是说些他在九一八事变时的亲见亲闻，不大提平津地区"一二·九"运动的情况。但我在学校有几次遇到他，问他"一二·九"运动他都做些啥，他们在北平的学生是怎么搞起来的这类问题时，韩天石多数不大搭理我的问题，却总是问我在省立第一师范那些同学，像胡绩伟、涂万鹏这些人的情况，还问我平时看啥书，有啥子爱好没有，我呢，也给他说的比较含糊一些。毕竟还都不太了解嘛。

从开学到 10 月初，不到一个月时间，我和韩天石也就那么几次交往，彼此之间，也没有什么深入的交谈。

到了 10 月初，韩天石、王广义、万骥三个人伙到一起来宿舍找我。当时我正和袁珂①摆龙门阵，说些功课上的事情，他见韩天石他们三个人来找我，就借口出去，留下我一个人。韩天石还留了一下袁珂，袁珂说让我们谈，他去外面看看书。袁珂这个人，你和他谈功课，没有问题，说些时事新闻、抗日救国之类的话，他多数时候不应和，也不发表评论，沉默着。等着你把话题转到功课上，或者其他什么事情上，他又变得话多起来。我记得只有一次，很晚了，是宿舍熄了灯，同学们都睡了的时候，他突然到我床边，压低着声音给我说了一句话，你和张宣、彭兆烇一伙整天搞抗日救亡，商量来商量去，咋个也

---

① 袁珂（1916—2001）：四川省社会科学院研究员，神话学家，中国神话学会会长。著有《中国古代神话》《古神话选释》《神话论文集》《山海经校注》等著作。

没有个行动?你们这是议论未定,兵已渡河。我想和他理论两句,他又跑到他床铺上,从褥子下面翻出一本单行本的《大众哲学》,跑过来,塞到我枕头底下之后,接着睡觉去了。第二天早上,我起床,把这本《大众哲学》还给了他,给他说我看过了,让他好好看看。他问我觉得咋样,我还没有回答他咋样,袁珂说他看过了,写得一般。我刚要和他说说我的看法,他却说,以后不用和我谈这个问题了。末了,补充说,我支持你们。还叮咛我,不要把功课耽误了。

袁珂后来在学问上搞出些名堂,神话学方面的。他从来都是把功课抓得紧,心里头,他这个人其实清楚得很,是非问题有自己的主张。像袁珂这种同学在当时算是多数人,对国民党政府在这个时候对日本侵略者的不抵抗政策,秉持的是批判态度,也看些进步书籍,但对这些书籍,他们有自己的观点和想法,和我们这些人不大去交流。但心里头还是支持我们搞救亡活动,就像袁珂,见韩天石他们三个人来找我,他就出去,给我们一个更好说话的机会。

韩天石他们三个人这次见我,直接问我,是不是经常去车耀先那里,说车耀先给他们提起过我,所以今天就来找我说说话。然后,主要是韩天石给我讲了些他在北平参加"一二·九"运动的事情,说得比较详细。最后说,他来川大,也想把同学们组织起来，大家一起搞抗日救亡活动，把北平的民先组织发展到川大。问我意见，我当然说很好，愿意参加。

过了几天，就通知我去胡绩伟、周海文的宿舍开会。到了他们的宿舍，有10来个同学，不到20个人吧，韩天石宣布民先成都队成立，韩天石自己任队长，王广义、周海文负责组织，胡绩伟、涂万鹏搞宣传，其他人当分队长、区队长。

成都民先队成立，和我们过去搞抗日救亡活动就大不一样了。很重要的一点，它有纲领，就是党领导下的抗日民族统一战线的纲领：团结一切能团结的人。具体来说，成都民先队成立之后，无论是从活动上来说，还是从组织发展上来说，都是在北平民先队总部的具体指示下展开的。特别是人员组织的发展上，很快就有了起色，不仅仅局限在川大，省立第一师范、协进中学、建国中学、天府中学都有同学入队。成都民先队1936年10月成立的那一批队员，我记得川大有邓照明、熊复[①]、黄昌运、汤幼言、张宣几个人，成都几所中学里的有郭永江、张

---

① 熊复（1915—1995）：1936年加入中华民族解放先锋队，1937年入党。曾任重庆《新华日报》总编辑、中宣部秘书长、新华社社长、《红旗》杂志总编辑、中共中央毛泽东著作编委会办公室副主任。主要著作有《论人性和人道主义》等。

文澄[①]、郭自澄这些人。侯方岳组织的那个海燕社里的一些同学,也加入了民先。

成都民先队甫一成立,编了一份周报,叫《民先汇报》。主要是王广义和胡绩伟两个人编。这个周报不在社会上、学校里发行,就是我们这些民先队的队员自己看。

当时,成都民先队根据党和民先总队部的指示,工作重点是宣传和发动群众参加抗日救亡活动。只是,编辑这个《民先汇报》本身是给民先队员看的。上面刊载的一些介绍马克思主义基础理论的文章,说句公道话,虽然很浅显,但一般群众又看不到,我们这些人对这些浅显的介绍类的文字,又感到读起来没有多大意思。当然,一些介绍北平民先队工作经验的文章,多少还具备一些实际意义。《民先汇报》这个情况,大家也都注意到了。所以民先队成立不久,半个多月后,11月初,周海文、胡绩伟跑到国民党政府那里正式去申请登记了一份刊物,叫《活路》。《活路》申请登记的背后,主要是车耀先在主持,他社会

---

① 张文澄(1915—1998):1937年加入中华民族解放先锋队,同年加入中国共产党。1940年任中共宜宾中心县委书记,1946年任中共四川省委委员、副秘书长。1949年后,任武汉市委宣传部部长、重庆市委副秘书长、沙坪坝区委书记、重庆市委宣传部部长、西南政法学院党委书记、重庆大学党委书记、重庆市人大常委会主任。

关系广嘛，一切手续办下来，就公开发行了。《活路》刊载什么内容呢？它有一个主题，呼吁建立抗日民族统一战线，同时，发了几篇揭露国民党丧权辱国的不抵抗政策和破坏抗日活动的文章。成都还是国民党的天下，怎么能容忍这些内容出来呢？出版了三期，被查封了。

刚好，在《活路》被查封没几天，爆发了西安事变。当时，是韩天石和周海文从收音机里听到了西安事变爆发的消息。李碧光也从他一个亲戚家里的收音机里听到了，大家以最快的速度互相通知，然后紧急开会，做了一个决定，以成都学联的名义发一个宣言，然后我们这些民先的人把宣言拿到街上去散发。宣言的内容就是支持张、杨的八项主张，立场很坚决，赞扬张、杨的行动是爱国行动。我们这些人到街上一发宣言的传单，影响大得很，群众都争着传看。国民党政府里的人就大呼不得了了，成都的共产党势力这么大。当时的情势，他又不能公开地针对我们做些过激的行为，没办法，国民党四川省党部想出一个办法，也印一些传单，临时编了一个组织，叫什么学生救亡锄奸团，以这个组织的名义发表了宣言，印成传单，雇了些人在成都街头到处发。他这个传单标题叫《抗日乎？赤化乎？》，内容是说我们发的那个宣言，以及在街上的散发行为，是共产党在成都搞赤化。他这么讲，一般群众也有分辨能力，我们支持张、杨的内容就是赤化的说法站不住脚,也不得人心。

可以说,成都从1936年10月之后的抗日救亡运动,因为有了民先这个组织,从各个方面来说,与过去单纯依靠学生自觉的热情比起来有了长足的发展,但也存在着一些问题。主要集中在搞抗日救亡,唤起民众抗日热情的方式、方法上面。

车耀先是老党员,工作经验丰富,他很注意党的方针政策,在群众中宣传的必要性以及作用。我们这些青年人,大部分都是学生,对宣传工作也保持着很高的热情。大家都明白,要唤醒民众的抗日热情,只有通过最广泛的宣传,才能达到目的。那么当时呢,宣传工作最主要的就是要有一个阵地,办刊物办报纸,有自己的刊物报纸,就有了宣传的阵地。所以车耀先在《活路》被查封之后,他没有放弃这条路,他和周海文商量,再办一个周刊,起了名字叫《大声》周刊。周海文把车耀先的意思带到民先,民先内部形成一个决定,支持车耀先。就派周海文和胡绩伟具体去实行。

车耀先从幕后走到前台,亲自担任了社长职务,薛特恩[①]专项负责发行,编辑工作具体落实到胡绩伟和周海文身上。《大

[①] 薛特恩(1914—1940):革命烈士。车耀先烈士的学生和得力助手,《大声》周刊编辑、发行人。

声》的班子很强，熊复、张文澄、彭文龙、张宣他们几个人文章本来就写得好，在这个时期，也都积极地为《大声》撰稿。在成都甚至整个四川省内，《大声》周刊从1937年1月中旬出刊以后，形成了一股强有力的传递党的抗日民族统一战线，揭露国民党消极抗战的声音。加上《大声》周刊刊发的新闻都很真实，时效性也不错，文章行文通俗易懂，它的发行量也逐步地不断扩大。这么一来，又引起了成都当地国民党的注意。他一注意，办法简单粗暴，查封了事。出了13期，三个月多一点，到4月份就没有《大声》了。然后呢，车耀先就继续调动他的社会关系，几个月之后，《大声》变了个名字，叫《大生》，又叫《图存》，继续出版，内容和原来一样，办了两三年，在四川全省都很有名，还发行到了贵州、云南这些地方，产生了相当的影响。但是呢，这种报纸刊物的宣传方式，在民先队内部，也还是有一些不同的意见。我就认为搞抗日救亡宣传活动，只凭报纸刊物有些过于单一了，面还是不广。我们的任务是唤起全体民众的抗日热情，而现实情况是，好多的民众根本就不认识字，你把报刊放到他眼前，他也看不懂嘛。反过来说，唤醒民众这个工作，总不能只在识字的这一部分群众中搞，放弃大多数不识字的群众，让全民参与到抗日救亡运动中去的工作目标不就落空了？过去，我们有过街头演讲这种形式，但效果实在不是很好，人家听你那些东西，多数人看热闹呢，走到街上，看见你演讲，听两句走了，又来了的人看见了，却不知道你前面讲的什么，用他们练气功的人的说法，没有个气场嘛。

我因为指出这个问题，张宣还批评我，说我不积极。我说，我怎么不积极了。他说我懒，不写文章。张宣跑去找陈柏林①，叫陈柏林写文章，陈柏林呢，倒是写了，也发了。有一天邓成泽约我和陈柏林、汤幼言、邓照明、陈克勤、张宣去东大街吃好的。说他是在《新新新闻》报纸上连载了一个星期的小说，得了一大笔稿费。本来，邓成泽是只约了我一个，临时又叫了五六个人，也不知道他发了多大的财。

这一天我们吃了东大街上非常著名的"味之腴"的东坡肘子，邓成泽居然要了四只肘子，还有酒。大家吃得很尽兴，边吃张宣边表扬陈柏林和邓照明，说他俩积极给《大声》投稿；批评我懒，批评邓成泽意志衰退，情绪消极，好逸恶劳。张宣说得振振有词。汤幼言就打抱不平说，人家老邓请你吃肘子喝酒，你还说人家。张宣喝一口酒，吃一大块肘子说，他要是以后再看到邓成泽写这种卿卿我我的小说，就要和邓成泽割袍断

---

① 陈柏林：1936年加入中华民族解放先锋队。曾任中共"天明歌咏团"支部书记。1949年后历任《成都晚报》总编辑、《中国农民报》总编辑。

义。大家就把张宣往外推，起哄说，让他永远不要吃肘子。

刚好，汤幼言来吃饭的时候，书包里放了一份《大声》周刊，他把《大声》周刊递给端菜的伙计，说送给他。那个伙计吓了一跳，以为汤幼言喝醉了。汤幼言就给伙计说，送给你，就送给你了，好生看看上面的文章，教你抗日救国呢。人家伙计连连摆手，说不要不要。邓成泽故意给伙计说，上面都是讲抗日救国的文章，你咋个能不看呢？伙计连忙说，他不认识字。

这个伙计话也多，说他懂得抗日的道理，打日本人，给我们讲他前一阵也跑到大川饭店去砸过东西。还说，虽然他不认识字，但他爱看川剧，《黄天荡》就好得很，讲打金兵，其实就是打鬼子嘛。

邓成泽就扎劲了，反驳张宣，说你看看，演川剧也能搞抗日救亡嘛。他说，过两天，他要到街头，拉京胡宣传抗日。汤幼言也跟着说，他要写个抗日题材的剧本，请邓成泽演。又问张宣，他写个剧本能不能发表在《大声》周刊上。

张宣有些生气，他的意思是我们在胡闹。不搭理我们，只顾着吃肘子。

这次聚餐之后，陈克勤、汤幼言、邓照明、陈柏林和我，还有其他几个同学在一起商量了几次，取得了一个共识，就是搞抗日救亡运动，手里掌握着一个报刊阵地，对宣传党的抗日政策固然很重要，但不是唯一的，我们还很有必要更深入地走到民众中去，唤起更多民众的抗日热情。大家在民先的一次正式会议上，就把这个想法说出来了。

韩天石就问怎么才能更多地唤起民众？邓成泽说，张宣不让他写小说，再写就要把他开除出革命队伍了，所以他最近功课都顾不上了，抓紧时间练习京胡，要到街头拉京胡，宣传抗日。韩天石不大了解邓成泽的性格，以为他讲的是真的，说方式很新鲜，他们在北平的时候，还真没有想到在街头拉京胡这种方式。我就说邓成泽是取俏，当不得真。不过，现在应该有些更新的宣传抗日的方式，对争取更多的民众有好处。

邓照明和汤幼言发言说，邓成泽那个跑到街头拉京胡的方法，倒也不失为一种方式，老百姓肯定爱看。

大家伙顺着这个思路，你一言我一语地出主意，确定了一个方向，就是必须尽快走到群众中去。最后，还是邓照明说，汤幼言和我爱唱歌，会指挥，大家成立个合唱团，练好了，把合唱团拉到街头去唱歌，效果肯定好。

邓照明这么一说，大家伙有种茅塞顿开之感。

韩天石说他们在"一二·九"的时候，在游行过程中，也唱歌，但还是没有一个像邓照明提出的组织个合唱团的形式，看起来这个方法可行，也能预料到将来的效果肯定不错。

会议结束之后，民先队的几个头头又开了会，决定先在川大内部搞一个合唱团，也叫歌咏团。具体就是川大学生里的那么七八个民先队员。这七八人是邓照明、汤幼言、陈克勤、黄昌运、戴季颛、王维章，还有我。

在川大校内搞歌咏团，显然已经不是同学之间自发地去搞了。它在随后的抗日救亡活动中，始终接受着党组织和成都民先队的领导。

救 亡

从1936年冬天,我参加民先,到1940年春末,从成都撤退到延安,这么几年时间里,除去1938年在延安抗大和鲁艺学习之外,我主要是在组织的领导下在成都从事抗日救亡运动的工作。

我参加救亡工作的重点,大概有两年时间,又主要是搞歌咏团的工作,后期川大因为成都大轰炸,迁往峨眉山,歌咏团的工作停止了,我在学校里搞了一段学生运动。所以说,我参加党领导的抗日救亡运动,具体来说就是通过音乐活动来进行工作。

看起来,用唱个歌来宣传抗日救亡嘛,简单得很。其实呀,也是困难不少。比如说王维章,他热情高涨得很,可他唱得不行，唱不准。一个小合唱团，一个人唱不准一首歌唱就不下去，闹笑话。将来到街头去唱，歌都唱不准，算是个恼火的事情。那就得练习唱歌。练习唱歌，就得找个人来教。我们这几个人里，就要分个工，谁指挥，谁教大家怎么练习发声这些东西。汤幼言还认识简谱，他可以担任指挥，但具体怎么能让大家把歌唱准，唱得好听，除了练习发声之外，还得有个标准吧，要找个乐器来伴奏一下，定个调子，大家才能唱到一起不乱。

本来呢，我忘了是谁提出来的，说让邓成泽把他的京胡拿来给大家伴奏。给邓成泽一说，他果真拿着他的京胡跑来了。我们站好队，汤幼言还专门去买了一根指挥棒，站在队列前面，就要开始。邓成泽吱吱扭扭拉了两下，算是试音，然后他严肃地问汤幼言，唱哪个歌吗？

《保卫马德里》。

汤幼言说完，就指挥开了，我们也跟着他的指挥唱，唱得乱七八糟，一直都没有听到邓成泽京胡的声音。汤幼言停下来，凶邓成泽，你咋个搞的嘛，让你伴奏，你咋个没的声音喽。邓成泽根本就不在意汤幼言凶他，慢条斯理地说，你还问我，你见过《保卫马德里》这歌谁用京胡伴奏过？胡扯啥子嘛。你叫我来，不说清楚你要唱啥子歌，就知道埋怨我。你埋怨喽，能解决问题？

你那个京胡伴奏不了，就不要伴奏嘛，你看看，兄弟伙们都准备好了，你耽误大家时间。

他俩还要接着斗嘴，陈柏林打圆场，说重新想办法。猛然陈柏林说他想起来了，邓照明是钢琴家，他会弹钢琴。汤幼言一听，也高兴了，说在理学院的一个破房子里，就有一架钢琴闲放着，咱们把老邓叫来，用钢琴给咱伴奏。

果然，找来邓照明问他会不会弹琴，他说会呀，弹的水平高得很，上中学的时候，天天弹呢，川大没得有琴，弹不了了，不过水平还在。

邓照明和我们一起到了那个放着一架旧钢琴的废旧的房子里之后，邓照明一看，说，哎呀，这是钢琴嘛，我给陈柏林过去说的是我会弹风琴，还是搞来个风琴比较好。

大家就说，你老先生别挑了，有得钢琴就用钢琴，到哪个地方给你找风琴嘛。

邓照明在钢琴上试着弹了弹，还行。给大家伴奏，起个音，定个调子也勉强能行。

至于唱的歌，其实都是大家比较熟悉的刚刚流行起来的那些歌：《五月的鲜花》《保卫马德里》《义勇军进行曲》《大路歌》《毕业歌》《救亡进行曲》《枪口对外》……这些歌对加入了民先的我们来说，都不陌生，起码是歌词都会。歌咏团成立之前，民先组织大家到成都新南门外的树林里，搞秘密集会，都唱过这些歌。但现在不是随便唱唱，是为了将来要走上街头，用这些歌去唤起民众的抗日热情，你荒腔走调的肯定不行。汤幼言就说他现在主要搞指挥，让我去帮助大家练习发声。

我哪里会什么发声呀。我就说你会指挥，也就会发声了。汤幼言提醒我说，你不是给我说，你经常去海灯乐社嘛。

其实，我上省立第一师范之后，也就只去过那么两三次，见过我初中的音乐老师邱仲广先生。现在要搞歌咏团，练歌很关键。凭着我对邱仲广先生的了解，我们请他来指导应该没有问题，但这个歌咏团都是我们民先的人组成的，他真的来了也有诸多不便。就决定让我去单独找邱仲广先生请教，然后，回来再教大家。这样一来，大家又得到了他的指导，又保守了歌咏团的秘密，两全其美。

只是，我到邱仲广先生家去拜访，他家人说他去锣鼓巷叶伯和家了。我又跑到锣鼓巷，邱仲广先生和叶伯和先生都不在，家里人说是去暑袜街礼拜堂了。我赶到礼拜堂，果然，邱仲广、叶伯和都在，他们正办音乐会，我进去的时候，是在演奏海顿的《弦乐四重奏》，邱仲广先生拉的是大提琴。我等他演奏完了凑上去，他看到我很热情，我就说了意思，想和他学音乐。邱仲广很纳闷，他说你考起川大了，学什么音乐？我解释说，我爱唱歌，和同学们搞了一个很小的合唱团，得来他这里请教，要求指导。

邱仲广先生和我说话的时候，叶伯和先生就站在旁边听。他对邱仲广先生说，这娃儿学音乐是好事情嘛，你就收了。你不收，我收了。

邱仲广先生对我说，叶先生教你好得很，他会教书嘛。

我在省立第一师范读书的时候，就听过叶伯和先生的大名，他13岁应童子试，得榜首，当时在川内轰动一时。18岁去到日本，先考取了日本法政大学，再考取了东京音乐学院。学成回国以后，在四川省高等师范学校（川大前身）吴玉章任校长期间，受聘为教授，创设了音乐学专业。四川高师因为叶伯和的原因，才有了这个音乐专业，开我国高等音乐教育之先河。在我从事高等学校的行政工作时，经常会想到叶伯和先生的音乐专业和省高师之间的关系，我把他总结成"因神设庙"，后面我会详细地谈这一点。

叶伯和先生在成都大学的课程设置从一开始就较为完备，有乐歌、乐典、乐器使用法、音乐理论、和声学、音乐史这些课。叶伯和先生教学之余，他还撰述了我国第一部《中国音乐史》。他这部《中国音乐史》很有些独到之处，整个编纂体例上采取的是东西方文化比较学的方法，他的这个方法，一下子就把中国音乐放在了一个很大的背景下来考察了。而且,他不孤立地看待中国音乐的发展历史。叶伯和先生在整个撰述过程中,始终围绕的一个编纂主题思想是他在总序中所言:"音乐史,是研究一般思想史、文明史的重要部分。所以编音乐史,第一项要注意一个时代人文的发展;第二项才是考证历代作品的成绩。"也就是说,在叶伯和先生这里,中国音乐的发展历史,是中国文明史、思想史的一个不可分割的组成部分。在1920年代,叶伯和先生的《中国音乐史》的确是高屋建瓴的一部艺术专门史大作。

叶伯和先生不仅在20世纪二三十年代音乐领域建树极大,他在文学上的贡献也同样可圈可点。1920年代初期,他发起组织了四川第一个文学研究团体——草堂文学研究会,主编《草堂》杂志,周作人、郭沫若看到之后,评价极高。创作的诗歌、散文、小说等在四川最早宣传马克思主义,由王右木主编的刊物《人声》上就发表过。他在文学创作上,白话诗歌的成就更大,有《伯和诗草》行世。现在回头来看叶伯和先生,无论是在音乐还是文学诸方面,他都是"五四"之后,四川新文艺运动初期的一位开风气之先的人物。很是值得对叶先生有所关注和研究。他那个《中国音乐史》后来找不到了,我在学校工作的时候,在陕西师范大学图书馆找过,没有。我到西北大学,在图书馆也找过,也没有。在好几个省的图书馆我也都找过。前几年我去成都,在川大图书馆也找不到,其他高校的图书馆,我也都找过,但可惜一直没有找到。去年(1988年)苏一平①来西安,在止园,他给我说,在他们那里(中国艺术研究院)的音乐所有一本叶伯和的《中国音乐史》。我觉得应该对叶先生的这部著作再版一下,有好处,对研究中国音乐史的人还是有相当的参考、借鉴作用。

虽然当时我对叶伯和先生是早知其盛名,但也是第一次见到先生,我赶紧给叶先生鞠躬,谢谢叶先生以后教导。

叶伯和先生是个没有什么架子又特别认真的人,他问我在川大上课的时间,说给我讲学音乐不能三天打鱼两天晒网,要有个固定时间来学习,和我商量趁川大的课余时间,每周去他家里两次,固定起时间来学。他还说,不能因为爱唱歌,就只学声乐,指挥、作曲,都要学一些,了解了解。

从此以后,我有那么小半年时间,就固定去叶伯和先生家里听他给我辅导声乐,讲作曲、指挥这些。他在成都搞音乐教

---

① 苏一平(1919—1995):1937年加入中国共产党。1940年任西北文艺工作团指导员、副团长、团长,兼任陕甘宁边区文化协会组织部副部长。1949年后任西北文联秘书长、中共西北局宣传部文艺处处长、中宣部文艺处副处长、中国艺术研究院党委书记。创作大型歌剧《如兄如弟》,与周而复合作秧歌剧《牛永贵挂彩》等。

育到1930年代中期，已经有20年了，很有一套经验。有时他会讲两三个小时，有时候时间更长一些，总归我的进步很快。我把从他这里学的音乐知识，特别是声乐方面的，带回去和同学们练歌，大家进步都非常快，没有多长时间，我们这个小小的合唱团唱起那些抗日救亡歌曲的效果，让人一听，就很振奋了。这期间，我也带过汤幼言和邓成泽去叶伯和先生家里请教过。叶先生对邓成泽拉京胡，很支持，通过他的关系，找过成都一个拉京胡很有名的人指点邓成泽。邓成泽能在延安担任新编历史剧《逼上梁山》的琴师，多有叶伯和先生的惠泽。至于汤幼言，叶伯和先生给他找过华西大学一个教授，专门指导过。有一次，南京金陵女子大学来了一个美国的指挥家，在成都拜访叶伯和先生，他专门把汤幼言和我叫去，让这位美国来的指挥家指导我们。

这一年的4月中旬吧，有一天叶伯和先生让人给我捎了个条子，让我去他家，说有重要事情。我赶紧去到他家，原来是有个重要客人，他想让我认识一下。这个人是他过去在日本的一个同学介绍来的客人，对我有帮助。还说我也可以和同学一起来，不能太多人，两三个就好。

我临走的时候，叶伯和先生送我出门说，你在我这里学习几个月了，我知道你做些啥子。

我装糊涂说我就是喜欢唱歌。毕竟我们这个练歌团,不是公开的,我们的活动没有在群众中公开,它就是团结有抗日救亡思想青年的一个地下组织,也是借着歌咏,来抒发我们这些人的抗日情绪。

叶伯和拍拍我的肩膀说,搞抗日救亡,莫得耽误功课就好。我到现在都不知道叶伯和先生为什么给我说这个话。

1950年代初,刚解放,邓成泽在成都工作,给我来信说叶伯和先生早几年就去世了,是投井自杀,很可惜。

第二天我按叶伯和先生约定的时间到他家。他说的客人已经到了,看起来比他要年轻许多,还不到30岁的样子。那时候,叶先生50来岁。

叶先生把我介绍给客人,给我介绍客人说是姓任,诗人。这一天,和我一起去的是邓照明和汤幼言。当时,我们这个歌咏团虽然没有选什么领导人之类的,但汤幼言做指挥,邓照明会弹琴,他俩实际上算是领导了。

姓任的诗人说他叫任钧[①],原来叫卢奇新。

[①] 任钧(1909—2003):诗人。1932年任左联组织部部长。曾在大夏大学、四川省立戏剧学校、上海戏剧学院、上海师范大学、上海音乐学院任教授。主要作品有《冷热集》《为胜利而歌》等。文艺理论专著有《俄国文学思潮》《艺术方法论》等。

任钧是个归国华侨，在日本早稻田大学念过书。他问我们看过他的诗没有，我们都说没有看过。

任钧就冲我说，你是中文系的应该多看些文学作品。当然了，邓照明学物理，汤幼言学化学，也应该课余时间多看看文学书籍。

我们三个人觉得和这个任钧第一次见面，他比我们大了不到10岁，怎么说话口气这么大，上来就教训我们。但碍于面子，我们谁也没有说话。

任钧好像也不在意我们的反应，让我们稍等一下，去到另一间屋子，回来手里拿了三本书，送给我们。说这是他的诗集，送给我们。然后，说他要出去一下，让我们等他一会儿。今天请我们吃饭，他出去找个馆子，安排一下，说是和年轻人在一起说话，就应该边吃边说话，这样效果好。

任钧出去之后，汤幼言把他送的诗集翻了一下，就说去把张宣和邓成泽喊来，他俩都喜欢写诗歌、小说。邓照明说，对头，对头，人家诗人和咱们说，对牛弹琴喽。

我和邓照明坐着，也没有事情干，就翻任钧的这本叫作《冷热集》的诗集。看了几首，写的还真是不一般。邓照明说，好像他记得了，这个任钧就是写了《挽歌》的那个人。鲁迅先生去世后，有一首叫作《挽歌》的诗在全国都很有名气，尤其是在青年学生中，广为流传当不为过。它还被冼星海谱了曲子，其中有这么几句，印象颇深——太空里陨落了一颗巨星\黑暗中熄灭了一盏明灯\ 去了！ 永远地去了\ 你一代的文豪！ \像孩提没有了慈母\像夜行人失去了向导\ 千万人都在同声哀悼！ \从此我们只好拭干眼泪\ 踏着你光荣的足印向前跑……写得虽然直白了些，情绪却饱满，我很喜欢。

到了吃饭的时候，我问任钧是不是写过一首叫《挽歌》的诗。他一听，高兴了。给我们讲他和鲁迅的交往，以及鲁迅去世后他写这首诗的创作动机。整个吃饭过程中，大部分都是他在谈他的诗歌创作，我们也插不上话。而且呢，他喝酒还喝得多，到要结束的时候，看起来都要醉了。最后，是汤幼言给他讲，我们几个人在一起有个小歌咏团，要不请他给我们也写个团歌之类的？任钧问我们的歌咏团叫什么名字。我们告诉他叫"天明歌咏团"。

任钧说这个名字起得好，满口答应回去就给我们写。

其实我们谁也没有把任钧的话当了真，人家那么大的诗人，又是喝了酒，怎么能顾得上我们这个小小的天明歌咏团呢？但才过了一个来月，5月下旬，或者是6月初吧，汤幼言居然收到了任钧寄来的一份叫作《统一战线》的杂志，上面发表着任钧为天明歌咏团写的团歌：

我们歌唱——

在街头、在农村歌唱：

用歌唱唤醒睡梦的人们，

让我们从梦中惊醒！

我们是报晓的雄鸡——

要从黑夜一直唱到天明！

要从黑夜一直唱到天明！！

我们歌唱——

热情地雄壮地歌唱：

用歌声鼓舞清醒的人们，让我们向战场迈进！

我们是报晓的雄鸡——

要从黑夜一直唱到天明！

要从黑夜一直唱到天明！！

我们10来个人传阅了任钧写的天明歌咏团团歌，很是受到鼓舞。那时候，也没有人多想，叶伯和先生和任钧是怎么认识的？任钧有没有什么政治背景？他为什么要给我们写团歌？直到1985年，我去上海参加一次全国社科联的会，听说他在上海师范学院当教授，通过人联系到他，我们又见面了，知道一些他当时的情况。原来，他和蒋光慈在日本是朋友，一起搞过太阳社,蒋光慈和叶伯和的关系不错,1937年年初到成都来,找到叶伯和,就是蒋光慈介绍的。他当时问叶伯和成都进步文学青年的情况,叶伯和不大了解情况,就把我们几个人介绍给他了。他为什么要问成都进步文学青年的情况呢?一个主要原因是,当时左联,周扬是书记,胡风是宣传部部长,他做了一任组织部部长,想了解些情况。任钧还不无遗憾地说,当时认识你们,那个邓成泽和张宣和他还通过两封信,谈些文学创作方面的事情,但后来就断了音信,也不知道我们这些人的情况了。我告诉他,邓成泽去延安之后,改名叫了邓泽,也算是搞过创作,在延安时期参加了《逼上梁山》的剧本创作,和文学创作没有离开得太远,但一进城,犯了错误,一直倒霉了30多年,才平反,搞啥子文学创作呀!汤幼言也是改了名字,叫丁洪,搞了些创作,写过《抓壮丁》《董存瑞》《雷锋》等戏剧和电影剧本。在部队做文艺创作的领导工作,地方上,挂着省文联、省剧协副主席之类的名,总算是一直和文学创作还有些关系。至于张宣,进城两年,1952年就倒大霉了,也是刚刚平反。他有时候也写写诗,都是些旧体诗,他倒霉的时候,我在别的同志那里见过他一些诗。还有那次大家在一起吃饭的邓照明,进城之后,先在重庆工作,后来大部分时间在二机部、中科院工作,前两年离休了,韩天石又刚好从北京大学调到中纪委工作，给他找了差事，聘请他当了一个好像是教育研究室的特约研究员工作，离文学创作更远了。

任钧听了我的介绍，也没有说什么话，就是说他解放前，出了十几本诗集，新中国成立后，1950年、1951年还出过两本诗集，然后，也是没得啥作品了，主要是一来运动，就要交代左联时期的问题，他在1930年代做过一段时期的左联的组织部部长，所以1960年代后期，交代"四条汉子"的问题，他成重点了，被整惨了。

任钧问我，后来看过没有看过他的诗集。

任钧这么问我，让我有些尴尬，只能说，我这个人对诗歌没啥鉴赏能力，看得少得很。任钧送我出门的时候，像突然想起来什么了，问我，是不是在西北大学工作过，知道不知道西北大学中文系出版过一本《鲁迅研究年刊》？

我说，熟得很，有啥子事情？

任钧就说，他想再重新整理一下过去和鲁迅先生交往的情况，写些文章。我建议他写好先发给《新文学史料》，如果不发的话，我转给《鲁迅研究年刊》。

任钧听我说了《新文学史料》，脸色不太好看，嘟囔了一句，这个杂志我看过，看过，前几年也发过我两篇文章。在北京呢。

任钧确实还是诗人本色不改，他嘟囔完，一转身丢下一句再见，扭身回去了，也不再送我。

诗人去做左联的组织部部长，实在难为他了，挨整几十年。

虽然天明歌咏团5月份有了任钧给写的团歌，还正式发表了，但一直没有把这个组织的旗号在社会上公开打出去。天明歌咏团在这个时期，一方面主要练歌，另一方面参加一些内部集会，演唱歌曲。例如海燕社和民先的合并大会、成都各界救国联合会成立、民先内部搞的活动，等等。成员人数也不是太多，基本上还是民先在川大内部的同学。效果嘛，当然是越来越好。

天明歌咏团啥时候公开在社会上活动了呢？

七七事变当天。

七七事变是七号凌晨发生的，上午，广播电台就有了消息。民先的几个头头韩天石、周海文等立即决定搞一个以民先队队员为主体的游行。他迅速召集了歌咏团的同志们开会。开会地点在东胜街吕雪琴家。我记得有邓成泽、刘志高、陈柏林、车崇英、黄怀清、肖道履、邓照明、胡绩伟、彭为果、彭为商、汤幼言、刘鸣皋、张万禄、张启钰等十几个人，不到20个人。

会上决定了这次游行的一个基调，以歌唱的形式来搞。同

1937年郭琦在成都参加抗日救亡运动

时,决定游行队伍打横幅,上面写"天明歌咏团"这几个字。再做些小旗旗,每个人拿在手上,大字写"坚决抗日""驱逐倭寇""还我河山"这一类,小字也都写上"天明歌咏团"。汤幼言担任歌唱的指挥,我担任领唱。我们特别地把要唱的歌目确定了一下,一共六首,分别是:《义勇军进行曲》《大刀进行曲》《枪口对外》《毕业歌》《五月的鲜花》《开路先锋》。前面两首,是表示坚决抗日的信心、情绪。第三首是呼吁全民一致对外。后面三首,是讲明我们的身份。这么排下来,游行的时候,六首歌唱完,依次循环,我们是想让群众听了就知道我们是干啥子的了。考虑游行路线的时候,大家还有些争议,最后基本上确定为从东丁字街出发,经过西丁字街到东大街、春熙路、提督街,然后到中山公园,再到东、西御街,最后终点是少城公园。这个游行路线基本上把成都当时最热闹的所在都走了一遍,也就是人最多的地方都照顾到了,看起来能起到最大范围的宣传效果。

等到会开完,一切准备妥当,大家从吕雪琴家出来,打好横幅,拿好小旗旗,排好队伍,准备出发。不到20人的一个小队伍,虽说也是有横幅,有小旗旗,还都穿着学生制服,但天色已近黄昏,却没有人注意到我们这个小小的游行队伍。然而随着汤幼言的指挥,同学们把积压在心中多年的抗日热情,用嘹亮的歌声唱响出来的一瞬间，街上的人们蓦然停住了脚步，每一个人都被我们的歌声所吸引，停止了所有的动作。沿街商店、茶楼里的人无一例外地走了出来，甚至在家的人们听到我们的歌声，也走了出来，注视着我们这支高歌前行的队伍。等到了东大街、春熙路的时候，就有群众不断加入，和着我们的歌声一路与我们一起游行……可以毫不讳言地说，在1937年7月7日的夜晚，天明歌咏团高歌游行、鼓舞高涨成都群众抗日救亡情绪的游行，使得它大有横空出世之态，效果超出了我们的预期。

在随后抗日救亡运动蓬勃发展的一个时期，天明歌咏团在成都可谓尽人皆知。各个阶层的人们都来和天明歌咏团联合，他们希望能得到我们的帮助与指导，也组织歌咏团宣传抗日。这里有商店的员工、有中小学教师、有印刷工人、有电讯行业的职员……我们也借此机会，在职员、工人中间开设了识字班，办起了读书会，宣传党的抗日统一战线政策。

当时天明歌咏团在成都所到之处，群众都欢迎得很。同志们搞起活动来，也不限于在街头了。有时候见到茶馆里人多，是个宣传的好地方，大家跑进去，茶馆里立即就安静下来。看得出来，群众还是很喜欢我们唱救亡歌曲。

我们呢，多数时候，也不再是一进去张口就唱歌，而是在唱歌前先简单地讲讲华北地区的抗战形势。8月份淞沪会战打起来,就讲讲战况。当然了,组织上会给我们讲一些关于八路军的情况,像红军开拔到陕西三原,四川老乡刘伯承当了一二九师的师长啦,八路军过黄河了,开进到了山西二战区,特别是像平型关战役、奇袭阳明堡这些八路军打的大胜仗,坐茶馆的人爱听,有时候也有川军的下级军官和士兵休息时来泡茶馆,听我们讲八路军的战斗,也是热血沸腾,响应得还很激烈,说格老子的,还不开拔,再不开拔,老子投奔八路军去喽。甚至有一回有个泡茶馆的营长,听我们讲完,唱完歌,拉着我们不让我走,塞给我几角钱,非得让我跟他去部队,教他们当兵的唱歌。邓照明和余硕卿①、汤幼言、车崇英在旁边解释,我们还要去好多地方给大家教唱歌曲呢。张万禄插话,告诉那个营长,去他们部队教歌才几角钱,看不起人嘛。营长固执,他说多加钱之类的话,反正就是非得让我们去。

事实上,天明歌咏团在社会上搞歌咏活动的地点呀,面对

---

① 余硕卿(1921—1945):1937年加入中华民族解放先锋队。1937年11月,进入陕北公学、抗日军政大学学习。1938年10月加入中国共产党。1939年进入中共中央南方局军事组,归叶剑英直接领导。联络已经打入军统机关内部的张蔚林、冯传庆。1940年身份暴露被捕,1945年7月14日,年仅24岁被国民党特务杀害。

什么样的群众呀，都有民先队部的指示。现在突然遇到国民党军队的邀请，没有请示，我们怎么能贸然答应呢。正在大家僵持之时，余硕卿走到营长跟前，告诉他，她和汤幼言过两天去他们部队教歌。营长一听，很高兴，把他们部队的地址写下来，说到时候他们一定集合队伍等着。

我们出了茶馆，又跑到电影院去，那里人比较集中。我们进去，正在放电影，电影院的经理一见我们来了，放着的电影就停止了，把灯打开，让我们唱歌。观众也没有因为电影突然停止了就有什么不满意的，而是很热情地给我们鼓掌，表示欢迎。

一天的歌咏宣传下来，大家好像都没有再提在茶馆遇到国民党那个营长的事情。晚上，我在宿舍要休息了，邓照明来找我，问我余硕卿的情况。我知道些她的情况，告诉邓照明，余硕卿是车耀先女儿车崇英的结拜姐妹，在建国中学上学。她和汤幼言关系很好，平时和我关系也很不错。听说她住在西门外余家花园她姐夫家，她姐夫叫余安民，保定军校毕业的，是个师长。邓照明说怪不得呢，怪不得呢，原来她姐夫是国民党军营里的呀。我问邓照明啥意思。邓照明说，他考虑要不要给老韩（韩天石）说今天茶馆的事情。他觉得有些为难，不知道说好，还是不说好。他想了想说，要不余硕卿和汤幼言去国民党军营里教歌，他和我也都去。

我说，好呀。

邓照明说，那就不给老韩说了，到时候去教歌，咱们不以天明歌咏团的名义去，咋个样？我说，好呀，这样也好。

第二天，我和邓照明到余硕卿家找她。先让邓照明在她家门口的街边等着，我进去叫余硕卿。余硕卿在家正睡觉，我说是有人找她。她和我出来，见是邓照明，连招呼还没顾得上打，邓照明张口就批评她，说你都是民先队员了，今后要注意组织纪律性，不能自作主张答应国民党军官的邀请，像在茶馆那样，咱们这个歌咏团还不乱套了？余硕卿性格还有点倔强，也不说自己错了，当然也不辩解。这么一来，倒把邓照明搞得僵在了那里，不知道该怎么说下去。

我赶紧说，算喽算喽，咱们以个人名义去，不就没得事了嘛。

邓照明说，当然这是解决问题的办法，但你还是要认识自己的错误嘛。

余硕卿便又不说话了。

邓照明没得办法，就说，那我们走了，你好好想想，要认识自己的错误。他拉着我就要走。余硕卿却说，你俩等一下子。说完话跑回家，很快就出来了，手里拿了一包牛皮糖和一包纸烟递给我们。邓照明不好意思，说我俩不会抽烟，不爱吃糖。

余硕卿就说,这是我以个人名义给你俩的。说完就回家了。

过了两天,余硕卿来通知我说,那个国民党营长请我们星期天下午去。问我会喝酒不会,我说我不喝酒,老邓可能喝,老汤也喝。余硕卿要我把邓成泽也叫上,把他的京胡带上,有用。

一共五个人,到了国民党的部队里,那个营长说他叫李耘泰,又介绍了几个军官给我们认识,让勤务兵给我们泡了茗山的蒙顶茶。说这是他家茶山上种的茶,让我们润润嗓子,一会儿好给部队教歌。邓照明先喝了一口茶,夸蒙山茶好。李耘泰马上就让人给我们一人包了一大包茶,看着有一斤,送给了我们。这个李营长说,喝完了,来找他,他家有上千亩茶山,管够。

李耘泰把部队集合好,上台讲话,说是专门请我们川大的大学生来给部队教抗日歌曲,要大家认真学,认真唱,马上就要开拔去山西前线了,要唱着抗日的歌曲,去到山西,这样才能鼓起士气,才能多杀几个日本鬼子。

我们教得认真,当兵的也学得认真,一下午,把《枪口对外》《义勇军进行曲》几首歌唱得熟练了,最后合唱,三四百人一起吼出来,还真是地动山摇。李耘泰那个满意呀,不停地说着谢谢我们的话。拉着余硕卿的手,一个劲夸她指挥得好,留

1937年郭琦在成都参加抗日救亡运动时期和战友合影之一

1937年郭琦（左一）在成都参加抗日救亡运动时期和战友合影之二

我们吃饭的时候,他去屋里头还给余硕卿写了一个书法条幅"巾帼英雄"送给她。汤幼言也高兴得意得不得了,说余硕卿今天是出师了。原来,汤幼言一直闷倒头教余硕卿指挥。后来余硕卿在延安抗大,参加抗大歌咏团,指挥抗大学员唱歌很有名,毕业了在边区文协工作的时候,柯仲平都夸她指挥得好。

李耘泰留我们吃饭,邓成泽不参加,说他和余硕卿商量好了,趁着吃饭的时候,他到每个连队里去给正在吃饭的士兵们拉京胡,慰劳大家。余硕卿也是,坐了一会儿,就说自己吃饱了,去找邓成泽。他俩一个拉、一个唱,显然是排练过。等到我们要走的时候,部队的人都送我们,特别说让邓成泽和余硕卿要经常来,还说下次要让邓成泽来给他们教识字。

我们以个人的名义到国民党部队里面教歌的事情,没有给民先汇报。过了一段时间,李耘泰派人给我送来了十斤他们家的蒙顶茶,我在宿舍里分成了好多份,准备给天明歌咏团在川大校内的同学们。也给王广义、胡绩伟、韩天石、王玉琳他们几个一人准备了一份。送给王广义的时候,他问我哪里来的茶叶,是不是发财了,给大家送茶叶。我就说了大概的情况,强调了我们是以个人的名义去送的。过了一天,张宣和胡绩伟就把我和邓照明找去谈话,指出我俩作为民先的老队员,不应该犯这种组织纪律性的错误,让在民先队委会上做检讨。我和邓照明做了检讨,轮到余硕卿了,她就是不说话。

汤幼言给她讲道理,她还是不说话。韩天石就说,算了算了,余硕卿年龄小,认识不到错误,大家以后慢慢给她讲道理就行了。

一直不说话的余硕卿听见韩天石说她年龄小,突然就说话了,她反驳韩天石,我16岁了,还小?

韩天石说,你不小?你说你答应去国民党部队里教歌对不对?你加入了民先组织,以个人名义做事情,也要给组织汇报,征得组织的同意,你要认识到自己的错误。

余硕卿又不吭气了。

这一年年底,党的川康特委介绍她去延安。临走的时候,她约了我和邓成泽到车耀先的努力餐吃饭,点了好几个菜,和我俩道别。

余硕卿说,她连累了我。

我很纳闷,就问她为什么。她告诉我,是车耀先悄悄给她说的,本来民先发展的第一批党员里有我和邓成泽,但就是因为去国民党部队教歌,违反民先的组织纪律,拖下来了。

不过,车耀先还是给川康特委的其他领导讲明了我和邓成泽的情况,也介绍我们去延安。我就问她,当时她为什么不检讨,不承认错误?

余硕卿说,她啥时候都不会承认错误,本来去国民党部队教歌,就是遵照党的抗日民族统一战线才去的。老韩他们把组织纪律教条化了,让人怎么工作?

余硕卿是到延安以后,在延安入的党。

1938年我在鲁艺学习的时候,我和邓成泽还见过她一面,后来我回成都,她留在了延安。等我1940年第二次到延安,在延安中央研究院经济研究室工作的时候,同一个研究室的陈宝琦见我是成都来的,问我认识不认识黎琳,以前在成都的时候,叫余硕卿。

陈宝琦拿了余硕卿的照片让我看。我说当然认识了,我们熟得很,她1937年年底来延安,临别我们还吃了一次饭呢。

陈宝琦①说他和黎琳(余硕卿)刚结婚。我问陈宝琦,她

---

① 陈宝琦(1920—2014):1938年加入中国共产党。曾在陕西云阳青训班、延安抗大第三期、延安马列学院一班学习,任马列学院教育干事、助教兼女大教员、教育科科长、党委宣传委员、指导处秘书、整风办公室主任。1944年11月后,任南下支队政治部秘书,湖北鄂东地委宣传部副部长、秘书长。1946年6月任东北工业部直属工厂管理科科长、干部处处长,长沙市委秘书长、统战部部长、副书记。1952年4月任交通部河运总局副局长,政务院第三、第六办公室交通组组长,交通部海运总局副局长、港航监督局局长,武汉水运工程学院党委书记兼副院长,交通部人事局、水运局、教育局局长,船检港监局局长,国家经委综合运输研究所党委书记兼所长。1979年任交通部副部长、部长、党组书记。

在哪个单位？陈宝琦告诉我她被组织上派回四川了。我问陈宝琦，因为国民党发起了反共高潮，我们都从四川撤退回延安了，她怎么反而被派回去了？

陈宝琦说他也不知道。

我给陈宝琦说，可能是她姐夫的原因吧，组织上让她利用她姐夫的关系去搞川军的统战工作了。

陈宝琦也说可能是吧。等到抗战胜利了，都没有余硕卿的消息。进城之后，也就是我第一次回成都，去重庆见到李碧光的那一次，我想他在国民党中统的机关里工作了那么长时间，可能有余硕卿的消息，就问他。李碧光说他也不知道。再后来，问过汤幼言，汤幼言说还想问我呢，天明歌咏团那些人，后来的情况大家也都知道个差不多，但余硕卿的消息却一点也没有。倒是她姐夫余安民，先是在成都起义了，然后到1950年12月底，又被镇压、枪毙了。直到前几年，才平了反，恢复了国民党起义将领的身份。而余硕卿的消息，到了1958年左右，邓照明在北京二机部工作的时候，我俩见面，他告诉我，他有一点余硕卿的消息，好像是回四川之后，当了叛徒。

抗战刚刚胜利，邓照明正在担任山西宁武县委书记的时候，也是被组织上派回四川，任川东特委副书记，进城以后，又做过重庆市委组织部部长，对解放前、解放初期四川地下党情况的了解，比我清楚得多，他有消息说是余硕卿当了叛徒。

我给陈柏林、汤幼言写信时，提到了余硕卿是叛徒的消息，他俩说我是糊涂蛋，余硕卿怎么能是叛徒呢，她那么小，比咱们小好几岁，就和咱们一道参加了民先，又是最早去到延安的，怎么可能是叛徒？说邓照明也是听的传言，莫得信、莫得信。

陈宝琦也是一直在到处打听余硕卿的情况，他托我问在中组部工作的陈野萍。抗战初期陈野萍在成都搞的就是组织工作，掌握的情况多一些。

陈野萍也是到处找，没有个确切消息。托李碧光找过公安部的有关部门打听，还是没有任何确切的消息。一直都到了1980年代初期，组织上有人到西北大学来外调我，问我认识不认识余硕卿，让我写在成都时和她搞抗日救亡的材料，我才知道，余硕卿被组织上派回四川后，并没有像我猜测的那样，从事了党的统战工作，而是参加了叶剑英单线领导的军事情报工作，担任了党打进重庆国民党军统魏大铭担任处长的核心部门电讯处的支部书记。她带领这个军统内部的共产党支部，将当时国民党军统局在国内国外的所有几百个电台呼号、密码，甚至报务员的情报全部搞出来了。这个贡献太大了。但不幸的是，因为他们这个情报组一位报务员纯粹属于电台工作上的技术疏忽，不小心把电台的真空电子管烧坏，引起了军统内部的注意，进而引发了他们这个军事情报组被抓捕的事件,到抗战胜利前期,余硕卿和她领导的这个小组的另外七名成员被军统杀害了。他们枪杀余硕卿前,余硕卿还领着大家高歌《国际歌》,高呼中国共产党万岁的口号,执行枪决的特务,开第一枪,开第二枪,子弹都打飞了,没有击中余硕卿,她怒斥特务笨蛋。第三枪被击中后,余硕卿还硬撑着抬起头,瞪着眼睛怒斥特务,你再开两枪。

在重庆,我们这些余硕卿当年的战友,还有她的爱人陈宝琦参加她的雕像落成典礼,听到她牺牲时候的细节,很是感动。余硕卿的性格到最后,还如当初我们在一起搞抗日救亡运动时那么倔强,她对组织的忠贞令人动容,她被害的时候24岁,太年轻了。

天明歌咏团前后在成都活动了三年多时间,有300多人参加,像余硕卿这样去延安的是多数,还有部分人没有去延安,而是留在了大后方,从事党的地下工作。另外也有少部分的人,后来选择了其他的道路。当然,也有真的做了叛徒的人。现在说起当时那个状况,客观地说,都是年轻人在选择自己的路怎么走的时候,对遇到的一些事情,特别是面对组织行为,怎么去掌握组织原则,都没有什么经验,太年轻了,年龄最大的也不过20来岁,难免出错,也难免有理解上的偏差,但这些错误和偏差，并不影响后来对组织的忠诚，我讲余硕卿的例子就很典型。

再有就是当时我们这些人宣传抗日救亡，热情高，又有组织的领导，但不能说处处都是好的。即便是当时某一些活动并没有带来表面上的副作用，但今天看来，还是值得反思。比如我们在成都的印刷工人中间活动，把他们组织起来之后呢，也有个歌咏队，参加一些抗日救亡活动之外，我和邓照明、陈柏林就商量，心里是想着这个抗日救亡活动，一刻都不能停止，要随时随地地搞宣传，唤醒民众。但我们这些人，大部分是学生，人家学校也有一套管理，总不能天不亮就跑出去唱歌嘛。我给他俩说咱们是不是把组织起来的印刷工人的那个歌咏队的作用真正发挥起来呢？

邓照明和陈柏林问我，咋个叫发挥起来？

我说，咱们早上出不去，得上课。但早上的时候，正是这些印刷工人刚刚下班的时候，咱们把他们组织起来，搞宣传，唱歌，怎么样？

嗨呀，陈柏林直给我跷大拇指，连呼，妙计！妙计！邓照明也高兴得不得了，他认为从此成都抗战的歌声真的是从天黑到天明了。

开会，开会决定，邓照明张罗着民先开会，讨论这个事情。

一开会，居然没有一个人反对，大家觉得这个办法太好了。

我就跑到印刷厂，找他们歌咏队的负责人，说了这个意思，那个负责人一听，比我还高兴，说你们经常在下午、黄昏搞活动，我们这些工人要上班，没有时间参加，现在好了，我们每天早上下了夜班，刚好在回家的路上唱歌，太好了。

在印刷工人组成的歌咏团里，就又发起了一个小组织，我们给它起名叫晨呼队。清晨呼唤大家起床，鼓舞大家的抗日热情。

从此，每天天刚蒙蒙亮，那些下了夜班的印刷工人，就在他们住得比较集中的学道街、卧龙桥一带，高唱抗日救亡歌曲，把人们从睡梦中唤醒，让大家一睁开眼睛，就想到抗日救亡这件事情。把印刷工人发展起来了，又发展书店的店员、商店的职员，这些人要早点上班，开门，起得也早，他们就在祠堂街一带高歌。影响一下子大了——几十人在寂静的清晨突然一起高歌，抗日歌曲以进行曲为主嘛，它那个节奏又紧张，你一唱起来，谁还能睡觉？真的是达到了让每一个群众，睁开眼睛的那一瞬间就能听到抗日救亡的声音。《四川日报》还发表了我们组织的晨呼队的一首诗歌，我记得几句：

……要唤醒睡梦中的人\ 每一声——\ 都要刺入每一个人的

心\起来，不愿做奴隶的人们！……

可这些还在睡梦中的群众，也分年龄大小，起床早晚，有个生活习惯在里面。学道街、卧龙桥、祠堂街这些地方毕竟不是军营，不是学校，怎么能要求大家一致起床嘛。但那时候，我们考虑不到这一点，尽管有时不同的声音都说到了当面，我们也不以为然，反而觉得提意见的人，抗日热情不高。我姐姐就当面给我说过一次，她讲她一个同学的母亲，60多岁了，身体不好，总是失眠，过去每天都是到天快亮的时候才能睡上一会儿，现在好了，晨呼队天都没亮就唱歌，让人家没办法休息。而像我姐姐同学母亲这种情况，在群众中，也不是少数的存在，我们就考虑不到，这么个做法，影响了一部分群众休息，甚至可能引起人家的讨厌。所以，有些工作在施行了一段时间之后，对一些不妥的做法，还是要有个认识，替群众能考虑多一些，尽量考虑多一些，抗日救亡活动，毕竟落到实处，最终还是要靠群众。群众有时候不说你，不是人家没有意见，是这样那样的一些客观条件不允许他说，不方便说，但自己还是应该多一些考虑，不能只看到效果好的一面，应该有个全面的考量。

组织晨呼队不久，国民党在成都办的广播电台也知道了我们天明歌咏团,广播电台的人跑到川大来找我们,和我们谈,请我们去他们那里唱抗日救亡歌曲。

针对这个情况,我们再次开会。之后,大家一致认为能够通过国民党官办的广播电台传播出来我们的声音,是一件大好事情。决定派我、汤幼言、陈柏林、邓照明、邓成泽等人每周都去成都广播电台唱歌。唱歌前,还谈一段时事,也间接地把党在当时的相关抗日政策,通过广播电台传播出去。为此,我们几个人都专门地抽出更多的时间,学习民先内部传阅的有关党的文件,以期更好地在唱歌前,把简短的演讲做好。

等到1938年早春,我经过川康特委介绍去延安的时候,天明歌咏团在整个大后方,名声就很大了。国民党中央宣传部下边那个中央电影制片厂专门派了一个摄制组,拍摄大后方群众抗日救亡宣传活动的电影,特意找到汤幼言他们,请天明歌咏团组织了一次歌咏游行活动。当时天明歌咏团有一部分同志,有的像我这样去了延安,有的被组织上调配到其他岗位上工作,汤幼言他们除了紧急通知了天明歌咏团留下的几个骨干队员之外,就赶紧叫上海燕歌咏团的人一起组织人来。海燕歌咏团的组建是我们到广播电台演唱歌曲的时候,认识了广播电台旁边电话局的一位从上海来的工程技术人员,他好像姓杨,记不大准确了,他找到我们,让我们帮着在电话局组织了一个歌咏团,就是海燕歌咏团，有上百名的电话局职工都参加了。

汤幼言他们叫来海燕歌咏团的人，组成游行队伍，从永兴巷成都广播电台那个位置出发，游行到春熙路孙中山先生铜像前，一路高歌着抗日救亡歌曲。之后汤幼言站到四川保路纪念碑前的水池子台阶上，指挥了大合唱。1940年我第二次去延安，在西安竹笆市电影院，看到过这部电影，见到银幕上汤幼言的指挥，那真是风度不一般。也看到了电影中，多次出现的写着天明歌咏团的横幅，亲切极了。

汤幼言组织完这次为电影拍摄而进行的歌咏游行之后，也离开了天明歌咏团，他去从事戏剧救亡活动去了，参加了戏剧家吴雪组织的四川旅外剧人抗敌演剧队。吴雪和他一起创作了一个很有名的剧本《抓壮丁》；陈柏林在这个时候，跑到二战区阎锡山办的那个革命大学去了；邓照明呢，留在川大，做地下党川大总支书记，专门搞党的学校工作。所以天明歌咏团的工作基本上在1938年春天便不再有什么活动，算是停滞了下来。

鲁 艺

本来1938年初夏抗大结业的时候,组织上分配我到晋绥120师工作,都临近要出发了,抗大政治部的领导张际春叫我去,说刚成立不久的延安鲁艺音乐系的吕骥①同志来了,他见过我在抗大歌咏队组织合唱,担任指挥和领唱。

张际春可能见我年轻,怕有些话伤我自尊,沉吟了一下才说,吕骥同志是大音乐家,上海国立音专毕业的,他从专业的角度说你那个指挥还有些问题。

我给张际春说,我这个指挥确实是业余时间学的,也学得

---

① 吕骥(1909—2002):中国新音乐运动的先驱者之一。中国音乐家协会名誉主席。获得首届中国音乐金钟奖颁发的"终身荣誉勋章"。主要作品有《抗日军政大学校歌》。著作有《吕骥文选》。

不长。张际春说,你学得不长,就应该继续深造一下。不过,人家吕骥同志说你的歌唱得好,像是受过训练。现在来延安适合搞声乐的人不多,你不用去部队了,到鲁艺来再受受训练,对以后工作有帮助。

我说,我还是去部队去前线的好。

张际春就让我服从组织分配,让我去鲁艺找吕骥,说,你要考不上,回来一样分配你去部队。

从张际春那里出来,我去延安北门外西山上的鲁艺找吕骥。我心里想着,既然组织上让我去,吕骥又说过我指挥不行,咋个可能一下子考取呢,还是有希望去部队去前线。

鲁艺当时才成立三四个月,简陋极了。在延安北门外面的西山上挖了十来孔窑洞,是校舍。有一小块平地,两头有个篮球架子,看起来算是篮球场,其他什么都没有了。我到的时候,正是午间休息时间,有一个人拿个篮球在篮球场上投篮,投得也不准,投十次,有九次不中,那个球他总是投不进去,他就一遍一遍地捡球。

我走到球场边,篮球刚好滚到我脚边,我顺手一捡球,一个远投,进了。

这人一看,连说好球,好球。他把球投给我,意思让我再投一次,我又投进去了。他高兴地笑着,走过来,说我技术不错，问我哪个单位的，来干什么。自我介绍说他叫徐以新①，就在鲁艺工作，中午锻炼锻炼身体。这位叫徐以新的同志就是党内著名的"二十八个半布尔什维克"中的那半个，一位年龄不大的老同志。

我给徐以新说我找吕骥。他很热情地带我去吕骥的窑洞。他问我找吕骥干啥。我说了来意。他说，哎呀，你球打得好，还喜欢音乐。

我说，我不行，是组织上让我来找的。我想到部队去，去前线。

徐以新宽慰我说，我以前也在部队，现在在鲁艺，不是一样工作嘛。

徐以新来鲁艺之前，在红军西路军工作，任干部团政治部

---

① 徐以新（1911—1994）：1927年加入中国共产主义青年团。参加过北伐战争、上海工人第三次武装起义和"八一"南昌起义。1928年至1931年年初在莫斯科中山大学、列宁学院和苏军总参谋部学习。回国后，历任红四方面军参谋主任和政治部副主任兼鄂豫皖苏区外交委员会主任等职。1938年4月，始任鲁迅艺术学院训育处主任、政治处主任。1942年5月，任中央整风学习委员会秘书主任。1943年至1945年，任中央直属机关党委书记兼中央管理局政治部主任。1948年11月至1949年6月，任东北军区政治部主任。1950年后，历任外交部苏联东欧司副司长、司长，阿尔巴尼亚首任大使，驻挪威大使，驻叙利亚大使，驻巴基斯坦大使等职。

主任。西路军兵败祁连山后,他历尽千辛万苦才回到了延安。

到了吕骥住的窑洞前,徐以新喊吕骥。吕骥出来,见是我找他,和徐以新点了下头,就把我领进窑洞了。进去之后,我给吕骥把自己介绍了一下。他开门见山,说是他去抗大找过张际春了,先不急着分配工作,留我一下,希望我报考鲁艺。问我唱歌跟谁学过,指挥跟谁学过,我说叶伯和。吕骥就笑了,说怪不得呢,叶伯和那种日本的二手指挥不行,一点都不行,你还是应该先来鲁艺学习一段时间。

然后吕骥告诉我,说我已经被录取了。

我很纳闷,张际春不是说还要考试吗?怎么没有考试?我问吕骥。吕骥回答说我已经考完了。

这样,我大概是盛夏时节,7月份吧,就来到了鲁艺念书。

我这一届是鲁艺的第二期,和我一起从抗大来的,还有王荣和刘志高。刘志高这时候已经改名叫曾凌了。

从国统区来延安的年轻人一般都会改个名字,我也想改,只是一时半会没想好改个啥名字。直到1940年我二返延安,组织上分配我到泽东青年干部学校高级班学习,我才改了名字,就是我现在这个名字——郭琦。在鲁艺时,花名册上写的还是我以前的名字:郭先泽。

鲁艺音乐系第二届一共招收了三四十人吧。但有些同学年龄小，比如杜萃远①大概也才十四五岁的样子，跟着她父母来的延安，她有三个姐姐，四姐妹在当时的延安很有些名气。这些年龄小的同学我听说就不算第二届的学员，算到第三、第四届的了。其实呀，鲁艺音乐系第三届、第四届的学制还长，学的音乐专业基础知识、基础理论比我们这些第一届、第二届的学生来说，更加系统化、专业化，更正规化一些。但也不能说我们一、二期就不正规。主要是从什么角度看这个问题了。今天回过头来看，咱们国家当时的现代音乐教育是完全在西方音乐教育的基础上发展起来的。这就是叶伯和先生在成都高师的开先河之举，表面上看是他从日本带过来的那一套，但日本也是从西方拿来的。我们上鲁艺的时候，西方这一套音乐教育已经在中国发展将近20年了，培养了一批音乐人才，功莫大焉。但是不是西方那一套，就非常适合于时代呢？换句话说，西方那一套音乐教育体系，是不是能适合于时代精神呢？在国统区，

---

① 杜萃远（1923—2019）：作曲家、电影表演艺术家。1938年至1945年在延安鲁迅艺术学院学习、工作。此后在东北文工团一团、东北电影制片厂、北京电影学院等处从事演员、秘书工作。1953年调入北京电影制片厂演员剧团，担任过副团长。早年在话剧《日出》中饰演小东西、歌剧《白毛女》中扮演喜儿，之后曾在《兄妹开荒》（饰妹妹）、《血泪仇》（饰孙女）、《赵一曼》（饰李荣妻）、《红旗歌》（饰美姑）、《白衣战士》（饰女战士）等片中扮演了不同性格的角色。

这个问题据我目力所及,也还没有人考虑过,国民党的教育部门不考虑这些问题。但在延安,这个问题本身就不言而喻了。从本质上来讲,它就是针对这个问题,开始了探索。

那么它探索什么呢?

探索中国的音乐教育如何本土化,如何能跟得上时代的发展,具有与时代精神可以相融相合的音乐教育体系的建立。虽然说当时在新音乐教育体系的建立上,教育基础理论的工作准备还不足,差强人意,然而毕竟新音乐运动在1938年的时候,已经开展好多年了,马克思主义文艺理论思想在一批音乐家中已经被接受,比如聂耳①、冼星海②,当然也有吕骥。可以说因为时代的需要,探索符合时代精神的新的音乐教育体系也是必须要展开了。而领导、实施这一前人从未走过的建立全新的中国音乐教育体系工作道路的人是吕骥。

---

① 聂耳(1912—1935):音乐家。1933年加入中国共产党。代表作为《义勇军进行曲》。

② 冼星海(1905—1945):人民音乐家。1939年6月加入中国共产党。1926年入北京大学音乐传习所,师从作曲家萧友梅和俄籍小提琴教授托诺夫。1928年进入国立音乐学院学习音乐。1929年赴巴黎勤工俭学,师从著名提琴家帕尼·奥别多菲尔和著名作曲家保罗·杜卡斯。1935年回国后,积极参加抗日救亡运动。1938年赴延安,担任鲁迅艺术学院音乐系主任。1945年10月30日,冼星海因肺病在莫斯科病逝。代表作品有《黄河大合唱》《在太行山上》等。

为什么是吕骥呢？这个鲁艺音乐系就他一个人是领导嘛，系主任。他当领导的，在党的领导下，参与筹建鲁艺，又是鲁艺音乐系的一把手，他对音乐系的教学这些问题，就要考虑。肯定不能照搬国统区上海音专那一套教学体系和教学方法了。当然有借鉴是免不了的。

吕骥是领导，他在具体的教学目标、开些什么课等业务问题上，也还不是一个人在考虑，手下还有一个教员，向隅①。向隅不简单，大作曲家，上海音专深造过五年，小提琴拉得好极了，是跟阿克萨克夫②、法利国、黄自③学过的，他在延安写的

---

① 向隅（1912—1968）：音乐家。1942年加入中国共产党。1932年至1937年在上海国立音乐专科学校先后随法利国（Foa）、阿克萨克夫、黄自等人学习小提琴、钢琴和作曲。1937年赴延安筹建鲁迅艺术学院音乐系。历任音乐系教员、音乐研究室主任、音乐系代系主任、副系主任、延安鲁艺实验剧团音乐顾问、延安鲁艺"星期音乐学校"校长。1945年后历任东北鲁艺音乐系系主任、"哈尔滨工作小组"组长、淞江鲁艺文工团团长（东北鲁艺三团）、东北鲁艺音工团团长、东北鲁迅文艺学院教授等职。1949年后任上海音乐学院党委书记兼副院长、中国音乐家协会秘书长、书记处书记。代表作品有歌剧《农村曲》，歌曲《红缨枪》《歌颂毛泽东》。出版有《向隅歌曲选》。

② 阿克萨克夫（1890—1968）：俄国音乐家。1918年流亡至中国，在上海从事音乐教育工作。1946年离开中国回到苏联。

③ 黄自（1904—1938）：作曲家、音乐家，曾任上海沪江大学教授、上海音专教授。1924年毕业于清华学校，获庚子赔款赴美留下，毕业于美国欧柏林学院，主修心理学，选修乐理、和声等课程，获文学学士，后获耶鲁大学音乐学校理论作曲学士。代表作《抗敌歌》《旗正飘飘》《都市风光幻想曲》。

歌剧《农村曲》轰动一时。

鲁艺培养人的目标是和当时的形势紧密地结合在一起,党中央的要求很明确,培养抗战所需的文艺干部。既然是培养文艺干部,那就必须要有一个马克思主义的文艺理论思想基础,所以时事分析、中国革命与中国共产党、毛泽东思想、文艺新方向、社会科学概论、文艺工作,这六门课就是为达到鲁艺的学生培养目标而专门设立的。这些课程的设置,和过去音乐专业的学习比较,迥异于前。叶伯和先生在成都高师或者蔡元培、萧友梅①的上海音专不可能有这些课。专业课程方面有:普通乐学、视唱练耳、听觉训练、发声、作曲法、指挥、合唱、乐器合奏、音乐概论、作歌法、自由作曲、民间音乐、歌剧音乐。我念第二届,学这么13门课,和第一届的课比起来,少了一门朗诵。

同学王荣开玩笑说,第二届为什么不学习朗诵这门课了,因为班里的广东人太多,广东人学不了朗诵,那个广东话朗诵起来太有趣了,所以不开了。我现在能记

---

① 萧友梅(1884—1940):作曲家、教育家、音乐理论家,是中国首位音乐博士,上海音乐学院创始人之一,被誉为"中国现代音乐之父"。

得的广东同学就有李凌①、梁寒光②、李鹰航③、甄伯蔚④、叶林⑤……这些人。

---

① 李凌（1913—2003）：音乐理论家。1938年赴延安入鲁迅艺术学院音乐系学习，同年任音乐系高级研究班研究员。1939年赴重庆组建新音乐社，任《新音乐》月刊主编。1941年在缅甸与光未然组织抗日演剧队。1943年在重庆任中华交响乐团编辑，主编《音乐导报》，并任育才学校音乐组主任。1946年在上海创办中华星期音乐学校。1947年到香港与赵沨等人创办中华音乐院。1949年后，任中央音乐学院副教务主任，1952年任中央歌舞团副团长。1956年参与筹建中央乐团并任团长。1982年任中国音乐学院院长，兼《中国音乐》主编。中国音乐家协会副主席。著有《新音乐论集》、《广东音乐》、《音乐漫谈》（4集）、《乐话》、《艺术随谈》等。

② 梁寒光（1917—1989）：1938年进入延安鲁艺音乐系学习。同年加入中国共产党。曾任八路军延安留守兵团宣传队音乐教员、延安中央管弦乐团教育科科长、华北人民文工团创作室副主任。1949年后，历任中央歌剧院艺委会副主任，上海歌剧院副院长，上海电影制片厂作曲，广州音乐学院院长，深圳市文联副主席，中国音协第三、四届理事。作品有歌剧音乐《王贵与李香香》《赤叶河》《女社员》，电影音乐《啊，摇篮》《革命军中马前卒》等。著有《歌剧实践中的若干问题》。

③ 李鹰航（1916—1999）：作曲家。1938年进入延安鲁艺音乐系学习。同年加入中国共产党。曾任哈尔滨大学、东北师范学院音乐系、戏剧系教授，长春市文联副主席，广州市文化局副局长、中国音乐家协会广东分会主席。作品有《反法西斯进行曲》等。

④ 甄伯蔚（1916—　）：音乐教育家、指挥家。1938年进入延安鲁艺音乐系学习。1949年后任广西艺术学院教授。

⑤ 叶林（1922—　）：音乐家。1938年进入延安鲁艺音乐系学习。任文化部艺术委员会委员、中国舞蹈编导学会顾问、中国音乐家协会音乐教育委员会委员、文化部艺术局专员。

吕骥领导哪些人来制定实施鲁艺音乐系的教学规划呢？最初只有一个人来领导，向隅。过了几个月，多了向隅的夫人唐荣枚①——有大成就的歌唱家、音乐教育家，她当时在延安演唱郑律成②作曲、莫耶③作词的《延安颂》，无人能出其右。

吕骥领导着向隅，两个人探索、创立并给予教育实践的，区别于来自西方音乐教育体系的这一套新的音乐教育体系，对

---

① 唐荣枚（1918—2014）：中国女高音歌唱家、音乐教育家、中国音乐家协会理事。1933年入上海国立音乐专科学校学习音乐，师从周淑安和俄国歌唱家苏石林（Shushlin）、克利诺娃（Krinoya），1936年投入抗日救亡歌咏运动。1938年赴延安，历任鲁迅艺术学院音乐系教员、中央音乐学院华东分院（后改上海音乐学院）声乐系副教授、中央歌舞团声乐指导，中央民族乐团团长。

② 郑律成（1914—1976）：中国无产阶级革命音乐事业的开拓者，被誉为"军歌之父"。1939年，郑律成创作《延安颂》一举成名，并于1939年正式加入中国共产党，同期创作的《八路军进行曲》被更名为《中国人民解放军军歌》。2009年被中宣部、中组部评定为"100位为新中国成立作出突出贡献的英雄模范人物"。

③ 莫耶（1918—1986）：1937年10月赴延安进入抗日军政大学学习，1938年春进入鲁迅艺术院第一期戏剧系学习，后转入文学系。创作了《延安颂》等歌曲。1938年冬任八路军一二〇师政治部宣传干事。1944年春，调晋绥军区政治部《战斗报》从事编辑、记者工作。1951年，莫耶担任《人民军队报》总编辑。1955年任甘肃日报社副总编辑，主持报社工作。1979年任甘肃省文联副主席，先后创作了《啊，鼓浪屿》《生命的拼搏》《枪林弹雨见英雄》等多部小说。

1949年之后中国的音乐教育体系所产生的影响，无论怎么说，都不为过。而且鲁艺这一套音乐教育的教学方法，回头再看……在抗战时期的延安那么艰苦的环境下，培养出来的学员成绩还是相当突出，一、二期的郑律成、李焕之①；三期之后的王莘②、刘炽③、时乐濛④这些人，成为一时翘楚，撑起了20世纪后半

---

① 李焕之（1919—2000）：作曲家、指挥家、音乐理论家。毕业于鲁迅艺术学院。1938年加入中国共产党，在鲁迅艺术学院师从冼星海学习作曲指挥。历任华北联合大学文艺学院音乐系主任、中央音乐学院音乐团团长、中央歌舞团艺术指导、中央民族乐团团长。代表作《春节组曲》《社会主义好》。

② 王莘（1918—2007）：作曲家，1943年加入中国共产党。天津市音协名誉主席、中国音协"金钟奖"终身成就奖获得者。先后担任天津音乐团团长、天津人民艺术剧院副院长、天津歌舞剧院院长、中国音协常务理事、天津市音协主席、天津市文联副主席等职务。代表作《歌唱祖国》。

③ 刘炽（1921—1998）：作曲家。1939年进入鲁艺音乐系学习。后任延安鲁迅艺术文学院音乐系教员、研究生、助教，东北文工团作曲、指挥，东北鲁艺音工团作曲、指挥。1949年后任中央戏剧学院歌剧团作曲、艺术指导，中央实验歌剧院作曲兼艺委会委员，中国铁路文工团艺术顾问，辽宁省歌剧院副院长、艺委会主任，中国煤矿文工团总团副团长、艺委会委员，中国音乐家协会理事、创作委员会委员，《歌曲》编辑部编委。代表作《我的祖国》《英雄赞歌》《让我们荡起双桨》。

④ 时乐濛（1915—2008）：1939年进入鲁迅艺术学院音乐系学习。1940年留校从事音乐教学、创作和指挥工作。1944年后在部队从事文化工作，1952年被总政治部授予"中国人民解放军作曲家"称号。历任中国人民解放军总政治部文工团艺术指导、总政治部歌舞团团长、解放军艺术学院副院长等职。代表作品《千里跃进大别山》《祖国万岁》《长征》《歌唱二郎山》。

叶中国璀璨的音乐天空，当不为过。

大部分鲁艺音乐系的学员，一直都在从事音乐工作，但也有少数人像我、王荣、曾凌、翟定一①……后来没有从事音乐工作。其原因，一来是组织上的需要；二来，也和个人的选择有一定的关系，包括个人的资质。

开学不久，我给吕骥反映过，学指挥我还是不行。在成都天明歌咏团，还可以。来鲁艺，一看人家李焕之，甚至李凌的指挥，差距摆在那里嘛。人还是要有自知之明，我个人的音乐禀赋还是有问题。

吕骥为此批评我，他认为我马克思主义文艺理论学得好，怎么都学成表面现象了，说明我有资产阶级的音乐天才论观点，艺术观念有问题。音乐嘛，是情感的产物，是实践的产物，你多去实践。音乐天才论是资产阶级那一套，党的音乐工作者首要的就是打破那个天才论。

从道理上我是赞同吕骥的说法，但具体落实到我，那个差距也还是存在着。

当时，音乐系加上吕骥，一共三个教员，教我们三四十人，

---

① 翟定一：马克思主义理论家。曾任延安中央研究院教育研究室研究员、湖南省社会科学界联合会秘书长、湖南省社科院党组书记。编著《毛泽东社会主义建设理论研究》《毛泽东农村教育思想》等。

十几门课的专业课，明显教不过来。变一种方式，教员和学员之间有些课组织大家讨论，同学之间互相学。我想着可能是李凌还是李焕之，他俩水平比我高，我去请教指挥专业的问题，他俩说水平和我差不多，不给我教，问我前两天去城里吃的那个油糕味道咋个样，说下次去一定喊上他们。让我去找吕骥。晚上，我见吕骥没睡，去敲门请教。吕骥倒是热心，把手头的事情放下，先给我倒了一杯白开水，让我喝。我还没来得及喝，他想起来什么，有些兴奋地说，有个同志今天给他拿了一点黑糖，给我放水里，请我喝黑糖水。然后，吕骥也不坐着了，就在窑洞里走来走去地给我讲，指挥嘛，关键是调动情绪，特别是合唱的指挥，你要注意每个人的情绪，然后是每一个声部的情绪，要自始至终地把握情绪，指挥其实和写文章有相通之处，在指挥之前，对歌曲、对演唱者，包括听众，都要了然于胸，这样才能把握好三者之间的关系。他举例子，给我分析他写的《保卫马德里》这首歌里面的情绪，有些什么起伏、变化之类的。这些情绪又要和演唱者、听众之间统一协调起来。指挥家，面对演唱者群体的属性，是部队战士、青年学生、工人、农民，有知识的人还是文盲，都要了解之后，再根据歌曲本身的意蕴、情绪来指挥等等。指挥方面说我受叶伯和的影响太大，叶伯和那一套指挥，根本就不去考虑人民群众，就是给少数人服务了，人民群众不喜欢，就说他们不懂……没有办法适应服务于抗战的需求嘛。

吕骥讲完，他见我把放了黑糖的水喝完了，从口袋里掏出一角钱，说星期天你再去城里，给我也带个油糕，我尝尝。听他们说，油糕特别好吃。

吕骥话锋一转，又问我认识不认识郑律成，刚刚结业的一位朝鲜族同志，现在在抗大俱乐部工作，他指挥有经验。

我说，见过面，但不熟悉。

吕骥拿了个纸条，写给郑律成，说我在指挥、创作方面有独特的看法，让和我多多讨论。

又到了星期天，我约上曾凌、邓成泽（在戏剧系学习）去城里打牙祭，一早就被王荣盯上了，他问我们干啥去，说大家一起嘛，他知道一家小饭馆，里面有骨头汤挂面，那个味道好呀。

我们就让王荣带路，去那家小饭馆吃挂面，然后一人买了一双厚的粗线袜子，延安的初秋，天已经很冷了。在延安，我们几个人的额外用度都是曾凌掏钱。他有一笔巨款，是从成都带着来的，有近1000块钱。他这个钱一直都花到了川大因为成都大轰炸迁校到峨眉山。曾凌在乐山还请我和张宣吃过好多顿饭，给我俩买过衣服，买过一套局版《汉书》送我，在我从峨眉山回成都的路上又丢了。

我们四个人吃完饭去抗大找郑律成，他星期天也没有出去，一个人在房间里睡觉。郑律成见一下子来了四个人，显得很兴奋，把我们让进窑洞，说我们是稀客。

我们给他也带了几个油糕，他说他中午睡觉，都没有吃饭。他说这个油糕太好吃了。

我给郑律成看了吕骥写的条子，他一边吃着油糕，一边给我们哼他夏天的时候写的《延安颂》，讲他写《延安颂》的过程。这首《延安颂》旋律的确优美，复三部曲式，六度大跳的颂赞性音调起首，把我们这一代年轻人对延安的那种感情，一下子浓墨重彩地渲染了出来，结尾的地方，二声部合唱将歌曲推向高潮的手法，浑然天成，足见郑律成在音乐方面超乎常人的天赋。

《延安颂》是那个时期的经典之作。我后来回成都，在天明歌咏团担任党支部书记，周末组织骨干团员，专门跑到郊外没有人的地方，面对田野、树林，放声高歌《延安颂》，想起在延安的日子，心潮澎湃，真的是双眼饱含着热泪。1957年早春，我从北京调回陕西工作，晚上车过郑州的时候，面对窗外黑黢黢的夜色，心里响起的也是这首《延安颂》。无论如何，郑律成创作的这首《延安颂》，是我们一代人发乎于情的生命之作。可惜得很，郑律成前些年去世了。年龄也不大，60来岁的样子。

大家听他诉说《延安颂》的创作过程，谁也没有注意到油糕被他全吃完了。这里面还有人家吕骥一角钱的油糕呢。

我冲郑律成说，你咋个把油糕都吃了？

郑律成笑一笑，说好吃嘛，中午我也没有吃饭，当然吃完了。

王荣倒是自告奋勇，说他再进城给吕骥买去。就是临出门的时候，向着曾凌一伸手，说，给钱。

在和郑律成摆龙门阵的时候，他知道我在川大中文系读书，就又给我哼了个曲子，说我是大学中文系的大学生，文学水平高，肯定会写诗，让我给他这首曲子填个词。

我说，我哪里会填词呀。

郑律成还为此生气，埋怨我不愿意和他合作。

我赶紧给他解释，说我真的不会写歌词，我同学里有个会写诗的，我写信介绍给他。

郑律成一听，又高兴了，说让我赶紧介绍。

我告诉他，我这个诗人同学在川大上学呢。我现在又不方便写信，将来咱们有机会见面。

郑律成问我，是谁？

我说，叫方敬。是个诗人，诗写得好得很，在何其芳主编的杂志上都发表过诗，他适合给你填词。

直到我离开鲁艺回成都的时候，和他道别，郑律成还一个劲地叮咛我两件事，一个是让我给他写信，一定要介绍方敬和他认识；再一个一定想办法给他搞点四川泡菜，他尝尝。

为什么说到泡菜呢？是因为郑律成把油糕吃完了，才知道里面还有吕骥一角钱的油糕，他不好意思，从桌子下面的一个瓶子里拿出来几根泡的桔梗，让我品尝，说这是朝鲜泡菜。曾凌吃了一根，发表意见，说他的这个泡菜不怎么样。不如成都的泡菜好吃。

我给郑律成说，别听曾凌胡说八道，你这个朝鲜泡菜味道独特。我问他这个泡的桔梗是从哪里来的。

郑律成告诉我，这是陕公他们朝鲜族同学给他的。他的这几个朝鲜族同学和我后来也成了朋友。其中有几个，回到朝鲜之后，在朝鲜劳动党担任了很重要的职务，又因为种种原因，有一个人从朝鲜又跑到中国来了。我前几年在社科院工作，定期要去西安东郊的干休所看望他，一起过组织生活。我们从延安起，保持着友谊，到现在有五十年了。

四川泡菜不方便带，郑律成不信，说我懒。我说以后有机会我给你做。可惜我回到成都之后，因为各种原因，没有把方敬介绍给郑律成，直到1960年代初期，我和方敬都在学校工作，一次在北京开全国师范教育工作会议，碰到方敬，我才约了他俩见面，我也才到郑律成家里，给他做了一小罐泡菜。

之所以我对郑律成给的这个桔梗（泡菜）印象这么深，完全是因为在1938年的时候，鲁艺物质方面的条件太差了。排歌剧《农村曲》，乐队也没有个低音，想办法，搞个洋铁皮桶代替。全校就有一个破风琴。还有些啥子乐器呢？有口琴、二胡、唢呐、三弦、笛子，当然还有小提琴，实在没啥了，竹快板也算上了。这些乐器可不是学校的，还都是同学们来延安，自己随身带着的。这种状况到我离开鲁艺之后，一年还是两年，才有所改观。周副主席从重庆用飞机给鲁艺运来了一架钢琴。鲁艺办音乐系搞音乐教育，从教学设备上，它就是从这个基础上发展起来了。而论起鲁艺的教学、住宿场所，客观上讲1939年下半年以后慢慢可以了，搬到了桥儿沟，都知道那里有个教堂建筑，做教学场地很不错了。我们二期当时可实在是艰苦，挖了几孔窑洞，教员、行政人员勉强能一人有一间，学员就是睡大通铺了。我到鲁艺的时候，山下还堆了些砖石木头，是准备再盖两排房子，当作教室的。开始上课，有些时候就放在操场上。同学们一人拿个小板凳，坐着，记笔记就在膝头上放上小本子记，10分钟20分钟还行，时间长了受不了，腰酸背痛，下课的时候说不定腿还抽筋，难过得很。学校嘛，它还是要有好一些的教具，有桌有椅才好，利于学习。至于我们当时的伙食，确实不咋样，天天小米饭，食堂的师傅做小米饭，他也没有个啥水平，做出来让人咽不下去。菜也谈不上有啥好的，就是土豆、白菜用水煮一煮，撒点盐，你想嘛，天天吃这个，周末能不出去打个牙祭？

鲁艺的管理也不像在抗大，军事化程度那么高，它还是有些松散。食堂把饭做好了，提个大木桶，放到操场上，学员们就拿个缸子去打饭。缸子也不是啥制式的，有大有小，好不容易吃顿面条，算细粮好饭了，拿小缸子的同学吃完不够还想吃第二碗，又有拿大缸子的同学吃得快，也要再吃些，还有来得晚的同学没吃上，大家一齐拥，乱哄哄地你挤我，我挤你，不成个样子。那时候，延安的各个单位时兴办墙报，我后来听说，鲁艺的墙报主编秦兆阳[①]约华君武[②]在墙报上画了一幅漫画，有意思：原本吃面条的场景，被华君武夸张成了游泳池的高水跳台，我们这些同学一手拿缸子，一手拿筷子，挥汗如雨向大木桶冲刺，空中尽是汗珠和面条，好不热闹。哎呀，同学们一看原来自己吃面条是这个样子

[①] 秦兆阳（1916—1994）：作家。历任《人民文学》小说组组长、《文艺报》执行编委、《人民文学》副主编。作品有《平原上》《农村散记》《女儿的信》《小燕子万里飞行记》。

[②] 华君武（1915—2010）：漫画家。1938年赴延安，1940年加入中国共产党。历任《人民日报》美术组组长、《人民文学》美术顾问、中国美协副主席。

呀！捧腹之余，也都在心里把自己对号入座了一下。果然以后再吃面条，秩序就好多了。

客观地讲，我在鲁艺针对指挥的学习，还算是下了番功夫，能请教的同学都问到了，吕骥、向隅也是不厌其烦地倾囊而授，但比起班里那几个专业水平高的同学来，我那差距看起来也着实没有啥缩小。原来有多大差距，现在还有多大，人家也在不断提高嘛。

吕骥见此，还安慰我，说李焕之指挥水平和你差不多，好好练，你总有一天能超过他。我怎么能超过他呢？一辈子都没有超过他。不过好像他后来也不大搞指挥了，写了些歌，全国人民都唱，像《社会主义好》，有谁不会唱？像《春节组曲》，这几年的春晚，每次都有，没谁听不到。

在鲁艺的时候，我们这个班，最不安心学习专业课的人是曾凌。向隅编的讲义，他基本上也不看，整天抱着一本李嘉图的《政治经济学及赋税原理》看，对专业学习一副心不在焉的样子。引得同学们在一起开会都给他提意见。后来闹到吕骥那里，又反映到徐以新那里，说他不安心学习，找他谈话。吕骥让我和李凌去帮助他。我俩约曾凌谈话，他固执得不接受批评，说音乐有啥学的。会唱歌会作曲会指挥会乐器，都是人天生就会了，学个啥？？李凌就告诉他，现在组织上让他学习音乐，就要服从组织的分配。再说在鲁艺学习，加强了专业知识，掌握了革命的文艺理论知识，才能担负起改变过去中国音乐面貌的责任。咱们搞新音乐运动，你不学习，怎么搞？你整天看这种书（指李嘉图的《政治经济学及赋税原理》），耽误时间呢嘛，对不起组织上对你的期望。

李凌讲这番道理，曾凌根本听不进去，坚持自己的主见，还在同学中间散布音乐没有啥好学的，都是术，不是道，他要学的是革命的道，马克思主义的道。

有一天，曾凌悄悄问我，你说我说得对不对？

我说，对，有道理；也不对，没道理。

曾凌说，你个龟儿子，滑头得很。

我俩在川大时关系就好，一起参加天明歌咏团，他歌唱得很好，组织能力也强。其实组织上让他到鲁艺来学习，也算是人尽其才。但他心里头却志不在此。同学里，李凌后来经常说我俩是逃兵。1950年代，我因为工作调动的关系，有可能去京剧院或者音乐学院工作，李凌当时在音乐学院工作，也听了点风声，星期天他约我到曾凌家里，拿了瓶外国酒，杜松子酒吧，给我俩讲，这是老郑，就是郑律成的爱人丁雪松从外国带回来的，今天庆祝一下，老郭要归队了。

李凌举着杯子说，原谅你当逃兵，现在终于回归正途了。

曾凌就说李凌,你做啥子清秋大梦呢,老郭能去音乐学院?你打死他,他都不去。其实,如果组织上决定分配我去音乐学院工作,我能不去吗?就像在1938年岁末,我们音乐系二期的同学都要到各个根据地甚至前线去实习了。李辉、黄准、田涯、海啸、陆友、白韦、韦虹、殷铁铭这些同学都去了部队,关系很好的王荣、金紫光①也到三原安吴青训班艺术连任教员。同学里周吉明甚至牺牲在了抗日前线。可偏偏为什么要让我和曾凌去国统区实习?

我问吕骥,其他同志咋个都在根据地、在部队实习,非得让我俩回成都呢?

吕骥说他和组织部门沟通过,和徐以新也谈过。部队、根据地当然需要音乐干部了,但新音乐运动不能只在部队、根据地搞嘛,国统区也需要新音乐运动,更需要有音乐来鼓舞国统区的人民抗战到底的决心。所以就把你俩分回成都实习了。

吕骥这个人其实不大会做具体的思想工作,给我俩一说就是这种大道理。但他的理论学术水平却很让人佩服,他给我们

---

① 金紫光(1916—2000):1938年入延安鲁艺学习。历任陕西安吴青训班艺术连艺术教育主任、延安泽东青年干校艺术部指导、延安中央管弦乐团副团长、北京人民艺术剧院副院长、中央戏剧学院歌舞剧院秘书长、中央实验歌剧院秘书长、北方昆曲剧院副院长、北京市文联秘书长、中国文联副秘书长、国家文物局副局长。

讲新音乐运动史、音乐概论，里面那些观念、角度听起来都很新颖，没有那种将马克思主义文艺理论硬生生往里套往里塞的感觉。特别是吕骥讲的新音乐运动史，非常地系统化，论点论据、点面的结合等，都极具说服力，显示出他在学术方面很深的造诣。我听说李凌和郏天风用他俩当时听吕骥的课堂笔记，编了小册子，准备出版，却搞丢了，可惜。1978年我们在北京，还谈起他讲的新音乐运动史。吕骥直摆手，说当时新音乐运动才有四五年的时间，讲史，仓促了、冒险了，不值一提。

我邀请吕骥到西北大学办讲座，特别是给西北大学的理、工科学生讲讲音乐。

吕骥闻言，情绪有些激动，站起来指着我说，你这个人从来都是看我笑话，我跑到西北大学讲学，传出去，人家不都得说我吕骥不知天高地厚。吕骥这个人，一辈子都谦虚。

曾凌和我其实也不是不愿意回成都实习，实在是心里有疑问，咋个音乐系二期学员里就我俩要回国统区实习？在吕骥这里问不出个所以然，便去徐以新那里问。徐以新说这是组织决定，我就问组织为什么要这么决定？徐以新说，一到周末，你们几个人就喜欢进城吃好的。组织上体谅你俩，吃不惯小米粗粮，派你们去成都吃大米，组织上错了吗？我和曾凌知道徐以新开玩笑，曾凌就假装严肃地说，你是政治部主任，是长征过来的老同志，代表着组织,我们向您汇报,我们最不爱吃的就是大米。

徐以新笑我俩说的话。他告诉我们,组织上对我和曾凌的实习分配是慎重的,一方面经过在鲁艺的第一阶段学习,符合了党所要求的合格音乐干部的基本素养,应该到实践中去检验;再一个方面,我们来延安之前,都是有专业学习经历的大学生,不出意外的话,应该尽可能地最终完成所学专业,掌握更多的知识,将来更好地为党工作,所以才派你们回成都实习,去国统区搞新音乐运动。

徐以新这么一说之后,我俩也就无言以对了。

吕骥在我俩临走前,特意和向隅、唐荣枚,还有刚来没多长时间的冼星海一起商量,选定了上百首歌曲,他们四个人亲手抄写制作了歌曲卡片,让我们随身携带到成都。

鲁艺音乐系二期的学生陆陆续续都走了,我和曾凌也要离开延安。临走前一天,冼星海突然来宿舍找我,他让我把要带走的歌单拿给他。

冼星海靠在窑洞门的门槛上,一张一张歌单地看,我也不好打扰他,坐在大炕沿上等了他快一个小时,他才看完。

冼星海讲,他刚才听唐荣枚说,确定了我和曾凌明天就走,他不放心前两天抄制的歌单,怕有抄得不准确或遗漏的,赶过来再检查一遍。

冼星海问我作曲方面还有啥问题没有,把我吓得赶紧摆手,说没有。

我是为啥子吓得赶紧摆手呢?

虽然说冼星海才来没有多长时间,但他的认真劲同学们却都是领教了。最早领教的是他来到延安,我们音乐系二期的教员和学员一起给他开欢迎晚会。我们这些学员当时都知道冼星海的大名,是从法国回了国的大音乐家。晚会上王荣、曾凌几个同学起个头,大家一边拍手一边节奏整齐地喊:欢迎星海唱歌。

冼星海搞作曲,他唱歌不是太出众,嗓子很一般。可是他却不推辞,很认真地唱。唱完一首,大家又喊,他就又唱,一连唱了五六首。他给大家说话,他说话不太连贯,声音也不大,总之意思是谢谢大家让他唱歌,让他先歇一歇。可他话音未落,向隅又大喊:欢迎星海全面抗战。

大家一听向隅这么喊,也跟着拍手,起哄,喊:欢迎星海全面抗战。这个话不能从表面上理解,它其实是延安当时的一个约定俗成的特指,就是夫妻俩一起唱歌的意思。冼星海也机智,他学着向隅也喊:欢迎向隅全面抗战。前面我讲了,向隅的夫人唐荣枚教声乐,歌唱家。所以同学们又跟着冼星海喊向隅夫妇唱歌。

晚会结束，大家除了感到冼星海的热情之外，就是他那么认真唱歌的样子让人不能忘记。40多年后，同学王荣还专门写了一篇文章，回忆了冼星海凡事认真的品质。

冼星海来鲁艺，刚好赶上音乐系二期第一阶段要结束的时候。为了让我们多学习一些，安排他讲作曲，每次本来也就是一小时，但他像是怕我们实习去了，学得太少，到他上课一讲就是连续四五个小时，恨不得把他的所学全部教给我们，认真极了。我那天还要有临离开延安的几件事要办，实在害怕我说作曲方面有问题，他再来个四五个小时。想起来，还是觉得当时年轻，21岁嘛，不懂得珍惜。

最后我和曾凌离开鲁艺，是吕骥送了我俩，他反复说在组织上没有安排我们其他工作的前提下，一定要把音乐工作放在首位，多创作歌曲，指挥方面还是要多实践。千万不要再有音乐天才论的想法。他还特意给曾凌讲，唐荣枚对他唱歌抱有很大的期望，等他实习回来，再排演歌剧《农村曲》一定给他留个重要角色。

总的来说，第一次来延安，又返回成都，心里头还是有些怅然，一步三回头，总是觉得这一回到国统区去实习，还会被组织上派回延安吗？毕竟当初来延安，是做了去抗战前线的打算，有着抗战不胜利就不回家的想法。

川 大

回到成都之后,曾凌住在我家。我们商量着先观察一下川大情况再做下一步工作的打算。恰好姐姐川大毕业了,正在中城小学当校长,有个同事的同学叫杨天华①,以前在上海复旦大学念书,去过延安,现在正在川大借读,听到我从延安回来,说要来拜访我。

我不认识杨天华,他咋个知道我去了延安,我有些警觉。

我请我姐姐去川大,约邓照明来家里。为啥要约邓照明呢?一来,我们一起搞过救亡活动,二来他和曾凌是中学同学。可靠。

---

① 杨天华:革命烈士。1940年经中组部介绍赴新四军任职,后被国民党杀害。

所以回到成都，邓照明是和我第一个接触的人。

邓照明见到我和曾凌，谈了两点：一个，让我和曾凌两个人考虑恢复天明歌咏团的活动。另一个，恢复天明歌咏团的工作，需要社会身份来掩护，对工作有利，而所谓的社会身份，还是川大学生这个身份最好。

邓照明言明的这两点，我俩是认同的。曾凌好办，他去延安前，就拜托了彭兆梃帮着他请假。当时只是需要去学校例行办理一下销假的手续就行了。

邓照明认为要恢复川大学生的身份，比较麻烦。因为他了解到一个情况：前一阵儿学校出了一个被开除学籍学生的名单，贴在公示栏里，我的大名赫然在列。不过，它不是那种一张大纸写上开除学籍的人的名字，而是每一个人的名字都写在一张小纸条上，贴在公示栏里，刮一阵风，就能被吹跑。所以呢，某个人被除名开除了，也不大能引起人的注意。简单来说，就是在同学中影响不大，重新注册复学这个事情，有一定的条件。再一个有利的条件是，当时学校不上课，教师们罢课了。原因是川大爆发了"反程驱孟"运动，一片乱哄哄的局面。

当然最终的结果是，我注册成功，复学了。只是我这次重新注册复学，后来居然成为1969年解放我的一个历史问题。

我这个人从参加民先起，一直到1949年全国解放，进城，特别是在川大搞地下工作，始终没有被捕过，与我共事的党内同志、党外朋友中，也都没有什么叛徒、特务之类的人，个人历史还是很清白的。但1969年陕西师范大学工宣队决定宣布要解放我，总得在个人历史问题上找些我的漏洞，或者叫污点吧，然后让我交代，然后让我认罪，然后根据我的认罪态度，再解放我。我这种走资派、三反分子怎么能没有历史问题呢？没有历史问题，怎么可能是走资派、是三反分子呢？荒唐是荒唐，但这种荒唐确实是当时解放一个走资派、三反分子的逻辑所在。

从主观上讲，我当然想被解放了，能重新分配工作，不住牛棚了，多好。所以呢，我就给专案室一遍又一遍地写材料，写了快十万字。他们也派人到全国各地去外调，整材料，搞到最后，还是把这个问题半挂不挂地放在那里，留着一个尾巴。

实在地讲，我重新注册复学之所以会出现这个问题，让专案室的人觉得我不老实，也没有个啥实在的证人，主要原因是我考虑到复学的时候，有些同学、师长比如袁珂、王利器①、萧

---

① 王利器（1912—1998）：文学家、历史学家。1940年毕业于四川大学中文系，次年考取北京大学文科研究所研究生。历任四川大学、成华大学、北京大学、北京政法学院讲师、副教授、教授。在北京大学任教时，讲授《史记》《庄子》《文心雕龙》等典籍。1949年后，参加《杜甫集》和《水浒全传》的整理工作。1954年调到人民文学出版社文学古籍刊行社后，着力于文学遗产的整理工作。王利器著述宏富，逾两千万言，号称"两千万富翁"，另有单

涤非①、朱光潜②这几个人,毋庸置疑比我在学校的日子还难过,资产阶级反动学术权威、牛鬼蛇神的帽子免不了都戴着,我如果在这个时候,还在材料里交代出来我重新注册复学的事情,他们这些人也出过点子,甚至通过他们或者借着他们的名去找过 CC 的孟寿椿③,见过 CC 的黑干将校长程天放④,对他

篇论文百万余字发表。1979 年离休后,任中国社会科学院特约研究员和北京大学历史系兼职教授。

① 萧涤非(1906—1991):中国古代文学专家。1933 年毕业于清华大学研究院,后至山东大学任教。抗日战争时期在四川大学、西南联大任教。抗战胜利后于 1947 年回山东大学,曾任中文系主任。主要著作有《杜甫全集校注》。

② 朱光潜(1897—1986):字孟实。美学家、文艺理论家、教育家、翻译家。著作有《朱光潜选集》《悲剧心理学》《无言之美》《谈美》等。

③ 孟寿椿(1896—1970):毕业于美国加利福尼亚大学。少年中国学会早期重要会员,曾任少年中国学会会计部主任,新潮社干事,《民国》杂志编辑。历任国民党武汉政治分会秘书处股长,教育部参事,上海大夏大学、持志学院教授,四川大学秘书长,国民党中央宣传部秘书。1945 年后赴美国,从事学术研究。著有《世界科学新谭》。

④ 程天放(1899—1967):毕业于加拿大多伦多大学,获政治学博士学位。历任国民党江西省党部执行委员兼宣传部部长,江西省政府委员兼教育厅厅长、中央大学教授、国民政府顾问、考试院顾问、安徽省政府委员兼教育厅厅长、国民党中宣部副部长、江苏省政府秘书长、浙江大学校长、中央政治学校教务长。1935 年 5 月,首任中国驻德大使。同年 11 月,当选为国民党第五届中央监察委员。1938 年 2 月中德断交奉命回国后,任四川大学校长、国民党中央政治学校副校长、国防最高委员会常委等职。1945 年 10 月,以中

们来说，无疑是雪上加霜之事，牵扯出他们和孟寿椿、程天放的关系，增加人家的罪状。所以，我在材料里，也就只写党内同志给我出主意的内容，比如邓照明、彭兆梃、郭治澄他们。就强调一点，我能重新注册复学，一个是川大当时的形势，再一个，就是党内同志出主意。但问题恰恰就出在我强调的这一点上，还是从逻辑上说不通嘛。川大党内的同志，都是些普通学生，他们又怎么能替我去出主意，疏通在学校正掌着权的孟寿椿呢？所以我只有一遍一遍地写交代材料，但到最后，也实在有些不能自圆其说。

当然，现在这个情势下，我还是应该说清楚，对我，也是对帮助过我的同学、老师，有一个交代。川大当时的形势对我复学有利，但党外的同学、老师也是起了很关键的作用，特别是在出主意，如何同孟寿椿打交道方面。

邓照明从我家里走了之后，第二天我去学校找他，想着和他再商量商量重新注册复学的理由。走到学校致公堂前，见他正和徐中舒、朱光潜、萧涤非，还有一个不认识的人走在一起。我这个情况见他们不方便，忙掉头避开。邓照明却大声喊我。我只能过去，和他们打招呼。朱光潜介绍我不认识的那个人，

国代表身份，出席联合国教科文组织筹组会议，后任中华民国政府立法委员、国民党中宣部部长。著有《中俄关系史》《使德回忆录》等。

《1938年11月我回川大复学的情况》（郭琦写于1969年3月23日）

说是在学校和他一起编学报的吴大猷①。介绍我说是川大人民阵线②的著名学生。

初次和吴大猷见面,他比较幽默,一本正经地给我说,听说你们人民阵线要在学校搞暴动,年轻人冲动点正常。

---

① 吴大猷(1907—2000):著名物理学家、教育家,被誉为"中国物理学之父"。毕业于南开大学。1931—1933年在美国密歇根大学获得硕士和博士学位。1933—1934年在美国做光谱学、原子和原子核物理学方面的研究。回国后,在北京大学、西南联大任教,历任北京大学物理学教授,西南联合大学教授,国科指导会主任委员等职。1939年获中央研究院丁文江奖金,1943年获教育部第一等科学奖金。1948年被选为中央研究院第一届院士,1983—1994年任台湾"中央研究院"院长。在西南联大任教的八年期间,吴大猷主要负责的科目为电磁学、近代物理、量子力学和古典力学等,在这方面也培育出许多杰出的人才,诺贝尔物理学奖获得者李政道、杨振宁是其中最著名的两位学生。在原子和分子的一般理论方面作出了重大贡献。他的两项研究为后来的工作开辟了道路,一项是关于重原子f态的计算,另一项是闭壳层电子激发态的计算。著有《科学和教育》《科学与科学发展》《吴大猷科学哲学文集》《物理学的历史和哲学》等。

② 人民阵线:是西班牙第二共和国时期的一个左翼政治联盟,具有反法西斯统一战线组织的性质。该联盟成立于1936年1月。2月,该联盟赢得西班牙大选。5月,该联盟上台组织内阁。7月,带有法西斯主义色彩的右翼军人发动内战,企图颠覆人民阵线政府。人民阵线政权积极组织左翼人士进行抵抗。经过近三年的内战,首都马德里在1939年4月被国民军攻陷,人民阵线政府垮台,左翼领导人纷纷流亡,人民阵线也随之不复存在。该联盟的意识形态是进步主义、共和主义、反法西斯主义。该联盟主张废除君主制,实行激进的土地改革和政教分离。

也不知道为啥子当时学校许多的老师，还有同学认为我属于人民阵线，邓成泽、曾凌也是。可能和我们平时喜欢寻安逸，注重吃穿有关吧。比如看书，能躺着看书绝对不会坐着看，能坐着看书绝对不会站着看。不像王利器、张宣，看书前有时候还洗手，正襟危坐，一副老夫子的样子，写作文写文章，还多数不用水笔，用毛笔写成小楷。

总而言之，我俩不像和共产党有啥关系的那种人。曾凌看着其实更不像了，穿衣服洋盘得很，那种很短的皮夹克呀、尖头皮鞋什么的，他都有。他不说话，往那里一站，看着都像个下江人。

所以，朱光潜那么介绍我，我就不作声，笑一笑。我给他们几个人说，我还有事要办，先走了。萧涤非说刚才邓照明还提到你了，你办完事情，到孟实先生那里去一下，有事情谈。

我到彭兆烶的宿舍，他在。他知道我去了延安，和他一个宿舍的郭治澄也知道。刚好两人都在，见到我很高兴，说本来就要去找我，没想到我咋个自己就跑来了。郭治澄拉着我，让我坐到他床铺上，一个劲地问我，怎么样？怎么样嘛？

我知道他是问我延安怎么样，但在宿舍里，我也不好说啥。我给他俩讲了刚才遇上邓照明他们几个人的事情。彭兆烶说，邓照明现在是吴大猷的红人，吃小灶，一天到晚忙得很，搞实验写论文呢。郭治澄说，是吴大猷看上邓照明了，鼓励他毕业了去美国念书呢。彭兆烓就开邓照明的玩笑，龟儿子要当科学家喽，他那个脑壳，咋个能当科学家嘛，将来毕业教个初中物理就不错喽。

我是复学心切，就问彭兆烓，学校现在咋个回事，让他给我说一下。我说，老邓昨天去我家，匆匆忙忙的，也没有说清楚。

郭治澄靠在床铺的被子上，怪调高腔地长叹一口气，打趣说，洞中方一日，世上已千年。泥菩萨过河，自身难保。然后定睛看着我，说，你娃儿听懂啥子哟！

郭治澄讲的上半句，是指我去延安一年。后面的话，是指川大发生的大事情。

原来，我年初去延安之后，到我回来，川大还真发生了大事情。

我知道的是在我走之前，任叔永先生辞职了。

前面我谈到过，我能上川大，得力于任叔永掌校之后治校方略与过去的重大变化，遗泽久远，有目共睹。但任叔永在川大的时候也正是处在整个四川中央化的高潮时期。不仅仅是四川的政局、军事、财政诸方面，教育领域的中央化也同样存在。任叔永掌校,本身来说,就是四川教育领域中央化的标志。四川中央化和四川地方势力的冲突在所难免。川大作为四川地方最高学府,也就自然成了中央势力和地方势力在四川教育界的风暴眼。

任叔永掌校,聘请了好些外省的、留美的教授,俱为一时翘楚,川中文化教育界人多谓其为洋派。这些洋派来了,原先那些本省的教师,甚至一些老先生是否保得住教职,能不能续聘,便成了问题。这是矛盾之一;再者,任叔永先生赴任,是带着夫人陈衡哲①和孩子来了。全家到成都没有多长时间,陈衡哲写了组文章,叫《川行琐记》,发在胡适主编的《独立评论》上。这些文章讲了四川一些不是之处,说四川人好抽鸦片之类的陋习等,最让人不能接受的还有什么四川的女学生不以做妾为耻。什么意思呢?还要为荣?原本胡适他们搞的《独立

---

① 陈衡哲(1890—1976):笔名莎菲(SophiaH. Z. Chen)。中国新文化运动中最早的女学者、作家、诗人,中国第一位女教授。自1914年起先后在美国瓦萨学院(Vassar College)、芝加哥大学学习西洋史、西洋文学,分获学士、硕士学位。1920年被聘为北京大学教授,讲授西洋史;1920年9月27日与任叔永结婚。后任职于商务印书馆、国立东南大学、四川大学。著作有短篇小说集《小雨点》《衡哲散文集》《文艺复兴史》《西洋史》《一个中国女人的自传》。

评论》发行量也不大，陈衡哲的文章能看到的人不会太多，没几个人关注。但过了几个月之后，南京的《新民报》转载了她的文章，还加了个副标题，大概意思是：她说四川的女生不以做妾为耻，四川的鸡蛋没有蛋味。然后这个文章又被成都的报纸《新新新闻》转载，这一下从川外到川内，陈衡哲成了靶子，一边倒地声讨她。甚至华阳县一个妇女团体还召集大会，申明陈衡哲文章已经造成了对广大四川女性的诽谤，要诉讼于法院，且致函全川各县妇女团体，一起加入对陈衡哲的诉讼。总归，声讨陈衡哲成了大事件。而恰巧在陈衡哲非议了四川的文章发表之后，任叔永先生在川大的人事调整也开始了。人事一调整，有个结果，肯定有未续聘者出现。

任叔永先生是新文化运动胡适那个阵营里的人，川大老人里，又多与学衡派这些人亲近，而主政四川的刘湘也是对任叔永掌校川大不以为然，他觉得你任叔永是蒋介石的人，跑来四川明显就是要夺权了。而且刘湘本人也对陈衡哲的文章大大地不满意，来四川没有多长时间，根本没得什么了解，就乱写一气，指手画脚把他治下的川民描述成那个样子，让他这个四川省省长情何以堪。所以，不管是舆论上的倒陈，还是教育界的非任，刘湘就是个看热闹的心态，只怕事小，不怕事大。而任叔永、陈衡哲夫妇呢？说到底也还是书生气，面对这种局面，实在是没有什么好法子，挂冠而去成了唯一的路。

任去职，向教育部推荐了张真如代理校政。

张真如代理校政，任叔永大部分的治校方略，一切照旧，萧规曹随。当然他们还是有区别，任叔永和地方关系搞得不好，但他和中央的关系处得不错，掌校两年多一点，数次面见蒋介石，为川大争取到了相当的资金，也才有了川大在图书、校舍、教学设备、师资多方面质的发展。本来，任叔永就是一个学术活动家，他长期担任着中基会干事长、中国科学社社长，中央研究院秘书长、总干事长，是1949年之前，中国科学事业发展的重要奠基者之一，一位杰出的科学事业的组织者。他个人的学术成就在他那一辈里，不属于特别突出的一类，甚至他在学术上的成就，和夫人陈衡哲比起来，都要略逊一筹。今天看来，任叔永不是不能搞学术搞研究，他本身就取得了美国康奈尔大学和哥伦比亚大学的化学双学位，在专业上有所建树，本就是顺理成章的事情。但他却毕其一生，把在中国传播科学事业、组织科学事业的发展当成了首要之务，究其原因，还是"科学救国"的理念使然。这一点足以令人钦佩。

任叔永在川大掌校期间，他对学校所投入的热情和精力，以及对川大后来的发展所起到的作用，同样令我于今天感怀不已。尤其是回望我在高等学校工作期间，任叔永当年在川大掌校的治校方略，客观地讲，对我亦是有着潜移默化之功，这一点不能否定。若否定了这一点，恐怕就违背了共产党人以实事求是为原则的标准了。

一来我们共产党办高等教育，不能比像任叔永这种资产阶级自由知识分子办得差，不如人家。二来，我们也不是孙悟空，从石头缝里蹦出来的，欧美的、苏联的高等教育优秀之处，要借鉴，甚至要有所传承。这些借鉴、传承，我认为，不会影响社会主义高等教育的办学本质和发展方向、目标。如果认为借鉴、传承了些解放前那些自由主义知识分子办高等教育的一些东西，就不得了，那只能说明我们的高等教育工作者太缺乏自信心，对我们的社会主义高等教育事业在其本质认识上不免会陷入肤浅的境地。我们今天的高等教育工作者，最少要超过任叔永当年的那个"科学救国"的办学思想吧？

而张真如代理川大校务之后，他的办校风格除了我刚才说的萧规曹随之外，就没有啥了。他基本上无为而治，依然埋头于他的学术工作。所以呢，就个人来说，张真如的学术成就远在任叔永之上。都是拿的欧美双学位，任叔永是双硕士，张真如是双博士，美国密歇根大学和牛津大学的博士嘛，很了不起呀，是第一个拿到牛津博士学位的中国人。学术成果上，张真如在整个哲学领域，特别是在西方古典哲学研究领域，是开一代先河的人，足可使人高山仰止。但做大学校长，张真如确实不行。他对校务到了知之甚少的地步，学校里的人事、行政尽数为秘书长孟寿椿掌握。所以，我能不能复学，关键人物是孟寿椿。但我不认识孟寿椿。

我刚开始办复学，其实并不清楚学校上层比如张真如和孟寿椿之间的关系问题。我是简单地想着张真如做校长，找他应该管用。因此，我托了先前几度掌校川大的向仙樵①去找张真如。而我之所以找向仙樵，是因为他和我家住了多年的对门，他的几个娃儿和我也是同学，很熟。

我去找他，把我的事情说了，向仙樵也没有多问我什么，直接给张真如写了个条子，让我去找他。

张真如倒还热情，他手里捏着向仙樵给他写的便条，想了

---

① 向仙樵（1877—1961）：名楚，号服公，1902年中举人。19岁入县学，次年以优异成绩考入东川书院，师从前清进士出身的翰林赵熙，致力于汉唐经学和声韵文字学，时人将他与周善培、江庸合称为四川的"老三杰"。因其学术渊闳，于古文字学、音韵学造诣尤深，孙中山先生曾誉其为"儒宗"。辛亥革命重庆光复后任蜀军政府秘书院长、四川军政府秘书厅长。在护国战争中，曾参与策动"肇和号巡洋舰"起义之谋。其后，任四川省政务厅长、代省长、教育厅长、成都高等师范学校国文系教授兼系主任、公立四川大学中国文学院院长、国立四川大学文学院院长、中文系教授等职。1949年被川大教授会议公推为代校长。1950年后为民革中央委员，并先后被选为四川省人民代表、省政协委员。著作有《巴县志》《空石居诗存》。

半天，说他好像不大认识注册课负责人的名字，问我人家姓啥叫啥。然后批评我说，你跑出去一年，耽误功课了。说我选修他的课，本来是好事情，但学分怎么办。缺了那么多课，要让我好生赶紧补起来。

张真如还叮咛我说，你对马克思的东西感兴趣，就先要把黑格尔搞得清楚一些，要不到头来，你只能知其然，不知其所以然。他这个人就是这样，指导起学生来，认真得很，其他的就不好说了。最后他送我走的时候，像才想起来啥子事情一样，说其实现在孟寿椿也不敢得罪你。你说是不是？你直接去找他嘛，我看他不敢拒绝。

孟寿椿没有给我带过课，我不认识他。据我所知，老师里面没有听说谁和他有关系，同学里更没听说谁和他熟。这么贸然地找他，万一他拒绝了，连个回旋的余地都没有了。

我给张真如说，朱先生找我，我还没来得及去，我能不能请朱先生疏通疏通孟寿椿。

张真如一听大笑我，说我是瓜娃子，啥都不知道。孟实（朱光潜）能和孟寿椿讲话，太阳从西边出来了。

我转回来又和几个关系不错的同学商量，大家伙都出主意，让我先闯一下，直接找孟寿椿，不行了再说。

我犹豫着，想着还是去菊园朱光潜那里吧，他是老师，也是文学院的院长,说不定能给我出个好主意。

在朱光潜宿舍里没坐两分钟,他说在这里说话不方便,带我去少城公园的鹤鸣茶社,那里安静一些。

鹤鸣茶社在成都很出名,是个高级的清雅所在。到了鹤鸣茶社,看得出来朱光潜是这里的常客。坐下之后,他和我摆,从他的谈话里我隐约能听出来,他好像知道学校里有七八个学生是从延安回来的。我不便问他怎么知道的,就是听他讲。他说你是学生,又刚回来,你肯定不知道,昨天把真如先生免了,你都想不到,政府怎么能派了个CC党棍程天放来当校长呢?

我给朱光潜说,这几天我一直找同学在打听、商量注册复学的事情,没有看报纸,还不知道免了张真如任了程天放的事。我要是知道了,就不托向仙樵找张真如了。我问朱光潜,能不能帮着疏通一下孟寿椿。

我说,你是文学院院长嘛。

朱光潜听我说完,笑而不语。我不知道他是什么意思。

朱光潜又问我,你觉得程天放能不能来学校?我说不能。他问我为啥,我说,你们老师不欢迎他。朱光潜说,你们学生欢迎?我说,那些国民党的学生欢迎。朱光潜再问我,那边怎么样,你们去了都做些啥?

我把在延安看到的一些情况告诉他。朱光潜听得很认真，一直都不插话。末了说，有趣得很，听你这么说，有机会我倒是也想去看看。当时呀，我搞不懂他说的这个"有趣得很"到底指什么？

大约是1951年春天，朱光潜随着北京高校的一个土改参观团到长安县（今西安市长安区）东大村，我和他见面，才知道他的这个"有趣得很"的意思。原来，他是觉得我讲延安的情况有趣得很，他心里有着也想去延安的念头。只是因为在有这个想法的时候，他正身处带头在川大教师中展开罢课驱程运动之中，等到结束了，离开川大到了乐山的武汉大学时，他收到了周扬①从延安给他来的信，欢迎他到延安。

朱光潜告诉我，当时要是周扬的信早到那么个把月，他会去延安。他听我讲延安的情况，兴趣大得很，不仅找了我去问，

---

① 周扬（1908—1989）：作家，现代文艺理论家、文学翻译家、文艺活动家、中国科学院哲学社会科学学部委员。1928年毕业于上海大夏大学（今华东师范大学），同年冬留学日本。1930年回上海投身左翼文艺运动。1937年到延安，历任陕甘宁边区教育厅长、鲁迅艺术文学院副院长、延安大学校长等。1949年后，任中共中央宣传部副部长、文化部副部长等。1966年受批判并被监禁。1977年复出，任中国社会科学院副院长兼研究生院院长，中国文联副主席、主席、党组书记，中国作协副主席。

也找过曾凌等其他去过延安的同学问过情况。我没有想到的是，朱光潜给我讲完这些，会补充说，你不信可以问他们。

朱光潜是我的师长辈，他最后这个话让我听了很感窘迫，我没有不相信他的道理嘛。但当时呀，在那个环境下，我考虑得还是欠妥，我居然给人家说，你后来还是参加了蒋介石的宴会。

现在回想起来，我这么说，是因为进城后，我在有关旧知识分子情况的通报材料中知道，他在武汉大学教务长的任上加入了国民党，还当选了国民党中央监察委员。在解放战争时期，对国统区"反内战、反饥饿、反迫害"的学生运动，有过这一类的言论和文章，持不支持态度。所以，解放之后，被要求到公安机关履行过有关国民党军政人员的登记手续，并发表声明退出国民党，同时被管制了多半年，日子不好过。他这次参加土改参观团，论其实质也是党对他和他这样一批旧知识分子进行思想改造过程中的一个环节，让他们看看党领导的具体的土地改革的情况。

可当时我也是刚刚进城，在理解党对旧知识分子的改造政策，包括具体如何执行政策方面，谈不上有什么经验，其实根本没有经验。而这种没有经验，放在我这样一个具体政策执行者的角度来说，有可能会把问题简单化，要么偏离了党对旧知识分子的政策，自己犯错误；要么没有深思熟虑，言谈举止细枝末节上伤害到对方，很不利于和旧中国过来的知识分子交流，开展工作。就像我和朱光潜，人家给我说的话很真诚了，是在表示他也对那时候延安情况的关注。而我呢？却当着面说他参加蒋介石的宴请，多多少少有些呛人家、揭伤疤的意思在里面。虽说我和他有师生这一层关系在里面，也不是以组织上的名义来看他，但是我这个党的干部的身份明摆着在那里，客观存在。而且很明显，以当时朱光潜的情况，亦不难看出，他在意的是我的那个党的干部的身份，对我学生身份的认同不是那么清晰、明显了。所以，我的话一出口，他尴尬了，我也一样尴尬，我俩僵在那里，一时都不知道还能说些啥话。

组织上本来就没有派我来和朱光潜谈话，是陈煋[①]有一天到我办公室里来说闲话，我从他口里才知道朱光潜和北京几所

[①] 陈煋（1916—1997）：1936年年初参加中共地下活动，1937年3月入党。历任西安学委会书记，中共陕西省委候补委员、省委青年委员会委员，中共中央西北局调查研究局四分局组长，中共中央宣传部办公室主任，政务院文委办公厅副主任，国务院秘书厅副主任，甘肃省委委员、秘书长，中共中央西北局副秘书长兼调查研究室主任，中共甘肃省委宣传部部长、秘书长、副书记等。

学校的老教师，比如吴景超①、李广田②、陆宗达③、贺麟、雷海宗④等，由中央统战部组织来长安县东大村参观土改。陈煦是说者无意，我是听者有意了，想着有十来年没有见过朱光潜了，应该去看看。所以我来东大，机关里没有人知道。我这个人，不会骑自行车，一辈子都没学会骑自行车。刚解放的时候，从城里去东大，没有公共汽车。我没有问机关要车，是不想让太多的人知道，一来我认为是私人的事情，二来我跑到东大，

---

① 吴景超（1901—1968）：中国都市社会学最主要代表人物。1923 年赴美留学，获明尼苏达大学博士学位。1928 年回国，任南京金陵大学、清华大学教授。1935 年在国民政府行政院任职，1947 年返回清华大学任教；1952 年执教于中国人民大学经济系，1957 年被划为右派分子，1980 年平反。著作有《都市社会学》《社会的生物基础》《第四种国家的出路》等。

② 李广田（1906—1968）：1929 年考入北京大学外语系，次年开始发表诗文。1935 年大学毕业，回济南教中学。曾与北大学友卞之琳、何其芳合出诗集《汉园集》。1951 年任清华大学副教务长，1952 年任云南大学副校长、主持学校日常工作。1957 年任云南大学校长。1959 年被划为"右倾机会主义分子"，并由校长降为副校长。著有《雀蓑集》《圈外》《回声》《日边随笔》。

③ 陆宗达（1905—1988）：训诂学家。北京师范大学教授、中国社会科学院语言研究所学术委员会委员。主要著作《陆宗达语言学论文集》《训诂研究》《说文解字通论》等。

④ 雷海宗（1902—1962）：历史学家。1927 年获美国芝加哥大学博士学位。历任南京中央大学、武汉大学、清华大学和西南联大、南开大学教授。主要论文有《殷周年代考》《历史的形态与例证》《古今华北的气候与农事》等。主要著作有《中国文化与中国的兵》《西洋文化史纲要》《伯伦史学集》。

机关的人知道了，想必也没有啥好处。我去问江隆基①他们单位借车，既就是他知道我去东大干啥去了，以我对他的了解，也不至于惹什么麻烦。果然，江隆基也没问我要用车干啥，就从他们单位借给了我一辆破吉普车，从城里到东大，一路上光给车加水，就加了四五次。

东大是个大村子，有几百户人家，街道上有很小的杂货店，我想买包点心，可进去一看，只有一种黑乎乎的糖块。没办法，我在街上买了五个油饼，细绳子从油饼中间的小孔里一穿，提着。打听到朱光潜住的地方就前去拜访。

现在因为我把话说僵了，只能没话找话。

我看桌上放着的我刚买来的油饼，忙拿了一个递给他，请他尝尝。我说，长安县的油饼炸得好，成都没有这么好的油饼，主要是长安县这里麦子好。

朱光潜接过油饼，边吃边说前两天都吃了。他问我吃过这

---

① 江隆基（1905—1966）：教育家。1927年加入中国共产党。1931年留学德国。曾任旅欧华侨反帝同盟书记。从1937年起，先后担任陕西西安二中校长、陕北公学副教务长、教务长，华北联大教务长，延安大学副校长，陕甘宁边区教育厅副厅长等职。1949年后，历任西北军政委员会教育部部长，北京大学党委书记兼副校长，兰州大学党委书记兼校长。主要著作有《江隆基教育文选》。

里的麻食没有。他说他吃过两次了,味道好。我俩又讲了些东大农村人家的饮食风俗之后,气氛缓和了下来。可他还是一说话,又转到了他自己身上,问我知不知道有个美国人,叫路易·哈瓦那。我说不知道。他问我知道不知道这个路易·哈瓦那是美国人,但却是一位马克思主义艺术理论家、艺术史学家,写了一本书,叫《艺术的社会根源》,去年夏天朋友从美国带回来了,他翻译完交给上海文艺出版社了,等出版了他就给我寄一本。朱光潜给我说这些的时候蛮高兴,他讲他以后要多翻译一些国外马克思主义方面的美学、文艺理论著作。又讲他这次来东大参观土改,感触很深,这几天他正在写一篇文章。果然,看完他不久,我在《人民日报》上就看到了朱光潜的《从参观西北土地改革认识新中国的伟大》一文。这篇文章,引起了毛主席的注意,印象中我在机关看到过或者是听过传达,毛主席有个批示里提到了朱光潜和他这篇文章。但在我那天去看他的时候,没有看他要给我看正在写的文章。原因其实并不复杂,我看了没有办法给他提意见,我也不知道怎么给他提意见。我一说话,是对是错,依我的判断,对他肯定能造成一定的影响。我又不能给朱光潜讲党内的一些事情,连旁敲侧击都不大能说,我说了,对他、对我都没有好处。就像我来看他,只能来看他。看完他之后,我回到城里,给江隆基还车,江隆基就说了一句话，你去长安县了？要注意呢。过了几天，张稼夫①和我在办公室说完事情，像是很无意，又像是很刻意地说，见一些人，还是要分场合，管住自己的嘴。再过了几天，在院子里碰到习仲勋②，他笑着给我说，你还跑得欢，跑到长安县咧。我心里清楚，他们这些领导都是在善意地提醒我……

说得轻了，我跑去看朱光潜是无组织无纪律，说得重了，啥都不为过。当时，宣传部几个中层干部在一起，方杰③、秦

---

① 张稼夫（1903—1991）：1927年加入中国共产党，曾在中央研究院社会科学研究所从事农村调查。历任山西省委秘书长、宣传部部长、中共中央敌后城市工作组成员、中共中央晋绥分局敌工部部长、分局副书记。1949年任中共中央西北局常委，宣传部部长，后兼任西北军政委员会文教主任。1952年任中国科学院党组书记。1956年任国务院文教办公室副主任，主管卫生、体育工作。中共十二大当选为中央顾问委员会委员。

② 习仲勋（1913—2002）：中国共产党的优秀党员，伟大的共产主义战士，杰出的无产阶级革命家，我党、我军卓越的政治工作领导人，陕甘边区革命根据地的主要创建者和领导者之一，国务院原副总理，中国共产党第十一届中央委员会书记处书记，第十二届中央政治局委员、书记处书记，第五届、第七届全国人民代表大会常务委员会副委员长。

③ 方杰（1919—1990）：诗人、书法家。曾任《八路军军政》杂志编辑、中共中央西北局宣传部文艺处副处长、西安市委宣传部副部长、陕西省委宣传部副部长、陕西省文联党组书记。

川、赵守一①、张军②几个人和我开玩笑,说我鬼鬼祟祟,提着油饼,是不是去通风报信呢?我也开玩笑说,我是去搞团结呢。虽是玩笑话,可要当了真,对我,对朱光潜也是能要命了。毕竟,在对待旧知识分子的工作方面,"团结"这个词的前面,还有"教育"和"改造"两个词嘛。

到这一年10月底的时候,我果然收到了朱光潜寄给我的他翻译的路易·哈瓦那《艺术的社会根源》一书。这时候,大规模的知识分子改造运动也开始了,我随即被派到兰州,在西北师范学院和兰大专司其职。等到这个运动告一段落,冬天的时候,我到北京出差,刚好碰到川大的老同学方敬,他也在北京出差,就约着说一起去看看朱光潜。同时也顺便看看刚刚调到北大工作的江隆基。

---

① 赵守一(1917—1988):1936年加入中国共产党。历任红军大学步兵学校文书、政治教员,中共陇东特委宣传干事,中共庆环分委宣传干事兼分委机关党支部书记,延安大众读物社报纸科科长,《解放日报》编辑、记者,中共中央西北局宣传部干事、科长、处长、副部长,西北行政委员会干部教育局局长,中共陕西省委宣传部部长,书记处候补书记、书记、第二书记,中共安徽省委常委、省委书记、革委会副主任,中共中央宣传部副部长,劳动人事部部长,党组书记。

② 张军(?—1980):1930年代中期参加革命。历任中共中央西北局宣传办公室主任,中共中央宣传部地方办公室副主任,中共汉中市地委书记,陕西省卫生局局长。

在江隆基那里，我问到朱光潜是不是也从城里搬来了。江隆基就给我说了他的地址。本来，我和方敬同江隆基摆完龙门阵是下午三四点钟，我俩就提出去看朱光潜。可江隆基呢，硬要留我们吃饭。这是以前没有过的情况。我说，还有时间，我去看看朱光潜，完了就回城里。江隆基说不行，一定要留我们吃饭。吃完饭五点多，北京的天就黑了。江隆基领着我俩走到新北大南门那一带，一指说那就是朱光潜家，他就不进去了。他刚走两步又转回身，叫住我俩，说你俩是人家的学生，空手去？等一下，他回家拿个东西。过了一会儿，江隆基回来，拿了三块比手掌还大的苏联黑巧克力，说，别给他说是我给你们拿的，说你俩拿的。

到朱光潜家一看，哎呀，这哪儿像个教授住的地方嘛，比起他在成都甚至在乐山的宿舍条件，差了不是一点，差太多了，只有二三十平方米，顶棚都是纸糊的。朱光潜还给我和方敬介绍说，只要一下雨，这纸顶棚就漏，漏床上，漏的房子里哪儿哪儿都是，只能用盆子接住，狼狈得很。我俩也不知道该怎么安慰他，还是给他讲一讲党的政策。我只好说，还在北大就好，就好。朱光潜也说，是，是，现在虽然不让他带什么欧洲文学史这一类课了，但带英语翻译课，也好得很。当时，朱光潜宿舍的那个灯泡瓦数不大，有些昏暗的感觉。这么一来，他的脸色就显得也有些昏暗,只是在这一种昏暗中,他先问方敬,又问我说,我还带课呢,党还是对我信任的,你们说是不是?

我和方敬连忙说,信任,当然信任了。

方敬给朱光潜说,你给学校反映一下你这房子的情况嘛。

朱光潜说,有课带就好,就好。我人还在北大呢,有房子住,不错了。他停顿了一下,突然冲着方敬说,你回重庆,先在你们学校给吴宓调个带花园的大房子。你调了,我请郭先泽去给江隆基说,我也去申请,给我调房子。

方敬和朱光潜的关系,比我要更深一些。在川大的时候,方敬、何其芳、朱光潜他们经常在一起谈些诗歌创作、编杂志的事情。朱光潜这么说方敬,方敬也不窘,开玩笑说,人家雨僧先生比你改造得好。

朱光潜听方敬这么说,脸上显出一副不屑的表情,还不服气。

过了没有多长时间,我又到北京,在一个会议上见到江隆基,专门还问过朱光潜的住房问题。江隆基很无奈地说,我能有什么办法?在北大做起工作来,有心无力,别说我给朱光潜调房子这么大的事情,就是比这小的事情,人家听不听都两可,我哪能落实?

其实呀,你可以理解江隆基给我说这个话,是他在北大工作上的艰难。但仔细地想一想,这里面牵扯到的不仅仅是他工作艰难这一点，它还至少包含着解放初期我们党对旧知识分子的政策；党内知识分子在执行党对待旧知识分子政策时的方式、方法问题；更是包含着党内知识分子在党内所处境况，以及个人与组织之间诸多关系的问题。当然，在此呢，我就不多讲了，到下篇的第八个问题"如何团结知识分子"，我再展开讲。

还是回过头，接着说当时我从延安回川大复学，朱光潜是怎么帮了我。

朱光潜在川大有地位，我前面讲了，是文学院院长，和代校长张真如的关系也好，找他帮忙疏通一下孟寿椿，从我这个学生的角度来看感觉没啥子问题。而且我还给他讲了些延安见闻，讲完朱光潜还问我在延安见到何其芳没有。方敬曾经好多次告诉我，朱光潜和何其芳的关系不错。所以，我就给他说，见过一面何其芳，他好着呢。然后，我赶紧提出来请他疏通孟寿椿的事情。

可是朱光潜却像没有听到一样，他开始不吭声。我以为他是想着怎么回应我的请求，我心里就想着怎么给他再详细说一下我复学的情况。但我还没有张口，他就说我去过外面，算见过世面了。他问我知道不知道程天放这个人。然后，他声音很大，说党棍，党棍，就是个政客。你可要记着，程天放、党棍、政客，能来当大学校长？胡搞，纯粹是胡搞，古今中外哪里有党棍政客执掌大学的先例？笑话，天大的笑话。

朱光潜的情绪很激动了——你先回去，你要记住，你是川大的学生，绝不能容许党棍政客跑到学校里来⋯⋯

我为复学跑去找朱光潜的这个时间，巧得很，刚好是发布程天放任川大校长的这一天，我从朱光潜这儿得到消息，算是学生里知道早的。从朱光潜那里出来，我去找邓照明、曾凌商量，大家都没有法子，也不知道我该不该去注册课并提申请。被驳回来，肯定就没有挽回的余地了。唯一的办法，就是再等等，再想想办法。

过了一天，邓照明伙着汤幼言、郭治澄几个同学来我家，给我说出大事了，朱光潜发宣言了，还领头和好多教授给张群发电，要求收回对程天放的任命。金陵大学、华西协和大学、光华大学的校长都发电支持，王瓒绪、潘文华、刘文辉、邓锡侯也支持。同学里的国民党学生都被孟寿椿邀去开会，做打算呢。

我们几个都是学生，对程天放掌校川大，说句老实话，看不清楚，谈不上有什么清晰的判断。就是对程天放这个人，也模糊得很，是从报纸上才知道他以前当过中国驻德国大使，好像在安徽大学、浙江大学都当过校长，大概还当过哪个省的教育厅厅长。所以呢，我们几个人也讨论不出来个啥子结果，就是觉得学校出大事了——果然，才过了几天，还是朱光潜领头，川大几十个教授在文殊院开大会。听同学间传言,会上朱光潜几个院长把程天放,捎带着陈立夫骂得够呛,说陈立夫不尊重教授的人格,号召教授们罢教。朱光潜还写了个罢教宣言,把国民党教育部给川大的文电驳斥了一番。

这些消息传来,我是又头疼,又恼火,教授们罢教了,学生当然也上不成课了,学校的正常工作也没有了,我怎么去复学呢。复不了学,组织上给交代的工作,我没有个社会身份做掩护,又该怎么搞?

邓照明这时候在川大任党的总支副书记,他天天跑到我家来。有时候杨天华也跟着来,给我讲学校的情况。而他俩说的情况,我们分析来分析去,也和我复学扯不上关系,反而觉得复学在学校"拒程运动"的这个情势下,难得很。他俩来一次,就灰头土脸地没个办法地走一次。又过了一两天,方敬突然跑到我家里来了,他让我赶紧去绿荫阁茶馆,朱光潜在那里等我呢。

等我赶到了绿荫阁茶馆,朱光潜正和理学院院长魏时珍[①]两个人说话,看起来很轻松的样子。我和他们打过招呼,朱光潜给方敬说,让他和我坐到另外的桌子去,他和魏时珍还有话说。

[①] 魏时珍(1895—1992):数学家、物理学家,四川大学教授。毕业于德国哥廷根大学,获数学、物理学博士。主要从事数理方程、偏微分方程教学研究等,是最早向国内介绍爱因斯坦相对论的学者之一。

我和方敬坐得离他俩不远,但也听不清他俩都说些啥。方敬悄悄告诉我说,魏时珍反程天放反得厉害。

我说,不都是朱光潜挑头嘛。

方敬说,你看的都是表面。方敬说着,暗中指一指朱光潜和魏时珍,把声音压得更低了,说,他们不是一路人。

方敬正要再给我说两句,魏时珍和朱光潜告辞了。

朱光潜把我喊过去,方敬也过去。朱光潜却对他说,你没啥事回去吧。

方敬一走,朱光潜就说这几天我为啥不再来找他了。我说你那么忙,开会,写宣言,我想着你没时间。

朱光潜问我,你到那边去,怎么回来了?我说,我还是想把大学读完。朱光潜又问我,你的情况我知道,给学校连个假条都没有,跑出去一年,按规矩复不了学,你这叫自动退学。我说,我还是想念书。

朱光潜说,我帮不了你复学。我只是文学院院长,不是孟寿椿,也管不了学校的注册课。不过我叫你来,是把你的事情考虑了一下……给你出个主意,你赶紧去找孟寿椿,直接找他,要是秘书拦你,你就说是我让你找他,他肯定见你。见了孟寿椿,你说你给学校写过请假条,邮寄了,但不知道怎么搞的,学校没有收到。他要问你跑到哪里去了,你自己想该怎么说。

我问朱光潜，是不是和孟寿椿疏通过了？朱光潜立即满脸不屑说，我找他？你赶紧去吧。复了学，不要整天搞你那些，功课还是要抓紧，你那个外语更要抓紧，差得很。

我在去找孟寿椿的路上，心里想，朱光潜能让我去找孟寿椿，肯定和他疏通过。你没有疏通，怎么能让我去找呢？

等我到了孟寿椿办公室的外间，他的秘书说人不在，我说你给通报一声，朱光潜让来的。

秘书一听朱光潜的名字，愣了一下，赶紧跑到里间，没有一分钟，孟寿椿居然从里间里出来，把我拉进去了，随手还把门带上了。

进到孟寿椿里间的办公室，他还给我倒了一杯水，显得很有些风度的样子。

朱先生让你来找我？

我说是，我找你，请你批准我复学。他把我的大概情况问了问，就喊外面的秘书，让把注册课的课长喊来。课长进来之后，他在桌子上拿根铅笔，写了个条子，让注册课课长马上给我注册。我一看，赶紧给孟寿椿鞠躬，表示感谢。

孟寿椿说，你不要谢谢我，我就是为你们这些青年人服务的。学校这个信件收发的工作都没有搞好，真如先生呀，太不理事了，太不理事了，那么多校务工作，真如先生坐在校长的位置上，什么都不管，搞什么黑格尔，你要搞黑格尔，就不要当校长嘛。你看看，学校连个信件的收发工作都处处漏洞。要不是你来说明情况，不就是把你的前途耽误了，谁知道他当校长这两年，耽误了多少像你这样的年轻人的前途。好了，好了，现在程校长来了，这些小事情都要重视，程校长可是很重视你们这些年轻人啊……

孟寿椿边说着，还边把我送到门口，最后说，明天程校长第一天来学校，你一定到文学院礼堂来，咱们一起欢迎程校长。

嗨呀！实在出乎我意料，孟寿椿咋个就这么爽快地给我办了呢？百思不得其解。

从孟寿椿办公室出来，我去找邓照明、方敬几个同学，把见孟寿椿的结果给他们讲了。我们几个人也就都觉得朱光潜给我出的这个主意了不起，锦囊妙计不为过。可到底哪里了不起了，谁也说不上来。

大家伙要散了的时候，邓照明给方敬讲，明天叫上同学都去文学院礼堂，参加欢迎程天放的大会。

啥子？邓照明叫方敬组织同学们欢迎CC的四大金刚之一程天放，太阳从西边出来喽！一时半会儿我实在搞不懂他葫芦里卖的什么药。

先头孟寿椿叫我去参加迎接程天放的大会，我咋个能去呢？

你想嘛，人家朱光潜是驱程派的头儿，我这刚一注册上，就变成迎程派了，让我怎么见朱光潜嘛！和朱光潜一道的那些老师，我以后咋个见他们嘛！

我说，老邓呐，我就不去了。

没想到邓照明语气还严肃起来，说组织决定的事情，你为啥不去，你敢不执行组织的决定？

我问邓照明是哪个组织决定的。邓照明来气了，凶我说，你说哪个组织？你瓜娃子要听哪个组织的话？你协助方敬喊起人来，越多越好。就这么定喽！

当时邓照明有事，他去喊其他学院的同学参加迎程大会，先走了。我因为刚刚办理了复学注册手续，在学校还没得床铺，就和方敬打了个招呼，先回家了。我刚到家，跟着屁股后面是王玉琳，就是后来到延安改了名字的王怀安赶到我家来了。

王怀安找我做啥子吗？看他那样子，像是有天大的事情。王怀安讲我对邓照明是不是有意见，有意见可以提，但邓照明是领导，他传达的也是组织的决定，你应该执行。

嗨——，这个王怀安说的话就让我莫名其妙了，我咋个知道邓照明是领导呢？没得人给我说过他是领导，我问王怀安，邓照明是啥子领导？

王怀安被我的话也问住了，他说他也是领导，还是邓照明

1939年郭琦在四川大学文学院担任党支部书记

的领导呐。

我反问他,你说你俩是领导,我咋不知道呢?你两个是哪个的领导?

王怀安听我这么一说,看起来还有些紧张,问我,你回来和谁接的头?我说,邓照明嘛。中组部的介绍信我就是交给老邓的嘛。王怀安又问我回成都方敬找我开过会没有。我说我回来十来天了,天天跑我复学的事情,方敬都知道,没得见他讲开啥子会嘛。

王怀安转身就走,嘴里嘟囔着侯方岳、张宣的名字,回过头叮咛我一定要去参加文学院礼堂的会。

这个迎程的会我最终还是去参加了。会一结束,邓照明就叫住我,说和我有要紧事情谈。他说我和曾凌的事情闹大了。我不明就里,问他什么事情闹大了。他叫我先不要慌,听他慢慢讲……原来,我年初去延安的时候,是川康特委介绍去的,而这时候呢,川大党的组织正在建立,邓照明他们几个人,当然也包括我、曾凌都是组织发展的对象,是要履行组织手续的,可我们走得急,邓照明、张宣、王怀安互相以为我们走的这几个人都履行过手续了,大概当时的组织部部长侯方岳,我记不准是他俩哪一个,也认为我们离开成都前,在川大履行过了组织程序。我和曾凌回来拿的也是延安中组部给川康特委的介绍信。邓照明来找我，和我接头，我把介绍信给他，他和王怀安好像也没看，交给了侯方岳，他是组织部部长，张宣是不是市委书记，还是临时也去延安了，要不就是杜孚生，记不准确，总归是他们几个一商量，刚好延安那边派我到国统区搞新音乐运动，那干脆就让我和曾凌负责把天明歌咏团恢复起来，并在天明歌咏团建立党支部，决定让我做支部书记。我复学成功了，方敬也要离开川大，文学院支部书记，决定由我兼上。这是党内的一个工作安排，但就因为这个迎程会，我和邓照明、王怀安一对话，他俩发现不对劲，我连他俩的党内职务都不知道，对方敬的文学院党支部书记的职务也不知道。两人赶忙连夜去找侯方岳问情况，还埋怨侯方岳市委这边咋个搞的，说我和曾凌从延安回来十几天了，也不找我们谈话，交代工作。侯方岳一听，当然有话说了，说你俩一个川大总支书记，一个副书记，不接组织关系，不介绍情况，不安排工作，跑到组织部来干啥？王怀安多了一句嘴，问我在天明歌咏团既然当支部书记，组织关系应该落到市委吧？侯方岳说，落到川大好。他讲我接任方敬的文学院支部书记，不是打零工。侯方岳认为他俩既然来了，正好就把关系办了，可去一查，找来找去竟然没有我和曾凌的名字。这一下真是出了大问题，我和曾凌去延安上抗大、上鲁艺，又是回来要搞新音乐运动，恢复天明歌咏团的工作，当支部书记，到头来在组织部的记录里没个影子，乱弹琴嘛。侯方岳说他要赶紧向上级汇报，叫王怀安、邓照明回学校，先安排我工作。一边工作着，一边等消息。同时让他俩转告我，立即着手恢复天明歌咏团的工作。

邓照明给我把这些情况一说，我想起来了，临去延安前一两天，韩天石说过他是我、邓照明等几个人的入党介绍人，到时候由邓照明召集大家。我凶邓照明，你龟儿子咋把老子忘喽？

邓照明可不愿意背黑锅，他怼我说，你跑到延安去了，让我召集个鬼哟！哎呀，不过我也想起来了嘛，老韩好像后来还问过我，我顺嘴说你履行手续了。这个怪我，怪我，瞎说一气。

川大党总支正式向成都市委、川康特委把我和曾凌的情况做了汇报之后，邓照明通知我和曾凌，约着一起去南门外的华西坝，找了一个风景清雅又安静的地方。那个草坪很漂亮，杨天华说是英国进口的草坪，川大总支几个委员，天气好的时候，经常在这里聚会，学习党的文件。我、邓照明、王怀安、杨天华、曾凌五个人，围成圆圈，坐到草坪上，王怀安主持，邓照明和杨天华作为我俩的介绍人，给我和曾凌搞了一个仪式。王怀安领誓词，邓照明讲党的纪律……就是搞了这么一个简短的程序。

川大这边文学院党支部的工作，在方敬没有离开之前，我只参加支部会议。这一阶段党的主要工作，还是放在恢复天明歌咏团上。具体怎么搞，王怀安让我去找侯方岳。

见了侯方岳，他业务方面说得不多，党的建设方面，他说要看准人，多发展党员，组织生活放在我家里，把积极分子召集起来学习我和曾凌从延安带回来的几本书，比如毛主席的《论持久战》等。大概我回川大，在组织方面的大致情况，就是这么一个情况。关于天明歌咏团恢复之后，我觉得还是有那么一两件事情，值得谈一下。但现在我还是认为对川大学校的情况有必要再交代一下，是啥子个目的呢？无外乎是想借此谈一点我虽然亲身经历了，但回顾起来我还不太成熟的，对1930年代中后期到1940年代初期四五年间，以川大为代表的当时我国高等教育的些微情况的一些看法。我强调一下子，我的这些看法很不成熟，肯定也是片面，但讲一下我认为也有好处，留些一手材料，说不定啥时候还能有用处。

我上川大的时候，全国的大学情况到底是个啥样子，像北京（平）、上海这些地方的大学，我不了解。我就是个刚入学的学生，咋个去了解？没得那个眼界。但我一上学，就知道一个事实，川大在全国地位不高，各方面都不大行。认为川大的教学、学术这些方面，比较闭塞、落后。而到底又是谁认为川大落后、闭塞呢？就我来说，没得这样的感觉，我认为川大好得很，好些个同学也认为，川大不得了，说个笑话，认为全世界就川大好。为啥呢？没有比较嘛。没得去过北京（平）、上海、南京，知道北大，知道南京的中央大学，名气大，可到底名气大在哪些地方，学术之类的发展方向等，啥都不知道。但咋个又知道了川大不行呢，还是因为任叔永掌校，包括后来张真如代理，他们两个虽然是四川人，但都是留过洋，去过外面看过世界的人，人家有比较呀。我刚上学，任叔永很快辞职的那一段时间，他请傅斯年①、李济②、丁燮林③这些人来学校办讲座，任叔永就给我们学生讲话，其实也是给老师们讲话，是要我们利用这些人，接触一下当代的学人，知道些新学术是个什么样子。具体的原话，记不清楚了，总归就是这个意思。或者是利

---

① 傅斯年（1896—1950）：历史学家、古典文学研究专家、教育家。五四运动学生领袖之一、中央研究院历史语言研究所的创办者。曾任中山大学、北京大学教授。北京大学文科研究所所长、代理校长，台湾大学校长。主要著作有《东北史纲》（第一卷）、《性命古训辨证》、《古代中国与民族》等。

② 李济（1896—1979）：人类学家、中国现代考古学家、中国考古学之父。著有《殷墟器物甲编：陶器》上辑。与他人合著《古器物研究专刊》。中文著作有《西阴村史前遗存》《李济考古学论文集》等，英文著作有《中国民族的起源》《安阳》等。

③ 丁燮林（1893—1974）：剧作家、物理学家、社会活动家。毕业于英国伯明翰大学。1919年后历任北京大学物理系教授、中国科协副主席。著作有《一只马蜂》《压迫》《三块钱国币》《等太太回来的时候》等。

用傅斯年、李济、丁燮林们，可以让我们了解一下当代的学问，了解一下治新学术的途径，不能总是抱着过去川大那一套继续下去了。论起来，任叔永这个话呢，没有问题，是好意嘛。学生们也大多能接受。但是呢？川大的一部分老师就听着不舒服了。向仙樵、庞石帚①这些川籍本地的老师，不舒服。你傅斯年、李济就是当代的，是新学问？言下之意，我们就不当代，是旧学问？我们是什么？老朽？老冬烘？你把川大办成当代的，那我们这些不当代的老朽、老冬烘咋个办？牵扯到脸面问题，甚至饭碗问题嘛。都聘成傅斯年、李济这一类人，我们怎么办？所以，背后的大问题是被任叔永划到不是当代学问的老师，有没有饭碗的问题。因此，川大原来的老师们，这个情绪呀激动得很，反弹也大。加上其他一些原因，最终的结果是导致了任叔永最终去职。

客观地讲，任叔永的出发点，不能说他有问题。我后来在陕西师大、西大工作的时候，也要请全国各地甚至国外的那些专家学者来学校讲学。一个大学，不能不接触外面的世界嘛。这是个基本常识问题。但任叔永的方式呢，还是有些欠妥。你可以说让大家了解一下其他的学问嘛，接触一下其他的学问嘛，

---

① 庞石帚（1895—1964）：四川大学教授。主要著作有《国故论衡疏证》。

为啥要用"当代"这个词呢?敏感。你不说当代,把傅斯年这些人请来就行了嘛。他有些意气了,一心想让川大赶紧能有个大的变化,一件小事就搞得用力过猛,得罪一大片。毕竟,不论是国民党办大学,还是我党办大学,这不是一个简单的事情,更不是二元对立、非黑即白的事情。还是拿任叔永讲的"当代的学问"来说,我举个例子。1987年,还是1986年,我已经不在学校工作了,去上海参加一个社科院系统的会,会上我碰到也来开会的程千帆①、萧涤非,我们三个摆闲话,话题就说到了任叔永。当时萧涤非就是任叔永从清华聘到川大做讲师,程千帆问萧,你到川大是不是有种感觉,自己是新学问的代表?萧涤非就是笑,不作答。把程千帆的话往我身上推,程千帆转头问我,和刘大杰②熟不熟?我说我怎么能熟悉呢,连萧涤非都不熟,刘大杰上学的时候,接触过一两次,解放以后,1960

---

① 程千帆(1913—2000):南京大学教授、中国唐代文学学会会长。在校雠学、历史学、古代文学、古代文学批评领域均有杰出成就。主要著作有《校雠广义》《史通笺记》《文论十笺》《程氏汉语文学通史》《两宋文学史》《唐代进士行卷与文学》《闲堂文薮》《古诗考索》《被开拓的诗世界》。

② 刘大杰(1904—1977):文史学家、作家、翻译家。历任上海大东书局编辑、安徽大学教授、四川大学中文系主任、上海临时大学文法科主任、暨南大学文学院院长。1949年后,任复旦大学教授兼中文系主任、中国作家协会上海分会副主席。主要著作有《魏晋思想论》《中国文学发展史》《昨日之花》。

年代接触过一两次吧。程千帆问我，知道不知道刘大杰咋个离开川大了？我说，我一年级刚结束，也就是1937年上半年结束他就走了。开始不知道他去哪里了，后来听说回了上海，不了解。程千帆就告诉我，他也是听人传说，因为他在川大教书的时候，距离任叔永去职已经是六七年过去了，但中文系的同事间还留着个刘大杰的传说。

刘大杰是被任叔永从暨南大学聘到川大做中文系系主任的。

我当然是知道刘大杰那时候属于任叔永说的当代的新学问的教授了，他搞外国文学，翻译了些托尔斯泰、杰克·伦敦的作品。有些东西还是能站住脚，比如他的《易卜生研究》，还有《德国文学简史》，水平都很不错，至少比起他抗战以后回到上海孤岛那几年搞出来的《中国文学史》来说，要更有价值一些。纯粹个人观点，不一定当真。刘大杰还创作，印象中他写过小说、话剧这些，啥名字都忘了。我上过他的课，听过他说些闲话，讲郁达夫怎么怎么给他讲小说创作，他写的某个小说，又是怎么构思的。本来嘛，结合自己讲一讲，未尝不可，还活跃了课堂。但是呢，刘大杰除了讲这些，还谈他作旧体诗，有时候谈谈《孟子》，这么一来，事情坏了，他那个旧体诗写的，公道讲还真不如学生写的。他在课堂上给大家念了几首他的旧体诗，王利器、袁珂、屈守元①就笑，还有个同学，我就不说他名字了，直接说狗屁不通，然后给刘大杰写了封信，帮着刘大杰把诗改了一下。袁珂把刘大杰的诗背给向宗鲁②，向宗鲁只是笑。王利器、屈守元有一次拉着我去李炳英③那里，他们给李炳英说起刘大杰在课堂上"跑题"谈孟子，李炳英不说话，等他俩说完了，说以后莫得浪费时间。

我只知道这些，我问程千帆具体是啥传闻。

程千帆说，老郭你知道得够多了，被你们这些学生赶走了嘛。

但客观地讲，刘大杰的学问，肯定不像川大当时的那些老师说的那么不堪。川大原来的教师，一般来说多数都看不起北

---

① 屈守元（1913—2001）：四川师范大学教授。1936年就读于四川大学中文系，毕业后留校任助教。1942年起，先后在济川中学、成都光华大学、成华大学等校任教。1949年后在四川师范大学任中国古代文学研究所所长、杜甫研究学会第一届副会长。主要著作有《韩愈全集校注》《文选导读》《国学经典导读》等。

② 向宗鲁（1895—1941）：四川大学中文系教授。主要著作有《文选理学权舆续补》《说苑校证》《校雠学》《周易疏校后记》《月令章句疏证叙录》等。

③ 李炳英（1889—1957）：著名学者、爱国民主人士，同盟会会员。日本东京宏文学院毕业，曾任天津《民意报》编辑，四川督军署（府）、四川讨袁军总司令部秘书，四川省参议会参议员，成都大学、华西大学、四川大学教授兼成华大学文学院院长，川北大学教授兼中文系主任，四川师范学院教授兼中文系主任，1954年任四川省文史研究馆副馆长。著有《孟子选注》《庄子补注》《史记附录稿本》等书。

京（平）、上海、南京那些地方来的教师，而外面来的这些教师，也不知道川大这些老教师的学问到底是个啥水平。任叔永呢，没有做好这两方面的沟通，太急了，某些方面呐，还是有值得商榷的地方。他把当时北京（平）、上海的好多教授请进来，好得很，但一个方面却是事实上忽略了川大的地方特色，忽视了川大原来教师的学术传统。一个大学没有自己的特色，只是跟到人家后面跑，咋个能办好呢？傅斯年、李济，包括朱光潜、刘大杰他们的治学方向，有他们的优长，但这种优长，具体到一个学校里面，怎么体现出来、落实下来，体现在哪一个方面，落实到哪一步，你做校长的是要有所考虑。回头看，拿川大中文系来说，几十年下来，到今天，真正在全国拿得出手的，还是那些传统的有优势的嘛，还是庞俊、向宗鲁、李炳英、向楚、赵少咸[1]他们的传统，就是今天来看，用任叔永当时的话说，特别是文科，那些当代学者对川大往后的学术走向影响不是太大。任叔永不要四川的四川大学，他要中国的四川大学，要世界的四川大学，目标好呀！但真正落实起来，我看还是要清楚，不能只顾目标，也得自己给自己有个全面一些的认识。1960年代初期，因为政策问题，高等学校要下放一些专

---

[1] 赵少咸（1884—1966）：语言文字学家。四川大学教授、中文系主任。主要著作有《广韵疏证》《经典释文集说附笺》。

业，我考虑陕西师大情况的时候，就想起来任叔永当年在川大的一些方略得失，不能不说还真是给我了一些借鉴，只是这种借鉴，我不能给谁说，悄悄地和傅子东①说过两句，他说我想得对。我跑去和赵守一私下沟通，把史念海②的历史地理砍掉了，师大以后还怎么搞？师大能有个啥？搞不成工作，也就没有必要在学校干了，坐机关算了。他说我冲动，也得看现实情况。赵守一说，不砍掉史念海，吴宓③到陕西师大的事情就只能算了，不用上会了，反正吴宓不来，告你招降纳叛、藏污

---

① 傅子东（1893—1972）：语言学家。1918年自北京大学毕业后到美国加利福尼亚研究院学习。早年曾参加孙中山领导的同盟会，1922年之后历任四川成都高等师范学堂（今四川大学）教授、校长，武汉大学教授、中山大学教授，国民革命军总政治部编审委员会委员、秘书等。1934年起在上海、北京养病读书。后任江油县（今江油市）修志局总纂、川北教育厅副厅长、文字改革委员会研究员、陕西师范大学教授、陕西省文史馆馆员以及陕西省政协第二、三届委员会委员。著作有《傅氏文典》《语法理论》《古代汉语语法大纲》《现代汉语语法大纲》。

② 史念海（1912—2001）：历史地理学家。历任复旦大学、兰州大学、西北大学、西安师范学院、陕西师范大学教授、历史系主任，陕西师范大学历史地理研究所及唐史研究所所长、副校长，陕西省历史学会第一届会长，民进中央委员、陕西省委主任委员。1956年获全国先进生产者称号。第五、六届全国政协委员。著有《中国的运河》《河山集》（一、二、三集），与顾颉刚合著《中国疆域沿革史》。

③ 吴宓（1894—1978）：西南师范学院教授，比较文学专家、诗人。清华大学国学院创办人之一。著作有《吴宓诗集》《文学与人生》《吴宓日记》。

纳垢的人少一条罪状,也行。你日子也能好过一点。赵守一的意思是让我选,只能选其一。站在陕西师大的角度考虑,吴宓从名气上比史念海当然大,但吴宓来陕西师大,对陕西师大长远的发展和史念海比起来,作用还是小一些。那时候的具体情况,我在下篇会讲得详细一些。接着说川大。

总的来说,我在川大读书那几年,遇到了学校格局的大变化。当时对我个人来说,好像也看不出来会有些啥子影响,但一遇到具体的工作,那种影响就一下子体现出来了。我举个例子,1943年我在绥德师范给学生带史地课,我的那个讲课的讲义,给学生发下去,就比较简单,基本上就是个大概的提纲,当然讲起来还是尽量地详细。这么上了一段时间课,同事给我提意见,说我教学上不认真,潦草,给学生发的讲义太简单。我不能过多地解释什么,其实我心里知道,我这个教法,还都是任叔永到川大以后改革的结果。任叔永来川大以前,老师的那些讲义不得了,给学生一发,课堂上呢,老师就讲他的讲义,念他的讲义,然后呢,考试挣学分,也是以讲义为准。这办法好不好呢?也不错。对老师来说,他搞的这个上课的讲义,再深入深入,就能出版,用今天的话讲,科研成果就有了。好处显而易见。但对学生呢,好像有些不大好,变成死学习了。我把你那个讲义吃透了,背会了,考试成绩通过,挣到学分了,但真正在学问上,这个学生又能得到多少呢? 真不好说。任叔永掌校的时候,就把过去川大老师给学生发讲义,作为教学方面改革的重点。任叔永要求教师呀,少给学生发讲义,多开些参考书,有个课程的梗概就行了,剩下的,让学生自己去图书馆找书去,自己先学,有问题了,和老师一起探讨。就是要发挥出学生的主观能动性来。我听说,任叔永甚至有了在川大废除讲义的动念,但这个动念真的施行起来,想必阻力也是不小。我上学的时候恰逢他的讲义改革,以文学院为例,一年下来,也就发个二三十本讲义,再具体些,我有个数字,是我复学时,在学校职员范午办公室看到的,只有3万多页,不到3.5万页。但比我高一届的同学,可不是这个数字,要五六十本,十几万页。川大讲义这么一改革,效果还真的不错,讲义就那么薄薄一册,也就是个提纲的样子,要想通过考试拿学分,过去那种背讲义的方法显然不行了,得根据讲义,自己去找书来看,看了书也不一定能懂,同学间讨论,课堂上向老师提问。老师也没得办法像以前那样整堂课整堂课地念讲义了,他得不断地回答学生的问题,答疑解惑。比如我从延安回来,落下了两个学期的课程,如果按过去那种特别重视教师讲义,考试就是考讲义,恐怕把功课赶上来,困难还是比较大的,厚厚几十本,背不过来,硬是死背。总的来说,我个人的一丁点体会谈谈:任叔永的讲义改革,从高等学校的教学上,走到了时代的前列,意义重大。为啥呢? 从20世纪初咱们国家的现代高等教育肇始,在教学方法上,对教师的讲义就特别重视。不仅仅是川大,北大这些学校也一样。学生对老师的讲义也重视得不得了,有时候教师的一本讲义,对学生后来的发展起的作用也相当大。比如姜亮夫①,他前几年80多岁了,我在杭州去拜望他,他还讲在成都高师(川大前身)念书的时候,林山腴②给他们学生发的《汉书》讲义对他一辈子治学的影响。但任叔永在川大,却把这个在全国高等教育界有着深厚传统的讲义给改革了,不得了呀! 教学理念上的天翻地覆,表面上看,是学生从被动学习转到主动学习上,实质呢,是对学生面对学问的一种学习能力的养成,用现在的话讲,就是培养了学生的科研能力。任叔永的讲义改革后来怎么样了,我也不清楚,但到我去了高等学校工作的时候,大致也还是传承了20世纪初重视讲义的传统,教师也都照本宣科,念讲义,念教材。学生科研能力的培养不

---

① 姜亮夫(1902—1995):历史文献学家、教育家。云南昭通人。历任第一、二、三、四、五届浙江省政协委员。姜亮夫的学术视野极为宏阔,在楚辞学、敦煌学、语言音韵学等领域均有建树,李学勤先生就此有"宽无涯涘"的评价。著作有《敦煌学论稿》《国学丛考》等。

② 林山腴(1873—1953):诗人。曾任清廷内阁中书、成都高等师范学校教授、四川省文史馆副馆长。著有《澹秋集》。

理想。我在陕师大、西大工作的时候,倒是也想过这个问题,但也仅仅是想想而已,我也来任叔永这么一下,牵扯面太大,动静太大,连私下给个别关系好的教师都没谈到过,人家能认真编讲义,能按教材讲课就不错了。只从这一点来看,我不如任叔永,没有他那个魄力。我在绥德师范教史地课,除了同事批评我偷懒不好好编讲义,我做教务科长,宋养初①还和我说,要把教师的讲义当重点工作抓。我只能笑一笑,抓吧。不好给谁说任叔永的讲义改革,我经历了,冷暖自知,之所以我在中央研究院、绥德师范读了马列的书,有那么一点小小的收获,从根源上讲,还是受益于任叔永的讲义改革。至于我后来在西大、北京钢铁学院、陕西师大带课,讲费尔巴哈,有一次赵伯平②到西大办事,刚好侯外庐在,我下课去见他俩,他俩和我

---

① 宋养初(1914—1984):1938年加入中国共产党。历任中共绥德县委书记、绥德师范校长、陇东地委宣传部部长。1949年后任建筑材料工业部部长、党组书记,国家计委副主任,国家经委副主任,国家建委副主任等职。中共十二大代表、第五届全国人大代表、第六届全国政协常委。

② 赵伯平(1902—1993):1927年加入中国共产党。历任蓝田县委书记,特委书记,抗日战争时期任宣传部、统战部、组织部部长,及陕西省工委书记,西北军政委员会劳动部部长,西安市委书记,中共中央西北局宣传部部长,陕西省委第二书记、省长,1960年代后任全国人大副秘书长、全国政协常委等职。

说完工作，侯外庐突然问我，你上课怎么就拿片纸，没讲义？赵伯平还给我打圆场，说我最近太忙。侯外庐把我那片纸拿过去，看了看说，你上课就讲一句话？我笑笑，也没说话。后来我走的时候，侯外庐说，你好像是川大的？我说是。侯外庐说，哦，那就对了，任叔永的学生，知道，知道。侯外庐说完笑了，我也笑了，心照不宣。

而且这时候，因为任叔永治校理念与过去川大传统的大不同，课程设置上也是做了很大的调整。当时，川大有个刊物，叫《川大周刊》，上面就发了一篇任叔永的讲话，大概意思是说，大学生的学习重点呐，不在于你要有什么专门的研究，最主要的还是要求得研究学问的方法。而要达到这一点，除了要求教授对学生进行指导以外，更重要的是学生对基础课的学习。所以，当时在川大，你不管是理学院的学生还是农学院的学生，或者法学院的学生，英文就很重要了，都得学。他把英文当成重点。再一个就是把国文和英文的位置摆的一样重要，无论你是理学院、法学院、农学院、文学院的学生，都得学。对具体专业课的设置，还是讲求基础。基础是啥子呢？就突出两个字，一个"广"字，一个"博"字。比如说，中文系的大学生，具体将来兴趣是个啥，那是将来的事情，你先得啥子都要接触一些，接触都没有接触过，怎么能知道将来在哪方面能有兴趣呢？

文字学、中国文学史、文学概论、欧洲文学史、声韵学、古今诗选、经学通论、诸子通论、训诂学、古文字学、经学专书研究、古声韵学、中国文学批评史、词学通论、专家文、现代文学、诗经、词选、史传文、诸子专书研究、尚书研究、语言文字专书研究、中国学术思想史、辞赋研究、曲学通论、校勘学、语言学、专家诗、曲选这些课，算下来要有30来门。这么几年接触下来一遍，如果要去搞研究，成专才，最少在兴趣方向上还是能有一定的把握了。中文系以前的课程不是这样，它那个讲经、说文、训诂很厉害，但另一方面呢，中文系的学生连萧伯纳是何方神圣都不知道，也成了笑话。因为任叔永，最少让川大中文系的学生知道还有个萧伯纳，了不起的进步。是任叔永来川大以后，中文系才有了中国文学史、外国文学、现代文学史这些课。

前几年，20多个当年川大的同学，聚到北京，在教育部开了个座谈会，同学们在一起，除了讲当年搞抗日救亡之外，也说到了任叔永，说到了当年的学习情况，大家还是很感念任叔永，他掌校，仅仅从课程的增添上，就让我们有了相对于当时来说更宽的眼界。虽然那个时候，一边读书，一边还要搞救亡工作，但同学们的学习成绩其实都不错，只是呢，后来大家都没有向着学术研究的方向走，搞了行政，特别是有些在学校和

1984年郭琦(第三排右起第二)与川大老战友(第一排左起)邓照明、李冰洁、胡绩伟、韩天石、郑伯克、于北辰、林霁霞、胡朝芝,(第二排左起)缪海稷、鲍贯洛、黎强(李碧光)、张映吾、熊复、王怀安、卢吉茵、倪受禧,(第三排左起)陶然、郭治澄、王唯章、王潞宾、张启钰、丁洪等在教育部参加座谈会,合影留念。

研究单位搞行政的同学,退下来再想做些具体的方向性的研究,又来不及了。比如于北辰①,基本上也一直在学校工作,他给我说,想做些高等教育学方面的研究,精力上不行了。再有邓照明,他当时在理学院,成绩拔尖,英文还特别好,平时就好读书,善思考,尤其是实验做得好,吴大猷就很看好他,他要是当时不搞救亡运动,听了吴大猷的话,去欧洲留学,恐怕他在理论物理学方面还是很能取得些成绩的,包括后来进城,他长期在核物理领域工作,若不是做行政管理,去搞研究的话,有些成绩当然不是问题。但是呀,我们这些同学在学校、科研单位搞行政工作,因为有川大的这个学习经历,打下了些微的基础,在学校、科研单位从事知识分子工作多多少少还有益处,最少能和知识分子说上话嘛,不至于沟通起来太过于被动。

至于说到我本人,也不是我没有自己的想法。我这个想法说起来还话长。1940年的时候,我四年级,该毕业了,准备论文,可春天的时候,成都突然发生了抢米事件,这是个大事件,

---

① 于北辰(1915—2008):1938年加入中国共产党。教育家。历任内蒙古大学校长,山东海洋学院院长、党委书记,中央教育行政学院(现国家教育行政学院)常务副院长兼党委书记,中国高等教育管理研究会理事长,内蒙古教育学会名誉会长,内蒙古社联副主席,中国高等教育学会常务理事、秘书长。

是国民党在四川发动反共高潮的标志性事件。把罗世文、车耀先都抓起来了。还有洪希宗①也被抓了，他以前和我一起在天明歌咏团工作过，这时候正担任《新华日报》成都营业部经理的职务。事情一出来，党就开始紧急组织撤退。我就在这个撤退的名单里了，原因也简单得很，我在川大算是"红"了的人嘛。但是呢，我那篇论文第一稿都写完了，有个十来万字，交给了指导老师向宗鲁正在修改着。外文系的张启钰跑来找我，让我啥东西都不要收拾，立即离开学校躲起来，等通知去延安。我问张启钰去不去延安，他说他不去，到下面去做县委书记的工作。说完他走了。我想着离开学校先回家，可想了想，我跑到宿舍找了王利器。因为王利器的论文也是向宗鲁在指导。

我拉上王利器出学校，直奔向宗鲁家。去了也不敢多说话，问向宗鲁把我论文改得咋个样子了。向宗鲁是个很认真的老师，他让我先坐下，把论文拿出来，交给我，里面被向宗鲁批改的地方不少，他说我这个论文还有些名堂，把外戚综合起来讲西汉的政治史，还洋派些。我说，我有急事，来把论文取走，改好了再给他寄回来。向宗鲁把论文交给我说，那就快些。

---

① 洪希宗：革命烈士。曾任成都天明歌咏团支部书记，《新华日报》成都分馆经理。

我叫上王利器，是想让他帮我把论文改一改，交了。出了向宗鲁家，我就给王利器说了这个意思。他说我这个题目他不好改。我想想也对，就给他说，我改好寄回来，要是向宗鲁再要有什么修改的地方，请他帮忙改。说完，我赶紧自己走了，王利器也没问我要到哪里去。等再见他，都是十几年后的1950年代了。

当时，我拿着我的毕业论文，背个包袱，提个铁皮饼干桶，饼干桶的最里面油布夹层里放着组织的介绍信，和一位姓李的医生，还有萧枫，我们三个人急忙离开成都，往延安去了。到西安，住在八路军办事处有个把月，一个是等去延安的车，再一个萧枫和李医生组织上还要有个谈话、审查之类的手续，我就有时间改论文了。基本上改好了，有一天林伯渠在院子里碰到我，问我一天躲到屋头干啥呢？我说改论文呢，他说让他翻翻。过了两天，他又碰见我，说你这个人怎么这么没有脑子。我一愣，不知道林伯渠啥子意思。他说，你都不想一想，你不辞而别，把论文寄回学校，学校还咋个能让你毕业？我想着那就算了吧，所以这个论文我一直都带着。到1947年春天从延安撤退，乱得很，精简精简，尽量把随身的东西都少带些。但我还是把我的论文带着，被李卓然看到了，他问我是啥东西。我说是写的文章。李卓然开玩笑说，么子文章那么重要，我看看。

我递给他，他看了两页，半开玩笑地说，比较重要，比较重要，你给柯华，让他把你的文章和我的文章、日记一块埋了。将来回来了，叫新华书店给你出版了。我把论文交给柯华之后，他是真埋了，但也从此埋得再也没有找到。到了1980年代初，我请王利器来西大讲课，他那天一下火车，见到我就递给我一本书，一看是中华书局出版的《风俗通义校注》。我就问王利器，咋这么多年了，你把你的毕业论文出版了？王利器说，放在那里也放不出个啥名堂，改了改，出了。我就说，你改了改出版了，当时说好的你帮我改改，你咋个子不改？我是逗他，王利器却很认真，说你就没有寄来嘛，我整天跑到向老师家去问，他也天天问邮差，始终就没有收到。我说，开玩笑呢，埋到延安找不见了。王利器还给我说，向老师临去世前，提过几次我的论文，说咋个没寄来，论文有名堂。所以呢，我也就萌生了些想法，前两年搞了好些基础工作，做了些卡片，到去年冬天我住院，开始动笔，依据当年的论文，我是要写五本关于汉史的书，开了头，让孙女郭平帮我誊抄了一些，精力上就确实不行了。年龄不饶人，要搞研究，恐怕不可能了。遗憾是有，但也不后悔，为啥呢？组织上让我搞行政工作，我得尽力把行政工作搞好嘛。

大致我在川大的学习情况就是上面讲的这些，许多的事情都记不大清楚了,算个大概,不成系统。

下来我讲一下在川大,组织上分配给我工作的一些事情。

我从鲁艺回到川大之后,在校内校外主要搞的一项工作就是恢复天明歌咏团,利用天明歌咏团,搞抗日救亡宣传活动。

天明歌咏团在1938年开始,有一年左右时间处于停顿状态。主要原因还是天明歌咏团的人都走了……我和曾凌去了延安,丁洪去了吴雪①他们的旅外剧团,陈柏林去了阎锡山的二战区。到1938年年底,1939年春天,我们这些人又先后从延安、二战区阎锡山那里回来之后,组织上即决定,恢复天明歌咏团的活动。曾凌、叶冷、我三个人具体负责。社会上我主要搞,川大里面也组织了天明歌咏团的分支组织,叫川大歌咏团,也叫抗敌后援会歌咏团,我也负点责任。这次天明歌咏团恢复活动,和以前不同,在天明歌咏团里面建立了党支部,开始是邓照明当书记,后来是陈柏林和我,还有洪希宗。

---

① 吴雪(1914—2006):1938年加入中国共产党。1940年到延安。历任延安西北青年救国会总剧团团长、延安青年艺术剧院副院长、东北文工团二团副团长、中国青年艺术剧院副院长、院长,文化部电影局副局长、局长,中央戏剧学院党委副书记,文化部副部长。主要导演、主演作品有《塞上风云》《雷雨》《伪君子》《上海屋檐下》《抓壮丁》等。

在社会上,我通过关系,为天明歌咏团建立了两个联络点,一个是益民书店,再一个就是战时出版社。选择它们的原因,除了地方可靠之外,主要考虑当时党组织没得啥子经费,你想要也要不来嘛,组织上也穷。但要开展工作,没经费是个大问题。大家都是学生,没有啥子收入,家里给的钱在仅仅维持个人生活之外,往往都垫到党分配的工作中了。所以,有时候在我家开会,开完会,饿了,我母亲给我们做饭吃,但我的弟妹多,总吃也多有不便。我就问我姐姐要钱,说革命胜利以后,我还给她。我姐姐给我两块钱,大家出去吃饭。革命胜利了,那个钱到现在我也没有还给姐姐。

所以,天明歌咏团要展开工作,经费不能不说是个大问题。组织大家唱歌,教大家唱歌,最基本的是要把我和曾凌从延安鲁艺带回来的那些歌曲的歌单印刷出来,发给大家。还不能印刷少了,少了,没法子发展更多的人。更不能印得不好看,像延安那种纸印出来的歌单,发给人家,没人要。要印刷得精美漂亮,让人爱不释手。人家跟着国民党、青年党搞抗日救亡的学生,经费比我们多,他们搞音乐活动,印的歌单就好看得很。我们得想办法印得比他们的还要好。这个办法就是想到了益民书店和战时出版社,请人家给免费印,印的时候,把书店的名字印上去,算是给他们做广告了。不过仅仅靠这两家,还是不行。我就去到电讯局联系电讯歌咏团。这个电讯歌咏团是由电讯局的职员组成，他们有收入，收入还不少，我就和他们的头头讲，我免费给你们指挥，免费给你们教唱歌，你们呢，给我们点经费，帮我们印刷歌单。电讯歌咏团的头头一听，好嘛。一拍即合。用电讯歌咏团经费印出的歌单，可不得了，正规得很，每首歌都是用硬卡纸印刷的，一发出去，就会被抢光。当时，天明歌咏团搞活动，已经不局限在成都市区内，温江、郫县、灌县、新都、简阳、广汉这些地方都去，好多人都冲着这个歌单来听我们演唱，听完了，还要带走歌单。这么一来，天明歌咏团在成都的影响力又大了，比1937年的时候还大，很快就成了成都几十个歌咏团里拔尖的。

这时候，在英国伦敦召开了一个国际会议，叫国际反日援华特别会议。这个会议国民党重视，共产党也重视，星芒社、《大声》周刊、工人生活社这些团体出面，在少城公园组织了一个大型的集会活动，到晚上举行全成都市的火炬游行。我们天明歌咏团全体参加。特别是在晚上，火炬游行这个过程中，我们歌咏团全体出动，走在最前面，为身后几千人的游行队伍领唱抗日歌曲。当时那个场面呀！确实大，轰动得很。关键还是火炬游行，几千人，每个人手里都拿着火炬，把半个成都的天照得红彤彤的。你处在那样一个情景、那样一个气氛中，是无

郭琦姐姐郭芝先对其革命工作多有资助。此为郭芝先1930年代留影于成都。

法不激起抗日的热情，人人热血沸腾，形成这样一个氛围、气势，抗战必胜的信念就油然而生了……客观地说起来，抗战初期，国民党政府虽然组织了几场大的战役，淞沪会战、武汉会战、长沙会战，还有山西、华北的正面战场，打得不是一般的艰苦，付出的代价也不容忽视，惨烈当不为过，但还是败多胜少，必然影响士气，更影响老百姓抗战到底的决心。不是说只有国民党政府里面有些人有恐日情绪，在普通老百姓里面，有恐日情绪者亦不在少数。再加上汪精卫从重庆，经过越南跑到南京成立伪政府，和日本人媾和等。在这些情况下，大后方的老百姓普遍还是支持政府抗战到底，尤其是四川的老百姓，不管是在战时的税收方面，或者应征入伍等，和全国其他地方比，作出的贡献更大些。有人说，这是四川的老百姓觉悟高。说得有道理，但这个觉悟是哪里来的呢？我看呀，是我们党在大后方直接领导的抗日救亡宣传活动带来的。

我在延安，记不大清楚是在抗大还是鲁艺的时候，学习了毛主席的《论持久战》，对抗日战争有了一个认识。回成都，我、杨天华、曾凌、陈柏林几个人在我屋里头学党的文件，其中《论持久战》学习了多遍，感触很深，毛主席是不得了的大战略家，以前我们也看过、听过蒋百里、白崇禧、陈诚或文章、或演讲的关于对日持久战的论述，但比起毛主席，距离差得还远。毛主席的《论持久战》，尤其是把中日战争的未来走向，科学地、客观地说明白讲透了。中日战争不能以一城一地的得失来计算，其最终的结局是中国必胜。给我们指明的抗战的前途，使得我们这些人在思想上，从此再未动摇过抗战必胜的信念。我们就想，咋个子能让大多数的老百姓知道毛主席的这个思想呢？人家老百姓大多数连字都不认识，你把《论持久战》塞到人家手里头，没得用嘛，撕了包瓜子都有可能。1940年我撤退去延安，从宝鸡坐火车，我就看到有一本关于宣传三民主义的小册子，被卖瓜子的撕了，包瓜子。浪费。当然了，报纸的形式也好得很，问题是能看报纸的有几个人？还是少数。我的意思是说，搞党的宣传工作要解决三个问题：第一，要对当前的形势有一个清醒的认识；第二，要清楚宣传工作的目的；第三，要认识到宣传工作的对象。几年前，我在省立第一师范搞抗日救亡宣传工作的目的是啥？就是最大限度地唤起所有大后方老百姓的抗日热情，呼吁国民党政府抗日。现在的情况是让老百姓不能恐日，这是形势。坚定抗战必胜的信心，这是目的。对象没有变，还是老百姓，老百姓是啥？是文盲率占比高的人群，看报纸肯定不行，还是得用其他办法，歌咏、戏剧、大型的群众集会、游行活动这些方式的效果还是好，深入人心。

可以说，中国共产党在这场争取民族自由与独立的反侵略战争中，不仅仅建立了众多的敌后抗日根据地，它领导下的大后方抗日救亡宣传活动，在凝聚民心、坚定老百姓抗战必胜的信心，为抗战时期中国有一个稳定的大后方，最终赢得胜利方面所作出的贡献，起到了相当的作用，这一点有目共睹，连当时的国民党也不得不承认我们抗日救亡宣传活动工作的不可替代性。

我讲两件我经历的事情，旨在说明，我们党领导下的抗日宣传力量，在大后方的不可替代性。

从九一八事变之后，青年人是群众中要求抗战的主要力量，中国共产党在其中起到了一个组织和领导的作用，"一二·九"运动即是如此。到了七七事变之后，更是这样。国民党当然能看到这一点，它也要把青年人组织起来。1938年上半年，国民党组织的三民主义青年团应运而生。三青团在组织机构上，大部分是复兴社和CC系那一些人，比如陈立夫、康泽他们。他的团长由蒋介石亲自担任，书记长是陈诚[①]、

[①] 陈诚（1898—1965）：保定军校毕业。历任黄埔军校特别官佐、国民革命军第十一师师长、第十八军军长、第十五集团军总司令、军事委员会政治部部长、武汉卫戍总司令兼湖北省政府主席、第九、第六、第一战区司令长官、中国远征军司令长官、军事委员会军政部长、国防部参谋总长、台湾省省长等职。

张治中①。三青团在抗战初期那几年，公正地讲，做过一些对抗战有利的事情，在安置沦陷区逃往大后方的青年方面、在各个战区，组织了战地服务团，都搞得颇有成效。但三青团总的核心的思想不行，还是把"一个主义、一个政党、一个领袖"这一套法西斯主义的东西作为对青年人主要的精神训练和生活训练。所以呢，三青团本质上要搞好抗日救亡工作的局限性也就显而易见了。和共产党比起来，高下立见。1939年年中，三青团在成都少城公园要搞一个大型的群众歌咏活动。这个活动表面上看起来，是个抗日救亡活动，很正常，但实质上，它是要向成都各界表明，成都的抗日救亡宣传活动，是在三青团领导下的。三青团组织的那个歌咏团的领导人是王云阶②。王云

---

① 张治中（1890—1969）：国民革命军陆军二级上将，政治家、军事家、爱国人士。1932年"一·二八"淞沪抗战时任第五军军长。1937年11月任湖南省主席。1938年因工作失误导致"11·13长沙大火"事件而被革职。1945年，调任国民政府军事委员会政治部部长兼三民主义青年团书记；1949年，致电陶峙岳将军和新疆主席包尔汉，促成新疆和平解放；1949年后，历任西北军政委员会副主席、全国人民代表大会常务委员会副委员长、中华人民共和国国防委员会副主席、政协全国委员会委员、中国国民党革命委员会中央副主席等职。

② 王云阶（1911—1996）：作曲家。曾于上海艺术大学、人文大学、清华大学随同库普卡学习音乐。为电影《新闺怨》《万家灯火》《丽人行》《三毛流浪记》《林则徐》《阿Q正传》等影片配乐及创作交响乐、室内乐和歌曲。其

阶是个有进步倾向的音乐家，参加过冼星海的"星海歌咏队"，武汉失守后，他到成都，在阎锡山的那个从二战区迁来的西北电影公司从事电影配乐工作。王云阶当时写的抗日救亡歌曲，客观地说很不错，名气大，还有人说他就是中国的莫扎特，评价高。解放以后，他还在上海继续做电影配乐工作，《三毛流浪记》《阿Q正传》《林则徐》这些电影的主题曲，都是他做的音乐。三青团组织歌咏团，叫王云阶来牵头，起点高，起码就压了我们天明歌咏团一头。毕竟像我和曾凌、陈柏林、邓照明，在音乐专业的造诣上比不过人家王云阶，名气也没有人家大。但是王云阶他也知道，他要带领三青团的歌咏团，牵头组织一个能体现整个成都歌咏水平的这么一个大型活动，没有我们天明歌咏团参加，就算不得成功。天明歌咏团人多嘛，有好几百人，而且在群众中的号召力，比起三青团的歌咏团来说，优势也明摆在那里。

王云阶和我、陈柏林在以前的活动中也都认识，他跑来找我俩，说要在少城公园搞活动，请天明歌咏团参加。我和陈柏林没有当面答应他。随后，就和曾凌、邓照明一起开了个支部

中歌曲《小燕子》(《护士日记》插曲）获第一届当代少年儿童喜爱的歌奖。《六号门》作曲获1957年文化部1949—1955年个人创作三等奖。著作有《音乐与管弦乐配器法》《论电影音乐》。

会议，讨论这个事情，结果是要参加，但不能让三青团把我们给领导了。只是你不希望三青团来领导，你是不能跑去给人家说，我参加，但你不能领导我。这个说不通。支部就决定，让我去接触一下流亡到成都的武汉歌咏团，还有青年会歌咏团。他们表示要参加这个活动，但要作为独立的团体参加，要唱什么歌，自己决定，不由三青团来决定。我回去，把这个情况给支部几个人说了，大家一研究，决定要明确告诉王云阶，天明歌咏团可以参加，但这个大型的歌咏活动不能以三青团的名义来举办，天明歌咏团所唱歌曲，由我们自己定，三青团不能来干涉。过了两天，王云阶通知我们，说要把成都十几个歌咏团的负责人召集到一起，商量一下。支部决定让我去。我去了以后，王云阶讲了三个问题：第一，歌咏大会的名字叫"成都歌咏大会"；第二，会议开始的时候，要唱"三民主义吾党所宗……"这么一首国民党的党歌；第三，要求每一个来参加大会的歌咏团都要唱他写的一首歌《东北，我们的家乡》。在会上，我没有就王云阶这三个问题发言，而是在会后，我告诉他说，老王呀，唱你的歌可以，你那首歌主题好，应该唱。至于大会的名字，也行。但第二条，我看就算了，现在教大家唱，好像也来不及，唱得不好，影响党的形象呢。

王云阶说他可没有权力取消大会开始唱党歌。他给我解释说是上头定的。

我说，你给上面反映嘛。

回去，我把情况在支部会向大家汇报，大家再讨论，仍然是决定不能唱他那首党歌。

集会那天，果然，三青团的四川书记长任觉五①讲话之后，就开始让全体唱党歌。我们是提前商议好了的，天明歌咏团，以及天明歌咏团召集来的其他几支歌咏团都站在那里，不开腔。任觉五看见了，但当着那么多其他的歌咏团，他也不好发作，眼睛一个劲地往我们这边瞅。三青团他们的歌咏团把党歌唱完，我们开始唱自己选定的歌曲，之后，也不停留，整队走到四川保路纪念碑前唱救亡歌曲，围观我们的群众很多，比围观三青团歌咏团的群众要多得多。群众多了，我们也就不再单方面地唱，和群众互动起来，教大家一起唱歌。曾凌、邓照明、我、张万禄几个人还给群众讲每一首救亡歌曲的创作背景，让大家明白唱的这些歌到底是咋个一回事。比如讲《在太行山上》《游击队之歌》等，很自然地就把八路军开辟华北敌后战场建立根

---

① 任觉五（1900—1994）：先后就读于南开大学、中央大学，黄埔陆军军官学校第四期政治科毕业，后赴日本明治大学留学。历任中国国民党中央革命实践研究院副主任、中国国民党中央委员、中央评议委员、国民政府台湾省党部主任委员等职。

据地在整个抗战中的重要地位说清楚了,也同时把毛主席的持久战战略思想传递给了群众。群众一听就懂,热情很高,觉得只是在保路纪念碑这么一个地方唱没得啥意思了,大家自发地要求到大街上去游行,去高歌抗日救亡歌曲。我们这边一行动,三青团的歌咏团见人都走了,觉得不是个事情嘛,他怎么办呢?跟到我们队伍后面,也参加游行。

在成都的抗日救亡宣传歌咏活动中,天明歌咏团在共产党的领导下,成为抗日救亡宣传活动的主阵地,三青团和我们比不了,不过它的那个特务工作做得好,搞些破坏是行家。

我再讲第二件事情。

讲第二件事情,先交代一下我个人对中日战争的认识。九一八的时候,我14岁,唯一的感受是日本占领了中国的国土,是侵略,国民政府领导人蒋介石太软弱。因为这种认识,才有了我参加救亡运动的一个思想基础。这种思想,在我看来,是我们这一代青年人的一个普遍的思想。根本谈不上对日本具体的军力、国力有啥认识。而对咱们军队的情况,也没个啥认识。就是些丘八嘛,甚至到了川军出川抗战,部队穿着草鞋上前线,也认为这是天经地义的。根本不知道日本兵不穿草鞋穿皮鞋。到1943年,我在绥师教书的时候,有一天我和陈柏林在绥德城里转,见到一二〇师的战士把几个日本俘虏往延安转送,陈柏林看见说，嗨呦！龟儿子一个个穿的都是皮鞋。八路军，还有国民党的部队，士兵没得皮鞋穿，有两双布鞋带着，就算是奢侈了，反正一比较，草鞋和皮鞋的差距，也是日本和中国部队装备的差距。多讲一句，抗美援朝的时候，秦川和辛树帜①跑到朝鲜战场慰问志愿军。他带回来些缴获的美国罐头、巧克力、口香糖给大家伙开洋荤。赵伯平吃那个口香糖，嚼了嚼咽了，被戴临风看见，当成笑话讲。张军还不明就里，说口香糖就是糖嘛，为啥不能咽？罐头、口香糖、巧克力志愿军吃不上，刚开始主要靠吃炒面，秦川他们去的时候，伙食有些改变，但比起美军，差得也太远，这都是双方部队装备实力对比方面的问题。所以，我说军队之间对比的目的，是要说清楚，那时候，我，也包括我的同学们，对中国部队的了解，对日本部队的了解，从一开始，真实的情况就是没有个啥认知，没有认为日本的部队就特别凶，也没有认为咱们的部队就不行。七七事变之前，长城抗战、绥远抗战，我们这些年轻人也都有组织地在成都给前线声援，捐款。等到全面开打，国民党在正面战场打得很是惨烈，蒋介石把德械师都用上了，战绩却让人失望得很，

---

① 辛树帜（1894—1977）：农业教育家、生物学家和农史学家，毕生致力于科学、教育事业，为中国西北的农林教育和科学事业奉献了大半生心血。晚年从事农业科学、古农学研究，撰有《中国果树历史的研究》等著作。

咱们军队还是不行,对日本军队反击的决心再大,武器装备、部队的单兵素质,整个国力和日本比,差距太大。淞沪会战、武汉会战、长沙会战回头来看,战略意义巨大,但对普通人来说,只能看到的是军队在一味地撤退撤退再撤退,失地千里。同时期,共产党的敌后抗日根据地,也是才刚刚建立,以后是个啥样子,大多数人当时看不来,能有战略眼光的人不多,我也看不来。

武汉会战之后,倒是有一个同学王怀安,他有眼光,我们一起摆龙门阵,他说武汉会战把日本人速战速决的战略意图粉碎了。王怀安最早这么讲,比报纸上要早。当时我周围能说这个话的人,唯有他一人。还有一个人,眼光也很厉害,是曾凌,他和我说共产党根据地的建设,是在为中国的未来确立一种模式,是未来新中国的样子,很具有前瞻性了。我俩一块在抗大,和老红军有过接触,从他们口里知道些根据地苏维埃的情况,我有点意识,觉得苏维埃那个模式,和老百姓的具体情况还是有距离。就是到了解放之后,1950年代中后期,人民公社化,邓照明不搞原子弹的工作,跑去四川搞调研,回北京路过西安我俩见面时,我问他四川人民公社咋个样?他说怪话,哪儿来的人民公社嘛,就是人民母社。

我扯到王怀安、曾凌、邓照明、陈柏林,其实是讲我们这些人，从少年到青年再到中年，面对自己所处的时代，对一些重大问题的认识，总还是有着些看法。

掉转头接着谈抗战这一时期，说到具体战争的话题，我们平时一来谈得不多，二来即使涉及也多数一句话带过。总体上说，谁也没有认真思考过这些问题，甚至也没有想到过，特别是在大后方还是比较关心眼前的问题。处在大后方，中日之间的战争，我们最关心的是啥？地面部队离我们远，战争对我们来说，就是报纸上报道的那些。摆在我们眼前的战争，换句话说，和我们息息相关的战争是啥？是空袭，是日本人对我们的轰炸，和我们的空军与日本空军的搏杀。

我刚从延安回到成都，成都就遭到了日本空军的轰炸。后来，也有零零星星的轰炸，规模不大，但到了1939年6月中旬，来了几十架日本轰炸机对成都进行轰炸。这一次轰炸惨烈极了，当时曾凌骑个自行车，带着我，正经过东大街到我家里去取前两天印好的歌单。

防空警报突然响了起来。

成都那时候的防空洞挖得不是太多，不像重庆，多山，有洞子。我俩一听警报响了，和路上的老百姓一样，先是慌了一下，停下来看天，天上啥也没有，然后突然地跑，也不知道往哪里跑。曾凌把自行车骑得飞快，我坐在后面，拽他，叫他停

"六一一"空袭。民国二十八年（1939年）6月11日19时30分，日机27架夜袭成都，在盐市口一带投掷炸弹、燃烧弹百余枚，致使盐市口、东大街、东御街、提督街、顺城街一带繁华市区燃起大火，顷刻间变成断壁残垣，一片焦土。军警及成都市防护团赶赴现场抢救，但因火势太大，直到次日晨5时才完全扑灭。据不完全统计，此次轰炸军警和防护团员在抢救中牺牲34人，市民被炸死近200人，被炸伤400余人，房屋损失达4700余间，损失极其惨重。

下来，他不停，继续飞快地骑，骑着骑着，日本空军的九七式重型轰炸机到头顶了，然后炸弹下来，爆炸声接连不断，房子紧跟着起火……我们只有挨炸的份儿。可恨的是，日本空军轰炸成都，根本不遵守什么国际法，是无差别轰炸。东大街有什么军事设施？盐市口、提督街、东御街、顺城街这些地方有军事设施？都是商业区，居民聚集区。它炸的就是老百姓。等到日本飞机走了，我和曾凌居然没有按过去学习的军事知识卧倒，而是莫名其妙地一人抱着一棵街边的树。曾凌抱的那棵树上，我看见树枝上乱七八糟地挂了些烧焦的棉被絮，树顶尖尖上，竟有一只蓝云纹的绣花鞋，晃悠晃悠，掉下了，砸在曾凌的脸上，东大街满目疮痍。曾凌从地上拾起那只绣花鞋，还嘟囔着说另一只鞋呢。曾凌手上拿着绣花鞋，东看看西看看，我问他看啥呢？他说自行车咋不见了，咋连个影子都看不见。

……我俩只能步行回我家，一路无语，所见俱是断壁残垣，死伤盈目……走到槐树街，所幸我家没有挨上炸弹。

这一次日本空军对成都的大轰炸对我印象太深刻了。民房被炸毁6000多间，死了好几百人。这是我亲见亲历亲闻的日本空军对我们的大轰炸。因为它的这次大轰炸，川大在成都办不下去了，全校搬迁到峨眉山躲起来，继续办学。

成都被轰炸后的这个晚上，我和曾凌实在睡不着，到街上转,刚刚被轰炸完,着火的房子还冒着烟,但是街边卖担担面、卖汤圆的小摊摊竟然还摆着,三三两两的,有人吃。我俩也要了一碗,伙着吃。卖汤圆的是个中年人,话多,他一边卖汤圆,一边骂日本人。有一句话,我到现在都记着,他说,狗日的轰炸老子,想把我的摊摊炸掉,做你龟儿子的清秋大梦,老子天天卖,日他妈板板,看你炸得倒老子不能?狗日的把老子炸死喽,老子还有儿子、孙子,天天晚上还要摆起摊摊,卖汤圆。

卖汤圆的这个话,很是触动我,白天日本空军的轰炸,吓不倒普通老百姓。一回到家,摊开纸笔,我写到天亮,完成了《反轰炸进行曲》的创作。天亮,我喊起曾凌回学校,找钢琴,想着把我写的《反轰炸进行曲》弹一遍,听听效果。可琴房已经找不到了,只剩下小半边墙,钢琴一塌糊涂地炸成了废铁。掉头去找邓泽,把曲子给他,让他用二胡拉一遍。进行曲用二胡拉,开玩笑嘛,没得一点效果,后来,还是王怀安找了一把提琴,邓照明拉了一遍,他拉得就不行,水平不行,凑合着听了两遍,我也没有修改,跑去基督教青年会的歌咏团,他们那里西洋乐器比较全,乐队的水平在成都算好的。他们的负责人虽然和我们天明歌咏团的信仰不同,但在抗日救亡方面高度一致。他们的负责人平时和我联系得也比较多,见我拿出《反轰炸进行曲》，连连说全力支持、全力支持。果然，半个来小时乐队的人就凑齐了。基督教青年会歌咏团的这位负责人把乐队交给我，让我指挥。我指挥乐队，合奏了几遍之后，即决定下午就去保路纪念碑演奏。去之前，我说，这次演奏《反轰炸进行曲》不能像过去咱们搞活动，你们要先来搞个弥撒曲。这次只能单纯演奏我作的曲子。这位负责人说，没问题，就单纯一个《反轰炸进行曲》，不演奏弥撒曲。

我和乐队成员到保路纪念碑大概是三点多钟，一遍一遍地演奏，连续演奏了四五个小时，围观的群众依然不少。快结束的时候，来了两个人，一个是任觉五，一个是康泽，他们是王云阶陪着来的。我站在台子上指挥，看见他们听完，鼓掌，显得热情很高。然后他俩就不见了。等活动结束，他俩又来了，直接向我走来。任觉五手一伸，要和我握手。康泽过来拍着我肩膀，说我辛苦了。我不清楚他俩找我啥意思，打哈哈。任觉五说，你是学中文的，对音乐还在行，你这个指挥气势很大，跟谁学的？我说是跟叶伯和。康泽说，你这样的年轻人为抗战贡献力量，用音乐鼓舞民众，其行可嘉。说完，他递给我一张他的名片，说有事来找他，他就喜欢和我这样的年轻人交朋友。将来有机会，兄弟保送你去美国学音乐。旁边的任觉五帮腔说，康先生是三青团总团的组织处处长，像你这种有为青年，应该吸收到三青团来。

我应付着这两个大特务，说我只想驱逐日寇，好好读书，音乐是业余爱好。

康泽说，年轻人好好读书是好事。末了，他给任觉五介绍说，听口音我是成都人，从时间算，我是他的学生，1935年成都高中学生军训，他应该参加了。任觉五说，有师生情谊，好，好呀，一家人，咱们是一家人。

他俩云山雾罩地围着我说这些面面话。我说，我还要回学校，明天还要上课。

任觉五说，那就不打扰了。递给我一张他的名片，说让我近期有空了一定去他家，他要和我谈谈。说经蒋委员长批准，政府把8月14日定成了空军节，要在成都搞一个大型的活动，到时候，蒋夫人、周至柔、毛邦初、陈诚这些人都要来参加，希望我在活动中，担任歌咏合唱的总指挥。说着，指了指一直站在旁边的王云阶，说他们电影公司还要全程拍摄电影，拍好了向全中国发行，向欧洲、美国发行，让全世界都知道中国人民的抗战决心，知道中国空军的不屈与英勇。

本来，我没有接他给我的名片。但听他后面两句话，我把他手里的名片接过来，告诉他，我有空去。

任觉五、康泽刚一转身走了，曾凌和邓泽、邓照明拽我，说我咋个这么没有脑子，怎么能答应去任觉五家呢。

我也有些后悔，不吭气。邓照明说，答应都答应了，下来再说。

天明歌咏团支部开会，我是支部书记，先把情况给支部的同志们说了，检讨了我贸然答应的不妥。大家商量接下来该如何处理这个事情，讨论来讨论去，能有啥结果，这么大的事情——去见三青团四川的书记长任觉五，他还是蒋介石十三太保之一，复兴社核心组织力行社的骨干、负责人之一。去见任觉五，这恐怕也不是一般的统战工作的问题，天明歌咏团的支部显然是做不了这个主，决定不下来。最终大家把意见统一了一下，决定让我和曾凌赶紧去找上级汇报，直接找邹风平同志，他当时正担任着川康特委副书记。

我和曾凌一见到邹风平，他不等我俩说话，劈头盖脸就凶我们，杨天华怎么没来？郭先泽，你这个私相授予的抗大同学会的副会长和秘书长曾凌来干啥子？怎么把杨天华吓跑喽，不敢来见我了？他那个胆子，还当什么抗大同学会的会长，乱弹琴瞎胡闹。

我赶紧解释说，昨天不是大轰炸嘛，本来晚上是要来的。

邹风平根本不听我的解释，继续凶我们，少找些理由，你们几个人太没有组织纪律性了，还敢不经组织允许，在党内搞什么小团体，把国民党那一套搬到共产党里了。搞小团体，想干什么？抗大同学会是组织上成立的，毛主席题了词的，你们几个人聚个堆堆，不经上级批准，就成立了四川抗大同学会？胆子也太大了。今天，你俩必须给我作出检讨，最最深刻的检讨。

我和曾凌从来不曾见过邹风平发这么大脾气，赶紧检讨。我俩检讨完，邹风平缓和了口气，对旁边的陈野萍①说，这个事情，我也负有责任，对他们在组织纪律性方面教育得不够，你是见证人，到此为止。

陈野苹说，他们几个人认识到错误的严重性就好，到此为止。

在随后的岁月中，我愈来愈体会到了邹风平这位大革命时期参加革命，我们党的高级干部对我当时所说"到此为止"四个字的原则性和深切蕴意。尤其是1943年，邹风平在中央党校被整到自杀的地步，也没有把我和杨天华、曾凌几个抗大同学，未经批准组织抗大同学会的事情说出来。如果说出来，以当时

---

① 陈野苹（1915—1994）：1933年加入中国共产党。1943年到延安中央党校学习，后又回四川工作，1960年调中央任职，担任中组部副部长，1983年任中共中央组织部部长。

那种形势来看，我们几个人必定会坠入万劫不复的境地，能不能活下来都成问题。1985年年初，我在北京见到陈野萍，说起邹风平，"到此为止"四个字言犹在耳，对邹风平把握党内组织纪律和相关政策，爱护年轻党员的政治品格，深怀感念之情。这么好的一位党的高级领导干部，在延安整风的时候，被党内有些专好于整人的人，包括他老婆乱揭发，逼得自杀了，实为一大损失。

我向邹风平汇报了见到任觉五、康泽，以及天明歌咏团支部会议的情况。我心里原本想着也许会挨批评，都做好了检讨的准备。没有想到邹风平一听很高兴，表扬我，他认为我做得很对。他说，参加，当然要参加。统战做到三青团、大特务头头家里，说明咱们的工作有成效。

得到了上级的批准，几天之后，我以成都音乐界代表的身份，去到了任觉五家参加了他主持的空军节宣传周活动。最后敲定，由我领着天明歌咏团在大会上演唱《大刀进行曲》《到敌人后方去》等多首抗日歌曲，还请成都的几支乐队，合作演奏我写的《反轰炸进行曲》。这些演唱、演奏统一由我担任指挥。

在大会正式举行的那一天，整个音乐部分大获成功，把整个大会的气氛推向了高潮，来的那些国民党的要人，也被我们的演唱和演奏所激励,宋美龄①、周至柔②他们把我还有几名领唱簇拥在中间合影。演出一结束,西北电影制片厂的沈河、贺梦来找我,邀请我担任电影《风雪太行山》的音乐指挥,我欣然应允。

这一次天明歌咏团参加空军建军节宣传周活动,应该是它在成都社会层面上的最后一次亮相,自此天明歌咏团就走进了历史。后来因为川大迁往峨眉山,我在开学后,也离开了成都。在峨眉山期间,川大学校内部的天明歌咏团继续活动,但改了名字,叫四川大学音乐研究会。音乐研究会持续的时间不长,它主要的工作是和川大校内的三青团、青年党争夺抗日救亡的宣传阵地。其间,我为也离开了延安去到重庆的鲁艺同学李凌写过一篇文章,题目叫《峨眉山上高唱太行山》,发表在他主编的《新音乐》杂志上。这篇文章的内容主要是介绍了在抗日救亡运动中,党领导下的新音乐运动在川大蓬勃发展的情况。从文章本身来说,我认为也没得啥子影响,很一般。同时呢,这篇文章,也是我从1936年参加民先投身新音乐运动三四年以来

---

① 宋美龄(1897—2003):女,海南文昌人,出生于上海,毕业于美国韦尔斯利学院。蒋介石夫人,中国近现代史上有影响的知名人士。

② 周至柔(1899—1986):国民党土木系将领,曾任国民党空军司令。晚年定居台北。

的一个句号。

从那个时期起,直到今天,我再未有过音乐方面的活动。如果牵强一些讲,可能我前几年在西北大学工作时,为西北大学写过一首校歌的歌词,本来,想着作个曲子,但工作太忙,也就放下了。这个歌词,我让学校其他同志都看了看,提了些意见,后来我也没有改,总体来说我不满意,几十年不搞了,咋个子能满意呢。

随着我音乐生涯的结束,我的川大学习生活也结束了。在距离我毕业只剩两个多月时,成都发生"抢米事件",国民党大肆抓捕共产党,我这种在学校已经"红"了的人,只能奉组织之命,紧急撤退,离川二次入陕。这次入陕,除了 1950 年代中期,在北京工作了三年之外,直到今天我依然工作、生活在陕西,吃陕西的饭,喝陕西的水,凡逾 50 年。

延 安

我在陕北一共生活了10年。回头看，将近五年的时间都在上学，抗大、鲁艺、泽东青年干部学校；在绥德师范教了三年多的书；在西北局机关工作也是大致上有三年，然后就进城了。

我讲这个时间是有目的的。啥目的？我曾经说过多次，我这一生，最重要的读书时间，有那么三个阶段。

第一个阶段，就是二次入陕，在陕北这一段。从1940年到1946年，五六年时间。

第二个阶段，是1950年代在北京，三年左右。

第三个阶段，就是1969年我被"解放"，到1977年去西北大学工作之前的七八年时间。

这三个阶段，加起来总共有个十四五年，是我这一生到目前为止，心无旁骛，集中精力读书学习的时期。而在延安、绥德这两个地方，一共六年时间，学习、读书的方向是集中在对马克思主义经典著作的学习这一方面。

为什么我从成都撤退到根据地，能有六年时间来读书呢？还是有些说法的。

前面我讲过，我离开延安去国统区，是因为要去搞新音乐运动。按程序说，应该在回到延安之后继续搞这个工作，去鲁艺，或者其他延安的文艺单位继续搞音乐工作。但是我撤退回到延安之后，和我一起从成都走的萧枫去了陕北公学，李医生去了中央医院，组织上说让我等两天。我去鲁艺找吕骥，他估计我不是到边区文协，就是还到鲁艺。他说我把大学中文系也算是读完了，不想到音乐系也好，去文学系做教员也不错。但是，五一节那一天通知我，让我赶紧到大砭沟泽东青年干部学校①去报到。

我从来没有听说过延安有个泽东青年干部学校。到了延安北门外大砭沟，一打听，学校的地址用的是原来中组部训练班的地方，在山上，没有个啥正经房子，窑洞破破烂烂，门都歪歪扭扭地合不严。我爬到半山腰上，黑压压一群人，竟然有好

---

① 泽东青年干部学校：是中共中央创办的专门培养从事青年运动干部的学校，是中共党史上第一所也是唯一一所用毛泽东名字命名的干部学校。1941年9月，泽东青年干部学校和中国女子大学、陕北公学合并成立延安大学。

多熟悉的面孔。原来,这些熟悉的面孔都是川大总支书记王怀安带来的。王怀安了不起,组织能力强得很,硬是带领着川大能撤退就撤退的党员,以及成都其他大、中学和社会上的150多名年轻党员和进步青年,千里跋涉,未让一人掉队,辗转月余安全抵达延安。还有100多人,是高沂①带领的西北青年救国会战地工作团的人。再有一些人就是从安吴堡青训班撤退回延安的学生。加起来有个300人的规模。这300人即是泽东青年干部学校第一届学生的基本构成,像我这种跑单帮来的人不多。

王怀安一见我,就问我见到邓泽了没有。我说,我还想问你呢,原来不是说他跟着你们走吗?王怀安就有些担心,说会不会邓泽没有撤退出来,他在社会上交往那么复杂,很容易被国民党特务抓了。我俩正说着,杨天华跑过来,说,从成都走的前一天,他还见到邓泽,说是和曾凌一块去安逸。

我闻言,心里头一紧,邓泽和我从小学一年级开始就在一起,他不会被抓吧?我一夜未眠,想了好多我俩在一起的事情。

直到开学后,大概有一个星期还是不到一个星期,反正是

---

① 高沂(1914—2022):1938年加入中国共产党。历任陕甘宁晋绥联防军宣传部干事、辽北省委组织部科长、中共中央东北局统战部处长、清华大学副校长、副书记,高等教育部副部长,北京师范大学党的核心小组组长,教育部副部长、党组副书记。

个傍晚,天也没有全黑,我记得很清楚,我正在看当天的《解放日报》刊发的王明在前几天开学典礼上的讲话:《向毛泽东学习》。突然听见王怀安大声喊我们几个川大同学的名字,快看,快看,是不是邓泽那个瓜娃子,瓜娃子回来喽。我们一看,果然是他,还有曾凌。

本来他俩是要和王怀安领队的那帮人一起走。但临走时,曾凌想着这一次撤退去延安,什么时候能回来,谁也说不准,心生一念,再敲他屋头老汉次竹杠。先是要找我商量,我因为毕业论文的事情和王利器去向宗鲁先生家,他没找得到,却碰见了邓泽,见他和上次去延安一样,左肩背个棒槌包袱,右肩背了把二胡,就凶他,说他这个样子,像个叫花子卖艺的。问他组织上开的介绍信放哪儿了,邓泽说在二胡里藏着。曾凌就把自己的介绍信也交给邓泽,让他一道放起来。然后拉着邓泽一起敲了他屋头老汉2000块的竹杠。一路上倒也没得啥事,过梓潼走翠云廊,两人雇了滑竿,优哉游哉走了两三天,按邓泽的话说,是为怀古,为此还写了十来首诗,到广元的时候,邓泽把他写的诗歌,寄到成都的报纸,发了几首。只是可惜,来了延安,收不到稿费了。

走到宝鸡,就有火车到西安。上了车,座位对面是个国民党军官,邓泽和人家摆龙门阵,扎劲得很。那个军官给邓泽吹西安中央军校七分校多么厉害，邓泽听得不耐烦了，说，你那个七分校算个屁，你知道老子上的啥子学校？老子抗大的。

这下坏了。

火车到武功车站，国民党军官说坐的时间长，下车走一走。开车前，他又上来，等到火车在咸阳车站一停，那个国民党军官说他到站了，先下去，然后就有几个宪兵上来，直接把邓泽请下去了。

曾凌也不知道为啥没请他下去，但他也紧张，下一站是三桥，车一停，提着行李就下车，从三桥雇了辆马车，到北大街通济坊找了个差不多的旅馆住下。然后，就天天在后宰门附近转，也不进八路军办事处。

曾凌是想着等上两三天，万一邓泽脱身了，肯定会来八办。果然，第三天，曾凌正在后宰门街边转，一个穿着黑色神父袍子的人走到他身边，抬手拍他后背。曾凌一惊，再一看，竟是邓泽。

原来那个国民党军官恰恰是设在咸阳一处专门扣留关押去延安进步青年的集中营的警戒部队的一个队长，也是刚从中央军校七分校毕业，火车上见邓泽吹牛，说老子是抗大的，就想着把邓泽教训一下。宪兵把邓泽送到咸阳集中营的警戒部队之后，那个国民党军官倒也没有将他交到集中营方面，他只是认为邓泽在吹牛，没有把他真当成共产党。所以，只是把邓泽在部队的院子里关了起来。可能是这位军官回到部队忙其他事情，居然把邓泽忘了。院子里的兵问邓泽干啥的,为啥被长官交代不许出院子。邓泽胡说自己是国民党军官的亲戚,辈分大,是他舅爷,家里有矛盾,来找孙外甥处理家事。等到第二天,邓泽发现院子里来了一位神父,也不知道是干啥子来了,几个房子串了串,好像和院子里的人都熟悉。中午吃完饭,几个兵提了热水,在灶房旁边的一间小屋子放了半人高的木桶,是要洗澡的样子。果然,神父进到小屋里洗澡,而他的黑袍子却搭在虚掩的门上。邓泽一见院子里也没人,兵们都睡了午觉,机不可失,他悄声走到小屋门口,把黑袍子轻轻一带,赶紧套在自己身上,紧走几步,出了小院,直奔部队的大门而去。门口卫兵当然没有阻拦,任由邓泽出营门,上大路,一路狂奔到三民村附近,搭上了辆从兰州过来运羊毛的货车,到西安西门外下车,走到后宰门要进七贤庄了,猛地看到了曾凌,两人高兴,连忙回通济坊旁边的旅店,取了行李,到八办办手续,便直奔延安。

我们几个和邓泽、曾凌熟的老同学听他俩讲他们的历险,也没个什么意识,听着就是觉得传奇,有意思,好耍得很,有时候还给刚认识的同学闲说两句。过了半个月,冯文彬[①]把我

[①] 冯文彬(1911—1997):1928 年加入中国共产主义青年团。1929 年参加中国工农红军。1936 年担任中国共产主义青年团中央书记。后长期主持党的青年工作。1949 年后历任中共中央办公厅第一副主任、中共中央党史研究室主任。

叫到他窑洞，里面还有一个人，我不认识。冯文彬也不介绍，那个人直接问我邓泽的情况，我知道的都给这人说了。最后，这人当着冯文彬的面说，你们也都是党员，过去在国统区也都做青年工作，邓泽从成都一路来延安，组织手续也齐全，你们几个过去的同学之间，不要乱说一些路上发生的事情，更不要在现在的同学之间讲。

这是个神秘的人。他通过冯文彬把在学校期间川大的同学几乎挨了个地问了一遍邓泽的情况，给每个人都叮嘱了不要以后再胡说邓泽来延安路上的传奇。

终于，两年多之后的夏天，在绥师我又一次见到这个人，才知道他是边保的布鲁①，也才知道，是他保护了邓泽、曾凌。没有布鲁的话，他俩在抢救运动，包括后来历次运动中会有啥命运，真是说不来了。毕竟如张宣者，啥事没有，还被诬，被关到边保的看守所经年，甚至要了卿卿性命的也不是没有。和布鲁后来在绥师见面的具体情况，现在先不讲了，接着谈我在泽东青年干部学校的情况。

---

① 布鲁（1909—1972）：海南人，原名卢茂焕。1926年加入中国共产党。历任陕甘宁边区保安处侦察科长、情报科长、保卫部长，绥德地委保安处副处长、处长，哈尔滨市公安局副局长，松江省公安厅厅长，广州市公安局局长，广东省公安厅厅长。

我上学之后,听说泽东青年干部学校是年初陈云在中央政治局会议上提出来要办这么个以毛主席名字命名的学校。

中央采纳了陈云的提议。

学校第一期的生源情况刚才我讲过:成都王怀安带来的一部分,青救会战地团团长高沂带来的一部分,还有原来安吴堡青训班及陕北本地和如我这样单帮式跑来的,几个方面聚了300来人。他们都是泽东青年干部学校第一期的学员。这些人显然在文化程度、工作经历,年龄诸方面各不相同。虽然说是同一期,但这么个情况,仅仅为教学,也得大致分上几个班。我们川大的,还有成都其他大学、内迁到成都的大学的党员学生,进步青年,还有虽不是大学生,但做过党的青年工作负责人的年轻同志,组成了一个高级班,有20来个人。

学校给高级班制订的教学计划和目标主要是学习马克思主义理论,当然不是那种泛泛地学,要求更深入一些地学习。有多深入呢?目标在那里放着——简单说,就是通过学习,把大家培养成党的理论干部的意思。但有个问题是,学校的师资是安吴堡青训班的底子,冯文彬、胡乔木①这些人,还有在中央

---

① 胡乔木(1912—1992):1932年加入中国共产党。1941年起历任毛泽东秘书、中共中央政治局秘书、新华社社长、新闻总署署长、中共中央宣传部副部长、中国社会科学院院长、毛泽东著作编辑出版委员会办公室主任。

青委工作的黄华①,他们做学校的管理工作做得不错,很有些经验,但搞教学,特别针对高级班在马列主义理论方面的教学,那还差一些。教师,比如说我在鲁艺的同学王荣,你让他给我教马克思主义经典著作,恐怕有问题吧!当然我去给王荣上课,也不行。所以呢,日常的理论课程就是把高级班安排到马列学院上课。马列学院的师资不一样呀! 像王学文②,是日本马克思主义理论大师河上肇③的学生,马克思主义理论造诣之深厚,在当时国内理论界,亦屈指可数。泽东青年干部学校开学时,王学文刚从马列学院调到中央军委,任总政治部敌工部部长,全面负责对日情报工作。但王学文精力大,中央军委的工作不轻松,他是一把手嘛,可他从不耽误上课。他主讲政治经济学,

---

① 黄华(1913—2010):河北人,燕京大学毕业。1936 年加入中国共产党。外交家,历任外交部部长、国务院副总理等职。

② 王学文(1895—1985):马克思主义理论家。1921 年考入京都帝国大学,师从河上肇学习马克思主义经济学。1927 年加入中国共产党。1937 年赴延安。历任马列学院副院长、教务处处长,中共中央军委总政治部敌工部部长,敌军工作干部学校校长,中共中央财政经济部政策研究室主任,中国科学院社会科学学部委员,中国《资本论》学会理事长。主要著作有《中国经济学概观》《社会问题概论》《资本论研究文集》等。

③ 河上肇(1879—1946):经济学家、日本马克思主义研究的先驱者、京都帝国大学教授。主要著作有《贫乏物语》《唯物史观研究》《社会组织与社会革命》《资本论入门》《经济学大纲》。

很耐心地领着大家读马恩原著，他说学马克思主义政治经济学没有捷径，只有从经典著作入手，别无他法。因为要联系实际，连马克思最基础的经典著作、思想都没吃透，你拿啥联系实际，一切不都成空的了？现在回头看，王学文给我们的影响很深远了，这个班后来有相当一部分人或多或少从事着理论工作，多数人都秉持着首先吃透马克思主义的经典著作的方法，不跟风、流俗，少走了弯路。对我个人来说，至今我也还坚持这个重视原典的学习方法。

所以说，我初进泽东青年干部学校，王学文给我们讲读马克思的经典著作，要求一切从重视原典出发，我把这个记住，终身受益。其实，这一点也是以科学的态度对待马克思主义的基本常识。虽说只是常识，但从党的理论工作发展轨迹来看，的确常常又被忽略。

除王学文之外，吴亮平①、王思华、范文澜、杨松②这些人

---

① 吴亮平（1908—1986）：无产阶级活动家、马克思主义理论家、翻译家。大夏大学肄业。1927年加入中国共产党。历任中华苏维埃共和国临时中央政府国民经济部部长、红一军团地方工作部部长、红三军团宣传部部长、中共中央宣传部副部长、抚顺市委书记、东安地委书记、上海沪西区委书记、化学工业部副部长。主要著作有《社会主义史》《辩证唯物论与唯物史观》等。

② 杨松（1907—1942）：马克思主义理论家、宣传家。1927年加入中国共产党。历任莫斯科中山大学经济学教员、中共中央宣传部副部长、中共中央机关报《解放日报》首任总编辑。曾参与过《八一宣言》的起草工作。

也都开课。这么一个教师队伍，就延安来说，集中了最强的师资，他们被认为是延安的一流红色教授。还有就是领导来兼课，一个是张闻天，理论水平尤其是在政治经济学方面，不逊于王学文、王思华。虽然张闻天是中央领导兼课，但他不比那些红色教授的课少。我心里还想过，张闻天是中央首长，还兼着马列学院院长，怎么就看起来像没事人一样呢，经常跑来上课？当时像我这样的青年人，参加革命才三四年，一直在基层工作，对党内高层发生的事情，啥子都不知道。1960年代初，我去北京看张闻天，还开玩笑说当时他给我们带课，我印象最深的就是觉得他没事干，看着很闲。岂不知，那时候他已经靠边站了。

再有领导，就是陈云、林伯渠、邓发、周恩来、凯丰、叶剑英这些人，隔三岔五来作个报告。周恩来、叶剑英讲时事形势的报告，印象深刻，他们分析当时国内外各方力量的情势、可能的发展趋势，后来多有印证。周恩来和叶剑英也是了不起的大战略家。毛主席当然也来，不止一次。

这时候的延安，学习的氛围很浓厚，而且呢，在那样一个艰苦抗战的大环境下，比如像柯柏年[①]、王学文、何锡麟

[①] 柯柏年（1904—1985）：马克思主义著作翻译家。1924年加入中国共产党。主要翻译著作有《辩证法的逻辑》《哥达纲领批判》《法兰西阶级斗争》《社会问题大纲》等。

①、张仲实②、吴亮平……集中在延安，大量翻译了马克思主义的一些经典著作，比如当时就出版了10册一套的《马克思恩格斯丛书》，还有《列宁选集》20卷本，《费尔巴哈论》《马克思主义经济学基础理论》等等，这是了不起的大事情。

延安形成这种学习马列的气氛，形成的根源是啥呢？是有毛主席的号召。他在六届六中全会上代表中央作了个决议案，这是党史上的一个重要的历史文献。在毛主席作的这个决议案中，他向全党发出了一个号召，把学习马克思主义理论提高到了一个前所未有的高度——毛主席说，指导一个伟大的革命运动的政党，如果没有革命理论，没有历史知识，没有对实际运动的深刻的了解，要取得胜利是不可能的。

1939年夏天，在成都，我和邓泽、杨天华、曾凌在成都天

---

① 何锡麟（1915—2013）：马克思主义著作翻译家。1936年加入中国共产党。先后在燕京大学、东吴大学、北京大学学习。历任吉林大学文法学院院长、东北师范大学教育长、北京师范大学第一副校长、南开大学副校长、中国社科院世界经济研究所副所长、中共中央编译局顾问。主要翻译著作有《资本论提纲》《政治经济学论丛》及《列宁选集》第一、十一、十六、十七卷。

② 张仲实（1903—1987）：马克思主义著作翻译家、编辑出版家。1925年加入中国共产党。历任中共中央宣传部出版科副科长、教育科科长、出版处处长、国际处处长、中共中央西北局宣传部副部长、中共中央政治研究室国际问题研究组组长、中央编译局副局长、顾问。参与翻译出版《马克思恩格斯全集》《列宁全集》《斯大林全集》。

明歌咏团的支部学习中，学到六届六中全会的这个决议案，里面有毛主席的一句话，印象特别深。毛主席说，如果我们党有100个至200个系统地而不是零碎地、实际地而不是空洞地学会了马克思列宁主义的同志，就会大大地提高我们党的战斗力量，并加速我们战胜日本帝国主义的进程。

一来是我对马克思主义理论的兴趣使然；二来嘛，二十一二岁，正年轻，有那个学习的上进心，也叫理想吧，或者说幻想，就觉得自己也能有朝一日忝列毛主席说的那100个、200个系统地、实际地学会马克思列宁主义的同志中去。我这点想法流露出来，邓泽批评我，说我有野心。曾凌呢，支持我的想法，他说我进到200个同志中间去，他进到100个同志之列。邓泽笑话我俩，一对野心家。后来，倒是曾凌一直心无旁骛地搞马克思主义政治经济学理论，进城以后，在人民银行金融所当所长，还是专心于理论，有成绩。而我呢，啥子事情都搞一搞，耽误了，野心没有实现，到现在也只是知道些马克思主义基本理论的皮毛，熟悉一些而已，谈不上有什么研究成果，有点心得罢了。但那个时候，我学习还是挺刻苦，年轻不知道累，夜以继日。回想起来这一段的学习包括生活，应该是我在延安最快乐的一段时光。

生活得很单纯，主要就是学习，当然，也参加劳动。泽东青年干部学校的房子不行，我们也挖窑洞，自己挖窑洞住进去，心情不一样。有趣的是买粮食，跑到市场沟（新市场）买粮食，没有那么多买粮食的口袋，咋个办呢？拿条裤子，把裤腿的两头扎紧，粮食装到裤腿里，往脖子上一搭，扛回来。街上好多人看了，都笑我们。这个办法是王怀安想出来的。再一个，冬天分配的木炭少得可怜，象征性地分一点儿，主要得靠自己烧。我和高沂、邓泽三个人一组，去烧木炭。烧木炭要先把木材装满在窑里，然后封窑口烧。邓泽说，我和高沂不懂烧木炭的技术，去伐木吧，伐木不是个技术活，有力气就行。邓泽叮咛我俩，伐木头之后，唯一的技术活是在窑里摆木头，要摆整齐，等我俩摆好了他来检查一下，如果行，让我俩歇着，他负责烧。邓泽懂烧木炭的技术？我咋个不知道他懂啥子技术呢？事实上呀，邓泽果然会烧木炭，而且烧的是学校里独一份的白木炭，引起轰动，都跑到他这里来取经，请他介绍绝招。邓泽"洋盘"（得意）得很，说，他这个烧木炭有秘诀，概不外传。

本来呢，泽东青年干部学校高级班的学制是一年半，当时一共六个班，高级班叫一班，二班、三班是普通班，都是些高中毕业的进步青年，学制一年；四班有点意思，多数是王怀安从成都带来的四川旅外剧团的人，戏演得好，四班同学给学校扬了名，让好多的延安人都知道了泽东青年干部学校。他们不仅演《抓壮丁》《塞上风云》，还演《雷雨》，在延安轰动一时。后来以四班同学为基础，成立了延安青年艺术剧院。五班都是边区本地的青年干部，最有意思的是六班，是些小孩，儿童班，他们这些人在学校解散之后，组成了边区少年剧团。开始啊，从学制上就能看出来，高级班的学生，组织上希望能有更多时间去学习马克思主义理论，除了延安理论家的课之外，给我们留下自主学习的时间也很多。冯文彬在大会上明确地提出来，要给高级班的同学保证有每天八个小时的学习时间。但问题是随着形势的变化，第二年初夏开始，也就是刚好学习了一年时间左右，高级班开始有同学被调到机关去工作了，中断了学习。我心里有些想法，不想去机关，觉得再学上半年更好，想着看哪天找学校的领导谈谈想法。可是5月上旬的一天下午休息的时间，我正在打篮球，看见陈云和一位我不认识的40岁出头的中年人站在操场边看。中场休息，陈云招呼我过去给我介绍说，这是李富春[①]同志。我不认识他，更没有听过他讲课，只是知

[①] 李富春（1900—1975）：无产阶级革命家。1922年参与发起建立旅欧中国少年共产党，历任诺门地方支部书记、旅欧支部执行部宣传科主任、国民革命军第二军军法处处长、中共江西省委书记、中国工农红军总政治部副主任、红三军团政委、中共中央副秘书长、中央书记处办公厅主任、中央财政经济部副部长、中共中央东北局副书记、中共中央书记处书记、中共中央政治局常委。

道他是中央的领导。

陈云说,你收拾一下,到他那里报到吧。

我有些纳闷,怎么也没有个手续,也不征求我的意见,陈云就这么下命令了。

我给陈云说,你怎么也不征求我的意见?

李富春话里有给陈云打圆场的意思,他说他那里缺人,缺懂点政治经济学理论的年轻人,跑到陈云这里来找人,陈云推荐你,想来你不错,有理论水平,要不他不会推荐你。

李富春这么一说,我就不好再讲什么话了。

陈云说,收拾一下,富春同志比我忙,你现在就跟他走吧。

我也没有啥东西,就是一床被褥,一个棒槌包袱,几本书几个笔记本,收拾好,跟着李富春就离开了泽东青年干部学校。

路上,李富春问了我一些简单的个人情况,又说陈云讲我有点理论水平,叫我安心工作,在他这里可以更好地理论联系实际,做一些实际工作。

去到李富春负责的中央财经部,李富春叫我当部里的秘书组长。秘书组长这个工作对我来说从来没有干过,事务性很强,说实话比较锻炼人。但事务性强了,读书的时间就少,我给李富春说，你这里太忙了，要不你找别人干，我力不从心。

李富春是党内的一位老同志，很理解也很爱护年轻人，轻易不批评年轻人，但那个时候他的确很忙，兼了好多职，像中组部副部长、延安自然科学院院长这些，但主要还是抓边区的财经工作，他最具体的工作就是抓大生产运动，身体力行地干，一天到晚跑东跑西，农村工厂到处跑。他忙，我这个秘书组长跟着他忙，跟到他屁股后面搞材料，哪里有时间去读书呢。

所以我一开始给他说，我不想在他这里干了，他像没听见。过了一段时间，我又给他说。他说他现在忙得很，让我先安心干着，要学习看书嘛，挤时间。有一天，我正在窑洞里看书，李富春在外面喊我，我出去一看，他问我有一份啥子文件我放哪里了，我给他说在他窑洞里的哪个地方。他也没让我去找，而是自己去找。过了一会儿，他又跑到我窑洞来，说他这一阵有点时间和我谈谈。他说你这么爱看书是对的，但看书之前，还是要好好地学习、领会一下毛主席刚刚发表的讲话《改造我们的学习》。

还是那句话，实在是太年轻了，对党内的好多事情根本不懂，不懂，怎么能看懂毛主席的文章呢？何谈能听懂富春同志话里的深意呢？

又过了个把月，陈曾固①——我的顶头上司财经部秘书长找我说，富春同志给他讲了，我这个秘书组长可以不用干了，组织上调我去中央研究院经济研究室专职做研究员，来通知我，叫我赶紧去蓝家坪报到。说着陈曾固把组织介绍信给了我。我高兴得很，拿上介绍信就走，连工作都没有做个啥具体的交接。这时候是1941年的9月初，我在中央财经部工作了四个月。

大概我在中央研究院经济研究室报到没有几天，陈曾固又来找我，他递给我一个信封，说是李富春同志给我的一封信。我拆开一看，一页纸上，写了两行字：多读书，少说话；多联系实际，少写文章。

当时一看到李富春给我写的这一行字，心里说不出什么感觉，但有一点觉得他还是生硬了。当然，告诫的意思也很明显。陈曾固也没有多说啥，只是临走的时候说富春同志和毛主席的关系好得很。

这是1941年9月的事情，直到1956年，陈曾固同志从贵州调到北京，我俩约着去看了一次李富春，谈起十多年前在延

---

① 陈曾固（1907—1988）：1931年加入中国共产党。历任北平市委组织部部长、代理市委书记、中央机关直属党委书记、辽宁省委书记、武汉市委书记、贵州省委副书记、教育部副部长、党组书记、顾问。

安时,他给我的那两行字,李富春还是说我既然在中宣部待着没事的话,喜欢读书,就多读书,少说话,少写文章,这个话在延安整风前,我在他那里工作时就说过。这一次我是听懂了他这句话,对我充满了关心。又过了好长时间,"文革"的前夜吧,我在陕西师大工作,李富春来西安,他要去延安的前一天,我联系上了他,去人民大厦看他。他说听人讲我主编了个《人文杂志》的刊物,他找来看了看,发现我有文章在上面发表,这不好。他又老调重弹,劝我,少写文章,少说话,多读书,多观察,在具体工作中联系理论,把学校办好是你的工作,不要分散精力,写什么文章。我说这么几年有些文章不能不写,组织上除了安排我搞学校工作,省上的思想理论战线领导小组还兼着一份工作,有些文章是任务,必须得写。李富春听我这么说,脸就沉下来了,过了好一会说,我给你说得没错,你要听。临走,他居然握着我的手,让我保重,说了一句,当年在延安对我有些太放纵了,就不应该让我去中央研究院。

我不明就里。

这是我和他的最后一次见面,现在回想起来,他对我,对年轻于他的同志,是很爱护了。李富春这样有丰富党内生活经验的老资格还能这么关心爱护年轻干部,我这一生,与如李富春这样的领导际遇并不多,李卓然、张稼夫是,屈指可数。

1941年9月,我离开中央财经部,到中央研究院,比起多数同志都晚到了两个月,它7月份就成立了。报到之后,分配我到经济研究室,王思华是室主任。

经济研究室下面分了三个组,大后方经济研究组、经济思想批判组、边区组。开始王思华和我谈,是想分配我到边区组,说我在中央财经部工作过,对边区经济工作有个大致的接触。我说我搞那个秘书工作,边区经济工作根本谈不上有啥具体的接触。王思华就问我有啥想法。我说,大后方、边区的经济研究工作我都不行,不熟悉,去经济思想批判组怎么样?

王思华说,那就按你的意思办。

经济思想批判组批判谁呢? 我到了之后,人家给我介绍,计划批判的人,有个主要的名单,梁漱溟[1]、阎锡山[2]、李权时[3],还有孙中山。我也不知道是谁列的这个名单,问同事李

---

[1] 梁漱溟(1893—1988):思想家、哲学家、教育家,现代新儒家早期代表人物之一。主要著作有《中国文化要义》《东西文化及其哲学》《唯识述义》等。

[2] 阎锡山(1883—1960):毕业于日本陆军士官学校。中华民国陆军一级上将。

[3] 李权时(1895—1982):1920年获美国哥伦比亚大学财政学方向博士学位。1922年回国,历任上海商科大学、大夏大学、复旦大学、中国公学、暨南大学、交通大学教授。中国经济学社《经济学季刊》总编辑。主要著作有《经济学原理》《经济学ABC》《财政学ABC》等。

郭琦（右一）在延安中央研究院期间和邓泽留影

澄①,他倒反问我,这几个人的经济思想不该批判吗?我就不好说什么了,又问他们前两个月有没有写什么批判这些人经济思想的文章。李澄说,王思华一直盯着大家,让先研究,研究不好,怎么写文章?才两个月,对人家还不了解,怎么批判?

经济研究室有个特点,就是王思华作为室主任,他对写学术文章不感冒,他自己本人就不大写,搞些调查报告,1942年他参加对绥德地区农村的调查,主持搞了一个报告。过了一年,他到边区物资局工作,还是做些调查,再然后又到东北工作,进城以后他主持国家统计局,更是难见他的文章。我看王思华基本上是从1940年开始,就不写文章了。开始,我不理解,现在想来他有他的难处,可以理解。当然他也有文章发表,很著名的就是发表在《解放日报》上的那篇《二十年来我的教条主义》,把自己彻底否定了,否定之后,就不写文章了。

我们这些研究员和助理研究员倒是对写学术文章很积极,年轻人读了书,总是要有好些的想法,也想做出成绩来,给他汇报想法,他总是笑,然后表态说,不急,不急,想法先放一放,多研究,多研究。所以,如果从写文章的角度来看经济研究室的工作,还真是乏善可陈。经济研究室不像其他室的工作,

---

① 李澄:历任沈阳市副市长、市人大常委会副主任。

总有些文章会发表，范文澜、张如心、李维汉、陈伯达他们这些和王思华一样的特别研究员、领导的文章是时时见报。而像温济泽这样的年轻研究员，也有文章在报纸上发表。按现在的话说，他们都有科研成果呢。我们经济室没有，大家有意见，给王思华提，王思华劝我们，文章好写，但要立得住脚，还是把基础做扎实。他给我讲，你搞李权时的经济思想批判，先把他的著作通读一遍，能找来的都找来，好好读通、读透再说。李权时的经济著作多得很，恐怕是当时国内经济著作最多的人，汇辑来的就有30多本，一本一本地读，做摘要，编卡片，得把他的经济思想搞清楚嘛。按王思华的话说，就只有这个笨办法，要不将来怎么用马克思主义的经济思想去批判他。

我做批判李权时经济思想的基础工作，从9月开始，到1942年春天，不到半年时间，就放下搞不成了。开始夜以继日地学习中央陆续下发的各种文件——整风运动开始了。

关于这次延安整风运动，我主要谈谈我个人的一些情况。

我们正如毛主席说的，思想上根本就没有入党。我是啥？我们这些人是啥？小资产阶级知识分子，就是毛主席说的那种认识几个字，吃着公家的小米，摇头晃脑读书的狗屎不如的人。而且在中央研究院吃的可不是小米，伙食好得很，早上喝豆浆，有白面馒头吃，一个星期能吃好几天的肉。这样的伙食，在延安能超过它的，恐怕就一个单位，延安日本工农学校。那里天天有大米饭吃。我们中央研究院呢，也有大米饭吃，就算差一点，也能吃上米饭，本来计划说，一星期吃一次白面馍，但最终呢，基本上天天都有白面馍吃。组织上对中央研究院在生活上那是相当地关心了。除了组织上的关心之外，总务处长杜雷①本事也大。他是金陵大学学农学的，进城之后，在广东农学院做党委书记、院长。杜雷当总务处长，为大家吃好，他办法多得很，搞运输队、做生意都有一套。研究做饭，研究怎么把菜炒得好吃，也是下了一番大功夫。当然，刚开始，大米白面还少，杜雷就和伙房里头的人研究，咋个把那个小米做得香，让人爱吃。咋个做小米饭，我没有参加，倒是后来中央研究院的菜园子搞起来之后，我们几个四川人像邓泽、曾凌经常跑到伙房，和杜雷还有炊事员研究这个大锅炒菜怎么炒着好吃。邓泽说那个冬瓜和腊肉炖了很鲜。延安哪里有腊肉？杜雷有办法，他在去买大米的时候，还真给搞来了一大块腊肉。说到杜雷搞大米，那还是很有些说头。延安是供给制，吃小灶的领导和专家也不能保证有大米饭吃，没有那么多大米。杜雷呢，他本来就是广东人，吃不惯小米，他也喜欢吃大米，就想着要解决这

---

① 杜雷（1913—1991）：毕业于金陵大学。曾任华南农业学院党委副书记、副院长、院长。

个大米的问题。延安不产大米,后来延安南泥湾搞出了大米,那是人家部队搞的,有了也轮不上我们吃。怎么搞大米? 只能去外面买。但延安这个供给制放在这里,哪里来的钱呢? 杜雷有办法,他东拼西凑,居然搞来了三套马车,还有十几头驴和骡子,成立了一个运输队。不得了呀! 有实力,对外一讲,蓝家坪中央研究院有个运输队,延安城里各个单位拉个东西,比如木炭之类,都来请帮忙,你让我们帮忙,也得给个运输成本吧,马、驴、骡子要吃草料、黑豆嘛,这么着杜雷就有钱了。但运输队挣的钱离解决近 200 人吃大米的问题,还有距离。杜雷愁得很,有一天在伙房,杜雷正和大师傅研究西红柿炖土豆,快好的时候,香味出来了,草明①闻着味跑来了,要尝尝。杜雷给她盛了半碗。草明一边吃,一边给杜雷说,要是有米饭拌着吃就更好了。杜雷一听大米饭,来兴趣了。说他也考虑咋个子搞些大米。我在旁边开草明的玩笑,你都是吃小灶的同志,咋跑来吃我们的西红柿炖土豆呢? 你一吃半碗,可没得我们吃的了。草明很认真地说,你一会儿吃饭的时候来我那儿,我把我那一份给你。曾凌说,那我也去吃,反正你们吃小灶的同志

---

① 草明(1913—2002):作家。1940 年加入中国共产党。曾任中国作家协会理事、中国文联全委会委员、北京第一机床厂党委副书记。主要作品有《草明文集》《世纪风云中跋涉》。

又不限量,给我多打一份肉片。说着话,曾凌拿大勺子给草明又舀了半碗西红柿炖土豆,草明连忙说吃不下了。

杜雷说,吃吧,吃吧,不缺你这半碗。

杜雷又重提大米,我就给杜雷说,曾凌他家里又给寄了钱,让曾凌捐一些。

草明闻言,显得激动得很,说她有点攒下来的稿费,也可以捐出来。我说,这个办法好,大家凑钱去买大米。

曾凌说,凑钱能买多少米?吃两顿就没有了。我看呀,老杜干脆把咱的运输队利用上,在延安城里买些盐,拉到边区和国统区交界的富县那里,卖了。挣的钱咱买米。

草明这个人小心,马上提出来,说咱们贩盐违反不违反党的政策?

曾凌说,那当然违反政策了。

草明就说,违反政策的事不能干。

杜雷问曾凌,你说把盐从延安运到富县,能有赚头吗?有多大赚头?

曾凌说,当然有了。我现在一天到晚的工作就是汇编边区经济的价格资料呢,当然有大赚头了。我敢保证,肯定够你给咱们买大米的钱。

曾凌一指我,说,老杜,你放心,你让他原来单位的领导,再找边区财经办贾拓夫①给搞个路条，就行了。

老杜看着我说，那咱们院的大米问题，我就拜托你了。

草明说，大家都看你了。大米来了，我请你吃肉。

我当然也想吃大米饭。

当天晚上，我就跑到李富春那里，说了把延安的盐运到富县卖了，赚得的钱再买米的事情。

我看呀，当时李富春根本就没有听明白我说的是个什么事情，他一直在埋头改稿子，等我把话讲完了他问我，你说完了？

我说，就是想向你请示。

李富春点点头说，你这个办法好，你在经济室搞研究，从书本里走出来，搞经济研究，就要多些具体的实践工作。理论联系实际，好，好。回来给我写个调查报告，直接交给我。

我说，我是想让你给边区财经办事处打招呼，盐又不是随便谁就能卖来卖去的，边区有盐业局，有专门的运输合作社，（边区）财政厅还从八路军留守兵团专门抽调人，建有缉私队……

---

① 贾拓夫（1912—1967）：1928年加入中国共产党。历任中共陕甘苏区白区工作部部长、陕北省委宣传部部长、三边特委书记、陕西省委书记、中共中央西北局常委及秘书长、西北财经办事处主任、西安市委书记、中央财经委员会副主任、中央人民政府计划委员会副主席、国务院第四办公室主任、轻工业部部长、国家经委副主任、国家计委副主任。被毛泽东赞誉为"陕北的才子"。

我还要说下去，估计李富春可能忙，不愿意听我多讲。他说，你说的我都知道，明天你直接去找贾拓夫就行了，让贾拓夫给盐业局、缉私队打招呼。

临出门时，李富春给我说了一句话，让我记住了一辈子。

李富春说，找上级反映问题要言简意赅，切记，说完话就走，不要东拉西扯。

等我第二天找到贾拓夫，他说，知道了知道了。可是呢，贾拓夫却并不提开路条之类的事。我当时和贾拓夫不是很熟悉，没办法追着问。我回去给杜雷一说，杜雷说，领导既然都知道了，说这是理论联系实际，咱先贩一次。反正咱们自己有马有驴的，干起来再说。

杜雷在延安城里买了盐，拉到富县和洛川交界的地方卖掉，然后到张村驿，找到一家八路军开的商店，他们路子多，帮着联系到直罗镇附近的一个川道里的地方，在那里买了将近1000斤大米，拉回延安。这么一趟下来，解决了中央研究院吃大米的问题，后来杜雷又如法炮制了一遍，直到中央研究院并入中央党校，成立党校三部这一段时间，就一直有大米吃。不仅有大米吃，肉也不缺。杜雷领导着总务处养猪，有四五十头，中央研究院200来人，准确地说不到200人，平均四五个人就有一头猪，在延安的众单位中，中央研究院这个比例首屈一指，哪个单位都莫得比。杜雷杀了猪,邓泽做成腊肉,他的手艺还真不错,比起外面卖的腊肉还香。我 1942 年离开中央研究院去绥德,还带了一大块邓泽做的腊肉,是一条整猪腿,吃了一年多。

在中央研究院学习搞研究,不是毛主席说的,吃着公家的小米摇头晃脑,而是吃着白面馍、大米、肉,摇头晃脑。虽说吃得好了,但心里更加忐忑,甚至紧张,有些食不甘味。忐忑啥?不知道接下来会发生什么事情。我把半年多前毛主席的《改造我们的学习》拿出来,认真地读,认真地领悟,越看越想,心里面越虚。觉得自己就是毛主席讲的"闭塞眼睛捉麻雀"的那个人。或者说,自己马上就要变成这样的人了。我以及我这一类人会对党造成巨大损失。进而想到,组织上会怎么处理我这一类人。这一段时间,心里头自然就由忐忑到发虚再到茫然,不知所措,逢到吃大米饭吃肉的时候,心里不踏实。然后,1942 年 2 月底,有一天,王思华把我叫去,说他碰到李富春了,给我布置了个调查报告,问我写好了没有。我给王思华说,大米拉回来,我把这事忘了。

王思华也没说啥,更没有让我赶紧写。

我找曾凌,把李富春让把拉大米写个调查报告的事情给他讲了。我的意思是和曾凌商量商量,看咋个子写,他搞边区经济研究,能有些好主意。

曾凌说，边区经济总体上说是供给制，供给制是个啥？通俗讲是政府在战时的特殊状态下的一种计划经济的最极端形式，我们这个私自贩盐买大米的行为，是自由经济。你咋个写？他反问我，其实也是叫我不要写了，大家都吃上大米了，这事情过去就行了。

我说咱们搞经济理论研究，人家李富春让我理论联系实际，你说不写躲过去，这样不就刚好成了毛主席说的理论脱离实际的例子了？曾凌见我这样说，甩给我三个字：没脑子。

我咋个有脑子呢？李富春再叫我交调查报告我咋个说？苦恼呵！跑去找邓泽，他说曾凌说你没得脑子，我看你就是没得脑子，人家问你要调查报告，你就说你还在调查嘛，在酝酿嘛，简直是个瓜娃子。

我这时候对李富春给我布置的那个调查报告只能拖一段时间了。按曾凌的话说，就是先观望一下……观望的时候，杜雷给我说，李富春在中直机关单位的总务工作大会上，专门表扬了中央研究院的总务工作，还专门向大家宣布中央研究院有大米吃。杜雷得意得很，我听他一说，也有些轻松。

到了1943年秋天，我的工作遇到变动，离开延安前往绥德师范学校任政治、史地教员。

等我再回延安，已是抗战胜利后的1946年春天了。

机　关

1946年春天之前,我唯一的机关工作经历就是在中央财经部那几个月。我从心里头呀,还是不喜欢,感觉自己不大适应机关工作,觉得在学校这些地方能好一些。当时到西北局组织部,想着看能不能谈谈去延安大学,或者中学也行。

在组织部见到马文瑞①,我先说了我的想法。马文瑞说,学

---

① 马文瑞(1912—2004):无产阶级革命家。1928年加入中国共产党。先后任共青团绥德县委书记,中共安定县委书记,中共陕西省委秘书长,省委白军工作部部长,东北军工作委员会书记,陇东地委书记,八路军三八五旅政委,中共中央西北局组织部部长,西北党校校长,国家劳动部部长、党组书记,陕西省委第一书记,全国政协副主席。

校不缺你，去宣传部吧。那口气，容不得商量。何载①在旁边说，宣传部好呀。

马文瑞见我不表态，问我，还是想去学校？

何载就说我，你别挑了，宣传部好着呢。

何载说着话，就把我往门外推，赶紧去宣传部报到吧。那儿好得很，去了你就知道。

我到宣传部，见的第一个人是秦川。

秦川对人热情，话多，好开玩笑，但工作上原则性很强，能力不一般，他那个文学造诣，也不可小觑。杜鹏程写的长篇小说《保卫延安》，秦川看了初稿，提了好多意见，亲自修改，像是重写了一遍。热情过分了，也不知道杜鹏程采用了没有。

我那天从组织部出来，去到宣传部，当时是初春，延安的天气还冷，干冷干冷的，多数办公室的门都关着，有一间办公室的门却敞开着，很突兀的样子。我经过时，听见办公室里有人喊我名字。我还纳闷呢，我不认识他是哪个呀？就见一个头发特别好，就是那种特别黑特别茂密的中等个子的人站在门口。

---

① 何载（1919—2023）：1938年加入中国共产党。历任中共中央西北局组织部办公室主任、中央政秘室秘书、中共中央办公厅秘书室主任、中共中央组织部秘书长、干部审查局局长、中共中央组织部机关党委书记。2018年中国共产党中央委员会、国务院授予他"改革先锋"称号。

笑眯眯地看着我说，你是郭琦？刚才我看见你去组织部了，我叫秦川。

我伸出手要和他握手，他却不和我握手，一转身进屋，喊我，进来嘛。

我在门口说，我要去找领导报到呢。

秦川又跑出来，边把我往屋里拉边说，我就是领导，你不知道秦川是领导？

我说，你也是领导？我听说领导是李卓然嘛！

秦川笑着说，卓然同志也得听我的，我就是领导。

进到秦川屋里，他把我按到一张太师椅上。我还没坐稳，秦川很得意地问我，坐着不错吧，我刚搞到的，舒服吧。我还没有开腔说啥子话，他从靠墙的一个不大的小破木头箱子里拿出两个粗麻纸包着的东西放到桌子上，把麻纸打开——不得了哦！粗麻纸里竟然分别包着半寸长的小鱼干和桃酥。秦川一手抓了半把小鱼干，一手拿着一块桃酥塞给我。我赶紧接过来。1940年我二次到延安之后，到今天五年多时间了，第一次看见桃酥，心里顿时觉得秦川这个人真的有本事呀，他的确是领导，不是领导，怎么能在延安搞来如此稀罕之物？

我先吃了两条小鱼干，咸、甜、麻、辣、酥，五味俱全，很熟悉的一种味道，像在成都吃的怪味胡豆，其实当时成都街头摊摊上卖的怪味胡豆,还不叫怪味胡豆,叫麻辣胡豆。怪味胡豆这个名字是后来才叫响的,听说还是老舍在四川的时候给起的。我问秦川这小鱼干是哪里搞的,这么好吃,味道和成都的麻辣胡豆一样。秦川说是他自己做的,捞了延河里的小鱼腌制而成。

然后秦川告诉我说,他在成都念过书,爱吃麻辣胡豆,他凭印象自己做的。但没有市场,尤其是老赵,吃了一颗,竟然还给吐出来了。说没有他渭南的馍豆好吃。土包子。

这个秦川,第一次见我,就拿出如此稀罕之物招待我,让我惊讶! 他办公室居然有太师椅,有桃酥,还会做麻辣胡豆,有大本事。

吃了两把小鱼干和一块桃酥,我起身要离开说,还是赶紧到李卓然那里去一下。秦川说,见了李卓然,你就说和我见过了。

我说,为啥子说?

秦川说,领导的规矩,见谁都得给他汇报,咱们这个领导官僚得很,你不汇报的话,人家会认为你不尊重他。机关都是这样,得尊重领导。

我真信了秦川的话,到了李卓然那里,我把先见了秦川的事情给他说了。

李卓然就指着我大笑说，你被秦川收买了。

我说，两条小鱼干、一块桃酥怎么就能说被收买了？

李卓然表情严肃地说，你去秦川那里，让他把桃酥给我拿来，我看看。

我到秦川那里，说李卓然问他要桃酥呢。

秦川拿出一块桃酥，掰成两半，递给我半块说，你给他说，就剩半块了。我转身要走，秦川问我，他没说安排你什么工作？

我说，李卓然就是问你要桃酥，还没说到安排我啥子工作呢。

当我把半块桃酥放到李卓然桌上，他看了看伸手要拿，却缩了回去，出办公室，站在院子里喊了两声——守一，守一。

不大一会儿，被叫守一的人进到李卓然办公室。

李卓然一指我给他介绍，郭琦，从绥师来的，以后你俩一块工作。说着话，李卓然把桌上的半块桃酥拿起来，又分成两半，一块往自己嘴里塞，一块递给守一，说郭琦在秦川那里吃过了，你尝尝，也不知道秦川从哪里偷来的。

守一接过来桃酥递给我说，你再吃一块，我不吃。

李卓然见守一把桃酥给我了，一把拿了过去放到嘴里，边吃边说我在秦川那里吃过了，赵守一，搞干部教育，你俩以后一起了。

赵守一和我出了李卓然办公室,他问我,你刚才见秦川,是不是他给你推销他的小鱼干了?

我问他,你咋个知道的?

赵守一说,秦川还给你说我是渭南土包子?肯定说了。他做的小鱼干糖放得太多,做的时候,我就给他说少放些,调个味,不听我的,做出来太甜。这人倔得很,我不爱吃,他就到处扩散说我是渭南土包子,明显心怀不满。你可不敢上他的当,世界上哪儿来的免费午餐,他请你吃桃酥,拉拢你呢。昨天李卓然说你要来,秦川肯定动心思,想让你去他们宣传科,想得美,李卓然又不是瓜老汉,你在绥师几年,跑到他宣传科能干啥?干脆宣传部的人都到宣传科,其他两个科不要人算了。

我才踏进西北局宣传部的门不到半个小时,啥子情况都不了解,谁也不认识,听赵守一这么说,有点给我发秦川牢骚的意思。我觉得李卓然、秦川、赵守一这些人和我过去所认知的机关里的人大不一样。

43年前我走进西北局宣传部的那一刻的情景:有些料峭的延安早春的天气,麻辣胡豆吃进去对味蕾的冲击,李卓然拿着桌子上半块桃酥的手,他吃桃酥的表情,还有守一说话的语调,恍如昨日,依然清晰⋯⋯

前面我就说过,我没得啥子机关经验,只在中央财经部待

1948年冬郭琦(前排右二)与西北局宣传部同事合影

过4个月，自己感觉不适应和机关的人打交道。西北局宣传部这些同志呢，无论是领导，还是同事……怎么说呢？庆幸我能在这个集体中工作了8年——秦川、赵守一、王顺桐①、聂景德②、柯华，还有后来到宣传部的方杰、苏一萍、张军、崔哲，当然也有我在抗大、鲁艺的老同学王荣。在西北局宣传部这个机关呀，我工作生活了8年，见不到同志之间的猜忌、倾轧，争待遇，谁给谁打个小报告，更没有落井下石、整人这些乌七八糟的事情发生。团结，同志与同志之间坦诚相待，是它的一个特色。同志之间在遇到困难时，帮扶互助是一种风气。在机关，同志间相互团结，坦诚相待，帮扶互助就是原本该有的。但事实上呢？特别是在机关，因为工作的冲突，因为个人利益之间的协调平衡问题，很难做到，很难形成风气。比如说在机关工作的人，总是能遇到职务变化的问题，往往在这个时候，同志间的矛盾就显现出来了。但是在西北局宣传部这个小机关里，它有小气候，没有矛盾。我举两个例子。

---

① 王顺桐（1918—1987）：北洋大学肄业。1938年加入中国共产党。历任中共中央西北局宣传部处长、西北出版局局长、政务院文化教育委员会办公厅副主任、国家科委地方局局长、中国科协书记处书记、中国科协副主席。

② 聂景德（1919—？）：1935年加入中国共产党。历任中共中央西北局宣传部处长、青海省委宣传部部长、青海省文联主席。

1946年全国各个解放区需要大量的干部，调人，像蓬飞①、董纯才②就是这个时期调走了。他俩年龄比较大，当时都40来岁了。蓬飞是1920年代的老党员，从边区党委宣传部到西北局宣传部一直是宣传科科长。虽说他是老党员，但他没有啥子党内生活斗争的经验，很有些不屑于那种斗争经验。比如柯华给我讲过，说抢救运动的时候，蓬飞悄悄给他打电话，让他不要害怕，组织上信任他，开会斗争他是走过场。至于董纯才，虽然和我们年轻人一样，都是1930年代中期入的党，但在科普文学创作方面相当有成绩，矢志不渝地提倡科学精神。他一直是西北局宣传部的教育科科长。西北局宣传部这时候一共才三个科，两个科长调走了，就出现了职务调整的问题。李卓然有一天把我、柯华、秦川、赵守一叫到一起，说是考虑提拔我们当

---

① 蓬飞（1904—1995）：1931年加入中国共产党。历任中共河北省委安新县委秘书，中共保属特委秘书，陕北省苏维埃政府教育部部长，陕北省苏维埃政府秘书长，陇东地委宣传部部长，中共中央西北局宣传部宣传科科长，中共张家口市委宣传部部长，中共吉林省委常委、宣传部部长，吉林省教育厅厅长，哈尔滨工业大学政治教研室主任，国务院文教委员会办公厅副主任，中国科学院办公厅副主任，中国科学院干部培养局局长，中国科学院浙江省分院副院长，浙江省科委副主任、顾问。

② 董纯才（1905—1990）：科普作家。光华大学教育系毕业。1937年参加革命，历任东北教育学院院长，教育部党组书记、副部长。

科长，你们四个商量商量。当时宣传部只有三个科，秦川谦虚得很，说他文化不高，柯华是大学生，英文好，文章写得更好，柯华应该当科长，他当副科长。我听见秦川说柯华的文章写得好，就附和说，柯华文章确实好，我几年前看过一篇柯华发表在《共产党人》杂志上的文章，是针对性地批判党内假大虚空文风问题的文章。具体针对的是李华生，就是后来在绥德当宣传部部长，进城以后在天津工作的李华生同志的一篇文章。李华生写了什么文章呢？他的那个文章主题是谈怎么写文章。主题好，但他怎么写呢？李华生首先说，写文章要用笔写，笔又分为毛笔、铅笔、钢笔等好几类，到你有了笔，开始写文章的时候呢，是写成楷书？行书？草书？还有，写文章在什么纸上写，又把纸分了好几类，宣纸、毛边纸、马兰纸……和怎么写文章根本就没有啥子关系，就这么篇文章发表了，被柯华看见，他针对性地写了批评文章，言简意赅，主题是写文章要言之有物。

但柯华坚辞不就，说秦川理论水平比他高，说你比我早到宣传部，比我早入党，你当科长，我当副科长。

赵守一批评柯华说，你这种比党龄、比资历的错误想法要不得。

柯华不吭气了。

秦川说，那就你当。

柯华说，我不当。你当。

两人争执不下。柯华说，你不当，让我当，我从现在起就罢工了，我去休息。反正我是科长，你是副科长，你不能指挥我。

最终，李卓然见柯华这么坚决，还是劝秦川做了科长。

李卓然问我和赵守一谁当科长，谁当副科长。

我俩也是相互推，赵守一说，我咋领导你，你是大学毕业，大知识分子，我是啥？中学水平，你来领导我。

我说，咱们争啥子嘛，中央红军还没有到陕北，你就从西安跑来了，你来得早，你当。我又补充了一句，指着李卓然说，要是你不当科长，让部长兼科长，咱俩继续工作就行了。

结果还是赵守一当了科长，我当了副科长。到了快进城的时候，西北局宣传部的科变成处了，赵守一给我说，这回你当处长，你来领导我。

赵守一跑去给李卓然说。李卓然就笑了，说赵守一怎么还有轮流坐庄的封建江湖思想呢，把党的职位当成啥了？可李卓然说归说，我俩还真的在教育处搞了次轮流坐庄。

我讲这个事情，是要说明在西北局宣传部就是这样，没有人会去争什么职务高低。

我再讲一件事情。进城之后，西北局宣传部从三个处，一下子扩大成了七八个处，原来三个处长，我、秦川、赵守一，他俩一个在宣传处、一个在理论教育处，我在办公室。现在要一下子发展到十四五个处长。一般机关在这种时候，领导都会自己考虑配置，说到底，正是领导显示自己权力之时。但宣传部呢，李卓然刚进城没几天，6月份（西安是5月下旬解放的），走了，调到了东北局任常委、宣传部部长。新来的部长是张稼夫。

张稼夫给我说，你去给我搞一个各处处长的名单。你把握一个原则，工作能力要强。

我给张稼夫把名单开出来，他看了看说，那就按你这个名单报给组织部吧。

我问他，你不再看看，考虑一下？

张稼夫闻言看着我，好半天才说，你让我考虑什么？我才来，情况也不了解，你比我了解嘛。

我在西北局宣传部工作，经历的两任宣传部部长李卓然、张稼夫都是党内的老同志。之所以在这个机关里，大家能不争不抢凝聚起来，心情舒畅团结一致地搞工作，最根本的原因我认为，还是他们两位老同志对整个宣传部年轻同志的信任与爱护，准确地说是保护。所有的心情舒畅，皆源于他俩。

例如李卓然，在1947年土改的时候，整个西北局机关不知

1949年8月郭琦在西北局宣传部办公室

道从哪里刮起了一阵"左"的风潮,说宣传部已经被小资产阶级知识分子控制了。这一种风潮对宣传部的同志们来说,有相当大的影响。秦川这个人性格上本来就比较直率,是那种很坦荡的人,不会什么迂回呀、观望呀,先看看风向呀等等。这些在机关工作所必需的"智慧"。秦川叫上柯华,还有其他几个同志,就跑到李卓然那里。

李卓然当然也是知道有这么一股"左"的邪风泛起。秦川给李卓然说,既然他们那些人说我们是小资产阶级控制了宣传部,好嘛,我们不干了。让工农干部来干。我们走。

李卓然笑了,说,不就是些风言风语,又不是组织上的正式论定。

大家听李卓然这样说,心里却还是觉得不舒服。李卓然突然把脸板起来说,我不给你们讲要能容人的道理,但我要说两句话。第一句,他们说咱们是小资产阶级知识分子,咱们就是小资产阶级知识分子了?说这话的人根据是什么?第二句话,知识分子干部和工农干部有那么清晰的界限吗?知识分子、工人、农民,那只是指出身。你能说我李卓然现在是农民,柯华现在是资产阶级阔少爷。有些人吃饱了不想着怎么工作,整天把个出身吊在嘴上,拿出身说这说那,安的什么心?李卓然很少说这么严厉的话,这是我听到不多的几次他说厉害话之一。

李卓然说完这两句话，脸色和缓了下来，他叫大家好生工作，先等一等、看一看，慢慢来。最后又补充说，如果让那些他们认为的工农干部来控制宣传部的话，他和大家一起走。

　　不久之后，就听不到谁再说小资产阶级知识分子控制了西北局宣传部这种"左"的言论了。它的消失，肯定是有李卓然在中间起着很重要的作用，但他却也从来没有给我们谈过他是做了怎样的工作，这件事就算过去了。

　　还有一件有关李卓然的事情。1960年代后期，陕西师大的人跑到北京外调李卓然。当时李卓然是个啥情况呢？早就靠边站了，也挨批斗。人家外调他，让他证明在1948年黄龙解放时，我起草的一个西北局关于黄龙新区教育工作的决定的事情。这个决定的核心意思就是，对解放的新区的学校，教师这些，原封不动。到了1949年，整个西北地区的学校接管工作也是按这个决定来执行。这里面有两个大背景：一个是毛主席批评西北民主革命不彻底；再一个就是所谓的彭德怀和习仲勋的反党集团问题。从这两个大背景看，我起草的这个西北局关于新区教育工作的决定，正是佐证了西北民主革命不彻底，流毒遍于西北，罪大恶极。但外调的人到了李卓然那里，李卓然先说记不清了，然后又说，想起来了，这个决定和我没有什么关系，大部分都是他自己的想法。这么一来，就保护了我。我看李卓然总是在出了问题的时候,无论大事小事总往自己身上揽,据我对他的了解,我还真是想不起来他有过推诿的时候。李卓然一生揽的最大的事情,就是把西路军的失败责任揽了下来。在党内,他资格那么老,是红一军团的代政委、红五军团的政委,参加了遵义会议,支持了毛主席。西路军失败,领着余部400多人跑到新疆的是他,给党保存了有生力量。

李卓然就是这么个人,他不是不清楚党内斗争那一套,他比谁都明白,但他不屑于此。李卓然这种处理问题的方式,包括对待自己在党内生存状态的方式,不得不说,对我的影响比较大。

可以说,我到西北局宣传部这个机关之后,是进到了一个小环境,小的生态系统,斗争呀、整人呀这些事情少有。但你待在一个小的生态系统里,不可能不和外部接触。我再举个例子,是讲李卓然调走之后的领导张稼夫的。

张稼夫来西北局宣传部之前,1947年土改的时候,挨了康生、李井泉[①]的整,他和李井泉还打了一架。毛主席劝架,你

---

① 李井泉(1909—1989):无产阶级革命家、中国人民解放军优秀的政治工作者。1930年加入中国共产党。历任红军师政委、八路军三五八旅副旅长、政委,抗日军政大学总校政委,晋绥军区政委,中共中央晋绥分局书记,中共四川省委第一书记,中共中央西南局书记、第一书记兼成都军区第一政委,全国人大常委会副委员长。

猜毛主席咋个子说他？说你虽然有马列主义，但人家李井泉有枪呢。他被下放去做县委书记，知道挨整的滋味，对党内斗争的激烈程度，深有体会。

1952年春节刚过，西北局宣传部决定派我到甘肃去搞高等学校的"三反"和思想改造运动。正在我要出发的时候，张稼夫告诉我说，统战部的领导汪锋①在会上提出要由西北局三个部，就是组织部、宣传部、统战部组成一个工作组，去处理西北民族学院副院长张宣的问题。

张稼夫在会上说，宣传部人手紧张，派不出人去。

汪锋就在会上说，听说我去甘肃搞"三反"和思想改造运动，让我牵头搞。张稼夫没有表态。但汪锋既然提了，肯定要通知我。

果然过了两天，汪锋把我叫去开会，有统战部的，有组织部的。他说三个部都派了人，我在西北局比他们两个部要派去甘肃的人资格都老，组建工作组，让我当组长，就这么定了。我给汪锋说，张稼夫说这次到甘肃去抓高等学校工作，任务繁

---

① 汪锋（1910—1998）：无产阶级革命家。历任中共中央西北局统战部部长、中央统战部副部长、国家民委副主任、中共宁夏回族自治区党委第一书记、甘肃省委第一书记、新疆维吾尔自治区党委第一书记、乌鲁木齐军区第一政委、全国政协副主席。

重,恐怕我兼顾起来影响工作,还是请统战部的董英做组长比较好。汪锋就说,董英还是做副组长,搞实际工作,让我必须兼顾,当组长。

统战部的领导指定我当组长,然后就详细地给我介绍起张宣来。张宣的历史还用汪锋介绍吗?我们从川大开始一起搞救亡,他从边保凤凰山看守所出来之后,在延安大学教书,又到西北民大和刘端棻①搭档,搞教务工作,又到西北民族学院做副院长,我们之间的联系就没有断过。他去甘肃之后,回西安向西北局常委会汇报西北民院的教学方案,当天晚上,我和胡绩伟还请他到教场门吃饸饹和蒸馍。我们这么熟悉,汪锋给我介绍张宣,葫芦里卖的啥子药,我也是能看出来了。甚至呢,我也能感到汪锋给我讲张宣的历史,他定调子,也有整我的意思。这可不是我多心,背后整我的人,张稼夫也未可知。因为这里面有个结,我和张宣是老战友,如果我当着这个组长,在处理的过程中如果有一丝一毫的为张宣开脱,那么我的下场和

---

① 刘端棻(1909—1992):教育家。南京中央政治大学教育系毕业。历任鲁迅师范学校训导主任、关中师范学校副校长、子长中学校长、延安大学总校教育处处长、西北人民革命大学教育处处长、西北大学校长、西北大学党委书记、中共陕西省委文教部部长、中共陕西省委宣传部部长、陕西省社会科学院院长。

郭琦(前排右三)和李卓然、张稼夫、秦川、方杰等在一起。

张宣就一样了。我想全身而退，只能完全秉承汪锋的意思。而且呢，我去搞张宣的事情，张宣无论结果如何，都是宣传部搞的，不是他汪锋统战部搞的，汪锋落得一个公正公平的名声，他们统战部系统的干部，是宣传部系统的人搞倒的，而且还是被张宣的老战友郭琦搞倒的。汪锋说张宣从四川到延安之后，就一贯反党，欺骗组织，到西北民院之后，打击工农老干部王登玉，这次"三反"运动，把王登玉当成老虎打。汪锋见我光听他说，不吭气，就冲着我问我，你说说看，工农老干部能是大老虎？你去，给咱查清楚张宣的问题，尤其是打击迫害工农老干部，还限制人家的自由，简直是目无党纪国法。你一去，先把王登玉的问题解决了，恢复人家的一切待遇，恢复职务。

汪锋一说完，宣布散会，容不得我这个被他指定的组长说话。

我回到宣传部，给张稼夫谈了会上的情况，张稼夫问我准备咋样子搞？

我说，一时半会也想不出办法，到了甘肃再说吧。

张稼夫叹了口气，问我去甘肃能不能秉公处理张宣的问题？你跑去办案，你能按照汪锋的意思办？能做到让汪锋满意的铁面无私吗？我看你根本做不到。

我问张稼夫，为啥说不能。若张宣真有问题，我看我能。

你看张宣能有问题吗?

张稼夫说,张宣有没有问题,你能不知道? 你应该比我更了解张宣吧!

我问张稼夫,你认为张宣有问题?

张稼夫笑了,说,他能有啥问题。

我说,那你说我该怎么办?

张稼夫说,就一条,你到了甘肃一次都不要去西北民院,绝不插手那里的事情。一旦去,绝对没有好果子。你心里要掂量清楚,你插手去了民院,人家统战部岂能容你这个外人瞎搅和,记住,卧榻之旁岂容外人鼾睡。

我到甘肃之后,按照张稼夫给我讲的,不去西北民院,直接就住在西北师院和兰大搞这两个学校的思想改造工作。

开始几天,我一直思考张稼夫为什么认为张宣没有问题。我只是一个中层干部,西北局常委会的情况我不了解,根本不知道上面处理张宣,要处理到哪一步。

张稼夫的组织原则很强,不可能把常委会上的情况都给我说。但是从张稼夫和我的谈话,我推测处理张宣是肯定的了,不可能不了了之,但要处理到哪一步,我猜测不出来。说到底,张稼夫教我的办法,只是能让我不至于陷进去。

张稼夫判断张宣没有问题,是他们在常委会上就张宣的问题就事论事得出的结论。而张宣的历史,我清楚,没有问题。因此,我还是给张宣打了电话,让他到西北师院来一趟。

我俩谈了半天时间,我给他说,这次工作组来处理你的问题,是有备而来,上面对你不满意得很,情况严重。关键是汪锋对你气太大,现在几乎没有回旋的余地了。

我给张宣讲这个,是让他有个思想准备。

后来的事实证明,那些整张宣的人,出手毫不留情,赶尽杀绝,开除了他的党籍。直到将近30年之后,张宣才被组织认定是当年搞错了,获得平反。党内斗争,整人的残酷性,在张宣身上足可一见。

我之所以讲张宣这个事情,是想从另一个侧面说明,在西北局宣传部因为有张稼夫这样的领导,我才免遭掉入陷阱之灾。

在西北局机关工作的8年时间里,那一批同事,也是在我遭遇困境的时候,屡屡伸出援手。

我1957年之所以能结束我11年的机关工作,到西安师范学院,开始从事近30年的高等学校教育管理工作,从根本上说,起到关键性作用的还是当年西北局机关宣传部的同志们。比如王荣、赵守一、方杰、秦川、张军、苏一平、聂景德、柯华等。他们或是帮我出主意联系工作单位,或是上情下达具体安排。假设没有他们，后来我在中宣部机关继续待下去的话，恐怕没得好果子吃。特别是王荣和赵守一两个人，在我进入学校工作之后，给我在学校工作的支持、帮助很大，若是说我在陕西师大工作，能给学校带来那么一点点的起色的话，离不开守一和王荣的多方襄助。

总的来说，我的11年机关工作经历，到最后还是证明了我这个人呀，不适合在机关待着，适应不了。当时，在中宣部机关我算是挨了整，靠边站。有人开我的玩笑，说我和几个老的副部长一样，啥都不管，闲得很，就是看书，跑到学校讲课。我和那几个老的副部长唯一的不同是，我这个人还到处乱说话，发表意见，管不住自己的嘴。像我这样的人，再待下去的话……我刚讲了，凶多吉少。这可不是我危言耸听，从西北局宣传部到中宣部工作的秦川、张军、戴临风他们几个，无一漏网，挨了整，都被归入了中宣部"九条鲨鱼"的范畴里了，尤其是秦川，被戴了右倾的帽子，下放安徽。

1957年4月，我彻底告别了机关生活，前往西安师范学院，就此开始了我30年的高等教育管理工作。

郭琦（左一）1988年在山西文水参加中国唐史学会第四次武则天学术研讨会与张稼夫合影。

结　语

有些话是废话,也不得不讲。我记得1960年代初期,我在陕西师大工作,有一次我和阎景翰①谈起文章之道。阎景翰给我说了一句话对我启发很大。他说,写文章不能写得太满,得留白,像画画和书法一样,没有留白,乌压压一片不是好文章。

我问阎景翰,你认为写文章怎么就算是留白了?

阎景翰说,必要的时候,还是需要有几句废话,没有废话,哪里来的字字珠玑呢。

我现在讲这个结语,也算是废话之列。

---

① 阎景翰(1928—2022):作家。陕西师范大学教授。主要作品有《童年漫忆》《侯雁北散文》《蓦然回首》等。

作为上篇《琐忆》的结束语。

我希望在我的上述絮语中，能说明一个问题，作为个体的人很渺小，无论做什么，对一个时代、一段历史来说，能起到的作用，相对来说很有限。但在这个有限里面，还是应该把握住时代的潮流，做出选择。我所处的时代的潮流是什么呢？我认为就是席卷全世界的共产主义大潮，我为我最终选择笃信马克思主义而感到没有啥子怨悔。把我的这个选择过程公之于世，让大家看看，总还是有好处，多一点儿了解嘛。

就这样吧。咱们开始下篇《大学》。

郭琦 1980 年代早期留影

下篇 大学 一九五七——一九八五年

1957年郭琦自中央宣传部调入西安师范学院工作,与夫人萧枫、长女郭薇琳、次女郭晓霜、长子郭凯军于西安师范学院校园内留影。

人　才

我从 1957 年 4 月开始在高等学校工作，到 1985 年离开学校，一共 28 年，一直都面临一个问题。而这个问题呢，说起来其实也就是个常识——我们办大学的根本目的是什么？

答案恐怕是只要在高等学校工作过的每个同志心里都有，还是个标准答案：培养德才兼备的人才。

我们现在讲的德才兼备，在新中国成立以后相当长的一个时期叫"又红又专"。

从 1949 年新中国成立到现在整整 40 年了，高等学校在培养德才兼备"又红又专"的社会主义建设人才方面，成功的经验不少，但也有许多错误和失败的教训。相比较而言，错误和失败的教训，更应该让我们记住，能起到一个警醒的作用，尽量不重复犯错误。能做到不重复犯错误，从我们党60多年的历史上来看，其实很不容易，我们有些时候，总是在犯同样的错误，比如说"左"的错误。所以我多谈一些错误。

毋庸置疑，培养大学生德才兼备，就是"又红又专"，是我们的目标和任务。其实呢，这样一个目标和任务本来就是个常识。新中国成立之后，我们为这个常识问题有过多次的讨论。

我认为培养德才兼备、"又红又专"的人才，应该有一个具体的要求、具体的尺度，要针对不同的对象、不同的学校。我总体感觉到，新中国成立以后，高等教育方面大体上有两个倾向：

一个就是1966年之前，我们对于"红"的要求，普遍来看高了一些。比如说，大家都知道从1957年冬天到1958年春天，在全国的高等学校中，我们开展过一场"红专"大辩论。大辩论到最后有一个很不好的结果，提出来了所谓的"红透专深"——这个口号的提出，显然不够确切，不客气地讲，是一种昏了头的提法。明显的它一下子把我们高等学校培养人才的方向搞错了。

从"又红又专"到"红透专深"口号的提出有个复杂的背景。为啥说它复杂呢？和当时党内对知识分子的估计有关系。

1949年新中国成立以后，明显地我们搞革命的主题变了，主要精力放到搞社会主义建设上，搞建设，是全国人民都要投入的一件事，工人、农民是主力军。但知识分子呢？当然在社会主义建设中的作用也关键得很。没有哪个国家搞建设能离开知识分子。人才是关键。这一点，从毛主席到党内的一般干部均有所认识。但党内也存在一个问题——如何对待知识分子。当时的一个客观现实是，我们国家的大部分知识分子，都是从旧社会过来的。尤其是其中的一些高级知识分子，搞建设不能没有他们，但是他们多数人又都有着欧美留学背景。因此，可以毫不讳言地说，党内一股对他们不放心的潮流一直存在着。1952年搞知识分子思想改造运动，目的很明显，希望他们能和我们尽量保持相同的世界观，希望他们能转变为或者说接受无产阶级世界观，放弃资产阶级世界观。我前面讲过，我也参加了这个运动，在甘肃搞过高等学校的知识分子思想改造运动，主要是西北师范学院和兰州大学。以我当时的观察和感受，运动下来呢，这些学校大多数的教师，对无产阶级世界观，对马克思主义理论的学习表现出来的热情有目共睹。像西北师范学院的洪毅然[①]，他搞美学研究，思想改造运动之后，对马克思

[①] 洪毅然（1913—1990）：美学家、艺术理论家、画家。西北师范学院教授。主要著作有《艺术家修养论》《新美学评论》《美学论辩》《新美学纲要》《大众美学》《艺术教育学引论》等，未出版的著作有《矿阴集》《艺术论大纲》《美学文钞》《美学笔记类钞》《美学论辩续编》《生活美琐谈》《艺术心理学教学大纲》《国画论丛》《艺术概论》《敦煌艺术初探》等。

主义美学的学习很真诚,在学术研究中自觉运用马克思主义观点,这些例子多不胜数。所以我属于对他们放心的那一部分人,我认为这些有着欧美留学背景的老知识分子没有啥子问题了,是自己人。四年之后到了1956年年初,中央召开知识分子问题的会议,会上说,知识分子绝大部分已经是工人阶级的一部分了。这个论断当然是正确的,和我的想法吻合。但过了大半年,到开八大的时候,毛主席又说了这么一席话,他讲:在1000多万党员中,知识分子有100万了。他们代表谁呢?帝国主义?地主阶级?官僚资产阶级?民族资产阶级?毛主席说好像都不大准确,不好说。那党内这100万知识分子是什么?代表谁?毛主席说了——归到小资产阶级范畴比较适合。

当时中宣部传达学习毛主席的这个讲话,刚好又很快要开八大,赵守一到北京来开会,我去看他,说起毛主席这个讲话,觉得毛主席在对待知识分子这个问题上,他咋个子又变了。

赵守一开我的玩笑,说我心虚。

我说,我有啥子心虚嘛,你能说咱俩不算是毛主席说的党内100万知识分子里的一员?

赵守一不吭气了,过了一会儿才说,咱们也入党20来年了,咋能算是那100万里的人呢?再说,延安整风,咱们都有结论。咱不算。

我回到西安，几个月之后的1957年4月初任职西安师院，3月份，毛主席在对待知识分子问题上的话和中共八大的时候的话，又不一样了。毛主席说，现在大多数知识分子，是从旧社会过来的，是非劳动人民家庭出身。有些人即使是出身于工人农民的家庭，但是在解放以前受的是资产阶级教育，世界观基本上是资产阶级的，他们还是属于资产阶级的知识分子。

从1956年1月到1957年3月，一年零三个月，在对待知识分子这个问题上，出现了三个说法。

1. 绝大多数是无产阶级知识分子；
2. 小资产阶级知识分子；
3. 资产阶级知识分子。

我就是带着这样不断变化的对待知识分子的态度，来到西安师范学院①开始工作的。

工作不到3个月，7月初毛主席再次讲话。他说他历来都

---

① 西安师范学院：简称"西安师院"。前身是1944年成立的陕西省立师范专科学校，1949年秋陕西省立师范专科学校并入西北大学，与西北大学文学院教育系组建成立西北大学师范学院，1952年西北大学师范学院独立建制，1954年8月更名为西安师范学院，1960年11月与陕西师范学院合并，定名为陕西师范大学，1978年划归教育部直属。

注：文中凡说1960年以前即西安师范学院；1960年以后即陕西师范大学简称"陕西师大"。

讲知识分子是最无知的。中间讲了好多道理,最后给了知识分子一个结论,卑贱者最聪明,高贵者最愚蠢,一棍子打死。

有一天刘泽如①还有李绵②,我们三个人在刘泽如家谈工作,商量学校"反右"运动的事情。商量完了,我突然给他俩说了句牢骚话,我说,我来学校之后,才知道我整天是和卑贱者在一起工作呢。他俩一时没有听明白,但也立即明白了我说这句话的意思。

刘泽如和李绵厚道,两人啥也没有说,只是看了看我。我这句随口说的话,也都烂在了他们的肚子里。

发牢骚归发牢骚,组织上派我到学校工作,我就得把学校的工作搞好,要搞好学校工作,靠我一个人不行,仅是靠党员,恐怕也不行,学校的党员人数肯定没有群众的人数多嘛。独木难支的道理谁都懂。也就是说,我刚进入学校,因为有党中央

---

① 刘泽如(1897—1986):心理学家、教育家。1932年加入中国共产党。历任中共山东省委组织部部长、延安大学教育学院院长、陇东中学校长、延安大学教育系主任、西安师范学院院长、陕西师范大学校长。

② 李绵(1912—2007):世界语专家、教育家。1930年加入中国共产党。历任韩城县(今韩城市)教育科科长,西北军政委员会教育部普教处处长、中教处处长,西北大学师范学院副院长,西安师范学院副院长兼党委副书记,陕西师范大学党委副书记,陕西省高教局局长、党组书记,西安外国语学院党委副书记,陕西师范大学校长、党委书记、顾问,陕西省世界语协会会长。

和毛主席当时对待知识分子问题的估计，我面对的问题就是，搞学校工作主要依靠谁？这是我在当时那种情势下考虑的首要问题，这个问题具体我在第六节《依靠》中详细谈。谈如何团结知识分子。现在先放一下，接着谈为什么把高等学校培养什么样的人才作为讨论的问题的背景。

因为有对待知识分子问题的态度方面的变化这样一个背景，它自然就产生了另一个背景。社会主义建设不能因为认为知识分子还都是资产阶级就不搞了。人才必须要有。培养新一代的年轻人，若是没有新中国成立前老知识分子的背景，都是无产阶级知识分子，这将是一个很难完成的任务。无产阶级知识分子的要求是啥？——"又红又专"。毛主席在八届三中全会上，也就是1957年秋天，提出了"又红又专"这个口号。

毛主席提的"又红又专"中的"红"，指的就是我们培养人才的政治标准，要"红"。"专"，指业务。"又红又专"是我们需要的人才标准。同时呢，在1957年的前一年，1956年，中央还提出了一个"向科学进军"的口号，它鼓舞了知识分子的热情，特别是青年知识分子学习的劲头，形成了一股风气——全身心地投身到业务的学习中，为社会主义建设做贡献。这本来是一个喜人的大好局面，但在1957年的"反右"运动中，最后有一个说法占了上风，应该说是肯定了的一个说法出现了：

在"向科学进军"号召下,多数知识分子太过于重视业务,轻视了政治。红得不够。

轻政治的本质上是啥?

用资产阶级世界观,来对待中央提出的"向科学进军"的号召。有一种说法,那就是暴露出的问题实质上是知识分子借向科学进军之名,以达到追求个人名利之实。这是一个逻辑链,归根结底,我们对知识分子的估计,认为他们还是资产阶级知识分子。

我们社会主义建设,尤其是毛主席1957年11月在莫斯科召开各国共产党和工人党大会时,为配合苏联赫鲁晓夫宣布的15年赶上美国的目标,毛主席代表中共中央就向全世界宣布,中国15年超过英国。

问题来了——1950年中后期我们国家稳定下来时间并不长,抗美援朝也才结束三四年,在那样一种国力下,我们拿啥子超过英国? 当然是社会主义建设成就,钢的产量呀! 科学技术水平呀! 肯定是这些方面。搞这些,没有知识分子的参与,不好搞嘛。但知识分子又被宣布为资产阶级知识分子,我们要超过英国,赶上美国,难道要靠这些资产阶级知识分子? 显然,刚刚才解放不到十年,我们自己培养的无产阶级知识分子,无论从数量上还是水平上,和从解放前走进新中国的老知识分子相比，客观上还有距离。从逻辑上讲，这就是个悖论，说不通。但社会主义建设还要搞，根本上必须解决这个悖论，通过啥子方式解决呢？方式各种各样，知识分子参加农业、工业方面的劳动，勤工俭学运动，批判"厚古薄今"；展开"反浪费、反官气、暮气、阔气、娇气、骄气"运动，"交心"运动，"拔白旗""插红旗"运动，在学校掀起一连串的运动，解决那个悖论。这些运动中尤其显著的就是"红专大辩论"了。解决了红与专的问题，也就从根本上解决了问题。所以才有毛主席提出的"又红又专"人才的标准。政治上，也就是世界观上，要有无产阶级世界观，不能有资产阶级世界观。

辩论啥呢？是先"红"再"专"；还是先"专"然后"红"；或者是同时"红"同时"专"。辩论这三种顺序之外，还辩论一个问题，"红"的标准到底是个啥？

全国的高等学校就上述的问题辩论得很激烈。我所在的西安师范学院也概莫能外。"红专"大辩论是和这一时期的各类运动同时进行的，它们之间有着紧密的关系。比如说，开展向党"交心"这个事情，我印象中看到过一份材料，是数学系一位年轻教师写的，名字记不起来了。他给党"交心"，说他全身心投入业务的钻研中，写好和准备写的论文有好几篇，还把论文的拟定题目都写上，准备向那些数学杂志投稿也写上。开学校党委会的时候,我刚说了一句,他这个"交心"材料不合格,这不是"交心"嘛,这是他的"红专"规划书。我说这个话,就其本意来说,是我在内心里还多少认可他的这些想法,搞研究有啥子不好?虽然他的这个规划看起来不太切合实际。但是在党委会上,有人不同意我说他的交心是个"红专"规划书。说怎么不是"交心",都是他心里想的事情,咋能不叫"交心"呢?

我顺着他们的话说,交的是个"红专"规划的心,也应该算是"交心"。

他们的意见,认为只看见了"专"的规划,怎么没有"红"的规划?只交了一半的"心"嘛。只搞研究写论文,看不到有时间学习政治,没时间学政治,怎么可能"红"呢?由此得出结论,从这个年轻教师的所谓的"交心"材料中,可以看出来,这就是典型的白专道路嘛,是为个人名利搞研究。

我不吭气了。我能怎么说?我再说话,就变成我和他们就"红专"问题的辩论了。

向党交心,心一交,就有问题了,凡是注重业务的,发展到后来,多数成了"拔白旗插红旗运动"中被拔的白旗……大运动套着小运动,一环套一环,到最后成个啥子结果呢?变成了大家比着往"左"的道路上狂奔,声势浩荡。客观地讲,西安师范学院的那些老教师还不算出格,赵恒元①、黄国璋②、史念海他们还没有发疯。赵恒元有一次给我说,他没资格发疯。学生发疯的也不多。但上海不得了,十几个大科学家,就是苏步青他们,联合到一起发倡议书,核心内容就是号召大家人人争做"左"派,提了个目标——"红透专深"。

老知识分子都要"红透专深"了,遑论年轻知识分子和大学生?德才兼备"又红又专",这个目标好,无可厚非,但啥叫"红透专深"?事实上呢,这个透,我们一直到死,都不能说是透。尤其是高等学校的学生处于一个人生观、世界观形成的时期,你一个大学生,能有多红?比我们这种参加革命几十年的人都红?我到现在都不敢说我红透了。再说专,大学生那个专深,有多深?你搞地理的,比黄国璋都深,黄国璋本人还没深呢,你就在业务上超过黄国璋了,我看也不可能就以你那个深作为标准吧?我当时就在公开场合谈过,这个要求高了。这是一句客气话,不客气的话,简直胡闹,自欺欺人。当然这

---

① 赵恒元(1915—1994):山西寿阳人,声学家、教授。1938年毕业于北平师范大学物理系,历任西北大学教授、陕西师范大学物理系主任、副校长、应用声学研究所所长,中国声学学会常务理事、陕西省物理学会副理事长。

② 黄国璋:(1896—1966):地理学家、教育家。九三学社中央秘书长。长沙雅礼大学、美国芝加哥大学毕业。先后在中央大学、北平师范大学、西北联合大学、陕西师范大学任教授。

个话我也没有敢公开讲过，朋友间倒是说过。

我们要求一个大学生毕业已经"红透"了，而且"专"得很深了，也就是说无法发展了，这不是事实，也不符合实际。因为"红透专深"的要求过高，导致出现了很多偏差，给我国的高等教育事业带来了重大的损失，甚至当时围绕着"红透专深"发生的一些事情，今天回头来看荒谬至极。其实仔细想一想，在当时的高等学校，普通的教师、科研人员之所以也会违背科学规律，以很大的热情投入"赶英超美"的运动中，那个热情的动力之一，也有实现"红透专深"的目的。你还是搞你的科研、教学，那是白专道路，要干些具体的对社会主义建设有用的事情，你不干，咋个子证明自己"红透专深"了呢？而作为学校的领导，在这种风潮中，还不能打击教师、学生的积极性，甚至在客观上还要起到推波助澜的作用。

比如说学校历史系办了一个化肥厂，生产了几十种化肥。表面上看，"赶英超美"是大气候大环境，但是呢，究其深层原因，历史系办化肥厂，不也是表示着政治上它迈上了"红透"的具体的践行之路吗？知识分子的劳动化践行是改造思想，抛弃资产阶级世界观形成无产阶级世界观的不二法门。学校的教师、学生不仅仅要到农村劳动，学校办上农场，学生和老师去种地、养猪，当然种地、养猪没有啥子不好，起码也算是在

1960年代初期解决了学校的部分副食补贴嘛，但这一切和学校的主要工作比起来，得不偿失嘛。学校还要办工厂，毛主席到天津大学视察，表扬天津大学的工厂，发表讲话，明确指示了三点：一、党的领导；二、群众路线；三、教育与生产劳动相结合。全国的高等学校都开始大办工厂，办各种五花八门的工厂。这是落实毛主席的指示。当然是政治上的大问题，你不落实毛主席的指示，尤其是教育与生产劳动相结合，不办工厂，咋个能体现出来落实呢？不参加到办工厂的运动中，个人又怎么"红透专深"呢？

如此一来，我们高等学校的人才培养目标是不是发生了偏差？忙着办工厂、办农场，学习业务的时间在哪里？"红透专深"看着好看，但在走向"红透专深"的道路上，学习历史的学生，把精力投入办工厂，还要办那么红火，以示自己积极响应了党的号召，落实了毛主席"赶英超美"的指示，但问题是历史系的学生将来毕业，是要到中学工作，给中学生讲历史课，你把时间都花在办工厂搞化肥了，拿啥子去讲？中学生上历史课，你给娃儿们讲讲怎么开工厂，生产化肥？

历史系学生要办化肥厂，我是听史念海找我反映时说的。

史念海说完，我看着他，半天都没说话。为啥子我突然不吭气了？按我的思路，还正在想着具体怎么落实毛主席在天津大学的讲话精神呢，正想着学校的文科系咋个子办工厂呢，史念海突然跑来给我说历史系学生要办化肥厂，说老实话，我没有思想准备。

其实学生办不办化肥厂，史念海没有决定权，我有没有？恐怕也没有这个权力。我反对了，落下个打击学生的积极性，人家要"红透专深"，落实毛主席的指示精神，我能反对？

第二天下午上班，我刚坐到办公室，历史系的张安民跑来，他当时是系里的秘书还是政治辅导员，具体我记不得了。反正是张安民跑来，说请我去看看历史系办的化肥厂。

说完，张安民就笑了。我问张安民笑啥子，张安民却说他没有笑。

我就问，昨天史念海才来说你们历史系要办个化肥厂，咋现在就办好了？

张安民说，办好了，昨天学生们计划了一下，今天中午，利用午休时间学生们把尿素都生产出来了，还要再生产其他几十种化肥呢。

我不懂化学，对尿素的生产程序更是门外汉，但我也知道这个尿素呀，也不可能一下子就能生产出来。

张安民领着我去历史系化肥厂的路上，我问张安民，化肥咋个样子？

张安民人老实，说他不知道。

到了历史系的化肥厂一看，原来厂址就在院子里，生产化肥的设备是几个锅，就是学校隔壁瓦胡同村农民家里用的那种锅，用四五块砖头垒着支在地上。历史系的学生还真有办法，居然不知道从哪里搞来了几个大缸，比四川腌泡菜的缸还大。

学生见我和张安民来了，高兴得很，指着大缸里辨不清颜色的一堆东西介绍说，这是尿素，这是硝酸铵，这是……他们还有生产计划，准备再生产个十几种化肥。哎呀，这些历史系的学生比我知道的化肥名字还多，值得我学习。他们说，等到明天把剩下的十几种化肥都生产出来了，就要去省委献宝呢。

有个同学还邀请我和他们一块去献宝。

张安民说，郭书记明天还要布置学校其他系办工厂的事情，你们先自己去。

其实张安民这是替我解了围。从这个小事上，张安民给我留下了遇事稳妥、机智的印象。

最后，我得有所表态。我说，刚才同学们说的那些化肥的名字，我都还不知道，一会儿我就去图书馆借两本有关化肥方面的书看一看。你们办这个化肥厂，我看都是用柴火在加热、烧制，校内柴火少，前几天我路过东三爻村，看见有不少干树枝，你们可以去那儿捡一些。总归烧火的时候，注意个人安全，注意防火。

临走时，牛致功①好像也是听说化肥厂办起来了，跑来看，他找了个硬纸板，从缸里舀了一点尿素，说让我拿到办公院，给花和树先试一下。

张安民说，试一下，反正咱是近水楼台先得月。

把尿素施到办公院的树根之后，我还是注意观察了几天，怕树死了，万幸，树还好，没有什么变化，但也没有见有啥子喜人的长势。

又过了两三天吧，我在办公室接到了赵伯平给我打来的电话，他当时在省人委工作，他说我到学校之后呀，听说了工作开展得还好，这一回西安师范学院走到全省高等学校的前面了，比西安交通大学好，比西北大学（简称"西大"）用五天搞的那个人民公社更有实际意义。

我就纳闷，赵伯平平时不是和我这么说话的，张稼夫调走以后，他来当西北局宣传部部长，我们之间很熟，他用不着这么给我说话呀。末了我才听明白，他说省人委要把历史系学生办化肥厂的经验向全省推广，让学校积极配合。

---

① 牛致功（1928—2024）：河南偃师人，历史学家。陕西师范大学历史文化学院教授。主要著作有《唐高祖传》《安禄山史思明评传》《唐代史学与墓志研究》《唐代碑石与文化研究》等。

赵伯平说，你们西安师范学院这回可是为咱陕西的农业建设立大功了，今年的粮食产量能上去，有你一份功劳。

果然，赵伯平来电话之后，陕西各个地、市、县都派人跑到学校找历史系，谈办化肥厂的事情。历史系呢，组织了五六批学生，先是西安郊区，然后是外县，真的跑去帮着办化肥厂，办了多少个这样的化肥厂？后来《光明日报》发文章统计说，办了八百多个。不仅如此，历史系的学生还给全省培训了将近三千名技术人员。

《光明日报》报道历史系办厂的事迹，那些化肥厂、农药厂、沼气厂、炼焦厂、硫酸厂、耐火材料厂、电石厂……它到底怎么样？我给当时来视察的国务院文办主任张际春谈过我的想法，我说，能不能不报道了？这么些厂，报道出去恐怕……

张际春批评我，说我糊涂。糊涂在跟不上形势，做高等学校的领导，领会不了中央的精神。他说，郭琦呀，你小心自己右倾，后果严重。

我没有再说什么。

至于推广到全省的学校历史系办的化肥厂，是否给陕西这一年的农业生产起了作用——我看没有啥子作用。但《光明日报》对学校历史系的报道，还是让学校出了名，连我都出了名。年底我到北京开会，像西南师范学院的方敬、广东农学院的杜雷这些老战友见了我，开我的玩笑。杜雷说我比他在延安办骡马运输队强多了，能办那么多厂。我也开玩笑说，哎呀我不行，比不上复旦，比不上。

1958年学校停课闹革命，大办工厂是个潮流，我阻挡不了，没有那个能力，只能是看着，多数情况下，还得去配合，荒唐得很。实际上，"赶英超美"、停课闹革命、大办工厂和我们高等学校培养人才的目标，无论是"又红又专"还是德才兼备都背道而驰了。它本身违背教育规律，戕害了学生，给学生教会了啥？说假话、做假事，迎合上级。

不过呢，在同时展开的批判"白专"道路的运动中，我看形势，基本上都是针对某一个具体的人，如此一来，我能说上话说两句，能做点啥子做一点，尽量把批"白专"道路的打击面缩小一点。

啥子是"白专"道路嘛，人家就是不愿意开会，或者对社会服务工作不那么热心。而给当时专业学习很努力的同志，统统扣上"白专"道路的大帽子，打倒人家，不应该嘛。业务抓得紧一些有啥子错？比如说学校的吕秉义，他在莫斯科正进修，运动开始了，所在的留学生支部给学校党委转来一个材料，说吕秉义走"白专"道路，要停了吕秉义党员预备期，不让入党了。我把这个材料给李绵看。之后，我俩就有个意见：对吕秉义的要求不能那么高，不能像对待一般的年轻人一样，不能够说他业务上抓得紧一点，对集体活动参加得少一点，就认为他是"白专"道路。难道要他在莫斯科整天不搞业务，跑去参加各种劳动就不是走"白专"道路了？国家花着钱，派他到莫斯科，不是去参加集体劳动的，是去进修、深造的，没有必要那么要求人家整天热心开会、劳动嘛。最后因为我和李绵的坚持，吕秉义还是按时转正了，但也给我扣了帽子，说我推行党内和平论，漠视党内斗争。那时候，党内的好些人就知道斗争，搞社会主义建设就是个幌子，搞什么斗争？斗争来斗争去，念歪了经，一天到晚斗争，斗知识分子、斗学生，怎么脚踏实地的搞社会主义建设？

张岂之是个年轻人，也是这个情况，开会少，业务抓得紧一些。其实呢，我认为张岂之这个人从大的方面来说，还是很可以的。但截至现在恐怕有些人还是这样看他，而且认为我在西北大学用人不当，也是说他这些。

固然，我们要提倡热心公益、热心服务，这是提倡，只要他不妨害公益，不妨害他人，或者开会不是那么积极，这种人的这种现象，属于教育的问题，起码不应该受到批斗。

当然我这里并不是说提倡大家不热心公益。

总体上讲"文革"前17年我们党在高等教育方面关于"红

专"的问题、"德才"的问题，方向上走得偏了，甚至无限上纲，大大地伤害了一些同学。这方面的具体事例很多。我在师大工作，对一些普通学生，他们的思想尚未定型，做了处理，主要责任在我，应该向被处理的学生道歉。

接下来，在林彪上台以后，到了1965年又提出来所谓突出政治的大讨论。

自1959年林彪接替彭德怀任国防部长之后，不断强化党在军队中的思想政治工作，并以编选《毛主席语录》作为在加强军队政治工作中突出毛泽东思想的重要手段。甚至1962年中印边界自卫反击战的胜利和1964年第一颗原子弹爆炸成功，也被看作是林彪加强思想政治工作、突出毛泽东思想的胜利。

1964年掀起了全国向解放军学习的群众运动。解放军的加强政治工作、突出政治的口号、突出毛泽东思想的经验，迅速推广到了全国各个方面、各个领域、各个部门。

当时《解放军报》一论突出政治，二论突出政治，三论突出政治。林彪那个突出政治，当时我就感到，和我们培养社会主义的人才不相适应。比如他荒谬至极地提出来说，只要政治突出了，战士打枪打不准，还可以打第二枪。反过来看，如果政治不突出，你尽管枪打得好，那可能打向另外一个方面。

这后者嘛，也不能说它没有一点道理，还是有一定道理的。

一个战士，不仅要求你瞄得准、射击非常准确，而且要看你的枪口对的是谁，毫无疑问，这是合理的。但再反过来讲，又不合理，是否专就不重要了？不重要的结果呢，按林彪的逻辑就是，在战场上只要你政治上是坚强的，打不准，不要紧，还有第二枪。那么，从现代战争的角度上看，打不准，一瞬间就会被别人打倒了。所以，当时谈到突出政治这一点，我就不赞成。

谁不赞成突出政治？

所谓政治工作是党的生命线，政治要统率一切，这些我赞成。但是林彪的突出政治，我思想上就是通不过，我认为不能搞空头政治嘛。

什么是空头政治呢？

就是我们培养的人，业务上根本不行，成天只突出政治，这本身按我们对大学生的培养任务和目标来说，很不应该。

我们高等学校培养的是什么人呢？是干部预备队伍。干部预备队伍，你出去业务上不能适应社会主义建设的要求，请问你这个突出政治表现在哪里呢？

所以，在讨论当中我就公开地赞成突出政治要落实在业务上头。

当时，小平同志被批判，也在这个问题上。到1960年后期,批判小平同志业务挂帅,就是指突出政治要落实在哪里的问题。

业务挂帅,政治落实到业务上头,这个问题我在林彪提出来之后,说了一些话——我说林彪那个说法,突出政治要落实到提高思想革命化上,这个东西我根本想不通。我在师大大操场全校大会上讲了,我说突出政治是上层建筑,思想革命化也是上层建筑,上层建筑落实在上层建筑上头,理论上首先讲不通。

落实在业务上,就是说上层建筑落实在物质基础上,我认为这样才符合毛泽东思想。

1960年代中后期,批判我的时候,轰动了全校的我的罪行之一就是说我讲过这么个话:我说炊事员突出政治,要落实到炒瓢上头。

他们把我这个话,当成我反毛泽东思想罪行当中最重要的一条。

批判我的人,把我当时的讲话简单化了。

我形象化地这样提,有什么不对?而且说老实话,我讲炊事员、炒瓢、政治挂帅之间的关系并不是我的创造。我也是根据毛主席在知识分子会议上讲话说的。就是1956年的那次,具体时间为1956年1月14日至20日,会上周总理做了《关于知识分子问题的报告》,毛主席在闭幕式上讲了话。

毛主席就讲了一条,说我们搞社会主义建设,我们北京烤鸭还不如过去好吃,我们的火腿还不如过去好吃,那不等于是反映不出我们社会主义的优越性吗?

我就体会毛主席这个话,体会他的这个提法,就是说突出政治,要使学生学得更好,当然不是什么"专而深"。要学得更好,要学到本事,具体到毕业以后,能更好地为人民服务。因此学生的任务,突出政治归根结底还应该是学习好业务。

问题是,要解决一个正确方向——为什么而学习?

我们是为了更好地学到本事,更出色地为人民服务,为社会主义建设服务。这样,"又红又专"就统一起来了。

既不是空头政治,也不是脱离政治方向的业务观点,我讲了很多例子,其中就讲到我们炊事员,如果我们讲突出政治,最后我们饭做得不好,我们突出政治就失败了。那么突出政治,对炊事员的要求应该是什么呢? 饭要比过去好,花色要比过去多,味道要更好,以此来作为炊事员具体地对社会主义的贡献,对人民的贡献,对培养学生的贡献。对于干部来说,对工人来说,突出政治都应该要有具体表现,否则就成了空头政治,群众其实也是很反感空头政治,群众说啥呢? 说政治工作就是卖狗皮膏药。

所以突出政治要落实在炒瓢上。

我经常强调一个观点,学习马克思主义、毛泽东思想,不能空学空喊,比如篮球队队员光学马列而不刻苦练习投篮,是成不了好队员的;做菜的厨师光空谈马列主义,而不在如何切好菜、炒好菜的刀把子、勺把子上狠下功夫,是成不了名厨师的。我讲这些,看师大教师、学生的反应,多数人还是认同我的话,我觉得我这是深入浅出,总不能给教师、学生整天背语录,讲那些革命理论的大道理嘛。我讲的炊事员、炒瓢、政治之间的关系,对师大的工作客观上产生了积极的影响。我记得黎风对我当时的这些讲话,就很赞同,他还专门给我讲过。但1960年代后期,他们却把我这些话割裂开来,抹杀了我的根本原则和前提,只在所谓功夫要下在"投篮上""刀把上""勺把上"大作批判文章,加以歪曲和引申,从而给我制造出所谓"反党反社会主义"的大罪名来。

反正那时候呀,斗我的人想给我罗织罪名,他根本不管什么逻辑,荒谬得很。

逻辑混乱、荒谬也是极"左"思维的一个特征。

总的来说,1966年以前,我个人在思想上对于"红与专"的问题有一些自己的看法,但在大的政治背景和气候下,不可避免地发生了某些对同学过高要求的现象。

1966年郭琦（中戴高帽者）作为"三反分子"被打倒，游街

回头看，政治态度属于中间状况的同学还是比较多，其实任何社会都是中间状况的人占大多数，而我们都把它归入不红。这个标准值得我们研究和深思。

大学、中学、小学都是"又红又专"，要有不同的要求。同样是学生，党员和非党员、团员和非团员，都各有不同的要求。

当然，都红更好，红有啥不好呢？

但是设想一下，我们把所有的群众都用党员的标准去对待，这现实不现实呢？何况我们的党员，他本身理应是先进队伍、工人阶级先锋队中的一员，但他的表现未必都好啊！从本质上说，从多数上说，党员都是好的，但是也很难说个别的党员，或者少数的党员，他的表现未必就比群众好。你对党员都不能普遍要求。如果党员碰见这种情况，他表现还不如群众，我认为这就是在糟蹋我们党。但少数人如此，你能开除他的党籍，能处分他，是不是？如果你能提出要求，让党员严格要求自己，不要损害无产阶级先锋队的荣誉，这就不错了。

我甚至认为有些地方确实如此，就是入党以前要求很高，到转正以后，本人也不要求了，组织上也不要求了。是个党风问题，一直都存在。

那些年搞的那些运动，那些空头政治、形式主义对我们的人才培养目标起到了破坏作用，今天讲，就是希望以后在我们的高等教育工作上少犯类似的错误。

再一个，我深感到我们的人事工作不能适应形势，用"左"的一套思想对待学生，也是直接破坏了我们培养德才兼备"又红又专"人才的目标。

像学生成分不好，存在什么问题呀，这个受害者不仅是学生，连干部、连我们党的优秀干部都要挨整、受害。

所以，我在当时特别强调了一条，我说我们人事工作要注意，我们不仅要发现这个人有些什么问题，我们还要发现取消这个人的问题，这同样重要。跟肃反一样，对待反革命不纵不枉，不放纵一个真的反革命，也不冤枉一个好人。

比如人事工作中，我们就要考虑这个干部在学校几十年，毕业或者没有毕业就留在学校了，表现一直还不错，是好的，无可非议的，而且是当作优秀分子使用的。但是他的档案里有一个什么毛病，应该采用什么方法来对待他？

应该查明。

材料上揭发他有个什么问题，但揭发不一定都是事实，把事实查明，把档案里的不实之词否定了，这是不是人事工作的成绩？应该是成绩。这个成绩保证了我们培养人才的目标，所以，我觉得这方面从学生成才的角度来看，学校的人事工作问题很大。

同样的道理，怎么对待干部，也很关键。比如说文普华①，他在学校工作中很重要，是个兢兢业业、能力很强的同志。他抓学生工作，天天住到宿舍区了解学生情况，没有几个人能做得来。这么一位同志，他出事了，咋样子使用出事同志的问题，要处理好。

学校人事工作中，"左"的东西一直都存在。就拿苏成全②这个干部来说，他当时也受打击。苏成全是一个啥人哩？他是中文系57级留校的学生，他对外国文学有兴趣，留校以后在我身边工作，后来调出陕西师范大学，到陕西教育学院做管理工作，当院长。当时我被打倒，批斗我的人问我，你为啥重用苏成全。我说有两条：

一、苏成全文字干净，条理清楚，他写材料比许多人写得好。

二、苏成全这个人政策观念比较强，稳妥，就这两条，我欣赏。

---

① 文普华（1918—1996）：陕西旬邑人。1937年加入中国共产党。历任陕甘宁边区第三师范学校党总支书记、定边县完小校长，关中地委财委干部科科长，旬邑县委组织部部长、县长，陕西省政府研究室主任、参事室副主任，陕西省政法委秘书长、政法办公室副主任，陕西省人事局副局长，陕西师范学院党委书记，陕西师范大学党委副书记、副校长。

② 苏成全：陕西教育学院院长。

苏成全因为我挨整,被整到啥子地步?苏成全出身不好,成分是地主。1970年代他母亲去世了,苏成全跑回家奔丧。在农村有些丧事的规矩。丧母,作为儿子最少应该服孝嘛!但苏成全不敢守规矩,没有服孝,全村人对他都有诟病。

苏成全够委屈了,但是呢,当时中文系的领导认为他回去给母亲奔丧,是地主阶级孝子贤孙的行为,竟然派人到村上调查他的问题。

"左"到了这种程度,简直是胡闹。

高等学校在1950年代、1960年代的政治工作有好多问题,具体到学生和教师的人事工作方面,问题更不少,但最主要的,还是一个"左"。高等学校的思想政治工作,说到底,要围绕着我们培养"又红又专"、德才兼备的人才目标来搞。把政治工作孤立起来搞,没有前途,而且很危险。

我1977年6月到西北大学工作以后,就我个人接触,我觉得大学对"专"的要求还可以,对"红"的要求就不太强调了。也就是对德的要求有降得太低的趋势,出现了许多问题。太过于强调"红"、强调"德",要出问题,要犯错误;不强调或者降低,同样出现问题。

我举个例子,1977年恢复高考,招的第一届学生。由于各种原因,同学们的思想相当活跃,不可避免地也相当混乱。有些同学提出来,说高等学校的政治工作,比如对学生的要求,对知识分子的要求,就是个宪法标准,他只要符合宪法,你就少管他。

听到这种言论后,我感觉到不合理。

固然,宪法是根本大法,人人都要遵守。今天来说我们仍然要强调,党员在宪法面前不能有例外,宪法大,还是党的章程大,还是党的领导大?

当然宪法大了,宪法是根本大法嘛。

但宪法是最低限度的要求。对党员的要求,要更严格、更高。另外仅仅用宪法来要求一所高等学校的学生也不够。

在会上面对同学们,我讲了一番话。同学们听了之后,起码在我个人看来,还没有哪位同学对我的话表示出反感。

我说——同学们考虑一下,我们高等学校是干啥的?是培养后备干部的,未来要为社会主义建设服务,你们就是未来社会主义建设的中坚,未来的干部。那么,我们对你们的要求,能不能降低到只要不违反宪法就行了?那不就等于说我们培养的学生只要不犯法,这就是我们高等学校政治上对同学们的要求了?

我认为这不妥当。不妥当在哪里呢?——不犯法,要遵守宪法是对十亿人的要求。我们今天的十亿人当中,能够进入大学的有多少？不到30万人，27万人吧。同学们知道你们1977级有多少人报名吗？570万人。27万比570万，录取率是多少？还不到百分之五。所以说，1977级的大学生是啥？是十年荒芜了高等教育恢复之后选拔出来的精华，是精英。

国家培养一个大学生，一年需要花费多少钱呢？我当时给同学们算了一个账：大体上，国家要投资2500元。当然学生也会想，我一个学生怎么用得了这么多钱？因为国家要培养学生，我们才要办大学，才有工人，才有干部，才有教课的教员。从当时的西北大学的状况来说，大约有2500人这样的规模。一年的经费大概是500万，差不多一人2000元。当然，还有其他投资——图书、基建，大体上就是这样的。国家花了这样多的钱来培养一个大学生，而大学生又在人民当中占极少数，我们不能辜负人民对我们的期望，不能辜负祖国对我们的期望，我们除了要遵守宪法，和十亿人口一样，毫无例外地遵守宪法以外，是不是还应该要有政治上的要求？要有道德上的规范？

我们设想一下，如果我们有些行为大家看不惯，但并不一定违反宪法，我们就能这样简单地降低要求吗？因此，除了遵守宪法以外，还应该有政治上的要求，应该有道德的规范，因为你们出去是干部，是社会主义建设的中坚，是带头的人，你们不是普通人，是精英，对精英就不能不提出这种要求。

况且宪法允许是一回事，我们提倡的东西又是一回事，我们不能满足于允许。比方说，宪法上离婚是合法的，离婚是被允许的，但是我们提不提倡离婚？显然我们不能提倡离婚。

当然也不是说两个人毫无感情基础了，还要拴在一起，我不是这个意思。再比如说宪法上规定，允许游行、示威、罢工、罢课，每个公民都有这个自由，但是绝不等于说学校就要提倡罢工、罢课、游行、示威。

我们办学校的目的，怎么能提倡罢课呢？

至于说学校办得不好，有这样那样的问题，同学们采取罢课这种形式来表达，当然不违反宪法，但这绝不是我们提倡的。因为如果学校成天闹罢课、动乱啊，在这样一个不安定的形势下，怎么学得到好多本事呢？也就达不到我们培养德才兼备、"又红又专"人才的目标了。

所以，仅仅用宪法来要求、来规范学生，我认为降低了学生的标准，这是一个大问题。

当时，存在的问题，可以说"文革"前过分了的一些东西，对"红"的要求，现在又走向了另外一个极端。

如果说过去我在师大的时候，精力花在学生上不是这样多的话，"文革"以后，学校的重大问题之一就是搞学生工作。

为搞这个学生工作，我和学生工作处处长、团委书记霍绍亮①同志整天交换意见，很频繁。频繁到了在一定的程度上干扰了学校的正常工作。我的精力，在为学校提高教学质量，出点主意啊，花在科研上头的精力啊，就不如过去在师大的时候花费得多。都花到学生身上了。

整天要碰到和学生有关的新的问题和矛盾，等着解决。就比如我们经济系有个叫张维迎的同学。

我是咋个子知道张维迎的大名呢？

我当时住在学校办公室，一周回家两次去拿饭。这天我早上起来之后，还没吃早饭，电话来了。我一听是赵长河②打来的，他开门见山给我说，学校有个叫张维迎③的学生，发了篇文章，造成了极其恶劣的影响，必须开除。赵长河这样说。我也是没有雅量，在电话里也吼他，我说，你下什么命令？发一篇文章就开除学生？我什么都不知道，恶劣影响是你的判断，

---

① 霍绍亮（1938—2023）：1956年加入中国共产党。历任西北大学校团委书记、学生处处长、共青团陕西省委副书记、常务副书记、中共陕西省委宣传部副部长、陕西省文化厅厅长、党组书记。

② 赵长河（1919—）：河南方城县人。1937年10月参加革命，1938年4月加入中国共产党。陕西省委文教部部长。

③ 张维迎（1959—）：经济学家。西北大学经济系学士、硕士，牛津大学博士。历任北京大学国家发展研究院联合创始人、北京大学网络经济研究中心主任、北京大学光华管理学院院长。

还是组织上的判断？

赵长河见我这么说，把电话摔了。

我正要去找人，问问张维迎是哪个系的学生时，姜秉正来了。他拿着一张《中国青年报》给我看。我大概看了一下，文章的题目叫《为"钱"正名》。姜秉正给我介绍说张维迎是个陕北娃，平时表现还好，学习方面也冒尖。

张维迎这个文章的主题是讲钱是个好东西，过去我们采取清教徒的态度对待钱，这是错误的。他甚至引用了列宁的一句话的意思，说那个钱就是勋章，就是功勋。

我给姜秉正说，张维迎写这个文章，说明他还是看了些书，爱学习，有自己的想法。

这是我对张维迎这篇文章大致看了一下之后，最初的判断。

我坐下来，也在想赵长河为啥子那么判断，要开除张维迎。简单粗暴是肯定了，但背后也不是没有原因。小平同志刚讲过反对资产阶级自由化和清除精神污染的问题，张维迎的文章是不是资产阶级自由化的问题？是不是精神污染？需要不需要清除？我需要有个判断。针对一个学生，针对一篇文章来处理一个学生，我在师大工作的时候，在那样一种五六十年代"左"的大环境下，还没有遇到过。然而在西大遇到了。假如我考虑了赵长河的说法，开除了事，倒是不会费大力气。

张维迎的文章在发酵，北京好几家报纸发文章，连续地发，基本上站在反对资产阶级自由化和清除精神污染的角度来批判张维迎的文章，火药味不小。这时候呢，章泽①喊我去他那里，说谈一下张维迎文章的问题。

见了章泽，我问章泽是啥意思。

章泽说我怎么搞的，反应太慢了，动作慢，人家北京都动起来了，一周一次地发文章，咱们不能没有反应嘛。

我给章泽讲，啥子叫动作慢？跟到北京的风，咱们也组织批判文章？我看不妥吧。他这个文章有错误的地方，我又不是看不出来，但也不是一点道理都没有嘛。《为"钱"正名》也有积极的地方，你要让我写文章，我就写他文章里积极的地方。

章泽说，我不和你争，我叫你来是商量事情呢，咱把赵长河也喊来，一起商量。赵长河来了，直接说文章是资产阶级自由化的表现，是精神污染，这样的学生必须开除，开除了他，也是表明我们在反对资产阶级自由化、清除精神污染方面和中央保持一致。

---

① 章泽（1920—1991）：1938年加入中国共产党。历任中共涞水县青年部部长、组织部部长，延安市青年联合会主席，中共内蒙古自治区乌兰浩特市委书记、市长，共青团中央书记处书记，中共中央办公厅群众工作组组长，中共陕西省委书记处书记、省委书记。

我反问赵长河,你说《为"钱"正名》是资产阶级自由化,我问你,你对资产阶级了解多少?我又了解多少?咱俩不敢说了解得全面了、透彻了吧。张维迎是个啥?一个学生,还是正在学习的阶段,他又能对资产阶级那一套了解多少?大家都没有个啥子了解,你给人家扣帽子,说是资产阶级自由化,是精神污染?你觉得说得通说不通?

赵长河说我不看报,北京报纸上那些批判文章都不对?我说,那些批判文章,我确实都没有完整地看完过,但有一点我清楚,开除一个学生,你不能把这个学生认定为资产阶级自由化分子开除了,来表示学校和中央保持一致。

章泽、赵长河和我没有商量个结果出来,不欢而散。

回到学校和党委、常委几个人商量怎么个搞法。老巩,巩重起他们几个人都支持我的两点想法:

第一,不搞批判,但展开讨论。一批判性质变了,整人嘛。我讲,咱们整人还整得少了?不能再整人了。

第二,不要让学生做检讨。人家有些想法,写出文章发表了。检讨啥子,有啥可检讨的。他一检讨,是不是表示我们以后要把学生的嘴堵上,不让人家思想了,不要人家说话了。不能要求学生检讨,这是原则。

张维迎的文章有问题,大家可以讨论。人家在报上发文章批判，学校也组织个几版的文章，摆事实讲道理，把问题讨论讨论，没有啥子不好嘛。

当时在学校也展开了讨论，首先在经济系的老师里头展开了讨论。到底张维迎的这个观点对不对。

当然了，经济系好几位老师都认为不对，也写了文章。有个别老师还是比较偏激，说以后像张维迎这种学生写文章，学校要审核，不能让学生乱写文章。老师的话说到我面前，我就笑了，给他说，学生写文章，咱们作为老师，作为学校方面来说，应该鼓励，鼓励他们多写文章，多投稿多发表，咋个还能设置障碍嘛。学生写了文章，想给你看，请你看，可以；不愿意给你看，把稿子投出去了，那是人家的自由，咱不能限制人家的自由。

我也不是批评这些个别老师。"左"的思想是新中国成立后的一个长期存在，有些"左"的思想还停留在个别人的思维中，要理解他们不可能一下子把"左"的思想就都能清除完。

总归呀，我当时坚持一点——既然把这篇文章中存在的问题在学校公开了，那大家就把讨论继续下去。

我们继续讨论，张维迎同学就来找我。他那个意思我能理解，问我是不是要批判他，是不是需要他检讨。

我告诉他不存在这个问题。我告诉他，既然你提出了不同的看法,就我个人来说,不同意你的看法,但我们可以评论它。

当时我个别和他谈,我在学校党委会上的发言也是这样谈的——我说你理解列宁讲的那个所谓钱、勋章,他指的是什么呢? 是不是突击手、劳动英雄? 指那些我们给他优厚的奖励? 是指这个意思,而不是我们今天社会上存在的一切向钱看。

我认为不要把这两个问题分开。

当然在"左"的情况之下,割资本主义尾巴,吃大锅饭,我是持反对态度,这一点我们意见一致。

现在我们要区别两点:

第一点,我们要讲经济效益。讲经济效益,你就要讲钱的价值问题。

第二点,要强调按劳付酬,不能吃大锅饭。劳动好的工资就要高,技术好的、贡献大的都应该给奖金,这我都赞成。当时,我们已经提出一部分人先富起来,这呢,我也赞成。我们还要讲究经济效益,要讲究产值,要讲究减轻损耗,要主张资金流动快一点,这都讲钱的问题,公家的钱,集体的钱。我们也讲按劳分配,多劳多得,优劳得优奖。但是,我们社会上现在存在的另外一个问题,什么事都说钱,没有钱就不行,按劳付酬成为按酬付劳,你给多少钱,我给你做多少事,这就不对了。

学校党委的态度很明确,起码张维迎的《为"钱"正名》

只正了一半，有一半是不应该正的——个人的私欲上头不能提倡，也还要提倡共产主义劳动，这和"左"是两回事。

这样一种讨论，不说《为"钱"正名》的张维迎同学本人如何，对多数的同志还是起到了一定的好处。所以这个讨论的方式，我认为还比较稳妥，我们旗帜鲜明，使同学们受到了一定的教育。

总而言之，我感到在改革开放的今天，要培养"又红又专"、德才兼备的人才，学生工作就要做得细，你不身体力行都不行。

再一个，在学校搞形势报告，这个东西还是有效的。1954年之前，我在西北局工作的时候，就经常到学校作形势报告，后来在陕西师范大学工作时也是经常作形势报告。但那时候作形势报告，特别是针对学生作的时候，在作报告的准备工作方面，我的精力花得少。到西北大学之后，和过去的形势不一样了，作报告要有的放矢，动之以情，晓之以理，平等地讲道理，而不是扣帽子，讲一套空头理论。所以就要具体地研究学生的思想，要听汇报，了解具体的情况。

这样才能在给学生作报告的时候不落空。

咋个子才能知道学生想些啥呢？就是他的那个思想动态你怎么才能知道呢？重要的一点是，要多听汇报。过去听汇报，有个误区，认为汇报就是整人。谁来把谁汇报一下，就是谁要整谁。我的看法不是这样,我不着重于张三说了什么话,李四说了什么话。但是我认为我们做思想工作,就要研究学生到底想些什么,他对某些问题有些什么看法,问题不在于追究个人责任。

有一次中文系的领导跑来我这里汇报,说有个叫杨乐生①的学生逃课,一天到晚地逃课。

学生不上课也跑来找我?

该不该来找我汇报呢?

我认为该来。但是逃课的学生多了,我总不能天天处理学生逃课吧。我也可以推一下,让系上或者学生处处理。但是我觉得这是个机会,可以了解一下学生为啥子要逃课。学生的情况了解得尽量全面一些,有啥不好呢。

我就把杨乐生同学找来,问他为啥子逃课。

杨乐生说老师讲课讲得不好,听着没有意思,浪费时间。我问他,那你不上课,跑到哪里去了?好不容易考上大学,不上课,一天到晚干些啥呢?

杨乐生说他去图书馆看书。

谈下来,我发现杨乐生这个同学呀,还真是跑到图书馆看了些书,是个有想法的学生。至于他逃课的事情,我也不回避,

---

① 杨乐生(1963—):西北大学79级学生,文艺评论家、西北大学中文系教授。主要著作有《选择的尴尬》。

批评了。但对他逃课的批评是建立在了解了情况，理解的基础上，所以呢，到最后我和他之间也没有个什么对立的情绪产生。当然，杨乐生不喜欢上课，觉得老师讲得没有意思，我心里头还有一个想法，就是教师教学质量的问题。当然，我不能当着杨乐生说教师的教学质量不好，这也是一个原则。我是在离开西北大学到陕西省社科院工作的时候，听陈孝英说杨乐生毕业分配在方杰那个单位工作。后来我见到方杰，问他认识不认识杨乐生。方杰说杨乐生是个人才，有性格、有才华，文字好，是你的好学生。

和学生单独谈话可以了解学生普遍的思想境况，特别是对思想偏激的学生，请他来谈谈有好处。比方我同一个年龄比较大的有过知青经历的同学谈话——我请他到我办公室，这个同学来了，也不客气，一坐下就滔滔不绝，容不得我插话，一个人差不多谈了两个多钟头。确实有些偏激。

整个过程，我也就不去打断他的话，耐心地听他讲完了。最后我谈了我的意见，我也看出来了，他不一定完全同意我的意见，但起码他感情上没有抵触。

通过和个别学生谈话，我发现了一个普遍问题，1970年代末之后入学的学生对中国革命、中国的社会主义建设缺乏信心。

还是77级有个班级，同学们的学习都抓得紧，很拔尖。班里有多数的学生是从陕北考来的,有从北京到陕北插队的知青。他们和我谈话,往往有以偏概全,局限于他们所看到的或者他们听到的,而且听到的也是夸大的,就把我们的党和干部说得一团漆黑的情况,然后又把外国说得一片光明。

同学们给我说他们看到在陕北公社里、县里的黑暗,我相信他们说的这些话,也不是完全没有根据,但是不是主流,是不是全部如此呢?

恐怕有些夸大。

我就给大家开玩笑,我讲不管咋说,外国搞得再好,我们设想能不能请尼克松来,请勃列日涅夫来呢?让他们来中国搞行不行?这个恐怕行不通吧。中国人的事情,还是要中国人来干。你说我们现在搞得不行,那么我就寄希望于你们这一代,你们说怎么搞好?发牢骚总不是解决问题的办法。

所以针对学生们对社会风气的认识问题,对我们搞建设信心不足的问题,我考虑到要在学生当中进行爱国主义教育,提高民族自尊心。采取这个措施,好像还可以——就是在理科学生里头,讲点历史知识,讲点爱国诗词,学生还很感兴趣。岳飞的《满江红》啊,文天祥的《过零丁洋》啊,像这些东西,在文科生看来好像是常识,理科生听见了,还是很新鲜。这是民族自尊心的问题。

还有一个问题,当时发现对西方的许多事物出现了一种迷信的态度。比如他们说,我们之所以对学校的措施还提出异议,不完全赞成,也不是完全真心地不赞成,而是表明我们的民主权利,就给我们讲美国,像总统提出什么,议会从来都不是一致通过,是议员们考虑到他作为议员的责任感,他要投反对票。表示对政策不是全部的一致。

我就给同学们说,这就是明显的形式主义嘛。你如果真的不同意,当然可以投反对票;如果基本同意,你又投个反对票,表示为民主而民主,这有啥好的呢?我看不出有什么好的。所以,对西方民主有些东西,说老实话作为程序来说,我们国家不能长期地这样在那儿清谈啊。所谓议论未定,兵已渡河。那么好了,我们现在为啥要守着宋人的议论之风呢?学问、经术、时事、政治,乃至文学艺术无不争辩成习,连宋词它都有个议论特点,是有些好处,但坏处也显而易见,所以宋史说"世谓儒者议论多于事功"。宋人空议论多于干实事的弊端,今天我们的大学生难道要继承下来?我希望同学们不要空头议论美国的民主,要看它的实际效果。明明我们同意,一定要在那儿投个反对票,没有必要。总而言之,个别谈话,特别是面对偏激的学生,要舍得时间,特别是搞高等学校的管理工作,校长书记,你得把时间舍得给学生,让他们多谈,让他先谈,然后谈了过后，甚至他还谈些出格的话，你再去谈，起码就消除了他思想的抵触情绪，感情上能够接受你的意见。

我感到改革开放以后，研究学生的思想动向不够，这是高等学校针对学生思想工作上一个不足的环节。

还有一个就是和学生的对话路子要畅通。

关于对话，我不是因为今天刚刚过去的"风波"来赶时髦讲这个问题的。

我在西北大学经常和学生对话。而且，不管学生多么激烈，我都去对话，我觉得多少是收到了效果。不能把和学生对话的路子堵住，且不说堵住，你慢了都会出大乱子，这次风波不就是有些人慢吗？说到底掌握学生的情况少了，酿成了大乱子，要吸取这个惨痛的教训。

总归，学生有事，你作为领导要反应快，迅速对话。

比如说，有一次历史系有一个班，闹得比较厉害。那次我跟张岂之同志一起处理的，也没多带人。我是有意的不能多带人，你跑去和学生对话，身边一堆人，像啥子样子？我认为，当领导的，尤其是作为领导和学生对话，身边人越少越好，前呼后拥一大堆人，你和学生咋个子对话？

当时情况是这样的：

张岂之那时候是历史系主任，他给我来电话说学生宣布罢课了,提出来要和学校领导对话。

张岂之在电话里也表示,如果我不方便去呢,他继续做学生的工作。

张岂之在大事情上有担当。

我没有方便不方便之说,学生都罢课了,我能不方便?有事工作忙?没有躲的必要。

我给张岂之说,你给同学们转达,就讲我一定来。

我按张岂之说的时间,一个人跑到大教室,历史系几个领导都在,我们简单打个招呼。我请张岂之和同学们先来个开场白。

张岂之的开场白很简短,就是请同学们先讲话,有什么提什么。

同学们的发言当然多数都是给学校提意见了,各种各样、合理的和不合理的都有。要是哪个同学提的意见比较尖锐的话,同学们还会鼓掌,就是那种热烈的掌声。最后,大家把意见提完了,同学们归根结底到一件事情上——他们之所以罢课,缘于在食堂吃饭的时候,有个同学被炊事员打了。炊事员把学生打了,学校没有及时处理。

学生们说,如果学校不尽快处理,他们将继续罢课。

学生们大声呼叫我回答他们刚才提出的问题。

我站起来,我讲第一句话就是,我今天来参加这个座谈会,我来讲话不要求你们给我鼓掌。

实际上我心里也有底,他们也不可能给我鼓掌,我首先态度是很明确的,我先不提学生罢课的对错,我也搞个定性吧,和同学们搞个座谈会。这么一讲,同学们从一开始,就能慢慢地消弭一些对立的情绪。

我说,我是作为一个共产党员,我是信仰正确的马列主义的一个人,我用这个身份来讲我的一些看法,希望同学们耐心地听。

那天晚上,我记得教室坐满了人,而且窗子外都站满了人。但是我是讲道理,和大家讲道理,讲我个人的看法和同学们看法的分歧在哪些地方。

我想我们和学生感情上头没有什么隔膜。如此呢,和学生们的对话渠道畅通了,有个好的对话气氛了。

我给学生们回答了一点,讲纪律,一定按校纪处理打人者,如果没有按校纪处理,那么同学们可以来我办公室,随时来找我。

我刚一说完,学生们就给我鼓掌。

我一直强调,要用理性的态度去对待学生的情绪。其实我当时说的"理性",也就是今天常常说的不要热处理。

我在西北大学那几年呀,学生动不动就罢课,动不动就要求惩办凶手，到处贴大字报，上街游行。

我记得有一次，又是因为学生在食堂和工作人员起了冲突，工作人员把学生打了。但是打得也不是多么严重。

学生因此又罢课了，全校性的一下子2000来人罢课，拥到操场上，提要求，要开会。当时我就抓（找）到巩重起，我们两个人一起到操场，一看学生在操场上也没有个秩序，三五成群，乱七八糟地挤成一堆，把我和老巩挤在中间。

我喊了两句话，学生秩序很乱，人家也听不到我说啥。这时候不知道是谁，搬了个桌子来，让我上到桌子上，我就上到桌子上说，同学们要求开会，那我们就开会吧。既然开会，总不能这样子待在操场上吧？开会嘛，大家排好队，好不好？

我话音刚落，学生们就大声地喊，我们不排队，不排队，我们就要这样子，就要这样子。

我说，大家不排队也行。但是呢，开会要说话，谁先说话，谁后说话，总得有个办法吧。你们看这样好不好，大家就地坐下，你们给我递条子，我请学校办公室主任念大家的条子，我来答复条子上的问题，好不好？

学生一听我这样说，那肯定觉得这也是个办法了，就坐下，开始递条子，办公室主任念，我答复。

学生递上来的条子，也都是给学校提的意见，我一一答复完了，最后我讲了几句话，我说，同学们提的这些意见，我和巩重起一个作为书记、一个作为校长，感到惭愧。惭愧在两个方面。

1. 我没有把学校的工作做好。官僚主义了。
2. 即使同学们有一点过火的行为，也是我们教育不够。今天的问题，初步听来，炊事员不对，是管理工作当中有问题。你们要求惩办凶手这个问题，我们一定要调查研究后，严肃处理。我们绝不会拖下去，哄你们。但我们必须调查清楚，落实事实，落实了就必须严肃处理。总之不管咋说，打人总是不对的。

我当时还举了个例子，后来学校的有些行政干部不完全同意，也有讲我对学生的态度是绥靖，我不这样认为。比如说，商店的营业员、饭馆的服务员总不能打顾客，从来就没有这回事，不能打人，有再大的纠纷，食堂的师傅也不能去打学生。

我接着给学生讲，你们这种行动，我是理解的。但是今天，我的意见，我们就说到这个地方了，然后这个事情发生在哪个系，下来我们再联系，是不是这个系的同学，下午我亲自来听你们的意见，亲自来谈。就这样，把全校性的罢课，转化成一个系、一个年级的罢课了。

回答完学生们的提问，我请学生们推选代表，到会议室具体解决问题。

学生们又喊了起来,说我这是引蛇出洞,要学生推举代表,就是要抓尾巴,秋后算账。

我说,我以学校党委书记的身份向大家保证:一、我不问学生代表是哪个系、哪个班、叫什么名字。二、如果哪个同学因为罢课这件事情,在毕业分配上遭到学校的打击报复,直接来找我。我负责解决到底。

我讲完之后,有学生代表就到了学校会议室。

我和他们讲,我完全理解同学的这种情绪,我还是两句话:第一句话,我们的工作没有做好。第二句话,你们的行动是完全可以理解的。

学生见我这样说,就要求我支持他们罢课。

我说,我再多说一句话就对你们不利了,我刚才的两句话,是我说到顶点的话了,我不能多说。还有没有话呢?还可以有话,以后再说。你们可以回去了。

有学生代表提出来,既然我理解他们,他们就取消原来商定的罢课三日的决定,马上复课。

我说那不好,学校尊重你们的商定,罢课三日,刚好,同学和老师都趁此休息上三天。

学生代表们呢,我看出来了,没有想到我会这样说,他们甚至有些不好意思了。

我说，你们好好复课，放心，我们一定惩办肇事者，同时，既然我对你们的罢课行为理解，绝不会给你们秋后算账。

三天之后，学生复课了，我去找学生，又给他们谈了一次。

这次找他们，我就批评了学生。

我说今天就讲那天没有说出来的第三句话了，当时不能讲第三句话——我今天仍然不翻案，学校有问题，肯定存在问题。你们这个行为，我们可以理解，我们不能处罚你们。但是，你们这个做法是不好的，无益于解决问题。我们一定要游行、上街、写大字报吗？这个做法不好。当时我说了，你们一定接受不了的。但是今天你们平静下来了，我给你们讲，你们这个做法，可以引以为戒。抗议一下，也不是不可以，催促一下我们尽快解决问题。但是，何必造这样大的声势，对你们也不好，既耽误时间，又把学校的秩序打乱了。

设想一下，如果当时我把第三句话说了，那这个复课还能实现吗？但是，第三句话如果不说，就没有原则了。

所以我认为到西北大学工作之后，在处理学生工作方面，我是总结了经验，可以说比较成熟。

我是相信毛泽东思想那一套的，但问题是毛主席在实践方面，他自己并没有执行——就是毛主席"批判从严，处理从宽"的思想。

在西安师范学院反右斗争中,我的调子是高了点,但在右派的处理上,我还是坚持了从宽处理。1957年的时候,西安师范学院和西北大学在右派处理上,一比就看出来了:西安师范学院的教师除了定性反革命,就是公安局抓的那些人,右派没有一个开除的。当然那时候我对学生没有保护好,太多了,各个系就给你搞了,也不可能保护得完。

但是我到西北大学去了以后,碰到几次大的斗争,我都坚决保护学生。我不是无原则的,我跟学生们讲,我说我是共产党员,我是站在共产党员的立场上看人处世的。比方当时出了个《希望》刊物。办这个杂志的几个学生的名字我都还记得,像方兢①、王晓安②、陈学超③、吴予敏④……,他们办《希望》,

---

① 方兢(1950—):西北大学七七级中文系学生,文艺评论家、中国人民大学中文系教授。主要著作有《中国当代文学理论潮流三十年》《中国当代文学理论体系研究》。

② 王晓安(1949—):西北大学七七级中文系学生,1980年加入中国共产党。历任中共陕西省纪委副书记、中共陕西省委组织部副部长、陕西省政协副主席。

③ 陈学超(1947—):西北大学七七级中文系学生,陕西师范大学教授、国际汉学院院长。主要著作有《中国现代文学思潮史》《认同与叛变》《现代文学思想简释》。

④ 吴予敏(1954—):西北大学七七级中文系学生,深圳大学传播学院院长、教授。主要著作有《无形的网络——从传播学的角度看中国的传统文化》《多维视界:传播与文化研究》《美学与现代性》。

我认为是个好事情,在学校经费并不宽裕的情况下,我给批了一笔专款作为启动资金,当时不少了。这几个学生把杂志办出来,送给我看,我也都看了。从我个人来讲,杂志办得不错,里面的文章还好。据说杂志在社会上也有影响,是好的影响。我碰到周培源①、韩天石,他俩都知道西北大学有个《希望》杂志。

但是问题还是出来了,《希望》这个杂志没有刊号,算是非法刊物,公安局跑来学校,要插手。

我就拒绝了。

我给公安局的人说,这个问题呀,你们不要管,我们学校来管,你们来管就把问题复杂化了。你们作为管理市容的权力机关,不让他们到街上乱卖是可以的。但怎么处理学生跑到街上卖杂志,还是要由学校来处理。

这边公安局来找,那边学生就跑来找我,说,啊——!雁塔区、碑林区都给我们立了专案了。

我说,胡说八道,什么专案?什么专案组?他立专案搞专案组,必须经过我。我去给你们立专案,你们每个人都立专

---

① 周培源(1902—1993):流体力学家、理论物理学家。中国科学院院士,中国近代力学奠基人和理论物理奠基人之一。曾任北京大学校长、中国科学院副院长。

案了;我不去给你们立专案,别的地方立也没用,像这件事我就顶住了。

只是学生们怀疑,所以后来在办《希望》杂志的同学毕业的时候,我在全校的分配工作会上,专门讲了,不能因为他们办《希望》杂志而影响到他们的毕业分配,还要特别分配好。我这个意见,学校的干部、教师也不是都支持,反对的不少。但最后,我看他们的毕业分配还都不错。

总归呀,我觉得做学生工作,尤其是在坚定了"又红又专"德才兼备的人才培养目标的前提下,和学生在对待同一个问题时,发生分歧,我们首先要找些和他们的共同点。要先予以肯定。同时,也要认识到,和同学之间关于许多问题的看法有不同之处,是客观存在,没得啥子大惊小怪,没有必要急于给学生定性、扣帽子。对待学生,我认为眼光应该放得远一些,我在想,恐怕这个强人的一面还有问题,或者还会引起对我们党的一个长期的不好的影响,比如现在我们遇到的这个局势……前一阵,我到陕西师范大学开会,碰到谢振中[1]。会后我临上车,他送我,我给谢振中说,组织处理上可要实事求是呀,对

---

[1] 谢振中(1936—):甘肃民勤人,1956年12月加入中国共产党,1961年7月参加工作。曾任陕西师范大学党委书记。

教师，对学生咱们的历史教训太多了，一定慎重。

我给谢振中讲慎重，是我知道他在陕西师范大学负责对这次"风波"的清理清查工作，再不慎重，只会留下遗憾，给我们的事业造成损失。

在西北大学，在处理学校工作上和巩重起、张宣，我们都是有分歧的。分歧归分歧，朋友归朋友，我们的关系还是很好的。比方张宣，西北大学学生一罢课，他往往就跑来给我讲，现在这个学生倒是值得我们学习。

我说，我们学习他们啥？他们的行动值得我们学习哪点？我们过去也不像他们这样搞法。过去我们上大学时，搞罢课，啥子个目的？哪一次罢课是因为咱们和学校发生了什么具体的摩擦？真的解决和学校具体的摩擦，哪一次不是和学校具体对话解决的？你我从延安回川大复学，也没见咱们拢起些同学宣布罢课嘛。咱们罢课是为啥？但是我同时也认为现在学生的这些行为，我们应该理解。

我前面讲了，同学们有些对社会主义建设信心不足。你猜咋个子？张宣也跑来和我谈，他说社会主义谁说得清？苏联是社会主义？中国是社会主义？东欧是社会主义？

我说，张宣啊，你这观点我不同意，按你的说法，世界压根没有社会主义,那你还谈什么社会主义优越性？没有的东西，还有什么优越性？你敢不敢说没有优越性？

张宣说不敢说。

张宣这个话本身就是不合逻辑的，是不是？

我的思想大概也是如此。

所以，有一次在顾问委员会的会上，章泽让我讲一讲。

我发牢骚——我说我不讲话，我讲话呢，老的认为我是异端，年轻的认为我是"两个凡是"，我朋友里头也有认为我是"两个凡是"的。我说我不讲。

与会的有些同志说，你讲嘛，我们有些人还是同意你的观点的。

我是这样来考虑的，我自己走上马克思主义者的道路，是经过了一个时期的摸索，我自认为我没有冒失。这些话，我公开讲了，我现在仍然深信我的这些看法，能经得起历史的考验。

其实过去认为我是大反毛泽东思想的人，今天比我走得更远。这个问题，关键是什么？我认为我是科学的态度，他是盲目地对待，用盲目来反盲目，过去盲目地树立毛主席，今天又盲目地崇拜西方，把西方自由主义那一套搬来，搞我们的高等教育事业怎么行？如果行的话，50年前，任叔永在川大恐怕就不会被赶走了，毕竟还是不符合中国的国情和四川的省情。当然我在上篇《琐忆》中，对任叔永说过一些话，他那个治校方略,也有可借鉴的地方。

  总归盲目怎么行呢?尤其是在高等学校工作,在面对首要的人才观念方面,"又红又专"、德才兼备是我们追求的培养目标,"红透专深"或者不讲任何"红"与"德"都要不得。对此,还是要有两个字的态度——科学。尊重教育规律,秉持科学的态度,坚持科学的人才观念。科学了,才能尊重基本的、常识的教育规律,也才能把我们的高等教育事业进行下去。

环　境

　　我始终有一个认识，一所大学，在解决了人才培养目标的认识前提下，作为一个从事管理工作的干部来说，学校的校园环境建设应该排在接下来所要重视的位置。

　　毕竟无论你想把学校办成什么样子，向着哪个方向发展，最基础的还是学校要有个学校的样子。

　　学校的样子是个啥？

　　样子吗？最表面的当然就是学校校园环境的建设了。我的看法是：连个好的学习环境都没有，一切皆无从谈起。有了好的校园环境，有个教书读书做学问搞科研的环境，学校其他的工作也才能次第展开，或者说延展开来。具体地说，即是以此为出发点，把学校整个的后勤工作带动起来……我在陕西师大、西大没有具体的分工抓后勤工作,但我很重视它,我的想法是学校的后勤工作,管理者最应该首先考虑。

我先从校园环境建设谈起……

众所周知在咱们中国,尤其是在咱们中国传统教育理念中,比如但凡古代书院则多设于山明水秀之区,历史上著名的岳麓书院、白鹿洞书院以及清人顾炎武①在华阴的华山书院,均依傍名山,以得竹水环绕,花香鸟语,琅琅书声,修心养情,求知励志,唯于天人合一中方可生成的境态。

古代中国就是如此。

所以,无论我在陕西师大也好,西北大学也好,努力创造一个优美的学习环境,一直都是我在学校管理工作中的着力之处。不管学校原来的条件如何,我也都努力地经营它,最低标准也是要把校园搞得花木掩映,怡情畅怀一些。本来读书的地方理当如此。

现在回过头看,1960年代陕西师大那个校园环境,还是很可以的。印象中,当时邮政局发行明信片,挑了陕西一些景点,碑林啦、钟楼啦、华清池啦,有没有半坡博物馆和西安城墙,

---

① 顾炎武(1613—1682):明末清初思想家。著有《日知录》《音学五书》《天下郡国利病书》《肇域志》《亭林诗文集》等。

我记不大准了，总归都是陕西著名的景点，其中有一张就是陕西师大的校园。图书馆前面那一块的一张照片，算作了西安的一个景点。

图书馆那一带是教学区。虽然陕西师大的校园里，没有北大的未名湖，朱自清笔下的荷塘月色也没有，但是呢，陕西师大教学区，以图书馆为中心，它的布局还可以。图书馆后面有桃林，旁边有牡丹园，左右两侧还有草坪，十几亩的样子，草坪周围广种花树高木，草坪上摆了石桌石凳，学生可以坐下来看看书，休息休息。整个教学区道路两旁，种些柳树，每栋教学楼前后，也都植些松树，树周围点缀牡丹、月季，整体布局看起来还算可以。那时候学生宿舍区、家属区和教学区比起来，虽然整体布局和风格上差了一些，主要是少了读书处清雅生辉之态，但是呢，也有高槐大榆蔽路，花坛卉木迎人的境态。那时候家属区没有楼房，是一排一排鳞次栉比的平房，家家门前多有一片小院，也种花草，也植树木果蔬，说是家家俱在绿荫中，好像也不过分。

其实陕西师大的校园环境搞成这样，在1960年代的特殊氛围中，也不是一片叫好声。当时就有人说我搞这些是浪费行为，还有说到我当面的。说我啥子？说我搞校园环境建设，是右倾，把共产主义大学搞成资产阶级老爷享受的安乐窝。那时候，西安地区的高校像我这样搞校园环境建设，不能不说很显眼了。我不是说别人不愿意搞，没有能力搞，关键是有那样一种风气。勤俭办学没有啥子不好，追求办共产主义大学，办延安抗大式的大学都对，但是共产主义大学、延安抗大式的大学和美化社会主义大学的校园环境不冲突，给学生、给教师营造一个好的读书环境，让学生吃得好一些，让教师在一定基础上住得稍微不那么难堪，和我们勤俭办学的方针不冲突嘛。但是呢，到了1960年代后期，我搞校园环境建设的事情升格了，给我贴大字报，说我把陕西师大搞成了地主庄园。简直是乱讲嘛，那些贴我大字报的人，他知道什么是地主庄园，要是硬要往地主庄园上扯，唯一能扯上的是我把像三原安吴堡这些地主家的柱头、础头买了放在图书馆旁边的草坪上，其他的，哪有一点地主庄园的影子？

陕西师大的校园环境建设，客观地说，在全国的高校里面都有了些名气，全国的绿化工作会议，选在陕西师大召开。为此，我还是比较得意的，这又是一种肯定了。后来我在西北大学搞校园环境的建设，也有人讲我不务正业，还编了顺口溜编排我。但最终的结果呢？据我所知，多数人还是认可了。一个好的校园环境，说到底人人都喜欢嘛。

然后呢，说校园环境搞得好，是我的功劳。我觉得不能算我的功劳。特别是陕西师大,我去的时候,1957年它的那个布局就摆在了那里,后来的许多的具体规划、具体工作不能算作是我一个人在搞。我看呀,最大的功劳应该归韦固安①。

韦固安从美国留学回来,放弃了自己的专业,当然,他在国外学的那个神学回来后也用不上了。他就一心一意专注于总务工作,大到陕西师大的校园布局,小到一草一木,韦固安功莫大焉。

当然,陕西师大实现了现在的校园格局,也都是同学、教师、干部劳动的结果。总归,摆功的时候,不能说属于某一个人,更不能说属于我。

冯成麟②后来总结陕西师大的校园建设,说过一句话,大意是:柳荫道旁花香鸟语,紫藤架下琅琅书声……我看还中肯。

我们那个校园的格局啊,清华大学也有人来考察,说好。好多人都认为好。

---

① 韦固安(1918—2007):先后在华西大学神学院、文学院哲史研究所、美国哈佛大学读书。1950年回国,在兰州大学历史系任讲师,后在西安师范学院、陕西师范大学任副总务长、总务处处长、副校长。

② 冯成麟(1898—1990):毕业于北京高等师范学校国文部。先后执教于湖南省立第一师范学校、国立同济大学、交通大学、北平师范大学、北洋大学、西北联大、西北师范学院。1960年后,任陕西师范大学中文系副主任、教授。

刚才我讲了，我到陕西师大的时候，它的格局已经形成了，一个很不错的格局。但是我一到西大就发现一个问题，西大的土地狭窄，比陕西师大少了 200 亩。学校规模是一样的，教师队伍也差不多，但学校环境太烂了，惨不忍睹，也算是在全国高校里都难以找到同类。

这么烂的校园环境，还怎么办学？所以我认为首先要创造一个好的学习环境。

我在学校里转，发现物理楼和化学楼之间，是一块荒地，一片荒丘，中间有一个防空洞，上面黄土一堆。

大家都知道，化学楼的空气污染很严重，物理楼，它是放置高精密仪器的，这中间没有一个绿化带不行。所以，我就提倡做了三个工程：

第一个工程：在礼堂和办公楼中间搞一个大草坪，夏天乘凉，晚上散步，早上读书。我认为是需要的，就搞了草坪，也搞了些松树，周围种了些树。

第二个工程：西大的土地比师大少，楼与楼间隔又近，这个楼说话，对面的楼都有干扰，所以就要因地制宜，我说拿个绿化带把它们隔开起来。

第三个工程：绿化带建起来了，当时想了一下，在左、右两边修了两个走廊，立体化，一边是紫藤园，一边是木香园。

这个绿化，就有些像回廊，我设想呢，是可以多坐一些人，那不是有栏杆吗？早上可以坐着读英文，地下也还可以垫个报纸坐人。

我把想法在会上谈了，还是有人反对，党委会上大家的意见就不统一。人家说我，直接说到我面前，说我刚来学校啥子事情都不干，搞这些干啥子嘛，不抓正常工作，就知道乱花钱。

我给大家做工作，也武断了一点，坚持搞，结果搞成了。

我觉得意义是：

第一是创造一个优良的学习环境。

第二是有一个空气污染的问题，有绿化带、植花种草减轻些空气污染。

不过总归呀，西大教学区的地方太狭窄了，螺蛳壳里做道场，只能这么因地制宜地先搞搞了。

西大教学区不行，还有比教学区更不行的地方，哪里呢？西大的大门。

开始我到西大，也没有太注意它的大门。有一天我去开会，小陈出去办个啥子事情，我就让他不要把车子开回学校了，在大门口等我，我走出去。这样我路过大门口，一看，哎哟，学校那个大门呀，烂得合不上，快倒了，它咋个办呢？用几截铁丝绑着，摇摇欲坠的样子。这怎么能行呢？当年我们在延安上抗大上鲁艺，那个大门也不是这样呀！社会主义大学的门都这么破破烂烂的样子，全国都少见。

我提出修大门，后来大概花了两三万块钱，修了个大门，前边还搞了个喷水池。

修好之后，西工大看到了，照着样子也修，修的比西大更阔气了些。他们经费比西大多，修得好。

总归一句话，我到西北大学遇到的是整个校园环境建设都不行，后勤工作是个大难题。我到高等学校工作之后，一直强调后勤工作。我讲后勤工作如果搞不上去就必然会拉学校的后腿。所以我不管在西大还是在陕西师大，我虽然不直接抓后勤工作，但我特别重视后勤工作。我认为后勤队伍的建设很重要，没有一些有干劲的人去抓，是不行的。

为什么要加强后勤工作？我考虑主要是两点：

一、要有一支强有力的后勤队伍是很难的。前面我说了，韦固安对师大功莫大焉，但像韦固安这种有能力、有眼光的人太少了。还有像文普华同志抓后勤工作，那么细致，也不多见。1960年正是国家的困难时期，陕西师大能给每个学生每个月补贴上二斤主食的免费餐券，仰赖文普华。

如果学生的伙食办不好，马上就出事情，西大几次罢课，都源于食堂问题，饭菜质量不咋样，食堂师傅的态度也不好，问题一大堆。我在西大后勤工作难搞,讲老实话,西大的后勤工作呀,有些积重难返,不过就我个人来说,尽力了。但我还是要说,在后勤这一块,对同学、教师、干部多有不尽如人意处,这些地方我该负责。

二、教师的房子解决不好,情绪就不稳定。我在陕西师大的时候,也面对过教师的住房问题,50年代末,学校基建的经费紧张,钢筋、水泥、木料属紧缺物资,不好搞来,得四处找人求人。但陕西师大管后勤的同志说教师住房要解决,我就支持。文普华和刘泽如、李绵他们都支持。但大家也多有顾虑,当时别的学校都在给国家省钱呢,下马这个项目,下马那个项目,不给国家添负担,勤俭办学搞共产主义大学呢,咱总是向上面伸手,不好办。我就跑去找赵守一、赵伯平他们要钱。我说学校现在老教师的住房,还勉勉强强,年轻人不行,晚上备课,两个人一个房子不方便,影响教学,再说年轻人谈个恋爱,两个人一间房子,咋个子搞嘛。

赵守一说我,你就爱铺排得大。刚进城,大冬天的彭老总让你安排宴请西北地区民主人士,你给弄些黄瓜来。彭老总批评你了,忘了?又要当出头鸟。

我说,哪儿能忘呢?

我把图纸拿出来,给赵守一看,我说,这是发扬延安精神,陕西师大盖个砖箍的窑洞楼,也就两层。

赵守一约我找赵伯平,在省上活动要了经费,终于批了建筑材料把窑洞楼盖起来了,解决了陕西师大年轻教师的住房,一人一间。

但是我到西大之后,跑到教师家里一看,惨不忍睹。1950年代末期,有一次寇遐①的女婿李博领着我去陈登原②家,当时党晴梵③家也去了,看个帖子。印象中陈登原家住得还可以,起码人家给倒杯水,还有地方放。我 1977 年到西北大学,我去拜访傅庚生。

傅庚生家房子是哪个样子呢?

我进去,他家人给我倒了一杯茶,家里人手上捧着热茶,愣是找不到地方放。傅庚生家里的那个书桌,想不到有多小,一尺大的书桌,上面摆一块布,地方就那样紧张。在延安,无

---

① 寇遐(1884—1953):书法家、金石学家。主要著作有《西京金石书画集》《寇遐遗墨》。

② 陈登原(1900—1975):历史学家。毕业于东南大学历史系。西北大学教授。主要著作有《古今典籍聚散考》《中国文化史》《国史旧闻》《颜习斋哲学思想述》等。

③ 党晴梵:(1885—1966):上海中国公学毕业。西北大学教授,曾任陕西省政协副主席。主要著作有《华云杂记》《先秦思想论略》《合阳县田赋史》《古文字学》《中国文字变迁史》《党晴梵诗集》等。

论是中央研究院还是绥师，我的书桌也没有小到傅庚生家那个地步。

西北大学有很多像傅庚生这样的老教授，两家人住四间房子，前面两间，后边两间，加个厨房、厕所。

我心里头就感慨，傅庚生①这位全国著名的老教授，这种住房条件，在全国都比较特殊。

西大就是这样一个局面，比起陕西师大要差得太多。还有个例子，化学系的一个夫妻双料教授，曹居久、余虹夫妇。我刚到西大去拜访，进门一看两口子住一间房子。一张床，床底下摆满香油瓶子、菜油瓶子、酱油醋瓶子，还有些瓶瓶罐罐和书挤着堆在一起，塞得满满的。见这个情景，退出来也不是，总站着也不是，我本意是来拜访的，进了人家家门，简直就是给人家添乱，都尴尬，站到屋子里，最后只能坐在床边。凳子呢？他家倒是有个藤椅，却没有地方摆，藤椅挂在墙上。

这是西大教师的住房状况。

---

① 傅庚生（1910—1984）：中国古典文学研究专家。历任东北大学中文系副教授，华西大学中文系副教授，北京大学中文系讲师，私立东北中正大学教授，西北大学教授、中文系主任、古典文学教研室主任，陕西省政协常委，西安市作家协会副主席。主要著作有《中国文学批评通论》《中国文学欣赏举隅》《杜甫诗论》等。

那么西大机关干部住得咋样呢？行政干部，一个科长，住的房子同教授是一样的，也是两间。当然，这也不算多。

所以我刚到西大，还去教师和干部家里拜访，后来见他们的住房是这样，也就没事不去拜访了，实在看不下去，去了给人家添乱，大家尴尬。

总归，我们对西大的教师实在多有亏欠。

而更让人尴尬的还不仅仅是教师住房，西北大学的那个设备落后之惊人，让你想象不到。且不说理工科的实验设备，仅仅就课桌椅子来说，西大简直就不是个大学嘛。学生上课用的桌子，连抽屉都没有，是空的。椅子呢？就是个长板凳，还不是两个人坐的长板凳，是三个人坐的那种长板凳。40年前我跑到延安，在抗大，还每人发个小板凳，堂堂西北大学，学生的板凳居然是三个人坐的。难以想象呀！实在看不下去了，我把林茵如[①]喊来，我请他来参观一下西北大学的教室，请他看看西北大学的教学设备。

我给林茵如谈我的看法。我说，西大现在这个样子，连泾

[①] 林茵如（1910—2002）：1938年加入中国共产党。历任冀鲁豫行署文教处科长，曹县代县长，中共陕南区党委政策研究室主任，汉中专员公署专员，中共汉中地委书记，陕西省副省长，西安交通大学党委书记，陕西省高教局局长。

阳县公社里的中学都不如。我说你在交大当书记、校长，你又不是不了解大学该是个啥样子，西大这个样子算咋个一回事嘛。

我到西大的时候，基本上从后勤、从硬件设施来看，就是以上我谈到的这样一种局面。

心里头急，想着要改变西大这个状况，所以我过春节，正月初一把总务处处长找来开会，要大家好生把这个后勤抓起来。

西北大学面临着一个即将开放的局面，这样的面貌，没有一个合适的校园环境，教师那样的一个住房条件，教学设施落后到如此地步，实在是没办法。我跑到食堂去看，见师傅炒菜，也不讲究个火候，切菜更是没有个章法，大锅一烩就行了。哪儿来的色香味？我当时给伙管科的干部说，不能这么炒菜，学生吃了不满意，要闹事哩。但说句老实话，改观其实也不大，西大学生食堂的伙食确实不行，我去尝过，炒土豆，比咸菜还咸，里面还尽是沙子，硌牙。

我认为要办好一所学校，不搞好一支后勤队伍不行，这点极其关键——这是我在高等学校工作的经验所在。陕西师大我觉得还不错，西大就不尽如人意了。

科 研

我认为办任何一所学校,就要使这所学校的师生凝聚起来。对一所大学来说,靠啥子凝聚呢? 我想应该是科研。科研很重要,学校在科研方面的工作起来了,自然就有凝聚力了。

学校的科研说到底就是大家的一个目标,是个共同的目标,它在一定程度上起到了凝聚力的作用。

我到西安师范学院去的时候,有一个什么问题呢? 大家没有信心。当然,应该指出来,我到那去是1957年,学校成立四五年了,当时刘泽如、李绵已经把学校的一个基础打了下来。教师队伍,系科布局,还有就是基建那些,已初具规模。但是这个时候的学校面临一个问题,就是大家没有信心。

1960年后合并成立的陕西师范大学当时不重视学术工作。

陕西师大要办好不容易,一所新的学校,老师里面信心不足,这也是很自然的。所以,我当时就提出来陕西师大要争取全国的发言权。陕西师大的科研要搞上去,在全国有发言权,把陕西师大办成一个全国有名的大学。

有地位了,那么学校的凝聚力也自然起来了。

今天看来,这个目标基本达到了。经过这么多年的努力,当然不是我个人的努力,是师生们的努力。

我觉得我当时提出争取全国发言权,是给学校定了一个奋斗方向,我觉得这一点很重要。根据陕西师大当时的情况,我和王荣、赵守一先沟通了。我说,我到学校工作,我不能满足于当秦穆公,不能满足于面向西方。学校没有必要面对西方"益国十二,开地千里",西方有啥?青海?宁夏?新疆?没有啥大学嘛。兰州倒是有个西北师院,确实比陕西师大(西安师院)还要强一些。但陕西师大主要还是要面对东方,出潼关,上北京,争取全国发言权。陕西师大把目标定到东方,自然也就比兰州的西北师院强了。

前年我有一次和王荣说起我刚到西安师院工作的事,他还批评我,说我也"左",提"出潼关,上北京",属头脑发热。当然,这里头有"左"的东西,我赶潮流,要把西安师院搞成共产主义大学。反思王荣的话,我觉得他说的不无道理,还是他了解我,老朋友了。我的这个目标里,有"左"的成分。但是把陕西师大办成一所一流的知名学校,我认为不"左",就是大家力争全国的发言权。

什么叫全国发言权? 就是陕西师大的科研成果要有全国水平,国外人知道,国内人知道,这就是争取全国的发言权。

我开玩笑,给学校的教师们讲,咱们的科研不能只争取联合教室的发言权,联合教室的发言权那容易。联合教室是当时陕西师大开大会、作学术报告的地方。我的意思是指不能只满足在学校圈圈里的发言权。

我认为这个口号或者叫目标提出来之后,对学校的教师、干部还是起到了鼓舞、激励的作用。

其时,陕西师大的科研,实际上只有几个人出东西,聂树人[①]、郑哲民[②]、王廷正[③]、刘胤汉[④]、史念海、霍松

[①] 聂树人(1922—1987):1947年获东北大学地理研究所硕士学位。曾任西北大学副教授。1949年后历任西安师范学院教授、陕西师范大学教授、地理系主任,陕西省地理学会理事长。主要著作有《西北的矿产》《陕西自然地理》等。

[②] 郑哲民(1932—):昆虫学家。1957年北京大学毕业。先后在陕西师范学院、陕西师范大学生物系、生命科学学院任教。历任陕西师范大学科研处处长、生命科学学院院长、名誉院长、动物研究所所长,中国昆虫学会分类区系专业委员会主席,中国昆虫学会理事,陕西省昆虫学会副理事长。主要著作有《云贵川陕宁地区的蝗虫》《陕西蝗虫》《蝗虫分类学》等。

林①,中年以高海夫②为代表,马家骏③、刘学林④,还有孙达人,何清谷⑤、牛致功他们在1960年代的时候,还都是年

---

③ 王廷正(1930—):1954年毕业于复旦大学生物系动物学专业,1956年考入东北师范大学生物系脊椎动物与生态学专业研究生班学习,师从鸟类学家傅桐生、米哈耶夫、库加金学习鸟类分类学与生态学。先后在陕西师范学院、陕西师范大学任讲师、副教授、教授。主要著作有《陕西啮齿动物区系与区划》《陕西大巴山地鸟兽类区系调查研究》等10余部。

④ 刘胤汉(1928—2021):综合自然地理学家,中国地理学会终身成就奖获得者。1953年毕业于西北大学生物系。1954年后历任西安师范学院、陕西师范大学讲师、教授。主要著作有《关于"中国自然区划问题"的意见》《关于陕西省自然地带的划分》《陕北黄土高原土地类型及其评价》《陕北黄土高原土地类型系列制图》《秦巴山区商业基地的结构与模拟》《陕西秦巴山区土地演替研究》《综合自然地理学理论与实践研究》《自然资源学概论》《综合自然地理学原理》《秦岭水文地理》等。

① 霍松林(1921—2017):中国古典文学专家、文艺理论家、诗人。中央大学毕业。陕西师范大学终身教授。主要著作有《文艺学概论》《〈西厢记〉述评》《李白诗歌鉴赏》等。

② 高海夫(1928—1997):中国古典文学专家。毕业于西北大学中文系。陕西师范大学中文系教授。主要著作有《高海夫文集》。

③ 马家骏(1929—):外国文学研究专家。1953年毕业于西北大学。主要著作有《俄罗斯苏联文学》《俄国文学史略》。

④ 刘学林(1933—1994):中国古典文学专家、古汉语研究专家。1957年西安师范学院毕业,留校任教。主要著作有《古汉语虚词用法词典》《十三经辞典》。

⑤ 何清谷(1931—2020):中国先秦史研究专家。1959年毕业于西安师范学院历史系,留校任教。中国秦汉史研究会理事、陕西省司马迁研究会副会长、秦文化研究会副会长。主要著作有《秦始皇评传》《三辅黄图校释》。

轻人。

说起来，出科研成果的也就这几个人。孙达人1960年代有几篇文章，特别是他的那个《应该怎样估价"让步政策"》在《光明日报》上发了，很有些名气，毛主席同意他的观点。中年？霍松林也算是吧，还比较突出。我来的那一年，他出版了两本书，后来我感觉他年年都有专著问世，论文也有，很刻苦，刻苦就出成果。我去外地开会，碰到何其芳，他问我霍松林的情况，评价还挺高。高海夫也有文章在《光明日报》《文学遗产》发表，有一定的影响，外校的不少人知道高海夫。西南师院吴宓来，我和高元白①请他吃烧鸡、喝丹凤葡萄酒。那时候是三年困难时期，很高级的招待了，陈梦家②来陕西师大讲课，也是这个水平，两荤一素，很高级的招待。吃饭的时候，吴宓就给我讲他看到高海夫的文章，认为不错，推荐给我看。马家骏的苏俄文学也有起色，《契诃夫的短篇小说〈万卡〉》我读过，

---

① 高元白（1909—2000）：语言学家、文学家。陕西师范大学中文系主要创始人之一。曾任陕西省文史馆馆长。主要著作有《汉字的起源、发展和改革》《现代汉语》《古代汉语》《庄子校释》《庄子译注》《汉语音韵学要略》《广韵提要》等10余部。

② 陈梦家（1911—1966）：古文字学家、考古学家、诗人。毕业于燕京大学。主要著作有《梦家诗集》《西周年代考》《汉简缀述》《尚书通论》《陈梦家学术论文集》等。

印象蛮深，1965年我到北京开会，遇到西南师院的方敬，还给我推荐马家骏，并讲他有关陕南民歌的文章，夸他说好。寇效信①的《论风骨》我印象也深，但他当时文章少，好像就这一篇。老教师里，科研成果真正能站得住脚，经得起时间沉淀，在全国产生大影响的还是史念海，1963年他的《河山集》（一）在三联书店出版了。

我认为，我1957年到西安师范学院，截至1966年被打倒之后，近十年，虽然一直还没有大的科研成果，但是经过积累，进入80年代，老教师里的史念海、霍松林，当时年轻的教师，大的科研成果都陆续出来了，包括当时年轻的刘学林都出了东西。他的那个《文言虚词辞典》分量不轻。前两年刘学林搞《十三经辞典》，大工程，现在还在进行着。何清谷、牛致功的专著在学术界的影响力也有目共睹。

总归，我认为学校里面如果不重视学术水平、科研水平的话，那就行不通。在全国势必没有地位，你这个学校里的人呀，就是灰溜溜的。要压任务，要给大家压任务，要求学校争取全国发言权。

---

① 寇效信（1933—1989）：中国古代文论研究专家。曾任陕西师范大学中文系主任。主要著作有《文心雕龙美学范畴研究》。

而我到了西大，又面临另外一个问题。西大是个老校，都知道陕西师大就是西大的师范学院分出去的嘛。西大曾经在全国有名，它有一个黄金时代——西北联大。1937年抗日战争全面爆发后，北平大学、北平师范大学、天津北洋工学院，就是原来的北洋大学，三所高等学校迁到西安，组成临时大学。太原失陷后，又迁往陕南。不久，临时大学改名为国立西北联合大学。1939年7月，西北联大改称为国立西北大学。后来师范学院和医学院又相继独立为西北师范学院和西北医学院。抗战胜利后，迁回西安，西北师范学院部分师生返回北平复校，称北平师范学院，再后恢复北平师范大学校名。

西北联大的牌子硬是厉害啊。为啥呢？当时，全国的精华大部分集中到西南联大，再一部分人集中在成都，一个昆明，一个成都，还有一个就是西北联大了。这三块是抗战时期中国高等教育的中心。至于安徽那些地方虽然也有些敌后，浙江也有敌后，实际上都迁到西部去了。

但是呢，等到我去西大的时候，西大不行了，它遇到一个客观问题：原来，也可以说1949年之后，1959年之前，西大在全国的地位还算可以，还是全国的部属重点大学，1959年教育部对全国部属重点大学进行调整,西北大学下放为省属大学。如此一来，很多新学校就发展起来了。例如当时比西大落后的学校，像兰州大学不如西大；吉林大学，开始也不如西大；还有山东大学，从历史上来看，它也不一定比西北大学强。但是，后来这些学校都赶上去了，超过西大了。

那么我们是一个老校，不是有没有信心的问题了，而是紧迫感，忧患意识的问题。

我当时讲，我们西大不能满足已有的成绩，我们要看到当时西北联大在全中国的地位和今天西北大学在全国的地位，两相比较，现在的西大在全国的地位，和它应有的地位是不是相适应？

我当时提出来，西大必须再来一个少年西大、青春西大，这是解决一个紧迫的问题。这个问题不解决，西大就要被淘汰。

拿今天的时髦话来说，就是恢复西大的青春，就是西大如何发扬像西北联大那时候在全国的作用。

当然啰，就我个人来说，在西大和陕西师大应该说是两个时代了，相隔20年。我初到陕西师大前身的西安师范学院是1957年。我四十岁到西安师院是一个历史的偶然，本来我从中宣部调回陕西，是要去西大，在回陕西的火车上，我碰到当时西大的副教务长梅一芹，他一见我，说这么巧呀，学校都传开了，说你要到西大来。我是1956年10月回到陕西，在雍村招待所住了小半年，一直都等待着组织上分配具体的工作，定不下来，是去西大，还是去西安师院，最后觉得西安师院的人事好处理一些，才决定去的西安师院。但是呢，到1963年又决定让我到西大去，当时主要是我不愿意去，和赵守一谈了，觉得在陕西师大工作起来还顺手，没有去。终于到了1977年给我重新分配工作去西大，组织上征求我的意见。先是章泽和我谈，后来李瑞山和我谈，我讲了我的意思，不太愿意到西大去。我给他俩表示，我留在陕西师大也好，在历史系或者中文系当教师，搞点自己的东西。

章泽说我有情绪。我说我没有情绪。

其实我不想出来工作，也是个真实的想法，1969年之后我被宣布解放后，七八年时间，也没有个啥事情做，在师大中文系、泾阳农场有点工作，给陕西师大学报看看稿子，剩下多数的时间，我看了些书，还是想着以后把精力放在学问上，我给张安民说，工作干得越多，挨整越多。

我主要是考虑西大太复杂，都知道西大的摊子太烂，这不是什么秘密。真的到西大工作起来，我能预见到不好搞。但最终组织上还是决定了，我也就来了，这时候我60岁，和我当年去西安师院整整相差20年。

我到西大，是以工作组组长的身份去的，搞清查，看看情况。一去我就发现,西大的干部和教师很满足于现状。谈不上有没有自信,表露出来的就是对西大的现状大家还满意。我认为这就是个问题。你说西大的教师、干部有啥子满意的？大家好像很满足于现状,不知道满足当时那个现状,就会被淘汰了。和陕西师大比,来个对抗赛,可能单打,比如说名教授这些,西大还能有点优势,但团体赛,恐怕连陕西师大也比不过了嘛。所以我来了不久,在座谈会上说,西大不是要争取全国发言权的问题,而是西大要恢复西北联大那种在全国高等学校的地位的问题。

我提的西大恢复西北联大这种地位的话之后,西大有些教师、干部说我胡搞。甚至在党委里面,还有人讲我这个人功利心太重,咱们是社会主义大学,西北联大是啥？国民党的大学。当然这些同志算不上给我扣帽子,是开玩笑吧,说我跑到西大来复辟资产阶级办学方向了。西北大学好好一个社会主义大学,要让我搞乱了。

但既然组织上派我来西大,工作我还得做下去,有些不同的意见,不同的看法,都姑且留存吧。

我抓西大的工作,先是强调了一下学报。

我认为,学报是一个学校的窗口,是科研水平的展现。人们要了解这个学校,首先是通过学报来了解,可以最直接了解这个学校的水平。所以学报我是要抓的。陕西师大的时候，我40岁，精力也好，还有当时的科研成果也不多，所以，基本上老师们的科研成果我都看。像朱宝昌的翻译我全部都看了，甚至江弘基搞的鲁迅语录我也全看了。1958年到1963年，我做《人文杂志》主编，杂志编辑部移设到陕西师大，作为陕西师大的学报，稿子我每期都认真地看。我认为学报必须抓，科研成果要通过学报争取扩大到全国去，按今天的说法是提高知名度。

我觉得到了西大以后呢，对抓学报比在陕西师大的时候更进一步了。通过学报，做了一些事情。

在西大，我对科研的布局是这样考虑的。全国的重点大学已经有许多了，我们如果全面地拼，就人才全部的数量、质量要和全国性的一些大学，比方北大、清华，或者是复旦、北师大这一批大学拼，根本不可能，没有优势，西大弱得很。

那么，到底我们抓什么？

就是要找一个人无我有的"土特产"，就是这个研究只有我这儿可以发挥优势，要找这样一个突破口。

文科我是这样来提，就是文科怎么发挥地域优势。

地域优势是什么？

秦汉史研究，全国学者向往的地方是陕西，是西安，那么

郭琦参加中国唐史学会第一届年会

西大是不是应该发挥一下？

其实秦汉史研究方面，我们的力量在全国并不是很强，老的有陈直①，中年的有林剑鸣②，年轻的还没有培养出来。林剑鸣当时倒是招了几个研究生，但要出成绩那也要假以时日。这些是困难。但是有困难并不可怕，我们还有优势，是北京、上海比不了的优势，我们可以办到独此一家，你别人不可能占了西安的地域之利。所以我提出来是不是在秦汉、隋唐的研究上下些功夫。

当时西大的力量不够。力量不够，就与西大、陕西师大两个学校合作，分别成立了三个全国性学会：

一个是秦汉史学会。

一个是唐史学会。

一个是唐代文学学会。

你要研究秦汉史那只能在西安。

唐代社会是封建社会最兴旺的时候，唐十八陵都在陕西，

---

① 陈直（1901—1980）：历史学家、考古学家。西北大学教授。主要著作有《文史考古论丛》《汉书新证》《史记新证》《关中秦汉陶录》《居延汉简研究》等。

② 林剑鸣（1935—1997）：历史学家。1961年毕业于西北大学历史系。先后在西北政法学院、西北大学、中国政法大学任教。曾任中国秦汉史学会会长。主要著作有《秦史稿》《秦汉史》《吕不韦传》《秦汉社会文明》等。

博物馆、书法家的精华,颜、柳、欧、褚诸家都在西安。

这样一来,就把全国这方面的老一辈著名人物都请到了西安来。

比如唐代文学学会成立的时候,哪个来了? 那个权威萧涤非来了,是最老的了。施蛰存①也来了,是不是年龄最大? 我记得他和萧涤非年龄差不多吧。萧涤非最后被选为唐代文学学会会长。

唐史学会成立,武汉大学唐长孺②来了。

秦汉史学会呢? 因为当时西大老的一批不多了,社科院历史所来了些人。

最后大家决定把秦汉史的办事机构设在西安。

这样,三个学会一创立,就给学校压了任务,既然摆在这,你就必须从培养研究生开始,来走出自己的特点。通过学会组织,提高了西大和陕西师大的知名度,而且,可以交流经验,

---

① 施蛰存(1905—2003):文学家、翻译家、教育家。华东师范大学教授。中国新感觉派重要作家之一。代表作品有《品唐诗》《唐诗百话》《金石丛话》《施蛰存全集》等。

② 唐长孺(1911—1994):历史学家。毕业于上海大同大学。先后在蓝田国立师范、武汉大学任教,曾任国家文物局古文献研究室主任、武汉大学中国三至九世纪研究所所长。主要著作有《魏晋南北朝隋唐史讲义》《魏晋南北朝隋唐史三论》《中国历史通览》《唐长孺文存》等。

这对提高我们的师资队伍，鼓舞我们的士气有好处。

当时，张岂之是历史系主任。如何发挥陕西历史研究的优势，我们历史研究要走什么路？他提出应该跟考古结合起来，这样就走出了个新路子。

因为，其一，陕西有丰富的考古文物资料；

其二，陕西有一支队伍，一支强大的考古队伍。地方考古队伍西安最强，特别是西北大学有考古专业，这里有最优秀的秦汉史专家。

这样，历史研究就不会一般化了。

这个思路，包括后来所取得的成绩是张岂之的，张岂之还是很有一套办法的。

秦汉史研究培养了几名研究生，周天游[①]是当时的研究生，前两年他出了一本《八家后汉书辑注》，我翻了翻，很扎实，他在学术界有影响。其他几个秦汉史的研究生，这几年也都有成果出来，在学术界产生了些影响，我看呀，这几个人以后在秦汉史研究领域还会产生更大的影响力。

---

① 周天游（1944—）：历史学家、文学家。南开大学历史系毕业，1978年入西北大学随陈直攻读中国古代史秦汉史方向。1982年留校任教，后任陕西历史博物馆馆长，中国秦汉史学会会长。主要著作有《秦汉社会文明》《八家后汉书辑注》等。

总归秦汉史学会的成立，给西大的历史研究，蹚出了一条路子，是自己的路子。

唐史学会、唐代文学学会在西安成立后，学校里面培养了一批研究生，有几个研究生，还是以前陕西师大1960年代毕业来，考上了西大。他们都走出了自己的路子。这几个年轻人的成绩，在全国都是走在了前头，也很有影响。

我对科研有个指导思想，在大学里教书，基础一定要宽，教学面也要宽，要什么课都能上。但是，在搞科研方面，一定要窄，题目一定要窄，要在这个议题、这个领域，这个人的研究上，搞好多年，成为专家。

当时，我请安旗①来西大，反对她来的人也不少，我给大家做工作，介绍安旗。现在看来请她到西大，是正确的。安旗肯下功夫，也智慧，能力也强。

还有个韩理洲②，年轻人，以前陕西师大毕业的。他跑来找我，我叫他研究陈子昂，说你要把陈子昂研究好了，你就成

---

① 安旗（1925—2019）：评论家、李白研究专家。西北大学中文系教授。主要著作有《论叙事诗》《李白传》《李白全集编年笺注》等。

② 韩理洲（1943— ）：古典文学专家。西北大学中文系教授。主要著作有《唐文考辨初编》《陈子昂研究》《陈子昂评传》《王无功文集五卷本会校》《新增千家唐文作者考》《全隋文补遗》《全北齐北周文补遗》《全后魏文补遗》《全三国晋南朝文补遗》等，主编《华山志》。

了全国研究陈子昂的权威。你可以搞陈子昂年谱、陈子昂评传、陈子昂诗的注释，把陈子昂的研究综合起来，搞几年，搞下去，不要转向。

过了几年之后，韩理洲告诉我，其他地方研究陈子昂的人来信，认为他是个老先生。

我说你研究题目不能太多，不要今天打一枪，明天打一枪，就把这个问题搞透。

唐史学会，唐代文学学会，这几个研究生都不错，阎琦[①]、李云逸[②]，他们在学术上都还有成绩。

秦汉史研究学会，结合考古，结合考古新发现，结合当时的文化，结合当时的一些生产，开拓一些新的课题，不停留在现有的史学当中。所以，研究生一搞起来了，我就提出了天时地利，地灵人杰，利用地灵地利，利用你的"土特产"的优势，利用这个地方特色来培养人，人自然可以培养出来，这才能争取到全国的发言权，不然人云亦云，你要跟上海、跟北京比，

[①] 阎琦（1943—2024）：古典文学专家。西北大学中文系教授。《李诗咀华》（与安旗、薛天纬合作）、《李白全集编年注释》（与安旗、薛天纬合作）、《李白诗集导读》（与安旗合作）。

[②] 李云逸（1941—1991）：古典文学专家。主要著作有《王昌龄诗注》《卢照邻集校注》。

拼不过人家。我们用什么来拼？发挥我们地方优势，这是西大科研方面，我去了之后的一个思路。其次，当时面临开放时期，我们深刻知道，搞好科研，还要从事对外的文化交流。

这在当时如果按野心来说，已经不是所谓的要争全国发言权了，而是要走向世界了。

怎么走这个路子？

在国际学术交流方面，我提了个口号——以文促理。

用文科来促进理科的发展，里外作用，开展外事，建立兄弟院校的文化交流，来促进我们内部工作的改革。

西大要办好，水平要提高，我们自然科学必须学习外国好多东西，学习外国的先进东西。那么，我们就要派大量的留学生、研究生出国，学习先进的东西，没有这个，学校要被淘汰。

可是我们又不是部属学校，靠什么出国？

如果我们等中央、等省上给你名额，那名额就太有限了。

只有我们自己主动开展活动。

丛一平①他们西安市和日本搞了一个京都友好城市。我一

---

① 丛一平（1917—1998）：历任中共岢岚县委书记、中共晋绥分局研究室研究员、陕西师范大学革命委员会主任、西安市委书记。

郭琦（前排左二）1980年在日本同京都大学校长泽田敏男签署《西北大学同京都大学关于学术交流的备忘录》。

得闻，利用友好城市的这个条件，带了个代表团去访问京都，到京都大学去。张岂之、王铁民、侯伯宇①、杨春霖②几个人都去了。去了之后，和京都大学签了一个《西北大学同京都大学关于学术交流的备忘录》。

前面我多谈了西大文科，而整体上西北大学格局是啥子情况呢？它是以理科为主，西大确实理科比较强。但是，我发现了一个问题，和全国比它的文科规模太小。所以我又提出西大的文科要保持到这样一个格局：三分之一的文科，占学校学科整体布局的三分之一，但当时文科还占不到三分之一。三分之二是理科，还有个工科，化工系。

没有文科不行。

我给大家讲，我也知道，咱们西大无论文科、理科，在全国都处于落后状态。如何打开局面？跟外国文化交流。我们如

---

① 侯伯宇（1930—2010）：理论物理学家。1966 年中国科学院数学研究所研究生毕业，历任西北大学教授、现代物理研究所所长、校务委员会副主任，陕西省科协副主席。专注于粒子物理和现代数学物理，从事 u 群代数的表示、规范场拓扑行为、可积模型的对称产生算子与几何、规范场的上同调等方面的研究，取得成果。创立了守恒流的根源"侯氏理论"。主要著作有《规范场、群论与完全可积问题》《物理学家用微分几何》《侯伯宇论文选集》。

② 杨春霖（1921—2005）：语言学家。1946 年毕业于西北大学。西北大学教授，在音韵学、文字学等学科建树颇丰。

果不出去人，不吸引人家来研究，那么，我们理科的人就派不出去。

外国的数理化、生物、地理、地质方面的人，不会来中国学习，他认为他比你高明。你要派出去人，要和他们建立兄弟关系，必须加强文科，用文科来吸引国外学术界。

这就是用加强文科的办法，来促进理科的发展。

我提出了这个口号，以文促理。

当然了，西大文科的教师们很受鼓舞，但是理科的同志不理解，有意见，认为我这个人不重视理科。

记得1977年我刚到西大工作，第一次和大家座谈，我说到西大要以文促理的问题，理科的同志们就砸我的锅，说我一个搞师范的懂啥子嘛。

第二次我又提出这个口号，又有人说了，说我就是个搞文科的，根本不重视理科。

我给大家解释，我这个口号表面上看起来好像是抬高文科，实际上是以文科来促进理科。我们深切知道，西大文科的地位也不如意，这是事实，但是想提高理科，还是要靠文科去和人家交流。

怎么交流呢？

我们欢迎外国留学生到西安来研究秦汉隋唐，这就可以吸引他们。

我们还可以派文科的教师出去讲学,讲中国文学、中国文化,还可以讲其他问题。

最后受益的,实际上是派出国的人,文科还到不了三分之一,或者最多达到20%的样子,80%派出去的是理工的,主要是留学生,也有些教师,真正得到实惠的是理科。

但这个口号是有一定限度的,不是整个学校办学要用文科来促进理科,是针对西大文科数量太少,不能适应对外交流的需要这个形势来提出的口号,我认为从今天来看,效果还可以。

当时我在西大,还考虑到必须追踪前沿,提高西大知名度,产生全国影响。

除了搞几个重点学科以外,要追踪前沿,要追踪世界上最先进的东西,要及时吸收和学习。

当时,老三论、新三论有两个开山祖师。我们西北大学都请进来了。

老三论就是1920年代到1960年代的那个控制论、信息论、系统论;新三论就是1970年代到1980年代的那个协同论、耗散结构理论、超循环理论。

首先，耗散结构的创始者伊里亚·普里戈金[①]，他是比利时人，布鲁塞尔自由大学教授，诺贝尔奖获得者。他开创了个学派，叫耗散结构理论。它是伊里亚·普里戈金教授在1969年首先提出，因此在1977年获诺贝尔化学奖，是用热力学和统计物理学的方法，研究耗散结构形成的条件、机理和规律的理论，在自然科学和社会科学的许多领域如物理学、天文学、生物学、经济学、哲学等领域都产生了巨大影响，这被认为可能代表了一次科学革命。1979年8月由西北大学和北京师范大学联合承办的全国耗散结构理论学术研讨会在西安丈八沟陕西宾馆举行。8月18日开幕，9月3日结束，共计16天，出席研讨会的代表来自全国55所高校，19个科研生产部门，112名代表。该理论创始人普里戈金教授应邀到会作了"耗散结构和不可逆过程"等多次学术报告。这次会后，西大出版了30余万字的论文集。

[①] 伊里亚·普里戈金（1917—2003）：比利时物理化学家，布鲁塞尔学派的代表性人物，以研究非平衡态的不可逆过程热力学、提出"耗散结构"理论而闻名于世，并因此荣获1977年诺贝尔化学奖，是非平衡态统计物理与耗散结构理论奠基人。他把将近一世纪前由克劳修斯（Clausius, R. J. E）创立的热力学第二定律扩大应用于研究非平衡态的热力学现象，开拓了一个过去很少受人注意的崭新领域，被认为是近二十年来理论物理、理论化学和理论生物学方面取得的最重大进展之一。普里戈金在长期而广泛的研究工作中形成了自己的哲学观点，他的许多科学理论观点极富有辩证法思想。

1983年郭琦（右一）前往美国访问，与密执安州立大学校长马奇夫妇在一起。

很多人研究耗散结构，理科、文科都研究。今天仍然有生命力，这次研讨会除了提高了西大的知名度之外，也开拓了我们的眼界。

后来钱学森讲了，说耗散结构这个东西啊，还不如协同论，协同论面还宽一些。所以1982年大概10月份吧，我又邀请德国协同论开山鼻祖哈肯①，请他来西北大学讲学，给物理系师生讲了十天课。主要讲述协同学说的科学思想、基本理论及其运用领域与广阔远景。

我在西大这么做，开拓了我们文科、理科的眼界。

所以我认为陕西师大当年如果说是走出潼关的话，西大呢？我当时的考虑是走向世界。

1980年5月，我和张岂之、王铁民、侯伯宇、王戍堂②、

---

① 哈肯（1927—）：德国物理学家。1951年获埃朗根大学数学博士学位，1960年起任斯图加特大学理论物理学教授。在群论、固体物理学、激光物理学、非线性光学、统计物理学、等离子体物理学、分岔理论、化学反应模型和形态发生理论等皆贡献不菲。1969年哈肯首次提出"协同学"这一名称。他在1970年出版的《激光理论》一书中多处提到不稳定性，为后来的协同学准备了条件。1971年与格雷厄姆合作撰文发表的《协同学：一门协作的科学》一文，正式将协同作为一门学科进行研究。

② 王戍堂（1933—2021）：数学家、"王氏定理"创立者。1951年9月至1955年8月在西北大学数学系学习，1955年8月留校任教。主要著作为《广义数及其应用》。

杨春霖几个人到日本去。日本认为我是第一个率中国高等学校代表团访日的，是他们接待的咱们中国当时唯一一个大学代表团。

美国也是我先去的。1983年5月我又率团去美国，访问了密执安州立大学、纽约市立大学市立学院、内布拉斯加大学和宾夕法尼亚大学，对美国高等院校教学、科研及管理情况进行了考察，并与以上四校签订了合作计划。

当时去美国，美国《华侨日报》报道了西大代表团访美的消息，并以世界的视野热情介绍西北大学，称西北大学是中国重点大学之一，它设在号称"亚洲罗马"的西安。西安是中国13个朝代的都城，其中包括中国鼎盛时期的周秦汉唐，同时它位于世界最大的黄土高原上，这使西北大学很自然地成为考古、地质和文学的中心地之一。他还指出研究唐诗离不开李杜，著名的李、杜诗专家傅庚生等教授和一批青年学者，都在西大任教。说西大在数学方面的成就，以点集拓扑，常、偏微分方程为主；激光研究目前在中国中西部占有重要地位。还报道了在地质学方面与日本、美国内布拉斯加大学进行合作研究的情况。在石油地质方面，为中国培养了大批科技人员，对中国能源业有相当大的贡献。

去美国、日本，最少是让人家了解了西大。

我在陕西师大和西大两所学校工作，还有一个共同的体会：就是搞科研关键要有学术带头人。

也就是我常常讲的因神设庙，而我的这个观点，常常遭人反对。

我认为，没有学术带头人和有学术带头人，搞科研的成功率和失败率是不一样的。

成功率的例子我可以举。

比如，当时史念海在历史地理研究领域居于全国前列。是顾颉刚开创的这个学派的主要成员，顾颉刚去世以后，他座下三大弟子，北京一个侯仁之[①]，上海一个谭其骧[②]，西安一个史念海。而史念海本人这点了不起，"文化大革命"以后，接近七十岁高龄，陕西各县走完了，黄河中下游也走完了。他写了很多东西。关于生态生命保护，就是史先生提出来的。但他搞这个研究，在师范学院好像不适宜，历史地理属于一个综合学科，从历史学来说它只是一个方面，作为培养中学教师它不是主要

[①] 侯仁之（1911—2013）：历史地理学家。中国科学院学部委员。主要著作有《历史地理研究》《历史地理学四论》《北京城市历史地理》《北京历史地图集》。

[②] 谭其骧（1911—1992）：历史地理学家。中国科学院学部委员。主要著作有《长水集》《长水集续编》等。

的。所以60年代初期,当时争论很大的一点就是在师范大学里面,历史地理要不要? 这个学科要不要重视起来?

我提出来,这个学科要保留,并且要配备助手形成学术队伍。当时陕西师大还没有资格招研究生,就给史先生配备助手,把这个学科当作重点学科去搞。

历史系不同意我的看法,说我们培养中学教师,要什么历史地理?

我说,不管。

1960年代初,是我们最困难的时候,学生放假,干部下放。

我说咱们陕西师大两个研究机构一定要保留,一个是史念海的,再有一个是赵恒元的声学研究所,把它保留下来。

当然,今天这个历史地理研究所,是"文革"以后成立的。这是由于史念海和后来的老师、后来的校长们都重视的结果,有近十人研究这个课题,里面有好几个教授、研究生,虽不是我在时成立的,但它之所以形成跟我这个思路有关。

所以我就开玩笑,我说因神设庙,对不对?

按一般常理说来是不对的,但是作为学科来说,要因神设庙,庙里这个神一定要找准,庙才能立得起来,自然香火就兴旺。

反过来,如果有庙,这个庙还颇具规模,众所周知,就是缺少一个神啊,大家知道没有菩萨没有神,这个庙就会衰败下去，默默无闻。

我再举个失败的例子：

西北大学热化学在全国是最早创立的，全国都知道热化学西北大学最厉害。可后来不行了，不行的原因就是学术带头人冯师颜[①]去世了。

冯师颜是从苏联回来的，全国都知名。

西北大学学科中哪一样最强？热化学。但是冯师颜不在了。后来，他留下来的学生，我到西大的时候，已经有三个人提副教授了，应该说这三个人都可以，但是这三个人谁也不能成为学术带头人，因此，热化学在全国相对来说就衰落下去了。所以，关键问题是如何找好学术带头人，就是神和庙的关系。

学术带头人的问题极其重要。

总括起来，高等院校的科研工作，我有两条经验，一条是发挥地方优势，虽然你今天还不是一个很知名的人，但是你发挥你的优势，最终都会知名的。例如唐史研究，陕西师大、西

---

① 冯师颜（1915—1970）：1935 年考入清华大学化学系学习。1937 年"七七"卢沟桥事变后，于 1940 年辗转入陕西汉中的国立西北大学化学系继续学习。1943 年毕业留校。1959—1961 年赴莫斯科国立大学化学系留学，主修热化学。回国后，创建了国内首家热化学研究室并任主任，1964 年该室被列为国家级低温测试基地，担负全国低温测试的仲裁工作。

大都在搞，这在全国都还可以。唐史学会主要在陕西师大，西大唐史研究也可以。秦汉史呢，主要在西大。

再一条就是我谈的因神设庙问题，要找好学术带头人。比如中国京剧院配八个龙套，马连良配四个龙套。中国京剧院配八个宫女，梅兰芳配四个，而且都长得很丑，梅兰芳虽然没有要求，但是薪酬还是不一样。

一所学校关键是得有几个或十几个一流学者，那么整个学校就提起来了，就不一样了。

这些第一流的学者和学校的关系，通俗地讲就是牡丹和绿叶的关系。牡丹虽好，也要全靠绿叶扶持。当然，万绿丛中一点红，很重要。一点红就是学术带头人，没有这一点红，整个一片牡丹叶子就提不起来。但是牡丹再好，没有绿叶的扶持，光是一个孤立的学者，没有后续的队伍，没有梯队，这也不行。这也是我们的一条经验。比方西北大学，论学术地位，还是张伯声。

张伯声对西北大学贡献很大。他是副校长，也是学部委员，一级教授。但是，他在申报学位点的时候遇到了困难。当然，全国都知道他是地质界的学派开创人之一，但他缺少梯队，按规定申报学位点要有三个以上副教授，他没有，所以那次学位点没有报上。

张伯声这个情况就是没有处理好牡丹与绿叶的关系。学术带头人起决定作用，但是孤掌难鸣也不行。

我到现在还是认为在处理红花与绿叶的问题上，要舍得下功夫。

再比如说侯伯宇。

侯伯宇的理论物理有基础，全国有名气，作为这方面的学术带头人，我们就支持他。侯伯宇这个人也很厉害，是有眼光的。他对助手要求很严格，甚至现有的副教授他也觉得不合适。那么我们就由他在社会上，甚至于到外县去吸收了一些人。当时在陇县，这是很偏僻的地方，有个一般中学的老师，侯伯宇了解他，调了来。来了后，不仅开展工作，还把他送到国外去了，到国外攻读硕士研究生，说明他不错。大家不了解他，但侯伯宇了解他。这个以前是陇县的中学教师，在国外硕士研究生读完了，继续攻读博士研究生，有五年了。

当时我们也舍得花本钱，就确定要稳定这些人留在西大工作，要给他解决家属问题。但这个做法，也担风险，就是一般的副教授、副系主任，家属都调不来。但是有几个人，作为特调，不调你就把人才搞不进来。调来了，这些博士纷纷回来，回来就形成了一支强大的队伍。

史念海那儿之所以搞得好，他是少而精，大体上有三四名博士研究生和副教授。一般的他都不要,要的是副教授以上,博士研究生。所以这个问题啊,关键是要解决好学术带头人和后续队伍的问题,也就是红花和绿叶的问题。

当然搞学术带头人,也还是需要考虑一个现实客观的可能性问题。

学校当然需要学术带头人了,但学校的客观环境,其实有些时候也会有制约,把神请来了,这个庙条件太差了,还是不行。比如说西大生物系的领导很有战略眼光,他派了六七名分子生物学方面的学科配套人员到纽约去进修,而且成绩都很好。但是陕西经费很少,而分子生物学是花钱很多的,不是说几十万,一个仪器都是上百万。这些学好了本事的人形成了一个队伍,却发挥不了作用。

原因在哪里?

比如西大理科中的有些学科之所以能够发展,有些学科,理论物理也好,数学也好,主要是花钱不多。他们就很形象地说只要一支笔、一张纸就能解决问题。当然,也不是这么简单,还要电子计算机呀,毕竟花钱不多,几万,十几万,西大还是可以拿得出。

然而生物系在分子生物学方面的投入就不是几十万了,而是几百万,甚至上千万的设备。西大始终满足不了,所以这一部分力量就这样被消耗了。

西大的经费问题，过去、现在，甚至我认为将来，都是制约它科研发展的一个瓶颈。这个问题在我看来，不是我悲观，是现实，很难解决，陕西经济不行，穷。

说到底，我在陕西师大和西大工作，对学校科研工作的核心就一句话：搞好"土特产"，因神设庙。

培 养

高等院校对学生、对青年教师存在着一个业务培养问题。我认为八个字可以概括：根深叶茂，大器晚成。

首先谈对学生的培养。

我的考虑是，特别是师范大学，刚开始时，适应面要宽，基础要踏实。就是学生毕业到中学工作之后，对文科学生来说，教书不是只能教古代不能教现代，或者只能教中国史不能教外国史，或者只能教语法不能教文学。因为师范大学培养的学生到一所中学去，他不一定只是上一门课，因此适应面要宽。

专的方面倒不一定这样很专，因为大学是基础，"专"应该在教学工作当中进一步加强。

这是一个考虑。

另一个考虑是在特殊情况出现的前提下产生的。

啥子特殊情况呢？

众所周知，1957年之后，特别是到了1958年学校整个氛围都表现出来一种很浮躁的现象，全国都浮躁，社会主义建设步伐上的盲目乐观和急躁的"左"倾情绪开始发酵和膨胀，在"鼓足干劲、力争上游，多快好省地建设社会主义"总路线和毛主席倡导的"破除迷信，解放思想，发扬敢想敢说敢做的创造精神"两个口号鼓动下，全国所有行业都"大跃进"了。教育战线也即刻掀起了一场旨在去除苏联教育模式的教育革命热潮，要走我们自己的路，校园里沸腾一片。从这年年初的"除四害，讲卫生"爱国卫生运动起，反浪费，反保守的"双反"运动、教师干部的下放劳动运动、红专大辩论、"人人献策，个个亮宝"的教学改革、交心运动、"拔白旗"、进行学术思想批判、"高指标，放卫星"的"大跃进"、大办工厂、大办农场、大炼钢铁、大搞科研等等，可以说，天天有运动，时时掀高潮。为这些接连不断的运动鸣锣开道、推波助澜的就是铺天盖地的大字报，犹如层层浪潮，在校园里汹涌。

我嘛，当然也要去看这些大字报，一看呀，先不讲内容咋个样，仅从表面上看，逻辑混乱，错别字满篇，半文不白的一些表达，哪里像个大学生的写作，简直就是笑话。

西安师院学生的（写大字报）水平出去太丢人了。所以我当时决定，要加强在院内学生中间的写作训练。回头看呀，抓的那几级学生后来在写作方面表现得不错，还有效。

大家都知道担任写作教学的老师，他除了讲写作，最主要的是要批改学生的作文，这可是个苦差事。写作教师一天到晚给学生批改作文，但是呢，在评职称上科研成果看起来就没有了，吃亏。不像其他专业，有深度，可以搞科研，出论文、出成果。

所以我考虑，如果不在政策上给写作教师倾斜的话，调动不起他们的积极性。我在全校大会上说，写作教师只要把学生写作提高了，以后职称评定不受限制。这个话我一讲，反对的声音来了，风凉话吧，说批改作文能当教授，那还搞啥子科研？写论文有啥意思嘛？ 物理系有个教师和几个人在办公院门口，可能是碰到了在说闲话，他们不知道我过来。我就听见这个教师给其他两个人说，哎呀！郭琦说了咱以后不用搞科研了，论文都没用咧，给学生改作业也能当教授咧，郭琦是说一套做一套……他突然不说话了，显然是看见我过来了。

被人议论又刚好听到了，我内心也是有些尴尬，但看到议论我的教师，脸色都表现出来尴尬了。我就停下来，笑笑给他说是不是他开会没有听清楚，你只改物理作业，恐怕评不上教授。写作教学和改物理作业是两回事，你研究物理，人家写作教师是研究写作规律呢。你说研究写作规律算不算科研？和你研究物理世界的规律区别大吗？

你猜他咋个子说？他说作文和物理作业有啥子区别？为啥我改物理作业不算是科研成果？

所以说，我抓学生的写作，阻力也不能说没有。我那一段时间大会小会讲抓学生的写作能力，讲重要性。

当然了，我光讲话不行，在高等学校工作不像在机关，有些事情得亲力亲为，不能只限于做个决定、下个命令、发个号召，身体力行才有可能落实下去。我在常委会上说，我自己到中文系抓。

去到中文系我领着写作教师买工具书，和写作教研组的教师们一起制定教学计划，进到课堂听教师们的写作课。同时呢，为了加强写作教师的力量，我把一些当时所谓有问题的老教师请出来教写作。比如高斌[①]，他是个右派，我记不大清楚当时他的右派帽子是摘了，还是戴着，以今天的眼光来看，有问题。

本来我是先给丁淑元[②]说了，丁淑元把请他出来代写作课

[①] 高斌（1917—1966）：英国文学专家。1950年后在西北艺术学院、西安师范学院任副教授，讲授苏联文学、世界文学、写作。

[②] 丁淑元（1923—）：女，河北正定人。历任陕西师范大学党委委员、常委，中文系党总支书记，陕西师范大学纪委书记。主编《陕西师范大学校史稿》。

的事情讲了,过了两天高斌也没有个反应。我自己跑去高斌的宿舍找他。

根据我对高斌的了解,他这个人性格不大好,那时候还没有结婚,年龄大了,家里很乱,我进去,他就慌张,他这个人就是这样子,让我坐他却不坐。搞得我也很难堪。

我说你也坐嘛。

他说他给我倒杯水。

倒完水,他还是不坐。

我坐着他站着,工作没法谈了。

我就说,前两天我翻了一下夏丏尊的书。

高斌一听夏丏尊,坐下来了。他问我是啥书,我说是我兄弟前一阵从成都老家来,带了一本我刚上大学时读的《平屋杂文》,那时候我爱看,比看鲁迅的杂文还爱看。还是年轻,觉得鲁迅的文章在语言上有些不如夏丏尊。

高斌一听我说了两句夏丏尊,马上兴头来了。他像是考我,问《怯弱者》、问《知识阶级的运命》、问《我之于书》、问《中年人的寂寞》、问《早老者的忏悔》……一连问了八九篇《平屋杂文》里的文章,我还有没有印象。我还没有来得及给他讲两句夏丏尊的文章,他自己就又讲起来了,说夏丏尊的文章里的短句是他最欣赏的,正是因为有这些短句才显得夏丏尊文章的畅顺自然气……

我听高斌讲得差不多了，我说，今天来拜访你，就是来听你分析文章的，但是你不能只给我讲呀，你去给学生讲。

刚才我说了，高斌性格不好，想得太多、太小心了。

我说你那个右派不影响你教书嘛。摘帽子的事情是我的事情，我努力。我后来多次去找过刘端棻、赵守一，当然还有其他几个右派的摘帽子问题，虽说办得不是太顺，但最终高斌的帽子还是摘了。

我当时劝慰他，让他心里不能戴一辈子帽子。

请高斌代写作课，他其实还是顾忌右派身份。我能看出来，他顾忌右派身份得不到学生的尊重。高斌的心思给我说了，我说你去讲，你讲课我去听课。

高斌代课之后，我跑去听，生动得很，引人入胜，根本没有哪个学生不尊重他。有一年我到延安去开会，碰到高斌一个学生和我说起他，这学生还说在陕西师大他最佩服高斌，还保存着高斌给他批改的作文，高斌这个学生当了中学校长，经常在报上还能看到他写的散文，文笔还行。我见过高斌给学生批改的作文，每一篇都有眉批、总评，都是用毛笔小楷写的，严谨、一丝不苟。我印象最深的是评论写得长一点，稍微加工一下都能成为一篇独立的文艺评论文章，他的文艺理论水平还是很可以的。

说到底我还是想说一下高斌的性格，比如说他是怎么被定了右派。他被定为右派，我该负主要的责任。起因是高斌和朱宝昌、李珍焕、霍松林来往比较频密。他不像朱宝昌，还发表个文章啥的，他没有文章，鸣放的时候说过两句并不算特别出格的话。在课堂上讲过胡风的作品，给人说过他和胡风是朋友的话。这么个情况定右派的话，我认为不行。那他的右派言论又是从哪里来的呢？是被和他经常在一起的那三个人里的一位揭发了。开始揭发的材料我看了，详细了一些，讲了他对胡风的评价，也没有啥吹捧，纯粹学术方面的。但即便如此，按当时那个政策，最多定为中右，李绵也说能够得上中右，刘泽如说把揭发的材料核实一下。核实的结果是高斌也没承认，也没不承认，沉默了。过了两天，那个人又来了一份揭发材料，根据材料上的情况，算得上向党疯狂进攻了，说替胡风鸣不平，说共产党专制，搞胡风说冤枉了胡风，并且对胡风的评价很高，说胡风是真正的无产阶级文艺理论家。我说还得慎重，得落实材料。没有想到高斌面对去落实揭发材料的人时，啥子话都不讲，继续沉默。他的行为让人很不解。这时候就有同志说他这个态度比他说了攻击党的话还坏，是死硬到底，本身就是右派行为。我在会上说，还是再落实一下。李绵支持我，其他人呢？

就不那么支持了。然后王荣有一天下午天都快黑了，跑到学校来找我，说学校有同志告我的状，写信告我，告到他那里了，说我包庇右派。王荣把告状信给我看了，是学校党委里的一个同志。

王荣说，你才到学校几天告状信就到宣传部了，你可得小心，赶紧自己处理了，说出去的话收回来，再不敢摇摆不定、犹犹豫豫了。

我说，那你怎么看，老赵（赵守一）知道不知道？

王荣说，告你的信写得清楚得很，高斌本身不说话，就是对抗。

我说，那就不落实揭发他的材料了？

王荣说，落实？怎么落实？他不说话，怎么落实。

我又问王荣，赵守一怎么看。王荣说，就是赵守一让他来的，给我捎一句话，让我管住嘴。别搞得又像在中宣部一样，没地方去，再犯错误谁也救不了你，看谁还能收留你。

这样我没有再坚持落实揭发高斌材料里的事情，我已经是少数派了。

高斌被定了右派之后，我曾经找过他两次，他还是话少。到1964年我从长安社教回来，他好像结婚不久，星期天我进城在东亚饭店碰到了，他一个人跑来吃饭。王荣约了石鲁和我吃饭。

我见他一个人正等菜,我们叫他一起。高斌坐到我俩桌子上,说今天他请我们吃。

一起吃饭时,他突然冒出来一句,问那个人为啥揭发他。

我没搭理高斌的话。

高斌又问我,是不是那个人揭发他了,就没有戴右派帽子。

我能说啥呢?石鲁在旁边说,赶紧吃,响油鳝丝味道硬是好。说着,给高斌夹了一筷子。

高斌也不理石鲁,他不吃菜,自顾说,那个人揭发他之后,这几年只要说开会,对他就是冷嘲热讽,还骂他是英国走狗。说他从来都没有还过嘴。最后问我,你知道我为啥不说话?他说,因为辩解或者和这个人说话了,会把自己搞得像那个人一样肮脏。以前怎么就能把这个人当了朋友呢?

王荣见高斌说完话,就问高斌,对奥赛罗这个人怎么看?

高斌一听奥赛罗,兴奋得很,就和王荣说起奥赛罗,两个人谈了好多英国小说。高斌最后说,他真没想到王荣这种从延安来的干部对英国文学这么了解。

我给高斌说,王荣现在没啥子事情干,干脆到陕西师大教外国文学算了。

高斌好像没有听出来我在开玩笑,居然认真地给王荣说,他戴帽子以前教俄罗斯文学,现在代写作课,就是给学生批改作文分析范文。说我人好，他和朱宝昌认为我是共产党里唯一的好人。没有想到王部长也是个好人呀！希望以后王部长能来师大教书。

王荣听了也不客气，他给高斌说，他才是真正唯一的好人呢。他代表共产党向高斌道歉。

我说，你能代表个啥，你自己都犯错误了，还代表？

这是我和高斌唯一在一起吃饭，也是他被定为右派之后我听到他说话最多的一次。没过两年政治空气更加紧张了，他终于撑不下去上吊自杀了，实在令人惋惜，不在的时候才50岁，娃儿也小。那时候我也自顾不暇，被打倒了，只是听说他自杀之前跑到郑州看了老婆和娃儿。

我当时得到他自杀的消息，也想过如果我1957年坚持着要落实揭发他的材料，说不定就没有他的自杀。但王荣当时找我，说我要犯错，赵守一叫我管住嘴，也是客观存在，我倒了，是不是能保证他不被戴帽子？还是两可。

除了请有问题的高斌之外，老教师里赵怀德、郝子俊也被请出来，教写作。

从后来的效果来看，抓了一段时间写作课，特别是对于陕西师大1961年、1962年入学的学生还是很有帮助的。

另外，我当时提出了加强"三基训练"，就是基础理论、基础知识、基本技能的训练。

比如物理系毕业的学生,在一所偏僻的中学当老师,他马上会碰到许多具体问题:这个电灯坏了,请老师解决一下。或者广播不响了,当时还没有电视,是广播,广播有问题了,请你解决一下。生产队的那种小水泵坏了,农民请你去看看,解决一下。不会这些基本的东西,没有动手能力不行。所以呢,陕西师大物理系的训练,就要把这些基本技能包括进去。

我提出来在陕西师大搞"三基训练"是有个好的形势,1961年9月"高教60条"颁布了,就是那个《教育部直属高等学校工作条例(草案)》。

"高教60条"颁布得很是时候。如果没有"60条"我在陕西师大搞的"三基训练"也不可能实施,是大势所趋。1961年上半学期之前的几年时间里,学校整体上的教学可以说一团糟,乱七八糟地搞些事情,各种运动占了大量的教学时间,学生学不到个啥子东西,掌握的知识少得可怜,毕业就跑去当中学教师了。毋庸讳言,我在"60条"颁布的前一年,已经意识到这个客观事实了。所以我在学校也提出过改进基础课教学的问题,在中文系和数学系都有过部分的落实。到1962年我主持起草,学校专门公布了《关于加强基础理论、基本知识和基本技能训练,提高教学质量的初步意见》(简称《初步意见》)。

这个初步意见呀，实质上基本反映了我对高等师范教育的一个认识，那就是在高等师范教育中，"既面向中学，又面向生产建设实际"，当时农业是国民经济的基础，即"既面向农业生产，又面向科研"。

陕西师大的《初步意见》颁布之后，要求各个系都要根据自己的实际，制定各自的"三基训练"教育计划，比如数学系主要抓习题课，加强学生的基本训练；物理、化学、生物重点抓改进实验课，培养学生的基本操作技能；地理系重点抓学生的野外实习，培养学生实践能力。文科各系主抓学生阅读与写作能力的训练。如政教系，尤其要抓学生阅读马列主义经典著作的能力。

我选中文系，亲自抓"三基训练"。

那时候，我和中文系的教师一起商量、确定"三基训练"的具体指标，比如四年内要求每个中文系学生背诵古文176篇，精读217篇，背诵诗词300首，阅读中外名著100部等。低年级学生要掌握3000个常用词，消灭错别字，写出明白通顺的文章。高年级学生能正确掌握运用马列主义文艺理论基本知识分析评价作家作品，并能标点注解、翻译古典文学作品。为了确保"三基训练"的贯彻落实，我针对性地提出了"三词六字"纲领，即阅读、写作、讲说。各教研室、各课程教师都根据自身课程特点，订立实施计划，确定什么是本课程的基本知识、理论和技能，学生每学期阅读多少作品，应写多少文章，怎样提高讲说能力等。

搞起来之后，我感觉到学校在这一个时期，可以说是上下同心，师生一致，教和学的水平得到了一定的提高。现在还有当时的学生和教师说起那一段时间，甚为感慨。可以说1960年代上半期，是陕西师大建校到1960年代后期之前十几年中，学风最盛之时。因此呀，这一个时期，对我来讲，可以说是我在高等学校工作中关涉学生培养方面的一段难忘岁月，心情舒畅。

高等学校还牵涉一个对青年教师培养的问题。这一点也很重要，学生培养是怎么学，青年教师培养是怎么教。教得不行，咋个子能谈上学呢？

讲青年教师培养之前，我这里多说两句，讲一下图书馆工作，它与学和教的关系很密切。我刚到西安师院的时候，图书馆的藏书一般。一个是数量上不咋样。还有一个也没有啥子特色。1960年合校之后，图书馆的建设我过问得比较多。合校之后我到图书馆去，和大家开会，我讲了核心的一点：图书馆抓住一点，围绕住一点，为教学和科研服务。所以我给大家提了一个要求，从馆长到部门领导再到管理员、资料员、采购员，首要做到的一点就是，必须熟悉学校的教学大纲。

熟悉学校的教学大纲之后在图书管理和采购过程中才可能知道教师和学生的需求，做到有的放矢。几年下来，学校图书馆的藏书量上来了，还算可观。学校开始搞"三基训练"的时候，图书馆配合很好，还专门开辟了工具书阅览室，供学生使用。阅览室配有熟悉工具书的资料员帮助学生查阅，同时进一步为学生阅览室增加与专业课对应的参考书，供学生阅览。图书馆还定期将《光明日报》《文汇报》等有学术专栏的报纸上的有关科研成果论文剪贴下来通报给大家。

陕西师大图书馆发挥出了为教学、科研服务的功能。

同时呀，在合校的时候我发现陕西师范学院图书馆，它的藏书和西安师院的藏书一样，并不宏富，但它有个特点，品类还可观，比较丰富。再一个它还有些馆藏的古籍和古代的书法、绘画作品。我看了觉得虽然说不上有啥子珍品，但也不差，有特点。我有个想法，办一个大学图书馆，除了要有宏富的藏书服务于教学、科研之外，有些自己的特色那是更好不过了。在陕西师院图书馆原来这个特色基础上，有意识地再发展一下，不就更好了嘛。说到我这个办一个有特色的图书馆上，任天夫一定要提一下他。任天夫对陕西师大图书馆的建设来讲，立了功。特别是在陕西师大图书馆特藏室的建设上，没有任天夫就没有今天的规模。任天夫懂业务，对古籍善本碑帖书画的眼光还独到，识货。而且任天夫能吃苦，能吃苦的人不多，但是我在陕西师大"唱戏"的十年，还真是得遇了一批能吃苦的人。陕西师大能有发展，靠的就是这一批吃苦的人干出来的。最后一点，任天夫聪明，我开玩笑说，要是把任天夫放到旧社会，他能当顶级的古董商人。我举一两个例子。大家都知道陕西师大图书馆有几张宋版书页，6页吧。宋版书现在的价钱高得很，就是在旧社会也是按页卖，但任天夫从上海买回来6页，花了多少钱？10块钱，一页不到一块七毛钱。再有特藏库里的那个青铜编钟，花了200块。李凌在中央音乐学院做党委书记，和关鹤童两人见我说，你那个编钟转让给我们算了，你那个师范学校，要编钟做啥？这两人把我当土包子了，哄人呢。我说，还得留下，以后陕西师大要办音乐系了，用得上。

接着说青年教师的培养。

原本陕西师大青年教师的培养，是想着招了研究生毕业后留下来。也招了，合校之后的1961年秋季就在汉语、古典文学、外国文学、电子学、光学理论、声学、有机化学、函数率等九个专业招收了13名研究生。学生招来不到一年，1962年下半年遭遇到了全国性的调整机构、精减人员，上面把陕西师大的研究生砍了，这13名研究生同学全部分配了工作。

研究生现在没有了，咋个子办？只有本科生了，那就靠本科生吧。

当时采取了这几个措施：

第一步，确定了重点教师。主要是中、老年教师，要把他们的专业特长发挥出来。教师确定之后，老年教师也好，中年教师也好，给他提出要求，请这些中、老年教师搞出自己的专业规划，你专攻什么学科，搞出什么东西来。这样使大家在业务上有个方向，有个鼓舞。

当时，确定了四十几名教师，他们的情况我都熟悉。后来我被打倒，专政我的时候让我交代确定的重点教师都有谁，我写下来之后，专政我的人说我记性好。我说，我办学校全靠这些人，没有他们学校咋个办？就是到了今天我还是能记起他们，当时确定的中、老年教师有：霍松林、周俊章、史念海、胡锡年、叶彦润、聂树人、赵恒元、吕秉义、鲍银堂、李珍焕、周衍勋、王振中、黄国璋、高海夫、王守民、马家骏、寇效信、孙达人、牛致功、班礼、李文俊、刘元汉、宋德明、仲永安、胡允德、蔺增光、王承决、谢兆奕、罗长勋、张安民、侯天岚、刘修水、慰松林、田岗、李林昆、祝大征、李远会，大概把生物系、化学系的教师遗漏了。

其实确定的重点教师里也还有年轻一些的，牛致功、孙达人、田岗他们。这些重点教师我都或去他们家里拜访，或请到我办公室、家里来，谈一谈、说一说他们每个人的方向，具体业务规划，不是一次两次，而是经常性的。我给他们每个人都有个相同的话，就是确定他们是重点教师，一个目的，希望他们在教学上、科研上起到带头作用，他们是学术带头人。

第二步，给重点教师里，尤其是老教师配备助手。

大概给15名老教师配了20多名助手。老教师在完成教学任务的前提下搞的科研工作，学校给予积极的支持和帮助，配助手也算是一个支持。多数年轻教师给老教师做助手都很积极，能学到很多的东西嘛，但是呢，也有一些年轻教师不愿意，年轻教师里思想"左"的人还大有人在，都是前一段那些运动搞的，又是"拔白旗"又是批判"厚古薄今"，对他们都有影响。比如确定过一个年轻教师给朱宝昌做助手，他跑来找我说，朱宝昌是大"右派"，反动得很，一脑子资产阶级，我咋个能跟到他学习，给他当助手？

我开始还耐心，给他讲朱宝昌有学问，是燕京大学研究院出来的，西方哲学、中国古典文学的造诣在咱们师大是冒尖的，在全国都能数得上。你跟朱先生学，当助手多好，在他身边把他的本事学到了，对学校、对你个人没有啥坏处，而且你去给朱宝昌当助手也是组织上安排的……

我这样讲，谁能猜得到他说啥？

他说，朱宝昌是《人民日报》点了名的大"右派"，他在《延河》上发的文章那么恶毒，你还让我给他当助手？朱宝昌这种人就应该下放到农村去劳动。

我和这种人还有什么好谈的？

但是呢，我注意到给老教师配备助手这个事情的确在青年教师中，包括学校的行政干部中还是有不同的声音。

我在学校党委会上说，给老年教师配助手，就是让年轻教师拜他们为师。我认为要搞拜师会这种形式，把关系确定下来。

我这么一说，大家都不说话，不赞同也不反对。倒是最后文普华说了一句，这样好。

拜师会还是搞了，我专程去参加拜师会，不仅参加，我还讲话给年轻教师提要求，让他们尊重老教师，学习老教师。一些有问题的（比如右派呀、历史反革命）这些老教师的课，我也跑去听，我得以身作则嘛，一所大学尤其是师范大学连起码的尊师风尚都没有，那成什么了？我们办的社会主义大学也不是不要尊师之道了。

有一次我写了文章，请阎景翰给我看看，把一下文字关。阎景翰的文笔好，周密、细致，而且韵律感还强。但是我把文章给他之后，过了两天他给我了，没有啥子改动，我再看一遍，也都看出来问题了。但是我又不能说阎景翰不好好帮助我修改、润色，我说了，强人所难。所以，我把稿子放下，给他背了一遍韩愈的《师说》。阎景翰听懂意思了，很有一个时期，我只要给他我写的文章，他都修改得尽量完美。有时候阎景翰在对我文章修改得得意之时，还给我念，他那个普通话不行，把他修改的精彩之处念得不伦不类的。我还得耐心听，听完我拿过来看，好得很。

我和阎景翰的关系很好，到现在都是朋友。阎景翰是出于善意，可能给别人开玩笑说我给他背《师说》，这个话传到告我状的人那里了。

有一次各个大学的领导开会。会前，赵守一说我，你最近又闹新鲜事了。

我问啥子情况。

赵守一说，你学校的人又来告你了。告吧，反正你弄事情，你学校就有人告状，告到我这里，我能说啥，和稀泥，给你往光里抹。

可是在会议的间隙，舒同却不是像赵守一那样，他很严肃给我讲，你怎么在学校搞那一套？

我不明白，就问，哪一套？

舒同说，封建糟粕那一套，又是背《师说》，又是拜师会。你在陕西师大设码头呢。

我说,你的话是代表组织还是代表你个人?

舒同想了想说,现在说代表我个人,人家把告状信写到我这儿了,我个人得有个表态,先给你表一下。

舒同当时可能觉得他说话还是有些硬了,缓和了一下说,你过两天到我那儿去一趟,我给你写了幅中堂。

后来我也没去。

给老教师配助手的事情,我最后交代一下,最终刘学林给朱宝昌当了助手、拜了师,他在朱宝昌那里学得好,学术上长进比较大。但那时候他发文章还少,现在可以说有成就了。那个不愿意给朱宝昌做助手的年轻教师,后来不在陕西师大工作了,前一阵还跑来找我,请我帮忙活动活动,说是想到更关键的岗位上为人民服务。他这不是开玩笑嘛。我说,你现在当地委书记,待遇呀这些好得很,把你工作搞好比啥都强。当年的这位青年教师总是说些出乎我意料的话。他说,郭校长呀,你推荐了西大那么多人当官呢,我也是你的学生,你帮我也活动活动,把我也介绍到书记那里,我当了更大的官,就能更好地为人民服务了。

说他幼稚不? 实在是人各有志。

下来谈当年的第三步。我们办的是社会主义大学,青年教师的培养上,也包括老教师,我还是坚持一点,要始终抓好马克思主义的指导问题。当时我就考虑我们的历史教师的核心问题，就是如何提高自己的眼界。除了钻专业以外，当时下决心派了一批人出去进修。搞历史教学的人可以到人大、到中央党校去进修哲学，进修历史唯物主义。有了历史唯物主义，可以在历史教学研究中提高一步。

第四步，就是尽可能地派出一些教师，通过关系跟国内有名的专家去学。陕西师大的学术力量毕竟和全国比起来还弱。因为当时没有研究生，只有去当进修生，哪怕花点钱，也是值得的。先后选派近百名教师到国内学校进修，北大、人大都有。还选派了七名教师去苏联、波兰学习。这些人学习回来之后，大多数成为教学、科研骨干和学术带头人。

第五步，在教师里办了一个研究班，也包括在干部队伍中举办。

研究班分两个层次，其中一种是普遍地都要学马克思主义哲学。我记得1961年我还亲自给他们教了《费尔巴哈与德国古典哲学的终结》。我们办了半年。当时是啥形势呢？就是学生削减。从1961年到1962年陕西师大学生由4100名，减少到2200名。有许多教师都闲置了下来。

教师怎么办呢？

抽一部分人提高业务，学马克思主义，中文系也有人参加，也抽调行政干部参加，包括丁淑元、萧枫他们这些党委委员，各个系的总支书记。

我认为高等学校行政干部要提高，就要提高他们的综合能力、逻辑思维能力。所以当时既学写作、学逻辑，也学哲学，这是提高高等学校行政干部水平的好办法。

具体情况是研究班分三种类型：一种是组织教师干部参加的马列主义研究班，半年结束；一种是各系提高业务的进修班，也叫研究班，自1961年初开始，至1963年结束，为期三年；再是旨在提高行政干部政治素质、业务素质的党政干部研究班，1961年开始，1962年5月结业，为期一年，学习马列、哲学、毛主席著作，学习写作。各系的研究班、进修班和讨论班，还联系各系实际，比如中文系举办古典文学、现代文学、文艺理论、现代汉语的研究班和进修班；数学系举办数学分析进修班和高等代数讨论班；物理系举办电子学和电动力学进修班；化学系举办化学、数学讨论班等，使一大批青年教师在20世纪70年代，先后成长为学校教学和科研的骨干力量。

这么搞了几年，陕西师大教师包括行政干部的马克思主义理论水平有所提高，为教师、行政干部提高业务水平提供了政治方向上的保证。

第六步，各个系要研究各自的重点发展方向。摸一下情况，你这个系有什么特点。抓特点。

还是举个例子。以今天来看，搞得比较好的是地理系，搞了陕西地理志。当时我给地理系提了个建议，陕西省有10个专区、市，我们是不是搞10个专区、市的地理志。因为搞省太综合了、太大了；搞县太琐碎了。搞专区，以专区为一个单位，首先搞汉中。一来，张军在汉中当地委书记了，我方便和他沟通，二来，汉中已经面临着国家的三线建设，急需各种地理信息。我当时的规划是，两年出一本，20年出完。出这个书的目的是什么？是为社会主义建设提供地理资源情报，气象、地质、水文都囊括进来。《汉中地理志》先搞出来了，1962年出版了。是聂树人、刘胤汉、宋德明、齐矗华、刚雅芳、韩宪刚、杨启超、张崇信、罗枢运、刘兆谦、方正、张远广、肖志斌他们完成的。

但是到了1966年下半年之后，停下来了，后来稍微稳定，就重新启动，到现在陕西省六个专区，四个地级市的地理志，加上1962年的《汉中地理志》一共是11本的编纂出版工作全部完成。因此陕西省成为迄今为止，咱们国家唯一有地、市地理志的省份。

虽然当时为培养教师，特别是年轻教师，大致走了六步，有一定的成效,最少给陕西师大后来的发展起到了积极的作用。

但是也有问题存在……主要是我的问题，我的一些提法今天看起来有不妥之处。

——就是在反右斗争以后啊，我的一个认识，也是党内的一个共识，高等学校必须培养新的教师，新的马克思主义一代教师。

当时是对老教师队伍的思想政治倾向估计悲观了一些，这是反右斗争以后的估计，属于我的责任。我主持工作，所以我的估计也基本上代表着学校领导层对老教师们的估计，一个错误的估计。后果有两点，第一，对老教师造成了伤害。第二，直接就导致了我们在培养青年教师问题上有点急于求成。

我提出了小成、中成、大成的口号。当然我在领导批判老教师的同时，也肯定老教师的业务我们必须要学到手，肯定他们的学问。

我是1961年向青年教师提出的这一"五年一小成，十年一中成，十五年一大成"的口号，我给年轻教师讲王国维为学的三境界时所引用宋人词句："昨夜西风凋碧树，独上高楼，望尽天涯路；衣带渐宽终不悔，为伊消得人憔悴；众里寻他千百度，蓦然回首，那人却在灯火阑珊处"，以他的治学研究的"三种境界"来勉励大家。

我说的小成，指拿下教学任务；中成，指拿下科研任务，闯过科研关；大成，指教学、科研两方面均赶上全国水平。

我给陕西师大年轻教师提出"五年一小成，十年一中成，十五年一大成"的口号，今天想来，也多少有些无奈之举。

前面我提过1958年"大跃进"的狂潮在高校所激起的教育革命中，我领导学校的"红专"大辩论，从内心讲，我还积极，对所谓资产阶级权威的老教师的学术思想进行批判，也是真的在批判。批判的同时呢？我就还想着一个问题，把这些资产阶级知识分子批倒了批臭了，谁来教书，谁来搞科研呢？年轻教师把黄国璋批臭批倒了，明天跑到课堂上给学生上课的话，有没有黄国璋的效果？搞科研就能比黄国璋成果大？这都是必须面对的客观事实。当然要尽快培养一支属于无产阶级的教师队伍，当是题中之意。但黄国璋他们肚子里的学问并不会因为在批判的过程中跑到年轻教师的肚子里，把人家批倒批臭像1960年代中后期流行的说法，再踩上一脚，学问也不可能是你自己的。老教师的学问必须得学，向人家学习，想把人家的学问学到一些，中文系的青年教师就算了不起了。

后来，1966年我垮台的时候有人批判我，说我对老教师盲目崇拜。

然而今天看来，年轻教师十五年赶得上赶不上黄国璋、史念海、霍松林那一批老教师呢？他们十五年里干啥去了？没得躺倒睡大觉嘛！人家也在学，也在进步。客观地讲，确实十五年要达到老教师们的那个水准不容易，要下大功夫，吃大苦才行。

啥子叫下大功夫吃大苦？我给年轻教师讲，只一点，不管是高元白还是霍松林，人家晚上起码是两点睡觉，仅凭这一点，就值得大家学习。无产阶级知识分子先把资产阶级知识分子的这一点学到手。

总而言之，我提出这个目标，用大器晚成来要求青年教师。有两条，一条是青年教师一开始太急，马上要上，要搞个啥，我说不可能；另一个不管咋说，我提的"五年一小成，十年一中成，十五年一大成"算我还冷静，虽然我内心里急于为师大建立一支新的无产阶级教师队伍。

后来到1972年我在中文系做党总支书记的工作。中文系这时候办了个进修班，招收工农兵学员，学制为一年，当年只在中文系和物理系试点，一系各为一个班，50名。

一年后毕业了，工宣队提出来留这些人。

我问工宣队的人，学校留这些人做啥子吗？

工宣队的头头说，留下充实教师队伍，这是咱们自己培养的无产阶级教师。

我不同意。我说要教课不行。

工宣队的另一个头头说,先留下来,再培养一年就能上课了。

我说,一年? 根据我的经验,五年才能够上课,还得是大学本科毕业。

工宣队的人把上课看得太简单了。对我说,那有啥? 教材都是现成的,有了教材还不能上课?

我说,别说是大学上课,就是小学上课也不能照着教材念啊。

简直是闹笑话。

总归年轻教师培养有两点,有个规划,有个大器晚成的思想准备。不可闹出违背教育规律的笑话。

教 学

我希望今后在高等学校从事管理工作的同志们不再谈我今天要讲的这个话题。

因为这是我这一代从事高等教育管理者独有的一段经历。有多独有？恐怕空前绝后了。

本来办学校，不管你是办小学还是办中学、大学，学校的主要工作就是教学。学校不教学，还能干些啥？但我一进入高等学校，却不是以教学为主，而是以运动为主。搞起运动来，没有教学的时间了。而且运动不断，一个接一个。我到学校之前，算一下咱们那个运动的频率，从1950年开始的抗美援朝运动和农村土改运动；1951—1952年的"三反""五反"运动和针对知识分子的思想改造运动以及对电影《武训传》的批判、镇反运动；1953年的社会主义改造运动；1954年的对高岗、饶漱石反党集团的斗争以及学术界开展对俞平伯《红楼梦》资产阶级思想批判、对胡风反革命集团的批判；从1954年下半年开始直到1956年完成的农业合作化运动和工商业社会主义改造运动；1956年上半年开始的学术界"百花齐放，百家争鸣"。六七年时间有多少次运动？大的就来了七八次。平均下来一年一次还要多。1957年我来学校，"反右"运动开始，然后"大跃进"，接着反右倾，其间那些小运动没有断过，有时候一年里好多运动同时进行。这么多的运动师生都参加，哪有时间搞教学。教学受到了冲击，学校成了"运动场"。

本来应有的教学秩序得不到保障。

要说运动冲击了学校的正常教学秩序，我看还不是主要的，还有一个是劳动。

1958年开始的教育革命，使以课堂教学为主的教学秩序遭到了更为严重的冲击。1958年秋季，体力劳动和工作实践被列入教学计划。比如陕西师大政教系采取"上二下二制"。即大学四年中，在校学习二年，下乡下厂下中学参加体力劳动和实践二年。中文系采用"三三制"，单是体力劳动即占总时间的三分之一。物理系甚至实行"一二制"，即三分之二时间用于下乡劳动和实践等。劳动成了教学的主导内容。

运动的冲击对学生有影响，还不是主要的，主要的是生产劳动过多，学生一进来就要先参加生产劳动一年。生产劳动这么多，学生哪有时间学习呢？

我不是反对教育与生产劳动相结合。教育与生产劳动相结合，本来就是一种教育理念，也是一种教育实践。在咱们中国传统的民间教育观念中，就有这个概念，后来在延安时期被发展成为带有实用性的半工半读式的教育形式和苏联教育模式的结合。

从延安时期起到新中国成立后的 1950 年代，延安经验这一旨在能尽快提高大众文化水平的民办的半工半读教育一直都在时起时伏地进行中，直到 1958 年"大跃进"时期的教育革命把这一普及教育的形式推到顶峰——村村社社都在办教育，民办大学、半工半读的共产主义大学遍布全国。

1950 年代中期苏联教育提出了与生产劳动相结合的问题，此类问题同时在中国也引起了争论。所以，当 1958 年"大跃进"的浪潮滚滚而来的时候，便必然促成了延安经验和苏联模式的结合。生产劳动不再是民办学校和半工半读学校的特色，而成为整个教育体系不可或缺的内容。而且，全国的每一所高校，高校的每一个系科，都在大办工厂、大办农场，大搞勤工俭学活动。我在的西安师范学院亦概莫能外，我记得是"大跃进"运动来临之前的1958年1月共青团中央发布了一个《关于在学生中提倡勤工俭学的决定》，要求要一面劳动，一面读书。接着教育部发出通知，支持团中央的决定。教育部文件下来，全国高校的勤工俭学活动迅速开展起来。

学校党委和各行政部门立即召开会议，讨论贯彻落实"勤俭办学、勤俭生产、勤工俭学"方针，把"三勤"作为办学的根本方向，成立"三勤"办公室，对全院学生掀起的"三勤"办学热潮加以"组织和引导"。

搞"三勤"办公室，我有个想法，看能不能"组织和引导"一下。但很困难，那是一种政治浪潮，一个文件接着一个文件。更大的狂潮涌来了，"大办工厂""大办农场""大炼钢铁""大搞科研"的群众运动接踵而至，齐头并进。学校相继办了化肥、制砖、水泥、硫酸、炼焦、耐火材料等18个工厂和灞桥、校内两个农场，后来又办了泾阳农场，直到"文革"后期依然存在。这是瞎搞，比如说所谓"大搞科研"，它搞啥子科研？实际上也是下乡进厂。政教系一些师生下到大荔县许庄、石槽两个人民公社，调研人民公社问题；数学系部分师生到国棉四厂、六厂，金属结构厂，陶瓷厂等，调查研究生产中数学应用问题；历史系到渭南、华县，调查"渭华起义"，到大华纱厂、新秦纱厂、陕棉二厂、中南火柴厂编写厂史；中文系到陕南老区为老革命写回忆录，收集红色民歌，到烽火大队编写《烽火春秋》等等，即使这样，也还是要一边调查，一边劳动，而且大炼钢铁的那一段是专门放假来炼铁的，生产劳动被强调到了至上的地位。可以说1958—1959年，生产劳动是学校最重要的内容，对以教学为主的教学秩序已不是干扰，而是几近取缔了。

这样一种情况，正是我说的"运动的冲击对学生有影响，还不是主要的，主要的是劳动过多"的原因所在。

后来有人批判我的修正主义教育路线，说我否定劳动，其实我是赞成教育与生产劳动相结合的。

大家太疯狂了。

我对赵守一说，学校这么搞下去，毕业的学生不要说去中学教书，恐怕教个小学都成问题。

赵守一劝我先少说，说我在学校又不主管"三勤"，先看看再说。

1959年1月，在新侨饭店开教育工作会议，我和赵守一、甘一飞他们几个人去开会，会上虽有争论，但有个主要的精神，尽可能恢复正常的教学秩序，就是"调整、巩固、充实、提高"这八个字，修订了《关于全日制学校的教学、劳动和生活安排的规定》。有这个精神，我一回学校，赶紧主持制订了《关于教学生产劳动和生活时间的暂行安排意见》，规定了教学和劳动的具体时间。本科生每年放假一个月，劳动三个月，学习八个月，此即"一三八"制度；专科生规定每年放假一个月，劳动一个半月，学习九个半月，此即"一二九"制度。这样，便从时间上保证了以教学为主的教学秩序的恢复和运行。

我这一阶段不能在公开场合讲大炼钢铁、大办工厂不好的话，但我尽量躲得远一点，少说话。高等学校有高等学校的工作特点，教学是第一位的，我抓教学就是顺应教育规律，抓劳动，当然是本末倒置了。

当然 1980 年代的大学生又反过来了，一点劳动没有，四体不勤也不是办法，教育和劳动结合起来，比例掌握好。

影响教学秩序的还有就是社会活动的干扰。像陕西师大 64 级碰到这种情况，前期劳动多，后期干脆当社教工作组了。

我看就这三个因素，一个是运动的冲击，一个是劳动过多，一个是社会活动干扰。那么，在这种情况下，我在陕西师大就提出了一个"教学为主，质量第一"的口号。

我记得新中国成立初期，还是很注意这个问题。当时土改运动，我在西北局就和江隆基（他当时在西北教育部）商量，确定了这几个原则，今天看来还是对的：第一个对学生正面教育，可以参观土改，参观斗争地主，是参观学习，不是参加运动，以正面教育为主。第二，社会上的阶级斗争，贫雇农斗争地主不能够照搬到学校。第三，学校内部不能按土改划分阶级成分。学校内部咋个去划哩？要把家庭和个人分开嘛。我认为这还是稳妥的。

所以我在陕西师大提出来"教学为主，质量第一"这个口号是有针对性的，是积极的。本来办学校就应该"教学为主，质量第一"，这有什么错？但实际上能不能做到，还是很困难了……实际说起来"以教学为主"，只是强调一个方向，一种意愿而已。而且呢，提出"以教学为主，质量第一"的口号之后，没有过多长时间，最多一年吧，毛主席就发出了"千万不要忘记阶级斗争"的号召。

毛主席号召"千万不要忘记阶级斗争"之后，我有一段时间还假装反应慢，在学校的党代会上，我继续号召陕西师大的师生，同心同德，深入贯彻执行"高教60条"，为提高教学质量而努力。甚至到了1964年学习毛泽东著作的活动中，我在全校大会上，反复强调要坚持系统地学习毛泽东思想，理论联系实际，实事求是……我是尽力地想些办法，排除那种"走捷径""背警句""活学活用""立竿见影"这些当时解放军学《毛选》成功经验的庸俗化、简单化的干扰，尽一切可能正确处理政治与业务的关系，将政治落实到业务上去，后来说我反对毛泽东思想的那些话，什么"政治落实到炒瓢上"之类的，都是对我这一时期讲话的断章取义。

在这一个时期，我再三强调"教学为主，质量第一"的意思，只得换了个说法，但一时半会儿也想不出来怎么提，总的一个认识是，无论怎么样，学校还是要保证教学工作能正常进行。到了 1965 年那个《解放军报》三论"突出政治"出来之后，所形成的巨大压力，逼得人们不能再提"教学为主、质量第一"的口号了。

"山雨欲来风满楼"，形势愈来愈险恶。我这时候在学校提出来了一个新的口号"政治第一，教学为主"。

我给大家解释我这个提法，我说按重要性来说，政治是第一。但是第一不是唯一，不是占过多的时间就是第一。"第一"是说重要性，"为主"是指时间分配。要把这两个关系搞好，把政治和业务的关系搞好。我说，要保证六分之五，保证六分之五用于业务学习。实际上，六分之五都没有办到。你算，当时政治学习规定，我记得每周两个下午。所以业务时间确实少。

从提出"教学为主，质量第一"，到后来提出"政治第一，教学为主"，我每一次提出都是有针对性的。目的只有一个，尽最大可能维持学校的正常教学秩序。

我对陕西师大教学工作的态度，被党内一些同志误解，或者说批判说我是老狐狸。1960 年代初提"教学为主，质量第一",1965 年提"政治第一,教学为主"是换汤不换药,是我修正主义教育路线的具体表现。

我不承认这是修正主义,尽可能维护一下正常的教学秩序没有错,所以我理所当然地成了死不悔改地走资本主义道路的当权派。那时候要打倒你,何患无辞。

依　靠

我在陕西师大工作的时候,说过一句话,反复说过——学校要发挥教师的主导作用,建立尊师爱生、新老合作的教学新秩序。

明显的这句话的针对性比较强。那就是——到底教师在高等学校里面,应该处于什么样的地位? 高等学校工作到底依靠谁?

这个问题始终有争论。

当时我提出来,学校里面就要依靠教师。有人跟我争论,而且一些党委委员跟我争论得很厉害。他们说我不能这样说话,这样说话只能证明我的右倾。我这是右倾言论。

他们为什么这样指出我的话是右倾呢? 人家是有根据的

——说农村里头依靠贫下中农，工厂里面依靠工人阶级，你提出来依靠知识分子，而知识分子大量的又是资产阶级知识分子，你这岂不是右倾言论，比右派还坏？

而我之所以提出来"学校要发挥教师的主导作用，建立尊师爱生、新老合作的教学新秩序"的话，一切都源于1958年教育革命中对教师作用的否定。

西安师范学院在1958年的教育革命中，各系积极组织成立了领导干部、教师和学生的三结合小组，进行讨论、修订教学计划、课程设置、教学大纲以及编写教材等工作。这种在"左"的思想支配下，所组成的领导干部、教师、学生三结合小组，虽然主观上是想把工作做好，却因要求脱离实际，效果不佳，编的那些教材根本不能用。而且在破除迷信，解放思想中又不恰当地批判了所谓"资产阶级学者""学术权威"的学术思想等，把教师的主导作用贬损得一无是处。啥子结果呢？造成了教师和学生间的对立情绪，挫伤了教师的教学积极性。当时是学生批判老师，青年教师批判老教师，教师之间相互批判、自我批判，乱哄哄地不成样子，对在高等院校工作中应该以谁为主导、应该依靠谁的问题上造成了极大的混乱。

当然，陕西师大混乱的根源所在，我认为还是由于党对知识分子的基本态度和认识引起的。前面我谈过这个问题，这里再说一说,过去党认为知识分子队伍基本上是由资产阶级知识分子组成的,对知识分子,尤其是对待老知识分子的基本策略是个啥?

——利用和改造。

知识分子不是依靠对象,整个1950年代对知识分子的思想改造运动、反右斗争,对资产阶级学术思想的批判,都基于这一基本认识和基本策略。

有人会说我这样说话不尽然,比如1956年初,在中央召开的关于知识分子问题的会议上,周总理作了《关于知识分子的报告》,高度评价了知识分子在社会主义建设中的作用;1962年初,在广州召开的全国科学技术工作会议上周总理和陈毅给知识分子"脱帽加冕",宣布取消"资产阶级知识分子"帽子,加以"革命的知识分子"称号等等,但后来的事实证明,这其实不是党的主流意识,更不是毛主席的态度。

党要造就一支属于自己的无产阶级知识分子队伍。1958年把大量的工农子弟和干部送进大学,让这批人迅速占领科研阵地、文化阵地就是这种努力的显著证明。我没有先知先觉,我也想跟上毛主席的调子。我前面说过的那个我提出的"五年一小成,十年一中成,十五年一大成"的成才之路,也是想尽快在高校培养一支属于无产阶级的青年教师队伍。

但培养一个知识分子，尤其是培养一个可以在大学教书、搞科研能出成果的知识分子，并不是一朝一夕就可以培养出来的，还得实事求是、尊重教育规律。高等院校是育人的地方，哪个子来育人？它的主体当然是教师了。所以高等院校工作前进发展，能依靠的对象只有教师，依靠知识分子。

1959年初，全国教育工作会议结束之后，我在关于本年度工作安排的报告中，明确提出要"发挥教师在教学工作中的主导作用""建立民主团结的新型师生关系"。但是西安师范学院在把这个话贯彻下去、执行下去的时候，就引起了很大的分歧和争论。

说我是右倾言论的有，是右派言论的有，我给他们解释，我说，西安师院是不是党领导下的学校？人家说当然是了。我就说，这不就行了，西安师院既然是党领导下的大学，那么我们西安师院的党员处于什么样的地位呢？是不是领导地位？你总不能说，我们搞好农村工作，依靠党员不能提吧？在农村，在工业战线应该是党领导下依靠贫下中农，党领导下依靠工人阶级。

那么，在学校里面就应该是党领导下依靠知识分子。知识分子作为依靠力量，并不等于说我们放弃党的领导，党领导下依靠知识分子这不右。

我给大家解释，学校里面能不能依靠工人阶级？学校工作不能。能不能说依靠学生？也不能。学校工作的主体对象是学生，但不能说办好教学要依靠学生。当然发挥学生的积极作用是必要的，没有学和教的配合，那是搞不好的，但这是另外一回事了。依靠工人？学校的工人能不能抓好教学？能不能培养合格的人才？所以只能依靠教师。当时批判我的特别是包括一部分老干部，就觉得没有把他们当作依靠力量。我说依靠你的话，就是降低了你的作用了，你是党委委员。

这是一个当时学校里的背景，我提出了这句话。

还有一个背景。

1959年的教育会议开了两次，春节前开一次，春节后开一次，一共大概开了50天。本来会议内容主要是针对1958年教育大革命中出现的问题。陆定一提出了"巩固、调整和提高"的方针，强调贯彻以教学为主的原则，发挥教师的主导作用，正确贯彻党的知识分子政策等。对陆定一的提法，大家都表示拥护，可以说心情较为振奋。但是呢，也有不同的声音。上海组的副组长张春桥发言，他不同意陆定一的提法，他讲，知识分子是斗争对象。只有斗争，才能把知识分子的资产阶级臭架子打掉。他举例子，说复旦的陈建功、一级教授、学部委员，气焰嚣张至极，口出狂言说他放一个屁，革命师生就要给他贴

20张大字报。对这种人，就要斗争，要准备各种斗争的手段。比如让和他长期共事的苏步青检讨同他的关系。复旦党委组织人，找他老婆儿子谈心，做他老婆儿子的工作。在陈建功回家后，对他展开批判。同时鼓励儿子揭发他，儿子果然揭发了，把揭发的内容写成大字报贴出来……经过这么一番斗争，陈建功收起了他的嚣张气焰，在教师大会上作了深刻的检讨。张春桥说，对这种知识分子，你不斗争他，他会一直嚣张下去。从这个事例中，就能得出知识分子就是我们斗争的对象。

上海的复旦、同济、华东师大那些学校在教育大革命时期的表现比起西安的高校来，"左"得出奇。

我在西北组上发言，对张春桥的提法表示了疑问，提了反对意见。我发言之后，个别人也发言，说张春桥介绍的经验有可借鉴之处。到中午吃饭的时候，和我一个组的江隆基、赵守一给我说，他俩支持我的发言，下午和我一个调子，也发言反对把知识分子当作斗争的对象。

这次会议最后搞得就我们三个人的发言是反对了张春桥，成了少数派，虽然会下也有不少人对张春桥的提法不认可。

总之，知识分子到底是团结的对象，还是斗争的对象，会上争论很大。

社会主义革命时期，首要前提是弄清知识分子是什么知识分子？是资产阶级知识分子。

资产阶级知识分子取代了知识分子和小资产阶级知识分子的提法。

小资产阶级知识分子既然升级了，知识分子是不是斗争对象？上海组提出这个问题。上海啊，一直是"左"，大家以为1960年代中期之后上海才"左"，其实它1950年代，在教育上也是"左"。他们不仅提出来知识分子是斗争对象，而且到了后期，在研究生和导师的关系上，在衡量研究生怎么算是学好的标准方面，张春桥提出的口号是：什么时候你把你的导师推翻打倒了，你就是学好了。

其实，张春桥这一推翻导师的提法是和毛主席1958年初在成都会议上提到创办《红旗》杂志时的讲话十分相似。张春桥跟毛主席一直跟得紧，领会得也深。就像一提到教授，毛主席在讲创办《红旗》杂志的话中，用的也是"推翻""打倒"这样的词。1958年成都会议上毛主席说"怕教授，进城以来相当怕，不是藐视他们，而是有无穷地恐惧""历史上总是学问少的人推翻学问多的人""现在我们要办刊物，是压倒资产阶级知识分子。我们只要读几十本书就可以把他们打倒"。

这恐怕不行。

有批判的一面，也有继承的一面，什么时候什么情况下都要有个批判和继承的关系，不能说把人家批判倒了，你的业务就学好了，未必如此。

回到学校我给大家传达时，把上海组张春桥的话没有传达，就是主要强调要发挥教师的主导作用。教学为主，教师起主导作用。

协调新老教师的关系，这个问题责任不在青年教师，责任在我们党委的指导思想，我的指导思想。

你既然要批判老教师，要依靠青年学生、依靠青年教师去批判他，当然这个关系就搞紧张了。

搞紧张了，你怎么学得好？学不好嘛。

当然这是全国性的，师大也是这样的。

我们党委，我作为主要负责人，还是或多或少地执行了"左"的东西，依靠青年学生占领阵地。

对老教师呢，就是有些地方不尊重。寄希望于青年，那是可以的，今天也可以这样说。但是新老关系应该是协调的，所以，建立新老协调新秩序是针对"左"的一套来的。尊师爱生这一点，指导思想是一直坚持的。

我一方面传达会议精神，另一方面，组织全校师生学习韩愈《师说》，无产阶级教师队伍占领教学科研阵地，依靠的不是学生斗争老师，不是青年教师斗争老教师，那样一搞，非搞乱不行，而且当时，我是强调要认真学习。

学生向老师学习，青年教师向老教师学习，通过学习达到一个传承的目的。

我不仅在学生和教师中强调认真学习，而且还针对当时把实践强调到非理性程度而贬斥书本知识的情况，有针对性地写了《认真读书》一文，批驳了"实际知识胜过书本知识"的片面看法，澄清了"只承认直接经验，否认学习间接经验"的糊涂认识，和"提倡认真读书，是否会脱离政治"，走上"白专道路"的担心。我在《认真读书》这篇文章里谈道，如果不要间接经验，只要直接经验，那么，吃饭就得先从"茹毛饮血"开始，居住就得先从"穴居野处"开始，治病就得先从"尝百草"开始。这是不可能的，我说，"一个人走白专道路"主要是立场、观点、方法的问题，而不是认真读书的结果。……一个有高度政治觉悟的人，必然有高度的学习热情，不断提高自己为人民服务的本领，一个人不愿意认真读书，往往是政治热情衰退的开始，长此下去，即使已经"红"了，也会慢慢褪色。我在文章的最后，专门又讲了该怎么读书，我认为要有计划、有重点、有选择地读书，不能开卷有益式的盲目地读。有计划、有选择、有重点地读，还应该和正确地处理古今中外的关系联系起来考虑……现在是过去的发展，不能割断历史。中国是世界的一部分，外国的经济政治情况我们需要了解，外国的科学技术成就更要吸收，总之，对于古代的、外国的东西，都要采取分析、批判的态度去学习，取其精华，弃其糟粕。外国的、古人的知识，某些部分不能直接运用于现在，某些部分甚至是不可靠的知识，可是如果我们不首先去学习，怎么能够谈得到批判吸收呢？

我这篇《认真读书》的文章开始发表在1959年的《中国青年》杂志上，后来在1960年收入"青年共产主义"丛书。

1960年代后期，批判我，说我写这篇文章是大毒草，只提认真读书，没有说认真读毛泽东的书。

我说不是这样的，那样我成林彪了。

我的文章意思是必须要有广博的文化知识，共产主义不能离开人类文明的轨道。也就是列宁讲的，青年团的任务就是学习，学习，再学习……那么在高等学校，具体向谁学习，学生向老师学习，青年教师向老教师学习，是学习的关系，不是斗争的关系。对立起来有啥子好处？进一步说，形成了这种关系之后，才能发挥教师的主导作用和建立尊师爱生新老协调的新秩序，学校才能办好，毕竟办好学校要依靠教师，依靠知识分子。

所以，我在那个年代提出的学校的依靠对象是知识分子，对陕西师大的发展还是起到了积极的作用。

我没有右倾。

管　理

大学的管理工作，根据我的经验是，领导核心的团结一致相当重要。

无论我是在陕西师范大学还是西北大学，我认为领导核心都比较理想。

在陕西师大这一段工作当中，班子中的人很多，但主要的最核心一个是文普华，一个是巩重起。当然与其他人合作很多，但时间比较短。

这一段，我感到比较轻松。

在陕西师大的这一段工作，轻松在哪里呢？就是好多问题呀，文普华是比较辛苦的，学生工作、后勤、生产，他都包了，而且他这个人工作比较深入，是直接住在学生区，学生的情况及时地掌握，这个同志有很多很感人的东西。你比方那一段正是困难时期，学生有病，如何采取措施加强伙食，防止一些疾病的蔓延，我们上午在党委会上一定，他下午马上就召集班主任、伙管科的人开会落实，抓得很紧。

后来，在西大工作的时候，杨德厚（主管后勤工作的副校长）同志在这个问题上也是抓得实，比如下大雨发大水，西大一些房子烂了，大概四五层砖以上就是泥坯，甚至把面粉也淋湿了。

杨德厚同志亲自查看，看这些遭水灾的群众。另外提出来大家被雨浇湿了的面粉，公家拿好的面粉去换。这样的处理，使我就少分心。

巩重起呢？我们的合作是另外一个特点。

我们个人接触很少，而且往往在好多问题上看法又不完全一致。但是他在师大的这一段贡献在哪里呢？就是比较接近实际，能在两个方面弥补我的不足：一个，在党内斗争当中我有些过火时，巩重起的意见都是比较持平，他当时就不太同意，事后他也没有埋怨，所以，就使我的决策避免了好多错误。

再一点，我这个人搞工作，有时候有点对程序性的问题注意不够，比方教学安排，那个时期运动冲击，我总是强调中心工作，运动方面我抓得紧。但是学校毕竟主要是办学，有好多具体的安排，他能及时提出自己的意见。我觉得这两点，对我帮助很大。尽管我们之间个人生活接触得少一点，但是重大问题的决策上头，他给我补充了很多东西。所以这段工作，大家比较一心，虽然工作上有不同的意见，但大家都能坦诚相见，而且互相接受意见。在西大，除了杨德厚和巩重起外，还有刘敬修同志。刘敬修同志和我在陕西师大合作了一段时间，时间比较短。到了西大以后，他是老人手，在西大时间比较长，好像是1960年就去西大了。刘敬修在西大大概待了十多年才去西农，特别是他在1960年代中后期一直到西农那一段时间，在西大，他比较得人心，他是我们一个老大哥，我们互相尊重，配合得也比较好。

所以，一所学校要办好，关键是个班子，班子的团结一致，大家有意见能够互相体谅，互相吸收，我认为是重要的。

还有一点，班子团结一致了，重大的决策意见统一了，下来的关键是执行，执行的关键是中层干部。

中层干部呢，我认为每一个单位，每一所学校，就是要有一个什么东西来增强大家的凝聚力，如果没有一个凝聚力，就很难团结起来。

在陕西师大这一段，情况是这样的，当时我比较年轻，精力也比较旺盛，除了开会见面以外，大体上都是这个规律：就是系上有重大问题，及时到办公室来谈。另外，每天晚上，几乎成了一个定规了，大体上就是六点多钟晚饭一吃，管绿化的干部和工人，花个十分钟汇报一下当天绿化进展情况，明天计划干什么，天天汇报。这十几分钟过去了，七点多钟开始，到晚上九点半或者十点钟，这一段时间各个总支书记或处长，不断来个别谈，或者工作方面交换一些意见，这样及时地就疏通了。

在西大，大体也是如此。

这个时期，我下到各系的时间比较少，但是我公开宣布一条，我办公室的门是开的，谁都可以来，到我这儿的同学、教师、干部直接来就行了，我办公室的门是不锁的。

团结中层干部的凝聚力是什么？就是要有一个共同的目标，这就是要把学校办好，有了这样一个共同目标很快就可以把大家凝聚起来。

陕西师大因为搞得比较长一点，将近十年，不说了。

到了西大以后，首先碰到的是清查"四人帮"，接下来，就转入到对1960年代后期以来"十年"的总结和认识。

当然，我到西北大学来是在粉碎"四人帮"以后，正处于三中全会的酝酿时期。我去开了中共十一大，不是作为正式代表去的。

十一大开了，正在深入批判"四人帮"。当时批判的调子还是用毛主席的东西来批判，就是"四人帮"违反了毛主席的东西。

到了三中全会以后，情况就不一样了。尽管这里有两点不利，西大是个老学校，我去了以后，跟干部的感情还没有建立起来。

另外，在批判"四人帮"时大家意见是一致的，但接触到毛泽东晚年的错误，批判"两个凡是"这个时期，干部当中就有了不同的看法。

但是，我到西大去的初期，正是由政治运动频繁，转到进一步开展正常的教学科研，恢复而且进一步地提高时期。这一转变，符合人心。毕竟学校是搞教育、培养人才的。我去了不久，就接着招收第一届学生——77级。这样一个转变由政治运动频繁转到或是文化学习，或是科研，或是业务上了。这一点是全体一致的，就把大家凝聚起来了。

我到西大刚开始搞清查，这一点也是比较得人心的。我很注重的就是这两条：一个要不断的运动，所谓交白卷就是好的，"宁愿要社会主义的草，不要资本主义的苗"。在人才的培养上，是说"卫星上天，红旗落地"，我们转变了这个提法，再加上因地制宜地提了些要求，这一下把大家凝聚起来了。

再一条，在干部中平反甄别，也很快把大家凝聚起来了。

尽管我说在西大这一段时间，大家彼此并不是很了解，另外在这个转变当中，有些同志或迟或慢，由"两个凡是"转入实践是检验真理的标准，需要一个过程的。

当然，刚开始还没有提出这个问题，但实际存在这个问题了。当矛头针对到"四人帮"的时候，大家意见一致；矛头针对到"两个凡是"的时候，接触到华国锋的问题了，华国锋的问题也就是毛主席晚年的问题，意见就未必一定一致。有干部就提出来，是党的十一届三中全会大呢，还是十一次代表大会大？

像这些问题，在初期是很难避免的。因为干部在各方面的水平、经验不一样。

我觉得在西大这一段最满意的是，尽管有这些东西，党委会上可能有些不同的意见，但是定了过后去执行的时候，大体上各个系各个处都比较一致，西大干部的素质还是比较高的。我在会议上提出了一些看法，甚至一些批评。

有一条，批评和被批评的双方，我觉得今天还很怀念，很愉快的，就是我们都认为可以有些不同的意见，也可能有些批评，但是都不整人，没有整人。比如哪些同志说了些不妥当的话，我们没有扣人家的帽子，这点就取得了群众的谅解。

另外，有些同志尽管也不同意我的意见，但是下面去做的时候，不唱两个调子。所以，这一段在西大是比较愉快的。比如说我们对知识分子的处理，对知识分子的看法，也不是说完全没有不同的意见执行，没有两个调子，当然形势也不一样了。总的来说，在处理知识分子这个问题上，西大比陕西师大好像还要顺利一些。

在陕西师大我和大家的感情时间比较长，但是总是在知识分子这个问题上头，有些不同的看法，在西大这种情况很少有。我举个例子，我上面已经谈了，在陕西师大总有少数同志怀疑我，认为在高等学校里面，我没有依靠党员，而是依靠了知识分子。我当时已经解释了，比如说后勤工作，我们就是要依靠韦固安。韦固安虽然是个非党员同志，但我们为什么不可以依靠他？至于党员，我们没有说不重视党员，党是领导的力量，要把学校办好，只能依靠知识分子。当然啰，还要依靠其他的工人同志，大家的事情大家来办。我们在学校提出依靠谁？团结谁？知识分子既是我们团结的对象，也是我们依靠的对象。

办法不能像农村那个办法，依靠贫下中农，团结中农，孤立富农，打击地主，不能采取土改的做法，这是我们一贯坚持的。在这个问题上，在西北大学比较顺当一些。当然对个别人和事的估计上，高低还是有不同的意见，但总体上是比较一致。特别西大主管组织的同志，在落实知识分子政策上是大胆的，而且比较没有疙瘩，处理得很顺当。差不多落实的事我都管得很少，好像没有什么抵触，当时是朱思杰等同志，他们管着这方面的工作，还有康士成，意见都比较一致。

如果说陕西师大这一段主要班子成员大家互相支持和谅解让我感到比较愉快的话，那么西大这一段，在一些大政方针上的一致就尤其令我怀念。

关键就在这个问题上，要通过一个凝聚力把大家凝聚在一起，而不可能是其他感情上的拉拢，或者封官许愿。工作目标的一致，或者执行路线的一致，是最大的凝聚力，这是一个核心问题。

另一个问题就是领导干部要有广大的骨干，否则搞不成。这个骨干就是中层干部了，系主任、处长、总支书记，凝聚要通过工作来凝聚，而不是什么私人关系。当然大家的私人关系我也不反对。我也有缺点，接触少一点。但是我觉得，关键还是工作上一致。

我的看法，在高等学校工作，如果本身不懂得知识，缺少知识，而仍然摆起当官的架子来，那么就不容易跟大家处好。所以，我经常说，最好不要派地委书记或者什么专员到这些学校来。

为啥哩？地委书记、专员们来了他受罪。

如果说像校长的待遇呀，连一个公社的党委书记的权都没有，县委书记的生活都比这个好。你比方部队里的一些团级干部，他在团里有勤务员，出去可以坐车，还有助理员。你到大学来当处长，或者总支书记，什么事情都自己跑路，连秘书也未必配得起。有秘书，他也不给你总支书记、系主任当秘书，秘书有秘书自己的工作。

所以高等学校的工作是比较辛苦的，长期当官的，搞这个工作，待遇低，而且事事自己搞，要求高一点，不仅自己跑腿而且要自己动笔，不适应的。你不适应咋个子在学校能把大家凝聚起来呢。所以我讲了领导如何团结大家，有了一个共同目标，中层干部就一致了。一致了，事情就好办了，现在就是怕不一致。

第三，要搞好工作，决策上要有个智囊班子，能够多听听他们的意见，这个问题十分重要。在师大我感到比较高兴的一点在哪个地方呢？就是差不多每一次的报告，我作报告都要花一个礼拜以上时间做准备，然后再讲。我作一次报告花的时间比教课、备课还要多。首先要摸清情况，到底这一段形势如何，情况如何，得有一部分人给你提供，多搞一点捋出几个问题，然后对这些问题有什么看法。如果没有这个东西，你讲出来的就没有意思。为此在陕西师大这一段我作报告，经常找几个人，或者总支书记里头，或宣传部，还有教务处，找几个人来，差不多比较固定一些的。

比如张安民同志、田岗啊、苏成全啊、邝萍啊，邝萍当时在宣传部。找这几个人大家商量一下。

有时也请团委的人来商量一下，研究个什么情况，讲些什么问题，大体上谈得差不多了，我理出一个线索了，这个时候搞个提纲。

陕西师大大体上每年的工作部署都要找几个人先研究一下，多给你出点主意。

在西大又是另外一个情况，差不多讲问题，就是我自己讲了，缺少固定的几个人来提供情况，研究问题。

但是西大有另外一个好处，总有几个人经常推动你，把工作搞上去，也算是一个智囊班子。主要是咋个把西大的经费多争取一点，如何把西大的知名度提高一点。

这一点，主要是当时科研处处长刘舜康和党办姜秉正，经常往我耳朵里头灌。我开玩笑说，他们把我推动前进。

陕西师大是考虑思想咋个子抓，智囊班子的建议是经常性的。西大不是考虑这些问题，刘舜康、姜秉正经常跑来谈，他们推着你往前走，歇不下来。

再一个是管学生工作的霍绍亮，我们接触比较多。

霍绍亮管学生工作，学生工作经常出事，大家经常在一起闲谈。

我是坚持晚上住到学校，就住在办公室。星期天、星期三回家取一点饭。

我为啥不去食堂吃饭呢？主要是我在食堂里头吃饭，容易引起矛盾。干脆自己从家里带饭，带饭就没有矛盾，我吃我自己的。

因此，一到晚上也差不多养成个习惯，我在办公室一开灯就有人来，大家在一起谈。实际上也有见解不完全一致的同志，但是大家处得好，随便谈。团结、依靠一些对事业上有上进心的同志，能够出些点子，就如何办好学校，虚心地听取他们的意见，没有这个不行。

总体来说，我的看法是高等学校的管理工作就这么两句话——领导班子的团结一致，中层干部，就是党的骨干，通过一个工作上的凝聚力，把大家拧在一起，上下一致；通过了解情况和与有事业心的同志交谈，多听取他们的意见，起到智囊团的作用。

有了这些，管理工作就顺一点，好一点，惰性就少一点，工作积极性也就多一点了。

团　结

几十年在高等学校工作，回想起来，团结，就是在高等学校做管理工作，该如何执行党制定的知识分子政策，在执行政策的前提下，该持什么样的态度去团结知识分子。

我清楚，虽然我不是党的知识分子政策的制定者，但我是执行者，我如何把握政策去执行，对我来说真是一言难尽，万千感慨。

那时候党内开会啊，最重要的主题之一就是谈知识分子的政策问题。逢会必讲。

笼统地说起来，我在主持学校工作的时候，遇到"运动"，我说的不是一次运动，是所有我遇到的运动，伤了不少人，党内的知识分子、党外的知识分子，对他们都有所伤害。

现在只要触及对待知识分子这个问题，我首先要说的是，我在师大主持工作的十年，我最深感内疚的是 1957 年的"反右"扩大化，伤害了一大批人，如将张文华、梁益堂同志定为"极右"，对一些思想尚未定型的青年学生的批判处理；1958 年的学术批判，给傅子东、霍松林等学者错误地戴上了政治帽子；1959 年庐山会议后，对方知等同志进行了错误批判。

这是我作为一个党的知识分子政策执行者的错误。我向这些同志道歉。

但是在对待知识分子们的具体业务上，我不大看他头顶上的那个帽子，总是支持大家，给大家创造条件，鼓励他干出成绩，多出科研成果。这一点，党内的同志也批评我，上级机关的一些领导也批评我，说我这是好大喜功。反正呀，哪个人愿意干啥，只要有可能性，我都尽量地支持，在业务上充分估计他们的长处，学习他们的知识。如此一来呢，尽管在运动中伤了一些同志，但是我认为和这些知识分子处起来，大的感情上还可以。

我有一点体会，在高等学校搞管理工作，如果你和知识分子们在业务上没有共同的语言，又在政治运动中伤害了人家，那么这个问题就比较麻烦了。

我这一代人在高等学校工作，从 1950 年代初期到 1980 年代中期总碰到运动,这是一个现实的存在,也是面对的客观事实。我们那个校园呀,30多年几乎就没有过平静的时候,像我这种管理者,包括普通的教师、行政干部无不紧跟形势,犹恐不及,没有跟上运动形势的人,无疑只有一个结果,垮台,倒了。

我是1952年到西北师范学院搞8个月的思想改造运动,搞"三反",打"老虎",接下来搞清党、清理队伍、改造思想。

说起来那时候我对西北师范学院的教授们也是造成了一定程度的伤害,但是呢,直到今天,西北师院那些教授跟我个人的关系还都好。

我仅仅在那工作了8个月。20多年后,我到西北大学工作,西北师院中文系的郑文、郭晋稀教授给我写信,说想到西大工作。郭晋稀是杨树达、钱基博的学生,学问很扎实,他在音韵学和古代文论,像《文心雕龙》研究方面在全国的名气不小,西大当然欢迎他来了,充实西大中文系的队伍,多好的事情。郑文是顾颉刚的学生,中央大学毕业,他的学问不仅扎实,面还广,我也希望他来西大。

我给他俩说,你俩来西大,我热烈欢迎,我这儿没有问题。但是我又说了,你俩来西大的话,你们学校中文系一共三个教授,还有个彭铎,两个都走了,我算不算把台柱子都拆了?这是我考虑一点。但是只要你们学校同意放你们，西大欢迎得很。

终究郭晋稀、郑文没有来西大。人家学校根本就不放人。

还有搞美学的洪毅然，我们关系很好，他来西安我到兰州，都要见个面，走动走动。

我当初搞思想改造运动是在西北师院认识他们的。我是改造执行者，他们是被改造者，后来为啥子关系处得好呢？我认为还是在业务上头和大家有些共同语言。你得了解人家呀，我去兰州之后，开展的一项工作就是，先把这几个人著作、论文都读了一遍，当然不是那种很认真地读，时间紧迫嘛，大致通读一遍。你了解了人家，才有资格和人家说话。

所以我在高等学校工作，感到在业务上应该和大家有共同的语言。

在陕西师大，我总是高度评价一些人。

1958年下半年和1960年上半年的两次学术批判，陕西师大的青年教师是在我的具体领导下批判了老教师。

会上批判完，下来我总是给青年教师们说，对老教师，不能只有批判的一面，人家也有值得我们学习的一面，我们是不是应该最少从业务上诚恳地向人家学习呢？

比如马家骏，他是青年教师，才从北京进修回来，他发现老教师刁儒钧的外国文学讲义上有资产阶级观点，便写了一篇长文与其商榷。我就表扬马家骏，为啥表扬他，马家骏的文章讲道理嘛，也不给刁儒钧扣帽子，人家是温和的探讨的口气。然后呢，我在学校举行的开展学术批判的动员大会上，我举到了马家骏文章的例子，号召青年教师向马家骏学习。但是也有问题，另一面，我号召向马家骏的文章学习，不就是同时点了刁儒钧的名嘛，使得他很紧张。随着学术批判的升温，也就有好多的青年教师不向马家骏学习了，给老教师胡乱扣帽子。

我认为学术批判不能这么搞，学术问题，扣什么帽子。我召集青年教师来开会，会上明确给大家讲，不能给老教师扣帽子，我对青年教师提出要求，必须坚持摆事实、讲道理的温和作风。

我制止的效果其实也不佳，毕竟老教师们经过从 1950 年代的思想改造运动、反胡风反革命集团、反右派运动，都很残酷，你再温和，老教师依然心惊胆战，噤若寒蝉。

第二次学术批判是 1960 年春天，这次批判，霍松林成为重点对象。

霍松林之所以能成为重点，也是有个大背景，当时，中苏关系公开破裂，我们要反修。所以陕西也成立了一个反修理论小组，我也在里面当个副组长。

霍松林的《文艺学概论》是本讲义，参照着苏联的有关理论编写的。1950年代霍松林的《文艺学概论》在全国的高校中尚属首作，出版社也正式出版了。但在1960年反苏联修正主义的大背景下，学术批判的矛头自然就指向了霍先生的这本书。

当时要反修，肃清苏修在学术界的影响。所以最早提出将霍松林作为对象是在陕西的反修理论小组的会上。宣传部的一个同志，在会上说他看过霍松林的《文艺学概论》，其中介绍了一些内容，主要说还是苏修那一套，毛主席的东西看不到。他问我看过没有，我说看过，感觉霍松林就不懂苏修那一套，还没吃透呢。批的话，没有个啥子可批的内容嘛。

陕西就有两个主要的文科学校，陕西师大和西大，科研成果两校都不多，能和当时反修挂上钩的更是少。所以小组会上就给霍松林定了学术批判的调子，批判他的资产阶级人道主义。

这时候正是王荣当宣传部部长，其实也快垮台了，会后，他还讽刺我说，你一天到晚讲霍松林，这下倒霉了。我看批判啥《文艺学概论》，批判一下"打虎的故事"倒不错。

回到学校之后我还是讲，批判霍松林要坚持摆事实、讲道理、不扣帽子、不打棍子的原则。尽管我这样反复讲，但还是给霍松林等有学术成就的教师带来了巨大压力。

学术批判造成的后果是破坏性的，虽然有大势所趋的原因在里面，不得不搞，但我始终强调，青年教师在学问上必须向老教师学习,我希望我这么经常地讲,能起到一个对破坏性降低的作用,使年轻教师和老教师之间的对立情绪尽可能有一点缓和。

我也向老教师学习。向戴了右派帽子的朱宝昌学习。学啥?当然是朱宝昌的学问了。

有一次是学校组织的会议,讨论嵇康、阮籍。朱宝昌提出他的看法,我和他交换了意见,也在会上发了一言。我请教朱宝昌,问他到底对嵇康、阮籍的看法有些啥资料。我掌握的嵇康、阮籍的资料都是些大路货。朱宝昌掌握的自然比我要详尽丰富得多,他搞这个嘛!朱宝昌就给我提供了。

再比如孙为霆,东南大学毕业的,新中国成立后,是顾颉刚推荐到西安师范学院历史系任教的。我听史念海说过孙为霆的学问底子深厚,是吴梅的学生。吴梅了不起呀,一代曲学宗师,当年和梁启超、黄侃等人齐名。在曲学方面,吴梅能写词谱曲,是一代传奇作家。不仅如此,他自己还能唱曲,能表演,是全才的曲学大师。如果看周作人的文章,他里面有吴梅给北大学生讲曲学的情景描述:穿长衫的吴先生,手拿笛子,走进讲堂,一边讲,一边还要唱几句。当学生们发现他唱的跟在戏馆听的不一样,他就解释,这是昆曲。

孙为霆就是吴梅的嫡传弟子。

1961年我在各系办研究班，提高青年教师业务水平，我把孙为霆请出来，为中文系研究班讲曲学，后来干脆把孙先生从历史系调到中文系任教。学校还出资为其出版线装散曲创作集《壶春乐府》一书。与其同时出线装集的还有高宪斌的《百二寓屋诗词散曲稿》。

由学校出资为老教师出线装书，可不是个小事情。据我所知，在1960年代，全国其他学校还未有先例。后来孙为霆的《壶春乐府》一书传入日本，得到日本汉学界好评，我听说前几年，日本的汉学家还曾向师大的有关领导索要。

那么，"曲"作为中文系的教师应该了解，我跑到孙老师家去，专门请他为中文系教师开了个专题学习班。孙为霆自己也很高兴，系统地把曲的知识、小律到传奇都给大家讲了。

孙为霆的每一堂课我都去听，我也认为这是个自己学习的好机会。

要了解学校教师的情况，尊重人家，寻找共同语言。在高等学校做管理工作如果没有共同语言这一条，想团结知识分子，依靠知识分子推进学校的教学、科研工作就成了空想。

接下来我专门谈一谈我在学校所经历运动的过程和我的一些思想。

首先我声明一点，我不认为运动应该搞。

尽管我在运动当中有时也搞扩大化，有些东西没有必要搞，但当时的形势也不能说不搞。比方反右，截至现在中央还是这个估计，扩大化。确实我在反右中心里头也想过：嗯！这里头确实有些人搞鬼。

在运动中的某些时候、某些事情，我也不是迫于上面的压力才搞的。

但是我有个传统观念，就是思想批判从严，组织处理从宽。我这个传统观念是从延安带来的。毛主席经常讲"思想批判从严，组织处理从宽"。但反右以后，我一看，哎呀！对右派的组织处理是这样严格。

我和王荣、赵守一有次我们独处时，关起门说话，我就说处理得太严了，降三级，赶出门下放到农村，咋个能这样定调子呀！

赵守一说话倒是干脆。他说，你也就只能在大学工作。王荣说，我给你上一课，你只会读死书，所以你只懂得"道"不懂得"术"，等你啥时候懂得"术"了，你就对处理调子不惊讶了。

大家都知道，既然思想批判从严，有些人的言论，当时我就觉得不一定属于右派言论，批判了就行了；而有些人的言论呢，虽然今天来看并不错，但是当时确实我也认为是异端思想。

我举个例子，比方朱宝昌他讲了一句话：儒分为八。

他说的意思是，战国时期儒家内部分化形成的八个学派。八派之说，始见于《韩非子·显学》："自孔子之死也，有子张之儒，有子思之儒，有颜氏之儒，有孟氏之儒，有漆雕氏之儒，有仲良氏之儒，有孙氏之儒，有乐正氏之儒。"从《论语》看，孔子思想具有博大而多面性的特点，孔门弟子对孔子言论的理解难免各执一端，而儒家和墨家同是当世之显学，所以，韩非认为："故孔墨之后，儒分为八，墨离为三，取舍相反、不同，而皆自谓真孔墨。"《荀子·非十二子》记载，在战国百家争鸣中，儒家一方面同其他学派激烈论争，另外自己内部各派争论也十分尖锐，儒家八派正是儒家内、外论争发展的结果。

朱宝昌说，儒家分为八派，墨子分为三派，基督教分为十二派，马克思主义也要分。不仅当时人们认为不对，我思想上也不高明，我也认为这是朱宝昌大逆不道的言论。但是，今天经过历史的检验，有欧洲马克思主义，欧洲马克思主义又分为两种：一种是党员的马克思主义，如意大利、法国；一种是非党的马克思主义。就东欧来说，有苏联模式、有罗马尼亚模式、有南斯拉夫模式，等等，这个问题，今天来看没有啥了，但当时我认为朱宝昌这简直是一个离经叛道的说法。

当时还有些东西，比方说没有按教育部的什么规程，也就是没有按教育部的教学大纲教课,这也是右派。问题不能这样搞,可以讲教育部的,也可以讲教授编的,或者说教育部的课程大纲也是学者搞的,是这一学科带头人搞的,学者之间就有不同的意见,怎么能说不按教育部编的大纲讲就是右派呢？我们提倡按照大家普遍都能接受的意见来讲,然后再去发挥你个人意见,这是允许的嘛。

不管咋说,我认为后来对右派处分重了。而且确实根据陕西师大当时的情况,有些老教师还离不开,还要发挥他的专长。所以我总是这样给领导反映,有的可以考虑因为他家庭比较困难一点,工资不动,职称降一级;有的可以降一级,不要降三级,职称得保留,让他发挥作用。这样对右派的处理,也不能说合适,只是减弱了一些而已。

陕西师大的反右斗争是我主持的,我认为大家对我还是有所谅解。

当然啰,谅解不是说我正确,我不正确,我也说了,扩大化了,扩大化的责任在我,只是大家都还谅解罢了,是人家有胸怀有气度。

我也分析这个问题,谅解的原因是什么？我想就是不把一个人整到死,比方像张文华同志。

张文华是党内老同志,曾参与领导"渭华起义",主持过临时陕西省委的工作，还因杜衡诬陷被开除出党，抗战初就是我在抗大学习的时候，他在抗大做主任教员，再后被社会部派遣到西安与宣侠父单线联系，搞地下工作。宣侠父遇难后，他与组织失去联系，大概1950年又在江隆基那里，就是西北局教育部当工农教育科长，他和赵守一都是渭南人，两人和我一起去西羊市一个卖时辰包子的摊子上吃包子。张文华在西安搞过多年的地下工作，对西安熟悉得很，给我介绍过教场门那家饸饹馆子，直到现在我有时候还买来吃。反右前是在政教系。

张文华也有点过激言论，说到过我当面。只我俩时，我认为他在陕西党资格也算老的，习仲勋当陕甘边苏维埃主席，张文华是秘书长。私下对党内的一些情况发发牢骚没有啥，正常嘛，但他把牢骚发到会上，发到公开场合就成了对党不满，攻击党了。

当时把他整了，在师大算是整得最过分的一个人，他自己不检讨。不检讨，就回家，回渭南老家。

张文华硬气得很，他说回家就回家，硬是不检讨。

我就想他不检讨，学校把他处理回家，这个生活咋个子办呢？

我跑去找赵守一。

赵守一开始犹豫，告诉我他这老汉和陕西其他几个老汉都是 1920 年代末 1930 年代初结下的恩怨,咱掺和啥呢!

我说,张文华都年过半百了,你让他回老家当农民,咋个过日子呢。

我说,他不检讨,学校肯定按政策把他轰回老家,但我想把张文华的生活待遇给保留上,没个生活待遇,人也都 50 多岁了,哪天饿死了,人家说学校不听毛主席的话,没有做到治病救人。

赵守一对我说,王荣说你读死书,只认识"道",我看你对"术"也不生分。

总算把张文华的待遇保留了下来。

后来我跟张文华见面,我说,把你搞错了呀!

张文华说,没有啥没有啥。

事后,张文华跟别人讲,说郭琦是方法问题,有人是立场问题,这个人不行,站到揭发我的立场上想跟党换个啥。

再有我在运动中对待学校里的知识分子的态度,除了指责我严重右倾之外,还说我犯了严重的投降主义错误。我垮台后靠边站的时候,有人批判我的投降主义,说我和知识分子划不清界限,比如对韦固安,就是划不清界限,严重右倾。

后来赵正同志在批判我的时候,他做了一个发言,他批判我的这个发言我还满意,发言说我是严重的右倾,而且出奇地右倾。

我满意在哪里？他1966年以前就是这个调子，到后来还是这个调子，他没有给我上升什么一贯反党反社会主义。赵正这个人还实事求是。他认为我对黄国璋、对朱宝昌还有其他同志，甚至对党内同志都是严重的右倾，界限不清。其实呢，在校内我还是很注意的。我给我立了条规矩，绝不到教授家里吃饭。被人发现了，认为我跑到教授家吃饭，就是让资产阶级知识分子的糖衣炮弹击中了，那还了得？

像黄国璋他属于二级教授，九三学社的创始人之一，中央秘书长。又是第一届全国地理学会会长。

有一次碰见我了，说请我去他家吃饭，做了剁椒鱼头。

我就有防备了，连忙推辞。

我这个人是外表比较随和，我经常给大家介绍说我这个人是不拘小节的，但是也受"左"的影响。像黄国璋请我吃饭这件事，我就没有去。后来邓小平、胡耀邦就放得开一些，说做实际工作，做知识分子工作嘛，大家在一起吃吃饭，随便谈一谈，没什么。我绝不敢去教授家里吃饭。

当然，我也不是不和教授吃饭，偷偷约着在城里找个地方吃，一般去东亚饭店。咋个是偷着去呢？我不能要车，自己也不会骑自行车，坐三路车，总能遇到陕西师大的熟人，不方便。

就像黄国璋,我知道他没在家,给他留个条子塞到门缝里,约到东亚饭店吃饭。礼尚往来嘛,不能让黄国璋他们觉得你架子大,请吃饭都请不动。傅子东、赵恒元、高元白都这样去城里的饭馆吃过。我和东亚饭店的厨师也熟悉,请傅子东那几次,我还给他在后厨做过车耀先努力餐的烩什锦。

这就是当时在那个"左"的空气中,团结知识分子的工作做起来还得小心翼翼。

超　脱

下篇已经谈了八个问题，最后一个讲讲超脱的问题。

讲完超脱这个问题，顺便扯一些我这一生写的几篇文章的背景情况。回头看这些文章，我总结一句话，多为应景之作，有针对性了。以此，算作下篇《大学》的结语，就不另外如上篇那样单设结语部分了。

这么多年在高等学校工作，作为主要负责人，我有一点体会，要超脱一点好。

首先，我总认为不管青年同志，还是中年同志，超过我，取得的成绩比我大，我很高兴。

教师的业务，教师的水平，教师的待遇比我高，我毫无意见，而且支持，特别支持青出于蓝。比如我离开西大以后，后来的校长张岂之，声望各个方面超过我，我就很高兴。

拿教师来说，他取得的成绩大，取得的待遇高，我认为这是我的成绩。组织上派我到这所学校来做领导工作，如果你领导的人都不如你，我认为这是最大的失败。如果你领导的这个学校，这些人的成绩，不管政治工作或者管理工作或者教学科研工作成绩都比你大，比你优秀，那证明你领导有方。不然，学校怎么会人才济济？

其次，不跟群众争东西。

说老实话，作为一个老干部，一个领导干部，本来待遇就比较好一点，跟其他的干部不一样，我还要去争的话，就损害了人家，这样就不好了。所以，我在那个集体里，总是强调这个问题。比如我到省社会科学院工作以后，组织一个领导班子，我们就互相勉励一条，我们的子女、家庭问题，不给单位提出来，不要增加单位负担。我所到的单位里，比如搞教学的人，搞得好，我支持，绝不会采取这个办法，我是一把手，那么所有的待遇各个方面我是最高的，别人不可能高于我。我认为各是各的，我是管理这个学校的，我的工资就相当于四级教授。

那么教授呢，有三级，有二级，有一级，越多越好，说明我把学校办得好。

所以，就这一点，我觉得超脱一点好。

有两个不超脱,一个,认为自己是党的领导,到了这个单位,那就应该我最高,你们再高也不能超越我,这个是农民意识。比方泾阳县有个大队最有意思,一个大队支部书记,他说全国听毛主席的,在这个大队应该听我的,所有的教员,供销社的,你们的待遇不能超越我,超过我的一律抹下来,因为我是领导,党的领导。

当然,高等学校没有这种情况,但多少是不是也有点农民意识啊。

再有一种是搞业务,就是搞教学、科研的人也不容易超脱,认为在这个学校里面,我就是最高水平了。作为一个业务干部,争最高水平,我认为是合理的,是很自然的,家有敝帚,享以千金嘛,文人相轻,自古而然。

但是作为一个领导就不能这样了,那就是嫉贤妒能了。比方,如果我要说我是教授,而且是个够格的教授。因为1966年之前……我这里也是有开玩笑的意思,西北大学办第一期马列主义研究班,我就是教授,学校正式发聘书请我做教授,这是第一。第二,1980年代落实政策,这些研究班的同志提出来要按研究生对待,像何炼成他们提出来,要按研究生对待,后来都解决了。那么当年我这个教他们的教授,是不是也要落实一下政策呢?

我看没有那个必要吧。要不要认为我不仅是大学教授，而且是研究生的教授，我争这个有啥意思？所以我从来填表不填这些东西。

还有比如当时学校规定教授有些物质享受，当然也不是什么了不起的东西，一斤香油，两条纸烟什么的，我不要也行。我不要，还跑去给他们争取。1960年代，我找刘端棻，给高斌这几个要摘帽的教授争半斤牛奶。

刘端棻就说我，摘帽是大事情，你扯出半斤牛奶就没意思了。

我说，咋个能没得意思呢？有半斤牛奶，和没有半斤牛奶，情况就大不一样嘛。

刘端棻批评我说，别的学校哪里有像你这样来争半斤牛奶的？你这个人，有时候太鸡毛蒜皮了，耽误工作。

我说，半斤牛奶对咱们可能没有多大意思，我还不喝牛奶，但对他们教师来说，具体到个人，哪有小事情呢。

我觉得争没有意思，因为我的主要工作是管理，是领导，你争一份，就少一份，不能这样搞法。

但是，对于其他类似的人搞的话，我也没有一点意见。但我自己不去争。啥都有你的？行政对你有利，你就去行政上头要点东西；教育有利，你又去搞。我只是行政干部。像评职称，比方当个县长，他是学农的，评个农艺师，领导农业的，啥都不是，评个经济师？听说某个党委副书记，申请研究员，既不能讲又不能写。要我说，能讲能写，已经是个万金油干部了，你就是能讲能写的行政干部。我自认为是能讲能写的，写不是指啥，就是写一般的报告。作为专业来说，教马列主义我还教了几年。不要去争了，现在党政干部去争这个东西呀，最脱离群众，我看呀争到最后，有可能把我们的事业就争没有了。

关于我自己，在我的口述引言部分我讲了，我是万金油，这里我再重复一下。开始是谁说我是学者型干部呢？是孙达人，其实我一点意见也没有，我认为他是公平的，但我也惭愧得很，我认为我有志于搞学问。

我这个人特点是啥？

老干部认为我是个学者，是个教授。知识分子认为我是个领导干部、党政干部。具体来说我就是——外行看我是内行，内行看我是外行，我是属于这一类的人。

我也不是说我不能搞学问，确实我认为单位的任务太重了，无法搞学问，你一搞，势必耽误旁的工作，就是我这样全心全意地搞都还搞不成。

我觉得比较公允的说法还是爱学习，而且还愿意增加一点新知识，什么知识都愿意增加一点。

我 1977 年出来工作之前的十年，陕西师大的干部说我："像你这个年龄,成天还在那儿读书,还要攻读马克思主义,啊呀,不多,不多。"

田文棠①跟我开玩笑:"老郭呀,你读这个马列干啥?人家不用你,你在那读啥嘛。"

我当时说,按你说的学习是为了做官?读书是为了做官?正因为我现在闲着,人家不用我,没有事情我就自得其乐,就学习。

正因为此,我这十年没有荒芜。当然啰,我今天一想,如果当时就专门搞历史,可能现在的成绩要大一些。

再一个是我这个人,有些事情可以推了,我可以不搞,特别是这一两年,我又不在职了,组织上让搞啥,我有推的理由,搞点自己的东西。但还是推不掉,最近写《杨明轩传》,组织上叫我牵头。咋个子办?推不掉,一来我和杨明轩有交往,二来我不牵头搞,怕搞不好。我这个人,有时候还有些舍我其谁的意思,也不好。

另外,我这些年写的东西都是从工作的需要,有关研究思想上的。但是如果我少些舍我其谁的意思,专门去搞点历史,

---

① 田文棠(1935—):魏晋思想史研究专家。历任陕西师范大学历史系教授、西安统计学院党委副书记。

我认为我不是不可以写出点著作出来的。我也有计划，和朱宝昌谈过写上五本关于汉史的著作。他说他这些年写的论文我每篇都看了，他要回报我，让我写一部分他就看一部分，和我扯平。这几年我也是空闲下来，列了详细的提纲，去年冬天动笔写了一点，但身体又不行了住到了医院，现在又要编书，恐怕还是搞不成了。

总归是组织上叫我担担子，我就担了。

1977年之前，我有些灰心，对那些了解我的人，我就给他们说了我的一个态度。

我说，以后组织上再叫我出来工作，我决不会像在陕西师大这样卖力气搞，我搞得越多，被整得就越厉害。

张安民最有意思了，他说："不可能，你要哪一天又工作了，你一样的积极。你不可能不积极。"

张安民还是看得比较准的。

果然如此，在西大我的工作时间安排是一天三班：上午开会，下午工作，晚上工作一段，不回家，晚上就住在那儿，星期三回家。

这几年大体上每天晚上10点钟开始，就进入我的学习时间。到了那个时间，头脑也就清醒了，不会少于三个钟头。所以我的知识就是从这儿来的。我看一篇稿子，审查一篇稿子，陕西人民出版社 1958 年 9 月出版的郭琦著《论民主的阶级实质》。

总要找原文来对，要做个印证。

我自认为我是工作认真，好学的。

我写东西也是这样。大体上，前期我写了一个有关民主问题的小册子，就是陕西人民出版社1958年9月出版的那个《论民主的阶级实质》。

这个小册子就是反右以后，针对当时一些对民主的错误看法写的一本小册子。今天来看，里头有不可避免的也是缘于我个人思想局限性的"左"的东西。但是总的来说还站得住脚。比如我提出来民主在西方的政治、历史发展进程中，始终都不是固化了的，而是一直都在发展变化着的；政治民主和经济民主之间的关系不是分裂的，而是相辅相成的这些问题。

再是1959年我写了一篇《认真读书》的文章，针对当时不重视读书，学校办成以劳动为主的这个情况。

另外，对师范教育我强调一定要着重提高水平。不要认为综合大学培养的是物理学家、历史学家，师范学院培养的是历史教学家、语文教学家，主要搞教学就行了。我认为师范大学想对整个教育提高质量，必须提高自身的学术水平，这个学术水平不能低于综合大学。这是牵扯到高等学校如何联系实际的问题。有人强调高等师范教育联系的是中学，这是对的，但我认为有片面性。中学教什么，大学里就学什么。我说不对。我有一篇文章，是在这个背景下写的。

前面我提到过当时张际春的事情，当时给他谈了我对咱们国家高等师范教育的思考，随后就写了《批判"师范教育特殊论"，贯彻党的教育方针》这篇文章，发在《光明日报》上。我在文章中，主要是否定过去为师范而师范的师范教育特殊论。我提出了师范教育不能仅仅面向中学，而要面向整个社会主义建设，尤其要面向农村的经济建设。师范教育同样要提高学术水平，不能只满足于教学方法的研究。

我说高等学校应该面对农村的经济建设。

因为当时我们整个师范学院培养出来的人是分配到农村去的，提高农民的文化水平，提高县城、公社、大队等农村基层干部的文化素质。要面向这个东西，而不仅仅局限到面向中学。

面向中学啥意思？就是中学教什么，你学什么。我认为教学法不宜多，要少一点。你本身对历史不精通，学那样多历史教学法有啥用处？你讲语文不行，又不能写又不能研究，你读教学法这个东西有啥用处？后来 1965 年开半工半读会议，蒋南翔很赞同我的这个意见，最后师范院校起草小组吸收了我参加。蒋南翔给我说，你这个观点了不起，很独特，而且有道理，北师大的党委书记就不懂，咱们过去学习苏联，教育方面，教学法方面的课程要将近三分之一，太多了。

董纯才和陆定一两人听完我的发言，给我戴高帽子，说我这是提出了咱们中国高等师范学校的教育思想和办学方向。

谈不上教育思想，顶多算是我的一个高等师范学校的教育理念而已……

师范大学的教师要提高科研水平、学术水平。学生要提高专业水平，咋个教，是第二步。你可以在工作实践当中去提高。

哪个教了我大学校长的工作法了？也没有哪个教我讲演。咋个讲演，你慢慢就摸到这些窍门了。关键是你要站得高，研究得深，自然而然讲演就有内容了。光说手咋个办，眼睛咋个办，姿势咋个办，内容是空虚的，干瘪瘪的，人家不听。

但是现在回头想一想，看一看，我也有另外一个方面的错误，是不是我对教育学的研究重视不够？这一点我也要反思。

中共十一届三中全会以后，我在西大的时候，我认为应该抓"实践是检验真理的标准"的学习，这个还是走在前面的。西北大学自然辩证法研究会在 1979 年 9 月编了一本书叫《科学与实践》，1980 年 6 月由陕西人民出版社出版了。我给这本书写了一个序，题目叫《坚持实践第一的基本观点，发扬实事求是的传统作风》。这个序，其实是在 1978 年 10 月《西北大学学报》上就发表了，大概有 5000 字。解释了一下马克思主义和毛泽东思想为什么不能作为检验真理的标准问题，我主要是从怀疑论的角度给予了论述。

再就是"为钱正名"的时候，我组织了个讨论，我在前面都介绍过了。再有就是我写的几篇针对改革开放文章，西方外来思想渗透进来，谈了谈我们既要坚持改革，又要坚持马克思主义之间的关系问题。

这几篇文章分别是1980年3月6日《西北大学校刊》上发的《组织学习邓小平同志报告应注意的几个问题》；1984年第1期《西北大学学报》发的《重视对矛盾特殊性的研究，建设具有中国特色的社会主义》；1985年《社会科学评论》第5期发的《新技术革命与社会科学》；《人文杂志》1986年第3期发的《马克思主义是科学，要用科学的态度对待它》等。

当时《第三次浪潮》轰动一时，作者托夫勒还写过《预测与前提》。

《第三次浪潮》是美国著名未来学者阿尔文·托夫勒1980年所著的一本书。书中将人类社会划分为三个阶段。即三次浪潮，第一次浪潮为农业阶段，约一万年前开始；第二次浪潮从工业革命阶段开始；第三次浪潮即为当今的信息化阶段，从20世纪50年代后期开始。

这本书很快被翻译到国内，销量上千万册，给咱们改革开放之初的中国人带来极大的思想震撼。继《第三次浪潮》之后，托夫勒又写了《预测与前提》一书，重述《第三次浪潮》一书的基本观点，并论述了第三次浪潮思想形成的根据以及未来学的研究方法等。

托夫勒谈道，他是早年的马克思主义者，后来他不信仰马克思主义，而且他罢过工，他觉得马克思主义不灵了，他走另外一个路子了。

我看了托夫勒这两本书之后，觉得他这个说法不准。针对他这两本畅销书，我写了一篇文章《新技术革命与社会科学》发在《社会科学评论》上。韩理洲看到文章，对我女儿说："哎呀，你爸的思想还挺新，好多名词我们都不懂。"

韩理洲是专门搞唐代文学的，对新词汇不大了解，情理之中。一些老战友也看到了，韩天石来西安，就讲我这篇文章他看到了，说郭琦呀，你不得了，那时候咱们在川大，让你写文章，你不写，跑去唱歌赶时髦呀！现在你写文章了，还是赶时髦呀！

在《新技术革命与社会科学》一文中，我主要是既肯定了托夫勒分析资本主义的好多新东西，同时又提出了托夫勒认为马克思主义不灵了的观点的错误。所以我就在文章中提出马克思主义是科学，要用科学的态度去对待它。我认为就是到了今天还有针对性。另外我在《新技术革命与社会科学》一文中，还讲了我的一个观点，就是——我们要大胆地开放，不怕西方外来思想进来，我们应该做个纱窗，等于我们自己主观上搞一个空气清洁器。打开窗户，既要开放，又要安上纱窗，防止腐朽的空气进来。

我这篇文章就提出了这样的两个观点。

我的思想深处，是站在不同意全盘西化的立场上的，所以我还写了一篇文章——《全盘西化是没有出路的》，毕竟在过去的实践中，全盘西化派在中国还是都失败了嘛。

再一个就是纪念江隆基的那篇文章。

江隆基是 1966 年"文化大革命"开始不久，便被康生等人迫害致死了。前年，1987 年吧，我到兰州大学去参加他的一个纪念活动，回来就写了《学习江隆基同志平易近人务求实效的作风》，发在《人文杂志》上。

我在文章中说了一个主题，对他无论在什么条件下皆能坚持实事求是的品质予以了评价和激赏。

我主要谈关于实事求是。我深有体会，就是我上次讲的，正常情况下容易实事求是，运动一来，就不容易实事求是了；常态下实事求是容易，急剧的政治变化下实事求是就难，变态下不容易实事求是；领导欣赏你、信任你、重视你，容易实事求是，领导怀疑你，不容易实事求是；像江隆基说他严重右倾，把他贬职，到了这个时期，他还实事求是，坚持抵制"左"的东西，这就不容易了。

所以我觉得他值得我们学习的就在这个地方，就是不信任你的时候，或者你并不是很顺利的时候，你还坚守实事求是的精神和品质。

文章中我也说到了江隆基同志平易近人这个特点，我记得是这样写的：做人"难就难在平易二字，平易就是要保持自己的自然本色，胸襟坦荡，表里如一，对人以诚，平等对待"；"和同志相处，除工作外无私交"，"对干部应有的关心和探望，是从领导岗位应有的责任出发，不包含其他的目的，更无亲疏厚薄之分"；"同领导交谈工作时，认识到什么就谈什么，绝不见风行事"；"与同志交，淡如水，久而弥甘"……

总之，我从内心里很钦佩江隆基这个人的作风，居高位而不骄其下，处困境而不降其志，令我敬重。除了有共产党人的优秀品质之外，中国传统知识分子的书生本色也给我树立了一个榜样。

总体上我几十年来写的文章都是有针对性的。

后来，从西大到了省社会科学院，我抓了一条主线，就是陕西省情的研究，陆续编了两本书，一本是《陕情要览》，一本是《当代中国的陕西》。

《陕情要览》我写了个序《陕西上下古今谈》，在《人文杂志》发了，总的还是讲陕西咋个搞上去。有人看了，觉得还有可读性。

司马迁提到这样一个问题，就是我们中国古代历史发展，凡起事者往往起于东南，而守事功者往往是在西北。今天就面临这样一个情况，各方面经济起步最发达地区在东南沿海，但是，最后还是西北。

我的观点是，如果西北不振兴起来，全中国的现代化肯定搞不成。

如我这样的一批人正在或者已经退出了历史舞台，是谢幕的时候了。

但现在我还是能想起来我初中的时候读梁任公……

我想，我们这一代人，特别是走上马克思主义道路的这一批人，好像大家都有个"以天下为己任"的意识，小时候就有了。到了现在蓦然回首，这个意识还在，虽然继续着笃信马克思主义，但传统的有些东西丢不掉——以天下为己任，希望我们国家一天比一天好。

同时呢，也算是一种感慨，或者发点牢骚，我认为每个人在总结自己的一生中，总是会有牢骚。

我念一首诗，是左思的《咏史》，我请刘自犊①给我用篆书写成六条屏，挂在我卧室。

郁郁涧底松，离离山上苗。
以彼径寸茎，荫此百尺条。
世胄蹑高位，英俊沉下僚。
地势使之然，由来非一朝。
金张藉旧业，七叶珥汉貂。
冯公岂不伟，白首不见招。

说明一下，"冯公岂不伟，白首不见招"，针对我的话，不是说我觉得我没当大官，是指我的一个遗憾，前面多次讲了，我个人在学术上留了遗憾，有些牢骚。这一点，我不隐瞒。

最后呀，感谢张安民、田岗、贺克毅、蔡光澜、姜秉正，耽误了大家将近三个月时间。本来把你们几个叫来，是谈谈上面让搞我和几个老同志的教育思想的文章，请大家出些主意，一谈就敞开了，拜托光澜和克毅把录音整理一下，拿个什么我

---

① 刘自犊（1914—2001）：书法家，号迟斋。历任西北军政委员会文化部文物处文物调查科科长、西安工业学院教师、中国书法家协会常务理事、陕西省书法家协会主席、陕西省政协书画室副主任、陕西省文史馆馆员。

的教育思想的文章,给人家交卷,三个月了,咱们的文章素材,我觉得很丰富了,拜托秉正了。

今天大家不许走,面条都换回来了,在家里吃饭,都准备好了,吃芹菜肉臊子面。

郭彤彤于 2022 年 12 月 6 日 16 点 06 分
于韦曲皇子坡侧整理完毕

后　记

2021年的冬天，西北大学120年校庆进入到紧张的筹备阶段，当时兼任校庆筹备总指挥的副校长常江，得知我正在整理撰写《千帆过尽一书生：郭琦口述历史》一书时，即刻表示支持，并和学校出版社联系，做了具体沟通协调。嗣后，书稿顺利进入编辑出版阶段。西北大学出版社社长马来以出版人应有的眼光，给予了卓有成效的调度安排。杨德生老师以历任西北大学出版社总编辑和西北大学党委宣传部长的经验，对全书作了恰切允当的全面审读。何惠昂副总编辑对书稿内容作最终把关，提出了很多中肯且颇有建设性的意见。责任编辑对整部书稿的精审把握，辛劳尤多。

西北大学是郭琦多年工作生活的地方，以上几位大多是郭琦任职西北大学时期的学生，公诚勤朴的校风，在他们身上都有明显体现；书稿中关于西北大学的口述史内容，他们是直接或间接的见证人、当事人，他们对书稿的激情、热情和高度责任心，让我感动；他们的付出，是本书能够顺利出版的关键，在此一并表示诚挚的感谢！

十五年前，《思念中的郭琦校长》一书行世，主编是张岂之先生。书中有一部分《我的高教三十年》，是郭琦从事高等教育管理工作的专题性的口述史，八万余言，相当凝练，是我父亲匡燮和母亲薇林根据郭琦1989年10月的部分录音整理的。出版后，外婆萧枫特别感谢张岂之先生，请他吃饭。席间张先生谈到，限于该书体例、篇幅的原因，作为一部完整的口述史未能充分展开，多多少少浪费了郭琦的录音文献，甚为遗憾，建议将来有人能利用好录音文献，整理出一部完整的传记性质的郭琦口述史，把郭琦的人生道路、革命历程、教育思想完整地呈现出来，留给后人，以资借鉴。张先生的建议虽好，但当时的情况是，我的父母亲已经年逾70岁，外婆萧枫也90岁了，能由谁来担负起这项工作呢？

外婆萧枫后来很郑重地问我，能不能给根据外公郭琦的口述录音写一部口述历史。

我说行。

外婆萧枫之所以要我写，我以为是因为在此前，我相继写作了外公郭琦的战友、外交家柯华的口述历史和外公的学生、书法家钟明善的学术评传，她多少认为我有些写作此类文字的经验吧。

自此，外婆萧枫从她90岁开始一直到101岁的十多年间，都在催问我写作进度。而这十多年间，我总是说快了，快了。其实我一个字都没有写，一直在做着大量的准备工作。

十多年前，语音转文字的软件还很落后，基本不能用，所以录音整理工作很是枯燥烦琐，除过我的父母，我的姨姨郭晓霜、姨父章曾煜、大舅舅郭凯军、大舅妈刘静、小舅舅郭凯农、小舅妈杨军宁根据录音扒出了相当数量的原始文稿。西安文理学院蔡光澜教授曾受外婆萧枫所嘱写作《郭琦传》，他利用两年的暑假，去四川、云南、湖北寻访外公郭琦的同学、战友，录制了不少音频文献，也是被他们扒成了文字。还有郭琦的两个弟弟，郭先绪和郭先予。每次我去成都，他们兄弟都会给我讲一些郭琦的故事，对郭琦录音中所涉及的记忆不清、简略处多有补充。特别是郭先予，数次前往乐山和眉山，搜集到了民国时期编撰的记载有郭琦曾高祖、高祖辈、祖父辈的县志，为我后来整理郭琦祖辈相关事迹提供了坚实的文献。

再有的一点是，1966年夏天郭琦被打倒之后，在工宣队、军宣队的命令下，他历时三年写作的数百份检查、自述、外调材料。这些文字，对录音文献，特别是对他在1949年之前及西安师范学院、陕西师范大学工作期间的诸多亲历事件、问题有着极其重要的佐证作用。只是我不知道该不该在此感谢当年的工宣队和军宣队，对郭琦实行的无产阶级专政呢？

同时，陕西省政协文化文史和学习委员会办公室《陕西文史资料》编辑部编辑白磊，也是在十多年前，从八仙庵给我淘了一大套《陕西师范大学大字报资料汇编》，使得我在写作中，体会郭琦录音所言，有了一个现场的背景，裨益良多。还有陕西师范大学青年教师、陕西高等院校"反右运动史"研究专家陈华，给了我中画幅摄影资料如《郭琦游街的情况》《郭琦地主资产阶级的趣味》《三反分子郭琦简介》等，包括书籍《西安师范学院右派言论汇编》。

毋庸置疑，若没有以上亲朋故旧的前期工作和文献帮助，《千帆过尽一书生：郭琦口述历史》的整理写作将无从谈起。

我陆续拥有以上基础材料是在2010年左右。接下来按常理，我该进入整理写作状态了。但爱写作，也有过写作口述史经历的我，却就是动不得笔。

外婆萧枫最后一次催促我，是在2021年的早春，当时她100多岁了，思维还极度清晰，我去看她，她还问我："书写得怎么样了。拿来让我看看。"

我搪塞说:"快了,快了。"

外婆萧枫说:"彤彤,你要好生写,你答应我了,我等着你写好看呢。"

这是外婆萧枫此生最后一次说给我的话。不久,她就住进了医院,一年有余,正是疫情期间医院屡屡封控,我和她不得相见。等我再次见到外婆萧枫的时候,是在殡仪馆的吊唁大厅。

回到家里我给父母说了外婆曾经催促我写作的事情,父母说:"你就该拿出时间写了,外婆活着的时候没有看到你写出来呀!"

我终于动笔了,却也仅是写了万把字就又放下了。父亲后来也与我阴阳两隔了。他们没有看到这部书稿的完成,我抱恨终生。

也正是在这个时候,有一次和李浩教授喝酒,酣畅之际李教授突然严肃着给我说:"彤彤,你应该把郭校长的口述史写完,不能一天到晚不干个啥,光说不练呀!我知道你有那个才能,要写完呵!"李教授之所以能冲我说这句话,是因为六七年前,我就告诉他我在做这件事情了,当时他还鼓励我,说他期待着我完稿的那一天。虽说我喝得酒酣耳热,但这句话还是让我觉得很重,太重了,快要受不了了。

酒后睡到第二天中午我起床,就坐下来打开电脑开始整理写作《千帆过尽一书生:郭琦口述历史》,历时约90天,在此期间,我每写完一段,就用微信发给远在美国的艺术理论家王仲生教授,得到了他的具体指导和五十四条或长或短精辟入理的点评。王教授的这些点评,给了我持续写作过程中的信心与动力,在此,我向王仲生教授致以最为诚挚的、深深的谢意。

书稿能够顺利完成,我要特别感谢李浩教授,我常常想,若没有他那句我以为很没有面子的"重话",也许这部书稿还没完成呢!

在《千帆过尽一书生:郭琦口述历史》即将付梓前,郭琦在西北大学工作时的同事、著名戏剧评论家董丁诚教授,还有郭琦当年在西北大学工作时的学生张维迎教授,为这部口述史分别写了序言,我感谢他们。

同时,历史学家赵世超以及徐庆全、黄正林、白磊、吴予敏、韩霁虹、钟海波诸学贤在阅读了这部口述史之后,都写了分量很重的评论文章;杨争光、和谷两位作家还应邀专门录制了视频评论,在此,我向诸位致以深深的谢意。

当《千帆过尽一书生:郭琦口述历史》进入最后的出版流程时,独立艺术家马河声篆刻了"千帆过尽一书生"和"郭琦口述史"两方印章,为这部书的整体装帧添色不少。实该致以诚挚的感谢。

著名书法家钟明善先生为这部书题写了书名。我谨致以最为深沉的谢意，并为他在八十六岁高龄之时，题写书名所体现出来的与郭琦深厚且历久弥坚的师友情谊感佩万分！

是为后记。

郭彤彤于 2025 年 1 月 21 日

致谢于长安韦曲皇子坡侧